Die Diagnose überfällt Joseph Heller aus heiterem Himmel: Guillain-Barré-Syndrom, eine Krankheit, die zur Lähmung aller Muskeln führen kann. Für Heller heißt das, sechs Monate Klinik-Aufenthalt, Intensivstation. Seine Freunde reagieren prompt. Speed Vogel, Kumpel seit 25 Jahren und »Hans Dampf in allen Gassen«, zieht in Hellers Apartment, wird zum Boten, Diener, Beschützer, kümmert sich um alle Kontakte zur Außenwelt, unterzeichnet sogar Hellers Schecks. Als Co-Autor dieses Buches erzählt er in »seinen Kapiteln«, wie so eine schwierige Zeit und ein so komplizierter Kranker sich auf Freunde, Verwandte, Bekannte auswirken, wie er selber und die anderen auf das Schreckliche reagieren. Und da es sich bei den Beschriebenen um außergewöhnliche Menschen handelt – darunter Mario Puzo, Dustin Hoffmann oder Mel Brooks – sind diese Geschichten auch nicht gerade gewöhnlich.

Joseph Heller, 1923 in New York geboren, lebt in East Hampton auf Long Island. Alle seine Romane – von ›Catch 22‹ bis ›Endzeit‹ – waren Welterfolge.
Speed Vogel, Jahrgang 1918, war schon so ziemlich alles in seinem Leben: Geschäftsmann, Künstler, Heringsverkoster – durch seine 25jährige Freundschaft mit Heller kam er zum Schreiben.
Von Joseph Heller außerdem im Fischer Taschenbuch-Programm: ›Catch 22‹ (Bd. 12572), ›Was geschah mit Slocum?‹ (Bd. 12573) und ›Gut wie Gold‹ (Bd. 12574).

Joseph Heller/Speed Vogel

Überhaupt nicht komisch

Aus dem Amerikanischen
von Günther Danehl

Fischer Taschenbuch Verlag

Veröffentlicht im Fischer Taschenbuch Verlag GmbH,
Frankfurt am Main, Juli 1996

Lizenzausgabe mit freundlicher Genehmigung des
C. Bertelsmann Verlags GmbH, München
Die Originalausgabe erschien unter dem Titel ›No Laughing Matter‹
bei G. P. Putnam's Sons, New York

Druck und Bindung: Clausen & Bosse, Leck
Printed in Germany
ISBN 3-596-13006-2

Gedruckt aud chlor- und säurefreiem Papier

Das Folgende ist im wesentlichen die getreue Schilderung der Ereignisse, präzise in allen Details, ausgenommen wo sie es nicht ist: manche Namen wurden geändert oder fortgelassen, und hier und dort ist die technische Terminologie nicht korrekt, weil wir uns die Arbeit erleichtern wollten.

DIE VERFASSER

Im August 1982 schrieb mir ein 26 Jahre alter Bewohner von New Jersey, er habe auf der Intensivstation eines Krankenhauses 58 Tage lang an einem Beatmungsgerät gehangen und während der ganzen Zeit nicht sprechen können. Am 1. Februar 1982 war er dort eingeliefert worden, und fünf Monate später, am 30. Juni, wurde er entlassen. In einem getrennten Brief teilte seine Frau mir mit, er sei seit August imstande, praktisch alle ihm gewohnten Tätigkeiten auszuüben, ausgenommen Dauerlaufen und Softballspielen. Er habe sich ganz erstaunlich gut von den Folgen jener Krankheit erholt, die ihn befallen hatte. Am meisten beeindruckte mich jedoch die Mitteilung, daß er während jener 58 Tage, die er ans Beatmungsgerät angeschlossen verbringen mußte, nicht hatte sprechen können. Das versetzte mir noch nachträglich einen Schock. Es war jetzt acht Monate her, daß ich selber mit der gleichen Krankheit eingeliefert, und mehr als drei Monate, seit ich entlassen worden war, und während dieser Zeit war mir nicht ein einziges Mal der Gedanke gekommen, auch ich wäre der Sprache beraubt gewesen, hätte man bei mir einen Luftröhrenschnitt machen müssen.
Meine behandelnden Ärzte waren Zwillingsbrüder, die gemeinsam eine Praxis betreiben. In meinem Fall hatten sie sich darauf geeinigt, mir nur dann beunruhigende Informationen über den möglichen Krankheitsverlauf zu geben, wenn es sich nicht vermeiden ließ. Und ich selber war gescheit genug gewesen, keine Auskünfte zu verlangen. Ich erinnere mich jedenfalls nicht, daß sie erwähnten, ich würde nicht imstande sein zu sprechen, sobald die von ihnen als möglicherweise unvermeidlich erwähnte Tracheotomie ausgeführt und ich nach einem Luftröhrenschnitt mit dem Beatmungsgerät verbunden sein würde, das ich – womöglich in einem Irrtum befangen – in der Wand am Kopfende meines Bettes eingebaut wähnte. Ich erinnere

mich auch nicht, bei der Erwähnung einer Tracheotomie auf den Gedanken gekommen zu sein, daß alsdann eine Maschine für mich würde atmen müssen.
Jetzt meine ich, ich wäre wohl verrückt geworden, hätte ich nicht sprechen können, denn ich sprach praktisch ununterbrochen von dem Augenblick an, als ich auf die Intensivstation des Mount Sinai Hospitals in New York City eingeliefert wurde. Nur durch unablässiges Reden gelang es mir, bei Verstand zu bleiben. Ich glänzte durch witzige Bemerkungen, Kommentare, Kritik, Einwürfe, unerbetene Ratschläge. Alle Fragen, die mir gestellt wurden, beantwortete ich ausführlich, und hielt zu Tausenden von Fragen, die mir nicht gestellt wurden, weitschweifige Antworten parat. Anfangs plagte mich unstillbare Neugier alle dort anwesenden Personen, mit denen sich überhaupt kommunizieren ließ, betreffend – nur der Mann, der täglich mit dem fahrbaren Röntgengerät erschien, hielt sich abseits, außer Hörweite. Dem Psychiater, den man mir in der zweiten Woche auf die Intensivstation schickte, stellte ich gewiß ebenso viele Fragen wie er mir. Ich war gesellig, leutselig, umgänglich. Die Schwestern fanden das köstlich: für sie stellte ich eine Rarität dar, denn während der 22 Tage auf der Intensivstation war ich meist der einzige Patient, der nicht infolge seiner Krankheit bewußtlos war. Ich konnte hören, Antworten geben, Scherze machen und lachen, und meine Gier nach Abwechslung und Zerstreuung war geradezu zwanghaft.
Während der Frühschicht von Schwestern und Pflegern war daran auch kein Mangel. Sobald sie um sieben Uhr den Dienst antraten, hatten sie keinen Moment Ruhe; Verwandte und Freunde und alle, die zu Besuch kamen – darunter auch meine Tochter –, staunten darüber, daß das Personal Tag um Tag und Stunde um Stunde so emsig tätig war. Zu tun gab es reichlich, und alle waren ständig in Eile und dabei unfehlbar guter Laune. Mir ist zu keiner Zeit und bei keiner Schicht auch nur die geringste Nervosität an ihnen aufgefallen, nicht die kleinste kollegiale Reiberei. Auch mit der zweiten Schicht war ich sehr zufrieden. Am späteren Nachmittag sahen Ärzte nach mir, und

noch gegen Abend wurden alle möglichen medizinischen Verrichtungen vorgenommen. Ich bekam zu essen; Freunde besuchten mich, nachdem sie Feierabend gemacht und selber gegessen hatten, manche verabredeten sich zu einem Plausch an meinem Bett.
Erst gegen Ende der Arbeitszeit der zweiten Schicht wurde es stiller um mich her. Zwischen 22 Uhr und Mitternacht verdüsterte sich mein Gemüt, Langeweile plagte mich, die Ruhe der Erschöpfung setzte mir zu. Beim Schichtwechsel um 22 Uhr, wenn die neu eintreffenden Schwestern herumgeführt und eingewiesen wurden, war ich fast immer wach, ja gerade dieser Schichtwechsel war für mich Anlaß zu besonderer Wachsamkeit, weil ich darauf brannte zu erfahren, wem ich für die Nacht zugeteilt werden würde. Ich hatte Lieblingsschwestern und hoffte inständig, ihnen übergeben zu werden. Man maß sogleich Temperatur, Puls und Blutdruck, meine Atmung wurde auf drei Arten kontrolliert und alles aufgeschrieben. Die Atmungswerte nahmen schon bald erheblich ab, ohne daß ich mich davon beeinträchtigt fühlte. Ohne das damals zu realisieren, fürchtete ich mich, einzuschlafen. Die Zeit nach Mitternacht war gespenstisch, endlos, ohne Abwechslung, es sei denn, ein Patient wurde neu eingeliefert oder jemand starb. Während dieser Schicht waren den vier Betten in meiner Abteilung nur zwei Schwestern zugeteilt, und weil beide je eine Freistunde hatten, war für zwei Stunden überhaupt nur eine Schwester verfügbar. Die lang anhaltende Stille empfand ich als unerträglich. Verspürte ich Harndrang, war mir das ein willkommener Anlaß, Hilfe zu erbitten. Am Ende der ersten Woche konnte ich die Hand nicht mehr zwischen die Beine führen, um das Gefäß anzulegen oder wegzustellen. Für solche Bewegungen sind funktionstüchtige Muskeln in Schulter und Rumpf nötig, nicht zu erwähnen die Armmuskulatur, und über all das konnte ich kaum noch verfügen. Auch auf die Seite drehen konnte ich mich nicht mehr. Um das gefürchtete ›Durchliegen‹ zu verhindern, sollte ich aber wenig auf dem Rücken, möglichst abwechselnd auf der Seite liegen. Die Nachtschwester wälzte mich dementsprechend in zeit-

lichen Abständen von einer Seite auf die andere, legte die Klingel in erreichbare Nähe, und so lag ich denn für die nächsten zwei Stunden, oft auch weniger lange, wenn die neue, veränderte Lage sich als unbequem erwies. Indem ich den Kopf bewegte und den Schwerpunkt um ein geringes verschob, vermochte ich mich auf den Rücken zu drehen. Daß ich die gekreuzten Füße nicht mit eigener Kraft geradelegen konnte, wußte ich bereits; sie schmerzten rasch, wenn ich so auf dem Rücken lag. Nutzte ich den geringen Schwung, der mit der Drehung auf den Rücken entstand, mochte es mir gelingen, das oben liegende Bein parallel neben dem anderen auszustrecken, und das tat ich häufig. Nur nachts, da unterließ ich es meist. Da wollte ich Grund haben, nach der Schwester zu klingeln.

Ich weiß, es ist lächerlich und grenzt an Aberglauben, so etwas zu äußern, und trotzdem ist es mir unheimlich. Ich muß immerzu an *Das Bildnis des Dorian Gray* denken ... bestimmt ist es reiner Zufall, aber mein Leben nahm einen enormen Aufschwung im gleichen Moment, als Joseph Hellers Leben sich zum Schlimmeren veränderte. Je schlechter es ihm ging, desto besser ging es mir. Als ihm sein Alter deutlich anzusehen war, wirkte ich jugendlicher. Und als er kränker wurde, wurde ich gesünder. Als er verarmte, begann ich zu leben wie ein reicher Mann.

Bevor sich Joe mit dem Guillain-Barré Syndrom niederlegte, wohnte ich in einem Mietshaus ohne Fahrstuhl und warmes Wasser. Kaum wurde er krank, zog ich aus meiner winzigen, überfüllten Wohnung in sein neu eingerichtetes Appartement in der Stadtmitte. Es folgte ein Aufenthalt auf der 94 Fuß langen Yacht eines Bekannten, die vor Cannes ankerte; ein Gastspiel im Hotel Gritti in Venedig; der Umzug in eine prächtige Wohnung auf dem linken Seineufer von Paris samt Vorzugsbehandlung bei einem ausverkauften Konzert von Simon & Garfunkel; die Heimreise in ein Landhaus in East Hampton inmitten eines gepflegten Gartens, wo auch der Swimmingpool nicht fehlte; ein Ausflug nach Saint Croix auf den Jungferninseln, wo ich den größten Teil des Winters verbrachte, und die Rückkehr nach East Hampton im Frühling samt dem anschließenden Sommer. Und das alles so gut wie gratis.

Heller und ich kennen einander seit einem Vierteljahrhundert. Es begann, als ich am Strand liegend das damals gerade erschienene *Catch-22* las und ihm spontan sagte, ich fände es glänzend. So begann unsere Freundschaft. Damit will ich nicht sagen, daß Heller sich mit jedem anfreundet, dem seine Bücher gefallen, man darf aber ruhig behaupten, daß es ihn nicht gerade kränkt, wenn er hört, daß jemand begeistert ist von seinen Sachen. In den erwähnten 25 Jahren ist es mit mir bergauf und bergab gegangen, sowohl was mein Gefühlsleben angeht als auch meine Finanzen, und ich habe mehrere interessante Tätigkeiten ausgeübt. Und obwohl Heller während all dieser Zeit nichts anderes gewesen ist als Schriftsteller, hat unsere Freundschaft gehalten.

Als Joe ins Krankenhaus eingeliefert wurde, war mir klar, daß er Hilfe brauchte. Und weil ich Zeit genug hatte, kam ich ihm zu Hilfe. Sogleich verbesserten sich meine Lebensumstände, und das geht noch immer so weiter. Darauf hatte ich nicht spekuliert, aber ich beklage mich auch nicht darüber. Weil ich Joe nie übel gewollt habe und, bevor er krank wurde, keine großen Erwartungen in mein eigenes Leben gesetzt hatte, bekam ich kein schlechtes Gewissen, als unsre jeweiligen Umstände sich radikal verkehrten, meine sich also in dem Maße verbesserten, in dem seine sich verschlechterten. Allerdings war es mir ungemein peinlich, wenn ich hörte, wie andere Leute mich um meiner Selbstlosigkeit und Fürsorge willen in den Himmel hoben. Protestierte ich dagegen, wurde mir das als Bescheidenheit ausgelegt. Einen Ausweg gab es da nicht.

Joe und ich sind grundverschieden. Ich kenne niemanden, der sich in der Küche oder vor einer Waschmaschine so unfähig zeigt wie Joe. Er hatte mit 22 Jahren geheiratet und sich vor etwa einem Jahr von seiner Frau getrennt. Vor der Ehe war er beim Militär, davor hatte er mit Bruder und Schwester – beide älter – bei seiner Mutter gelebt, und jetzt, mit 58 Jahren, mußte er zum ersten Mal für sich selber sorgen. Weder hatte er je eine Kartoffel gekocht noch ein Spiegelei gebraten, eine Waschmaschine oder einen Wäschetrockner bedient, war nicht mal in einen Waschsalon gegangen. (Ich vermute, er weiß, wozu eine chemische Reinigung dient, doch was man reinigen lassen soll, ahnt er nicht.) Kurz, Heller war wie ein Wesen von einem anderen Stern. Und ihm war wohl auch sehr beklommen zumute bei dem Gedanken, für sich selber sorgen zu müssen.

Seit der Trennung von seiner Frau sah er sich indessen genau damit konfrontiert. Und das erschreckte ihn zu Tode. Bislang hatte er es stets verstanden, andere für sich arbeiten zu lassen, und weil er nicht dumm ist, fragte er sich: Weshalb soll ich das alles jetzt noch lernen? Er ist im Gegenteil äußerst gescheit und verwöhnt. Auch ich bin verwöhnt, mehr vielleicht als er, aber in der Küche fühle ich mich richtig wohl, und für die Wäsche sorgen und andere Hausarbeiten erledigen macht mir echt Spaß. Ich bügele meine Hemden lieber selbst, als sie bügeln zu lassen. Und ich liebe es, alle möglichen Geräte zu reparieren. Joe schmeißt sie einfach weg.

Heller ist auf Coney Island aufgewachsen, ich in Manhattan. Ich war das Kind reicher Eltern und wurde vom Chauffeur zur Schule gefahren. Joe war arm und ging zu Fuß. Als er später aufs Fahrrad umstieg, tat er das als Telegrammbote bei der Western Union, während ich einzig zum Spaß radfahre. Joe ist groß, ich klein (wachse aber noch).

Als Student war ich eine Niete, Joe hingegen gehörte einer ausgezeichneten Verbindung an und hatte ein Fulbright-Stipendium. (Das hat er mir verschwiegen, ich mußte selber dahinterkommen.) Er war im Krieg bei der Luftwaffe, ich war wegen eines Magengeschwürs untauglich. Werde ich zu irgendwas eingeladen, sage ich auf der Stelle »Gern«, während er ebenso prompt »Nein« sagt. Er leidet an Schlafstörungen, ich hingegen kann jederzeit und überall schlafen.

Bevor Heller so schwer erkrankte, beklagten seine engeren Freunde sich über seine außergewöhnliche Unduldsamkeit, seine Grobheit, Gefühllosigkeit, Selbstsucht, Anmaßung, Doppelzüngigkeit, Dickköpfigkeit, Unaufrichtigkeit, seinen Negativismus; sie fanden ihn ganz allgemein unerträglich. Wir mochten ihn gern, aber keiner hätte so recht sagen können, weshalb eigentlich. Auf unsere Weise suchten wir ihn all jenen gegenüber zu verteidigen, die das Mißgeschick hatten, ihm zu begegnen und seinen reizenden Auftritten ausgesetzt zu sein. Wir behaupteten standhaft, im Grunde sei er ein guter Kerl. Das kann nicht

überzeugend geklungen haben, denn man hielt uns schlicht für verrückt.
Nach seiner Attacke von Guillain-Barré veränderte Joes Verhalten sich in jeder Hinsicht so sehr zum Besseren, daß wir, seine Freunde, uns bereits den Kopf darüber zerbrachen, welche exotische Krankheit wir ihm verpassen könnten, sobald er sich von dieser erholt haben und wieder in seinen Normalzustand zurückgefallen sein würde. Und darüber denke ich immer noch nach, nicht nur um meinetwillen, sondern auch im Hinblick auf das Wohlbefinden meiner Mitmenschen.

Samstag, am 12. Dezember 1981, fing alles an. Heller hatte mich beauftragt, seine neue Wohnung einzurichten. Sein Neffe Paul drängte uns, Möbel zu besichtigen, die einer seiner Freunde für einen Apfel und ein Ei weggeben wollte, aber was wir dort zu sehen bekamen, gefiel uns nicht. Also gingen wir zurück zu Joe, der, wie mir schien, große Mühe hatte, die Haustür aufzudrücken. Ich übernahm das für ihn und hatte dabei keine Schwierigkeiten. Oben angekommen, erklärte er, er könne seinen Pullover nicht ausziehen. Also zerrte ich ihm den über den Kopf. Weil er hungrig war, buk ich uns süße Kartoffeln. Seine Klagen beachtete ich nicht weiter, denn körperlich kräftig war er eigentlich nie, und er klagte gern. Und als er sich abends beim Essen in Simons Restaurant in Manhattan darüber beschwerte, daß das Essen einen metallischen Beigeschmack habe, schmeckte es mir nur um so besser. Als er dann aber auch behauptete, er könne nicht richtig schlucken, bekam ich es mit der Angst. Dies schien doch ernst zu sein. Mein Freund Joe löst bei allen möglichen Leuten die verschiedensten Reaktionen aus, aber wer ihn kennt, weiß, daß er ein leidenschaftlicher Esser ist, und man muß auf alles bei ihm gefaßt sein, nur nicht, daß er Schluckbeschwerden simuliert. Er hielt aber trotz dieser Beschwerden tapfer mit beim Essen, und deshalb verlor sich meine Besorgnis.

Am folgenden Vormittag klagte er telefonisch wieder über eine ungewöhnliche körperliche Schwäche. Weil mich das ängstigte, bestärkte ich ihn in seiner Absicht, seinen Internisten anzurufen, obwohl es ein Sonntag war. Ich bat ihn, mich so bald wie möglich zurückzurufen, denn ich wollte nach New Jersey zu meiner Schwester fahren. Als er nach einer Stunde noch nicht angerufen hatte, wählte ich seine Nummer, bekam aber nur den Anrufbeantworter. Ich glaubte, er sei womöglich aus dem Hause gegangen und habe vergessen, mich anzurufen. Ein zweiter Versuch, ihn zu erreichen, blieb ebenfalls erfolglos, doch war ich eher verärgert, weil er mich vergessen zu haben schien, als besorgt. Von meiner Schwester aus rief ich noch mal an, und wieder antwortete die Maschine. Nun bekam ich es doch mit der Angst und rief bei Julie Green an, einem gemeinsamen Freund, den ich über Joes Beschwerden informierte, und ihn bat, während meiner Abwesenheit bei Heller anzurufen und herauszufinden, was da los war. Um acht Uhr abends war ich wieder daheim und rief gleich bei Heller an. Wieder war er nicht da. Eine Rückfrage bei Julie ergab dann, daß Heller ihn aus der Notaufnahme des Mount Sinai Hospitals angerufen hatte. Julie fügte hinzu, Joe sei, kaum in der Intensivstation aufgenommen, völlig zusammengebrochen.

Ganz so habe ich das nun nicht in Erinnerung, wenngleich das mit den Süßkartoffeln stimmt.
Süßkartoffeln, wie ich sie als Kind gerne aß, bekommt man heutzutage in New York nicht mehr. Die waren meist kleiner als die Yamswurzeln, die man heute kaufen kann, blaßgelb und schmeckten nicht eigentlich süß, sondern mehr nach Stärke. Martha Hume, ursprünglich aus Kentucky und jetzt Kritikerin für Rock- und Countrymusik an New Yorker Blättern, brachte mir, wegen meiner wehmütigen Klage um die unbeschaffbaren echten Süßkartoffeln, von daheim einmal welche mit. Auch das waren nicht die, von denen ich träumte, doch schmeckten sie recht passabel. Innen waren sie weiß.
Bevor Speed und ich an jenem Samstag zum Essen gingen, buken wir uns zwei von den großen. Wenn ich ›wir‹ sage, meine ich Speed; der bereitete sie zu und demonstrierte mir dabei die Benutzung eines kombinierten Gerätes, mit dem man toasten und backen konnte, das er für meine Küche angeschafft hatte. Die Kartoffel schmeckte köstlich. Allerdings machte es mir nach den ersten Bissen Mühe zu schlucken. Dieses bedrohliche Symptom einer Dysphagie – bereits zum zweiten Mal an diesem Tag – erweckte in mir den Verdacht, irgendwas könne nicht stimmen.
Das Wort Dysphagie hörte ich übrigens zum ersten Mal von meinem Sohn, als er mich an meinem zweiten Tag auf der Intensivstation besuchte. In der Absicht, seine Ängste möglichst zu beschwichtigen, schärfte ich ihm ein, sich zu überzeugen, daß das medizinische Lexikon, in dem er sich, wie ich wußte, über meine Krankheit informieren würde, neuesten Datums sei. Dafür bedankte er sich ausdrücklich bei mir, denn beim Blättern in medizinischen Wörterbüchern, die im Laufe mehrerer Jahrzehnte erschienen waren, konnte er feststellen, daß die Sterblichkeitsquote in Fällen wie dem meinen im Laufe der Zeit rückläu-

fig war. Tatsächlich ist der Rückgang von Todesfällen bei Guillain-Barré drastisch, dank besserer diagnostischer Methoden und der Ausrüstung von fast allen Hospitälern mit Beatmungsgeräten. Die meisten Todesfälle werden durch den Stillstand der Atmung verursacht, hervorgerufen durch das Versagen der Muskeln, die wir normalerweise und ohne darüber nachzudenken dazu benutzen, den Brustkorb auszudehnen und zusammenzuziehen, um zu atmen. Einer meiner Ärzte zitierte unweigerlich veraltete Statistiken: 15% gehen mit Tod ab, 35% tragen bleibende Restlähmungen davon. Anfangs glaubte ich, allein schon der Umstand, daß ich mich in ärztlicher Behandlung befand, wende die Gefahren ab, welche andere bedrohten, doch am fünften oder sechsten Tage mußte ich mir eingestehen, daß dies nicht der Fall war. Die trübe stimmenden Statistiken standen sehr im Widerspruch zu den sonnigen Vorhersagen meines Neurologen Dr. Walter Sencer, der sich nicht davon abbringen ließ zu behaupten, ich sei ein leichter Fall (das stimmte soweit) und könne gewiß schon im August wieder wie gewohnt joggen. (Darin irrte er, denn erst am 3. August war ich in der Lage, einige wenige Laufschritte zu probieren.) Die einander widersprechenden Voraussagen hörten erst auf, als ich verärgert und mit bewußter Bosheit dazu überging, die Spezialisten zwecks Konsultation an ihre Kollegen zu verweisen. Dies hatte das Ergebnis, daß wir uns alle auf eine optimistische Prognose einigten.

An jenem Samstag aßen Speed und ich in Gesellschaft von Cheryl McCall, die damals für das Magazin *People* schrieb. Mir kam es vor, als habe mein Drink einen metallischen Beigeschmack, doch die beiden anderen fanden nichts daran auszusetzen. Das Hauptgericht, Fisch, schmeckte mir gut, doch schon beim Essen der Gemüsebeilagen hatte ich Schluckbeschwerden. Ich konnte auch nicht richtig kauen. Das Zeug blieb, soweit ich mich erinnere, in der rechten hinteren Mundhöhle hängen und wollte sich nicht rühren. Es kann sein, daß ich dies erwähnte.

Nach dem Essen fühlte ich mich aber wohl genug, den Heimweg zu Fuß anzutreten – fast eine Meile –, und

Speed begleitete mich, um sein Fahrrad zu holen. Zu dieser Zeit weilte Speed Vogel bereits sechs Jahrzehnte und drei Jahre auf unserer Erde und benutzte meine Wohnung als Abstellplatz für sein Rad. Nachdem er weg war, nahm ich mir die Sonntagsausgabe der *New York Times* vor und erlebte eine Überraschung. Als ich im Bett zu lesen begann, kamen mir die einzelnen Teile der Zeitung ungewöhnlich schwer vor. Ich gab vorzeitig auf und verfiel in Tiefschlaf. Und als viele Stunden später das Telefon mich weckte, lag ich in einem Wust aus Zeitungspapier. Die Anruferin war Tedda Fenichel.

Tedda ist eine emsige, muntere, sehr gescheite Person, in den Dreißigern, nehme ich an, die so rasend schnell Maschine schreiben kann, daß es ihr selber peinlich ist. Sie hatte schon früher meine Manuskripte getippt und rief mich an diesem Sonntagmorgen an, um zu sagen, daß sie den Teil des Manuskriptes meines Buches über König David fertig habe, den ich ihr gegeben hatte, und um zu fragen, wann sie ihn abliefern solle? Sie weiß noch, daß ich am Telefon ziemlich verwirrt klang, und schloß daraus mit Bedauern, daß sie mich aus tiefem Schlaf geweckt hatte. Ich selber glaubte zunächst, es sei mitten in der Nacht, und als sie sagte, es sei bereits Sonntag, fragte ich, ob sie vielleicht Sonntagnacht meine, in der Annahme, ich könnte den ganzen Tag verschlafen haben. Ich sagte also zu Tedda nur, ich wolle sie später zurückrufen, sobald ich mir über meine Termine im klaren sei.

Ohne besondere Mühe kleidete ich mich sodann an – bequeme Hosen über die Unterhosen und ein weites Sweatshirt, denn weder an Schlafanzüge noch an einen Morgenrock habe ich mich je gewöhnen können – und bereitete mir ein normales Frühstück. Die Grapefruit schmeckte nicht wie erwartet – der metallische Beigeschmack war wieder da. Alles andere, kalte Flocken mit Rosinen und Bananenscheiben, schmeckte wie gewöhnlich, nur kaute ich mühsamer als sonst. Der Kaffee war perfekt. Trotzdem befürchtete ich, als ich mit der zweite Tasse Kaffee ins Wohnzimmer ging, daß irgendwas unerfreuliches Neurologisches in mir vorgehe, etwas, worüber ich keine Kon-

trolle hatte und das ich nicht verstand. Ich fühlte mich in allen Gliedern schlapp. Widerstrebend rief ich bei meinen Ärzten an und hinterließ für sie eine Mitteilung auf dem Anrufbeantworter.
Kurz darauf erkundigte Speed sich nach meinem Befinden. Ich sagte, ich erwarte den Rückruf eines der Brüder Bader, deren Patient ich war. Er sagte, er wolle den Tag über in New Jersey bei seiner Schwester sein und gleich nach seiner Rückkunft wieder anrufen. Dann riefen Freunde aus Kalifornien bei mir an, Norman und Gloria Barasch, welche die Woche in New York verbrachten und mit denen ich zu einem späten Frühstück im Russian Tea Room verabredet war. Das hatte ich ganz vergessen. Ich sagte Norman, ich fühle mich nicht wohl, sie möchten mich entschuldigen. Er erinnert sich, daß ich auch einen Arzt erwähnte. Ich hinwiederum weiß noch, daß ich ihm empfahl, Rühreier mit importiertem Schinken zu bestellen, dazu eine Flasche Ale, das sei um diese Zeit im Russian Tea Room genau das passende. Während ich auf den Anruf eines der Brüder Bader wartete, rekapitulierte ich nicht ohne einige Schuldgefühle alle Symptome, die ich am Telefon aufzählen wollte, und dabei wurde mir klar, daß die Liste der rätselhaften Erscheinungen länger war und weiter zurückreichte, als ich geglaubt hatte. Am vergangenen Freitag hatte ich mit Norman und Gloria in einem Restaurant auf der East Forty-fourth Street gegessen; wir hatten einander lange nicht gesehen, und beide fanden mein Aussehen prachtvoll und gesund und meine Laune gut. Tatsächlich war ich schlank, meine Augen strahlten, meine Haut war tief gebräunt. Den Sommer hatte ich in Colorado verbracht, in Aspen, hatte täglich Gymnastik getrieben und bei gutem Wetter im Freien gearbeitet. Im Herbst war ich zweimal für kurze Zeit nach Santa Fee gefahren, hatte auch dort gearbeitet und Sonnenbäder genommen. Bei leichtem Schneetreiben wanderten wir nach dem Essen zurück zu Baraschs Hotel nahe meiner noch nicht fertig eingerichteten Wohnung. Trotz der Kälte trug ich nur einen gefütterten Trenchcoat, und nach einer Weile begann ich zu frieren.

Am darauffolgenden Samstag wollte ich mir mit Speed die Möbel eines Mannes ansehen, der wegzog. Das hatte mein Neffe verabredet, der im Auftrag von International Creative Management auf Talentsuche geht und außerdem mein Patenkind ist, was ihn alles zusammen fast unwiderstehlich macht für hübsche junge Mädchen, die seinen berühmten Onkel nun doch etwas bejahrt finden. Weil noch Zeit blieb, nahm ich in einem Café in der Nachbarschaft ein kräftiges zweites Frühstück zu mir, und ohne jede Warnung, mitten in meinem mit großem Appetit verzehrten Mahl, war ich außerstande, die Bratkartoffeln, die ich soeben in den Mund geschoben hatte, herunterzuschlucken. Das kam mir sehr seltsam vor. Danach, bei Eiern, Speck, Buttertoast und Kaffee, ging alles wieder glatt. Auf der Straße begegnete ich zufällig Baraschs, die mich noch einmal zu meinem blendenden Aussehen beglückwünschten. Und das nicht ohne Grund! Vor zehn Tagen war ich in Santa Fee gewesen, wo ich, auf Anraten einer Frau, die gerade wieder in mein Leben getreten war, als ich aus New York weg wollte, aber nicht wußte, wohin, für ein Jahr eine Wohnung gemietet hatte. Sie heißt Maia Wojciechowska und war mal mit dem Kunstkritiker Selden Rodman verheiratet. Damals lebte sie in Santa Fee, und ich sollte ihr helfen, ein Manuskript bei einem Verleger unterzubringen. Ich tat mein Bestes, und sie ihrerseits fand für mich mitten in der Stadt ein kleines Appartement, das ich für ein Jahr mietete.

Weil die Umgebung eben ist, mag man nicht glauben, daß Santa Fee fast ebenso hoch liegt wie Aspen. Im November ist die Luft dort kalt und trocken. Trotzdem lief ich fast jeden Tag eine Strecke von vier Meilen, die ich mir abgesteckt hatte. Tagsüber schien fast immer die Sonne. Vor dem Laufen und hinterher arbeitete ich meist im Freien, angetan mit warmer Unterwäsche und dicken Socken, einem wollenen Hemd, gefütterter Jacke und Wollmütze. So brachte ich in der Sonne das dritte Kapitel meines Romans über König David zu Papier, der dann unter dem Titel *God Knows* (»Weiß Gott«) erschienen ist. So war ich denn bei meiner Rückkehr nach New York in ausgezeichneter Ver-

fassung. Als Zwanzigjähriger hätte ich keine Meile geschafft, auch nicht bergab, nun aber war ich in bester Kondition – bis zu dem Augenblick, da in meinem Körper, aus Ursachen, die auch jetzt niemand kennt, ein biologischer Prozeß einsetzte, in dessen Verlauf einzellige Immunkörper produziert wurden, welche die krankhafte Neigung haben, in die Gewebsfasern einzudringen, die das periphere Nervensystem umgeben, und diese zu zersetzen. Darum konnte ich die Bratkartoffeln nicht schlucken und meinen Pullover nicht ausziehen.
Die Sache mit dem Pullover passierte gut zwei Stunden später, als Speed und ich die Möbel begutachtet und abgelehnt hatten. Weil es kalt war, hatte ich über ein Wollhemd einen dicken Pullover gezogen, und den brachte ich nun einfach nicht über den Kopf. Irrigerweise vermutete ich, Schweiß oder statische Elektrizität verhinderten, daß sich das eine Kleidungsstück vom anderen lösen lasse, und sagte das auch zu Speed, als ich ihn bat, mir zu helfen. Da wußte ich noch nicht, daß ich die erforderlichen Bewegungen nicht ausführen konnte, weil die Schultermuskulatur nicht funktionierte, oder daß dies Versagen verursacht wurde durch irgendwas, das die Übermittlung der nervlichen Signale von der Wirbelsäule zu jenen Muskeln blokkierte, die normalerweise durch die Nerven aktiviert werden. Auch nicht, daß das gleiche mit jenen Nerven geschah, welche die Bewegung der Zunge und der Kehle regulieren. Ein Gefühl der Taubheit oder Schmerzen habe ich übrigens zu keiner Zeit verspürt.
Ich fühlte mich dann auch wieder wohl genug, um nachmittags mit Speed im Sportclub ein paar Runden zu laufen. Es handelt sich um den Business Men's Club des YMCA auf der Sixty-third Street, unweit Central Park West; dort treffen wir uns mit guten Freunden, und mit Bekannten wie mit Israel Horovitz, Paddy Chayevsky (als er noch lebte) und Paul Simon (als er noch Zeit hatte).
Es gibt dort eine überdachte Laufbahn. Vor Jahren hatte mir ein Orthopäde einige Übungen beigebracht, die dazu dienen sollten, Kreuzschmerzen zu lindern, unter denen ich damals litt, und bevor ich mit dem Joggen begann,

machte ich diese Übungen zum Anwärmen. Die erste Übung (abwechselndes Heben der Beine aus der Hüfte in der Rückenlage, ausgestreckt auf der Matte) ging gut. Die zweite wurde zur Überraschung. Es galt, das gebeugte Knie anzuziehen, bis ich es mit dem Kinn berühren konnte, und das mißlang rechts wie links. Das war noch nie vorgekommen. Also stimmte irgendwas nicht. Und da fiel mir blitzartig ein, was am Vortag ebenfalls hier passiert war: Zu meinen Anwärmübungen gehörten auch fünfzehn schnell ausgeführte Liegestütze, aber nach sieben oder neun war es plötzlich nicht weitergegangen, ohne daß ich mich im geringsten ermüdet gefühlt hätte. Es war, als klaffe zwischen meinem Vorsatz und der Fähigkeit, ihn auszuführen, ein Abgrund. Weitere Liegestütze auch nur zu probieren, war absolut ausgeschlossen. Vorsichtshalber beschränkte ich den anschließenden Lauf auf drei Meilen statt der üblichen vier. Optimist, der ich war, glaubte ich, ich hätte mir irgendwo ein Virus geholt. Nun aber, nur einen Tag später, war ich außerstande, den Kopf weit genug zu heben, um mit dem Kinn mein Knie zu berühren.
Ich bin gewiß nicht der erste ältliche Sportler, der die Erfahrung gemacht hat, daß so gut wie alle Symptome aller erdenklichen Krankheiten, die man auszubrüten im Begriff ist, während des Laufens verschwinden oder mindestens unterdrückt werden. Folglich begab ich mich, ganz der stoische Märtyrer, einen Stock höher auf die Bahn und machte hier verbissen und schwerfällig meine anderthalb Meilen. Danach fühlte ich mich rundum geläutert. Nur brachte ich im Umkleideraum mein Sweatshirt nicht vom Leib. Weil ich selbstverständlich stark schwitzte, schob ich das wieder darauf, daß das feuchte Hemd am Leibe klebte, und nach mühsamen Verrenkungen von Hals und Schultern gelang es mir dann doch, es auszuziehen.
So brütete ich denn am Sonntagvormittag über der Häufung dieser beängstigenden Erscheinungen, während ich darauf wartete, daß mein Arzt mich zurückriefe. Es beschwichtigte meine Schuldgefühle, daß ich wirklich von Symptomen zu berichten hatte, die es rechtfertigten, ihn an einem Sonntag zu behelligen, ja, ich kam zu dem Ent-

schluß, einen der Brüder bei sich daheim anzurufen. Zu diesem Zweck mußte ich mir ihre Privatnummern von meinen Freunden Joseph und Elisa Stein beschaffen und auch erklären, weshalb der Fall so dringlich war.
Richard und Mortimer Bader sind in meinem Alter, eineiige Zwillinge, und teilen sich in ihre internistische Praxis. Sie ähneln einander so sehr, daß Speed Vogel einmal bemerkte, sie könnten beide praktizieren, auch wenn nur einer von ihnen das Examen abgelegt hätte. Meine Schwiegereltern waren von ihnen ein gutes Dutzend Jahre behandelt worden, und nicht ein einziges Mal hatten die Brüder ihnen mehr in Rechnung gestellt, als die Versicherung bezahlte.
Richard lebte im Kreise seiner Familie, Mortimer hauste damals allein, und deshalb wählte ich seine Nummer. Er meldete sich, wie mir schien etwas mürrisch, und schon hatte ich wieder Gewissensbisse. Er ging aber auf meine Rechtfertigungsversuche überhaupt nicht ein, sondern verlangte, daß ich seine Fragen beantworte: Nein, ich habe kein Fieber; die Beschwerden seien beidseitig, man könne sagen, symmetrisch auf meine Gliedmaßen verteilt; und noch während unseres Gespräches beobachtete ich ein weiteres Symptom, nicht ohne eine gewisse nervöse Genugtuung: Ich konnte die Beine nicht übereinanderschlagen; das rechte wollte sich nicht über das linke legen, und dieses ließ sich nur mit Mühe anheben. Mir kam es so vor, als rinne so gut wie alle Kraft, über die ich zu verfügen gewohnt war, auf geheimnisvolle Weise aus meinem Körper. Das war geradezu gespenstisch.
Nachdem ich mit meinem Bericht fertig war, nuschelte Mortimer etwas Unverständliches und wiederholte auf meine Bitte deutlicher, was er gesagt hatte, nämlich »Guillain-Barré Syndrom«.
Davon hatte ich nie gehört. »Schön. Aber was hat das zu bedeuten?« fragte ich.
»Können Sie gleich zu mir in die Wohnung kommen?« fragte er ganz ruhig.
»Selbstverständlich.«
Seither habe ich reichlich über das Guillain-Barré Syn-

drom gehört und gelesen, und wenn man die Erfahrungen anderer Leute in Betracht zieht, die davon befallen wurden, so grenzt es ans Wunderbare, daß Mortimer schon am Telefon die richtige Diagnose stellen konnte. Typisch für diese seltene und ganz eigenartige Form der Polyneuritis ist, daß es nur ganz wenige wirklich typische Fälle gibt, und meiner gehörte nicht dazu.

Instinktiv wußte ich, daß ich ins Krankenhaus würde gehen müssen – eine für mich völlig neue Erfahrung –, und ich nahm mir vor, entsprechend zu packen. Zuerst fiel mir mein Wörterbuch ein, ferner Schreibpapier, Kugelschreiber, ein oder zwei Bücher und mein kleines Telefonnummernverzeichnis. Ich malte mir aus, wie ich stundenlang bequem auf einem Berg Kissen ruhen, lesen, schreiben, dösen und telefonieren, kurz mein damals übliches Leben in gewohnter Weise fortsetzen würde. Ich ertappte mich dabei, daß ich Toilettenartikel samt einer kleinen Apotheke einpackte, wie ich sie auf Reisen mitführe, und da wurde mir klar, daß ich mich eitlen Phantasien hingab.

Daß ich weder Schlafanzüge noch einen Morgenrock besaß, war mir plötzlich peinlich. Ich lege Wert darauf, gut gekleidet zu sein, und wie würde ich nun aussehen? Am Ende nahm ich nur meine Zahnbürste mit, einen elektrischen Rasierapparat, mein Adressenverzeichnis, Scheckvordrucke und zu guter Letzt sehr große, wollene Socken. Es fiel mir nämlich ungemein schwer, die üblichen Stretchsocken anzuziehen, und ich fürchtete, es würde mir nicht gelingen, sie auszuziehen. Etwas so Einfaches, wie einen Socken überzustreifen und hochzuziehen, verlangt von Fingern, Unterarmen, Trizeps, Bizeps und Schultermuskeln mehr Kraft, als ich imstande war, jetzt noch aufzubringen, gar nicht zu reden von den Muskeln in Beinen, Hüften und Rumpf, die aktiviert werden mußten, wollte ich Füße und Hände nahe genug zueinander bringen.

Das Telefon schrillte, als ich im Begriff war zu gehen. Die Stimme des Arztes, der meine Baders im Sonntagsdienst vertrat, sprach auf den Anrufbeantworter. Ich hielt mich damit nicht auf. Auf dem Flur begegnete ich Bruce Addison, einem Bekannten, der mich auf diese Wohnung

hingewiesen hatte, als ich dringend eine suchte. Ich sagte, ich sei unterwegs zu meinem Arzt, der mich bestellt habe, und versprach, ihn auf einen Kaffee oder einen Drink einzuladen, sobald ich zurück sei. Es vergingen dreieinhalb Monate, bevor ich ihn anrufen konnte – gelegentlich meines ersten Nachturlaubs aus der Rehabilitationsklinik.
Vor dem Haus winkte ich ein Taxi heran und meinte zunächst, der Fahrer habe vergessen, die hintere Tür zu entriegeln; es gelang mir erst, sie zu öffnen, als ich beide Arme zu Hilfe nahm. Und auch aufdrücken konnte ich sie nur auf diese Weise, als es soweit war.
Dr. Bader erwartete mich in seiner Wohnung. Schon bei der kurzen Begrüßung bat er mich, alle Kleider abzulegen. Als ich bemerkte, ich fürchte, nicht wieder in meine Socken zu kommen, versprach er, mir helfen zu wollen. Ich mußte gehen, mich bücken, Gegenstände anfassen – ich weiß nicht mehr, was noch alles. Die Untersuchung dauerte jedenfalls nicht lange. Und die Socken zog er mir wie versprochen an. Er eröffnete mir, er habe bereits mit seinem Bruder gesprochen und mit einem Neurologen, Wally Sencer, und alle drei seien sich einig in der Diagnose Guillain-Barré. Um drei Uhr seien wir mit Dr. Sencer in dessen Praxis verabredet zu einer weiteren Untersuchung; er komme eigens zu diesem Zweck in die Stadt. An einem Sonntag im Dezember zwei erstklassige Mediziner in New York zur Verfügung zu haben, ist noch ungewöhnlicher, als sie an einem schönen Sommertag hier anzutreffen.
Wir hatten reichlich Zeit, und Morty ließ aus einem Delikatessenladen auf der Madison Avenue etwas zu essen kommen. Ich bestellte Thunfischsalat auf Roggenbrot und Kaffee dazu, brachte aber nur den Kaffee herunter; das Sandwich war zuviel für mich. Ich bekam den Mund nicht weit genug auf, um abzubeißen, konnte kaum kauen, was ich mühsam in mich reinknabberte, und Zunge und Kehle weigerten sich herunterzuschlucken, was ich mümmelte. Morty sah sich das wortlos an.
Er erwähnte auch Guillain-Barré nicht mehr, und ich stellte keine Fragen. Statt dessen redeten wir von den Kin-

dern, seinen und meinen. Er erwähnte keine seiner Patienten, die ebenfalls an dieser Krankheit litten. Seit ich weiß, wie selten sie ist, vermute ich, daß er nie zuvor welche gehabt hat. Es ist aber auch denkbar, daß er vermied, mich aufzuklären, um nicht den Schrecken und die Angst zu verstärken, die ich empfand, auch wenn ich mich bemühte, das zu verbergen. Der Neurologe Sencer hat mir später gesagt, daß ich in seiner fünfundzwanzigjährigen Praxis der erste Fall von Guillain-Barré gewesen sei, bei dem man keinen Luftröhrenschnitt habe machen müssen. Statistisch gesehen ist das gar nicht so ungewöhnlich, wenn man bedenkt, daß er vermutlich nur etwa vier oder fünf weitere Fälle gehabt hat.

Von meinen Freunden und Bekannten hatten wohl nur sehr wenige vor meiner Erkrankung vom Guillain-Barré Syndrom gehört. Daß der Humorist, begabte Schauspieler und Filmproduzent Mel Brooks einer davon war, wird niemanden erstaunen, der ihn kennt. Medizinische Handbücher sind seine Lieblingslektüre, und er ist der einzige mir bekannte Mensch, der auf die englische medizinische Fachzeitschrift *Lancet* abonniert ist. Als Pfadfinder zeichnete er sich einzig in Erster Hilfe aus.

Ein anderer ist Frederick Karl, der Literaturkritiker und Biograph Joseph Conrads, der derzeit an der New York University lehrt und seit über dreißig Jahren mit mir befreundet ist. Fred hat in seinem Hirn mehr Fakten gespeichert als alle anderen mir bekannten Personen und erinnerte sich, daß die Krankheit 1976 als Begleiterscheinung gelegentlich der bundesweit durchgeführten Impfungen gegen die Schweinegrippe aufgetreten war. Freundlicherweise enthüllte er mir nicht alle ihm bekannten Fakten, sondern wartete damit, bis ich im Juni aus der Klinik entlassen wurde und anfing, ohne fremde Hilfe zu gehen: daß man nämlich wirklich daran sterben kann und daß manche, die erkranken, lebenslang behindert bleiben.

Die Krankheit, von der hier die Rede ist, wurde in neueren medizinischen Lehrbüchern zuerst als ›Landry-Paralyse‹ beschrieben. Sie befällt das periphere Nervensystem, also

jene Nervenstrukturen, die sich außerhalb der Wirbelsäule befinden. Darunter fallen sämtliche kranialen und spinalen Nerven.
1916 wurde diese Beschreibung ergänzt durch Beobachtungen dreier Pariser Ärzte – Georges Guillain, Jean Alexandre Barré und André Strohl –, die entdeckten, daß der Proteingehalt in der Rückenmarksflüssigkeit bei Erkrankten sich merklich erhöht, ohne daß Zellveränderungen stattfinden, aus denen sich auf das Vorhandensein einer Infektion schließen ließe.
Mercks Handbuch betont, daß die Erkrankung unbedingt sofortige ärztliche Behandlung erfordert, insbesondere ständige Überwachung der Atmung und des Kreislaufs, deren Versagen als häufigste Todesursache angegeben wird.
Man weiß nicht, wie die Krankheit entsteht, anfangs weiß man nicht einmal, ob sie wirklich vorhanden ist. Es ist nicht bekannt, daß sie alters-, geschlechts-, jahreszeit- oder ortsspezifische Vorlieben hat. Wie das meiste im Leben, Gutes und Schlechtes, trifft sie Gerechte wie Ungerechte, solche, die opfern, und solche, die es nicht tun.
Man spricht dabei nicht von einer Krankheit, sondern von einem Syndrom, denn ihr Vorhandensein kann nur durch die Gesamtheit der Symptome nachgewiesen werden.
In vielen Fällen werden zunächst die Füße von der Lähmung befallen, die alsdann nach oben fortschreitet, aber häufiger beginnt es nicht so. Bei mir begann die Lähmung in der Körpermitte und setzte sich nach unten wie nach oben gleichzeitig fort.
Verursacht wird sie nicht von einem Virus, sie stellt sich jedoch meist nach Infektionen der oberen Atmungswege ein, nach chirurgischen Eingriffen oder nach Impfungen, was auf Selbstansteckung deutet; anders ausgedrückt, der Körper produziert Zellen, die sein eigenes Gewebe zerstören.
Spontanremission und Genesung unterscheiden diese Krankheit von anderen, mit denen sie anfangs vielleicht verwechselt wird. Soweit ich jetzt weiß, kann die Genesung schon nach sechs Wochen stattfinden, sie kann aber

auch länger als zwei Jahre auf sich warten lassen. Und es ist kein Mittel bekannt, mit dem die Schwere der Krankheit gelindert, ihr Fortschreiten verhindert oder die Genesung beschleunigt werden kann.

Weil mein Fall atypisch war, akzeptierten beide Kliniken, in denen ich behandelt wurde, die Diagnose Guillain-Barré nur deshalb, weil kein bekanntes Krankheitsbild besser paßte.

Wally Sencer geht sehr pragmatisch an die Sache heran: »Wenn was aussieht wie Guillain-Barré und sich so auswirkt wie Guillain-Barré, dann ist es auch Guillain-Barré.«

Im Mount Sinai Hospital gab man sich mit dieser Diagnose erst zufrieden, als sich nach der dritten Lumbalpunktion ein erhöhter Proteingehalt nachweisen ließ. Bis dahin galt ich für einen Fall von »akuter, unspezifischer Polyneuritis«.

Guillain-Barré ist aber auch nicht so selten, daß der Leser nach Lektüre dieses Buches nicht sehr bald jemandem begegnen wird, der jemanden kennt, der daran erkrankte. Zwischen 1,6 und 1,9 von 100 000 Amerikanern werden jährlich davon befallen, oder zwischen 16 und 19 in einer Million. Bei einer Population von mehr als 200 Million bedeutet dies über 4000 Neuerkrankungen pro Jahr.

Bei den Personen, die 1976 gegen die Schweinegrippe geimpft wurden, war das Risiko etwa achtmal höher, also immer noch gering, wenn auch nicht für die etwa neunhundert Befallenen, die nach der Impfung erkrankten. Als aus Minnesota, Alabama und New Yersey Fälle von Guillain-Barré gemeldet wurden, warnten Epidemiologen vor der Fortsetzung der Massenimpfungen, und als allein aus Pittsburgh sieben neue Fälle gemeldet wurden, setzte man das Programm aus.

Daß aus keinem anderen Lande, das diesen Impfstoff benutzte, ein Ansteigen der Fälle von Guillain-Barré gemeldet wurde, macht die ganze Angelegenheit nur noch rätselhafter.

Ich bezweifle stark, daß der mich damals behandelnde Arzt, Dr. Mortimer Bader, über Einzelheiten des Krankheitsverlaufes so gut unterrichtet war, wie ich es heute bin. Doch war er sich der drohenden Gefahren sehr wohl bewußt und vernünftig genug, sie mir zu verschweigen. Wer mich damals meiner Tapferkeit im Angesicht dieser Gefahren wegen rühmte, war sich nicht darüber im klaren, daß ich ihrer erst gewahr wurde, als das Schlimmste bereits abgewendet war.

Als es Zeit wurde, half Morty mir in die Jacke, denn ich konnte den Arm nicht genügend heben, um ihn gegen leichten Widerstand in den Ärmel zu schieben. Bader selbst ist gehbehindert, und wir wußten beide, daß wir einen lächerlichen Anblick boten, als wir einander bis zur Straßenecke stützten und uns gegenseitig in die Taxe halfen. Das Haus, welches unser Ziel war, hat eine halbkreisförmige Auffahrt für Automobile, außerdem einen Fußweg. Als ich den Bordstein erklomm, gab das rechte Knie nach, und ich fürchtete einzuknicken. Ich machte darüber lachend eine Bemerkung, auf die Bader aber nicht einging, als er mir in die Praxis des Neurologen half, der uns schon erwartete.

Dr. Walter Sencer ist groß und kräftig; er gibt sich schroff und schaut aus hellen, glitzernden Augen seine Patienten scharf an, als wolle er sich von vornherein jede Wehleidigkeit verbitten, was einen aber nicht ganz darüber hinwegtäuscht, daß er unter diesem rauhen Äußeren einen sehr mitfühlenden Kern verbirgt. Er ist nicht nur Neurologe, sondern auch Psychiater; die zweite Ausbildung verordnete er sich, als ihm schien, daß die Arbeit als Neurologe seine sehr aktive und zum Experiment neigende Phantasie nicht genügend beanspruche. Als Neurologe sah er sich wohl auf das Diagnostizieren beschränkt, auf düstere Prognosen und geringe Möglichkeiten, Heilungen zu bewirken. Er sagte, er habe meine Bücher mit Vergnügen gelesen, sich insbesondere über meine unverhohlene Kritik an Henry Kissinger in *Good as Gold* (»Gut wie Gold«) amüsiert.

Auch er brauchte nicht lange, um zu seiner Diagnose zu

kommen. Ich mußte Bewegungen ausführen, aus denen sich ersehen ließ, ob meine Koordinationsfähigkeit beeinträchtigt war, sogar die Lippen, die Augäpfel und die Zunge mußte ich bewegen, er prüfte die Kraft in meinen Gliedmaßen, indem er deren Bewegungen mit der Hand Widerstand entgegensetzte. Er legte mir die Hände auf die Schultern und forderte mich auf, die Achseln zu zucken. Das alles beanspruchte nur Minuten. Dann sagte er, ohne seine Aufmerksamkeit von mir abzuwenden, wie nebenbei zu Dr. Bader: »Rufen Sie mal in der Klinik an, die sollen ein Bett freimachen.« Ob ich in letzter Zeit eine Virusinfektion gehabt habe oder geimpft worden sei, wollte er wissen. Nein.

»Soweit ich sehe, sind Sie ein leichter Fall«, erklärte er mir sodann, »und es dürfte nichts zurückbleiben.«

Was da zurückbleiben könnte, fragte ich nicht.

Er chauffierte uns in seinem blauen Wagen zum Mount Sinai Hospital und behauptete unterwegs spöttisch, mit Insassen wie Morty und mir fühle er sich ganz als Ambulanzfahrer. Er hielt vor der Unfallaufnahme. Als ich diesmal aus dem Wagen stieg, gab mein rechtes Knie tatsächlich nach, und ich wäre um ein Haar gefallen. Beide stützten mich auf dem Weg zur Aufnahme, wo ich mit dem diensthabenden Arzt die Formalitäten der Einweisung erledigte. Ich glaube, die erneute Untersuchung war ebenfalls nur von kurzer Dauer, doch meine Erinnerung läßt mich hier im Stich. Ich mußte Fragen beantworten, die Nummer meiner Versicherungspolice angeben, nannte Namen und Adresse meiner Frau als die einer Person, die ›in dringenden Fällen‹ zu benachrichtigen sei, was ein schlechter Witz war, denn wir lebten seit einem Jahr getrennt. Aber hätte ich eines meiner Kinder mit diesen Dingen belasten sollen? Eine Oberschwester fragte freundlich, ob ich irgendwen benachrichtigen wolle, und als ich verneinte, beharrte sie darauf, daß ich jemand benenne, der sich meiner Kleider und etwaiger Wertgegenstände annehme. Hieß das etwa, daß es in meinem Zimmer keinen Schrank gab? Ich saß unterdessen schon auf einer fahrbaren Trage und ließ die Beine wie gewohnt lässig baumeln. Ich weiß noch, daß ich sagte, ich brauche auf dem Zimmer ein Telefon. Das versprach sie. Ich bat sie, meine Freunde Julie und Edie Green zu benachrichtigen. Beide waren zu Hause, wollten ihr anfangs aber nicht glauben, als sie sich am Telefon vorstellte und sagte, ich habe den Wunsch geäußert, sie möchten, sobald es ihnen möglich sei, zu mir in die Klinik kommen.

»Das soll wohl ein Witz sein?« fragte Julie.

Ich nahm ihr den Hörer weg und sagte: »Nein, ich bin wirklich hier.« Ich sagte es zwar lachend, doch war mir eigentlich nicht danach zumute. Sodann bat ich sie, bei meinem Neffen anzurufen, der seinerseits selber an einem seiner beiden Apparate hing, um mit dem Mount Sinai Hospital in Kontakt zu kommen, als mein Gespräch auf dem zweiten Apparat ankam. Er wollte gerade mit einem seiner Freunde sprechen, der auch einer meiner Anwälte ist, Alan Altman, der an eben diesem Tage in der Klinik aufgenommen worden war, weil ihm die Gallenblase entfernt werden mußte. Auch mein Neffe Paul traute seinen Ohren nicht, denn als wir uns am vergangenen Nachmittag gesehen hatten, schien ich bei blühender Gesundheit. Etwas später bat ich Tedda Fenichel, den von ihr getippten Teil meines Romans in die Klinik zu bringen, und das tat sie noch an diesem Abend. Tedda kannte sich mit Intensivstationen sehr viel besser aus als ich, und sie weiß noch, daß sie baß erstaunt war darüber, daß ich mich so jovial gab und überhaupt keine Besorgnis erkennen ließ.

Ob man mich neuerlich untersuchte, Tests vornahm oder sonstwas mit mir anstellte, nachdem man mich auf die Intensivstation gerollt hatte, weiß ich nicht mehr, doch muß alles dies wohl stattgefunden haben: Reflexe wurden geprüft, Atmungswerte gemessen, Blut entnommen, Urinproben angesetzt, man wog mich und befolgte die mündlichen Anordnungen meines Internisten und meines Neurologen. Dann stellte eine etwa fünfundzwanzigjährige Schwester sich mir als Kim Kudzin vor und sagte, hauptsächlich sie werde sich von nun an um mich zu kümmern haben. Es dauerte wohl keine Woche, bis wir ineinander verknallt waren.

Ich durfte das Telefon im Schwesternzimmer nach Belieben benutzen, und in den zwei Tagen, in denen ich mich noch dorthin bewegen konnte, machte ich ausgiebig Gebrauch davon, tätigte und erhielt jede Menge Anrufe. Als ich mich erkundigte, wo die Toilette sei, löste das Befremden aus; ich wußte nicht, daß ich in Kürze schon ans Bett gefesselt sein würde. Die Schwestern vermerkten mit Verblüffung, daß niemand mir das gesagt hatte. Ich vermied es nach Kräften, mitzubekommen, was sich in den drei anderen Betten meiner Abteilung tat.

Als Julie und Edie Green endlich zu mir durften, wußten sie nicht, was sie sagen sollten. Ich saß noch angezogen auf meinem Bett, verbreitete gute Laune, schien in bester Stimmung, und das alles auf engstem Raum in Gesellschaft dreier Patienten, von denen zwei binnen kurzem sterben sollten. Der dritte, ein Kanadier, der an Myasthenia gravis (Muskelschwäche) litt, wurde bald darauf entlassen; sein Bett bezog eine ältliche Frau, die dann ebenfalls starb.

Julie Green erinnert sich, daß ich Mühe hatte, meine Kleider auszuziehen, und er half mir dabei. Ich erklärte Greens, wo die Versicherungspolicen zu finden seien, nämlich in der Wohnung, aus der ich Anfang des Jahres ausgezogen war. Darunter befand sich auch meine einzige Lebensversicherung, deren Begünstigte immer noch meine Frau war. Julie sollte meine beiden Krankenversicherungen daraufhin prüfen, wie meine Ansprüche geltend gemacht werden könnten. Zu diesem Zweck würde er meine Frau über meine Erkrankung und meinen derzeitigen Aufenthaltsort ins Bild setzen müssen; ich bat ihn aber nicht ausdrücklich darum. Sie und ich waren uns im Lauf des letzten Jahres nur einmal begegnet, und zwar vor dem Familienrichter, der mich zwei Monate zuvor hatte vorladen lassen aus Gründen, die sowohl mir als auch meinem Anwalt bis heute rätselhaft geblieben sind. Es muß sich dabei um Geld gehandelt haben, denn von anderem war kaum die Rede. Norman Sheresky, der Anwalt meiner Frau, brachte mich zum Lachen. Auszüge aus dem Protokoll dieser Verhandlung folgen zu gegebener Zeit in

diesem Buch, zusammen mit den Argumenten, die er im Juni des folgenden Jahres (erfolglos) dagegen vorbrachte, daß ich plante, nach meiner Entlassung aus der Klinik mein Sommerhaus zu beziehen.
Erst als Greens gegangen waren, rief ich meinen Sohn an, um ihm zu sagen, wo ich mich aufhielt und weshalb. Es gebe keinen Grund, sich aufzuregen, versicherte ich. Meine Tochter erreichte ich erst am nächsten Morgen in ihrem Büro.
»Rat mal, wo ich bin«, eröffnete ich die Unterhaltung.
Dann gab ich ihr die bloßen Tatsachen durch, spielte die Gefährlichkeit meiner Erkrankung, die mir ja selber nicht deutlich war, nach Kräften herunter und schloß mit Dr. Sencers Prognose »Es wird vermutlich nichts zurückbleiben«.
»Das will ich auch stark hoffen!« war ihre Erwiderung, eine Hoffnung, die ich vorbehaltlos teilte. Erst drei Monate später wurde mir klar, daß es auch ganz anders hätte ausgehen können.
Joseph und Elisa Stein, die telefonisch von Morty Bader erfahren hatten, wo ich war, kamen ebenfalls noch. Weil die drei sehr eng befreundet sind, hatte er ihnen im Vertrauen mitgeteilt, was noch keiner meiner sonstigen Freunde wußte: daß es sich nämlich um eine sehr ernste Erkrankung handele, deren Verlauf sich nicht vorhersagen lasse, auch nicht, welche bleibenden Schäden auftreten könnten, und daß er weiter nichts für mich tun könne, als mich am Leben zu halten, bis die Vermehrung jener Antikörper aufhöre, welche die Markscheide zerstörten, die die Nervenfasern des Rückenmarks schützt.
Auch mein Neffe Paul kam noch an diesem ersten Abend, nachdem er sich davon überzeugt hatte, daß ich wirklich in der Klinik war, und führte sich ebenso munter auf wie ich. »Was treibst du hier eigentlich?« wollte er mit gespielter Entrüstung wissen. »Du siehst doch glänzend aus!«
Ich bestellte bei ihm zwei Dutzend Bleistifte Nr. 2, gut angespitzt und in der Originalverpackung, mit denen ich während der paar Tage, die ich in der Klinik verbringen müsse, das Manuskript korrigieren wolle, vielleicht später

noch Fotokopien der Korrekturen, falls ich bis dahin nicht entlassen sei. Die Schwester vom Dienst wußte selbstverständlich auch nicht, welchen Verlauf mein Guillain-Barré nehmen würde, und teilte ihm auf Befragen mit, daß ich vermutlich während zweier Wochen fortlaufend schwächer werden und sich mein Zustand alsdann auf einer sogenannten Plateauphase stabilisieren werde. Das sagte ihm ebensowenig wie mir, denn er brachte am nächsten oder übernächsten Tag die Bleistifte. Paul war es auch, der bei späteren Besuchen, als ich nur noch undeutlich sprechen konnte, meinen anderen Besuchern erklärte, ich hätte schon immer Schwierigkeiten gehabt, die Buchstaben r, w, s und l deutlich auszusprechen, und meine sogenannte Krankheit sei nichts als ein Trick, mit dem ich über diesen Defekt hinwegtäuschen wolle.

Das Personal der Nachtschicht konnte sich auch nicht über mein blendendes Aussehen beruhigen, als es mich erstmals zu Gesicht bekam. Eine Schwester zog mit dem Ausdruck des Bedauerns die Vorhänge um mein Bett zusammen, so daß ich nichts mehr sehen konnte, und erklärte mir das damit, daß mein Bettnachbar im Sterben liege. »Tut mir leid«, sagte sie, »aber das kommt hier nun mal vor.«

Ich fand das nicht mehr gar so schlimm, als ich am Tag darauf erfuhr, der Patient sei schon Ende Siebzig. Seine Frau war anwesend und weinte; ich hörte sie jenseits meines Vorhanges schluchzen und den Arzt verfluchen, der, soweit ich verstand, weiter nichts verbrochen hatte als ihrem Mann zu empfehlen, heimzugehen, ein Bier zu trinken und es sich wohl sein zu lassen, es bestehe kein Grund, sich zu fürchten.

»Das sollte ihm mal selber passieren!« jammerte sie mehrmals.

Ob ich in jener Nacht schlief, weiß ich nicht mehr. Ich weiß allerdings, daß ich schon sehr bald den Schlaf fürchtete, obwohl ich mich andererseits bemühte einzuschlafen.

Erst sieben Wochen später, am 3. Februar, als ich schon von Mount Sinai in die Rehabilitationsklinik Rusk verlegt worden war, erscheint auf dem Krankenblatt die Bemerkung des Pflegers ›Patient schläft ruhig bis zum Morgen‹. Der Pfleger war Herman Bryan, einer von mehreren Privatpflegern, die ich in den ersten beiden Wochen in Rusk noch brauchte. Der trat seinen Dienst um Mitternacht an, und wenn er kam, war ich noch wach.

Als ich meinen Freund Julie Green fragte, was denn nun wirklich mit Heller los sei, gestand er, übertrieben zu haben – Joe sei nicht wirklich zusammengebrochen. Doch stimme es, daß er auf der Intensivstation im Mount Sinai Hospital liege. Julie diagnostizierte Joes Krankheit als Hypochondriasis; Joe sehe blendend aus, er kommandiere jedermann herum (wie üblich) und wünsche, mich so bald wie möglich zu sehen, da er besondere Aufträge für mich habe. Zu Julie hatte Joe gesagt, er glaube nicht, daß er lange in der Klinik würde bleiben müssen, doch seien unterdessen einige Geschäfte zu erledigen.
Montag, den 14. Dezember, fand mein erster Besuch bei Joe statt. Am Eingang zur Intensivstation wurde ich angehalten. Ich stellte mich auf Befragen als Besucher von Joseph Heller vor; mein Name sei Speed Vogel. Wie erwartet, mußte die Schwester darüber lachen. Den Namen Speed hatte ich bereits mit 4 Jahren in einem Jugendferienlager verpaßt bekommen – damals gab es noch keine ›Speed‹ genannten Aufputschmittel wie Amphetamin –, und ›Speed‹ (›Der Schnelle‹) nannte man mich aus dem gleichen Grund, aus dem man Glatzköpfige gern ›Lockenköpfchen‹ nennt. Seither nennt mich alle Welt so. Und schneller bin ich unterdessen auch nicht geworden. Als Joe und ich 1969 in Washington für die Beendigung des Krieges in Vietnam protestierten und dabei in der Menge getrennt wurden, schrie Heller laut nach »Speed!« und wurde prompt von jungen Leuten in seiner Nähe gefragt: »Wieviel willst du haben, Mann?«
Jetzt traf ich ihn im Bette sitzend an, wie er auf einem Schreibblock Notizen machte. Er sah tadellos aus, mindestens so gut wie zwei Tage zuvor, als wir miteinander zu Abend gegessen hatten. Er fragte nach Anrufen und nach seiner Post, die ich in seiner Wohnung abgeholt hatte, wie er mich zuvor telefonisch angewiesen hatte. Sodann fing

er an, mir seine Aufträge zu erteilen, und verlangte, daß ich alles wörtlich wiederholte. Ich vergesse zwar gelegentlich dies und jenes, fühlte mich aber leicht gekränkt. Ich bin der Mann, der sich einst selbst sagen hörte: »Mein Geist ist scharf wie ein ... ein ... wie sagt man doch gleich«, ein Ausspruch, den Heller in einem seiner Romane verwandte.

Wie auch immer, Joe trug mir auf, mehrere eingegangene Anrufe zu beantworten; falls mir alles aber zuviel würde, müsse ich unbedingt wenigstens eine Verabredung zum Essen absagen, die er mit seinem Freund Sidney Gruson und dessen Frau getroffen habe, den Rest könne ich schlimmstenfalls vergessen. Diese für ihn bezeichnende Bemerkung verstärkte meine Überzeugung, daß es ihm nicht besonders schlechtgehen könne.

Als ich fragte, was ihm nun eigentlich fehle, sagte Joe, er leide an Guillain-Barré, wovon wir beide bis dahin nie was gehört hatten. Es klang exotisch, aber nicht gefährlich. Ich bat ihn, den Namen mehrmals zu wiederholen, bis ich ihn mir so gut eingeprägt hatte, daß ich allen Anfragern Auskunft geben konnte. Er rechne mit seiner baldigen Entlassung, fügte er hinzu. Ich beruhigte ihn mit dem Versprechen, bis dahin seine Post abzuholen und seine Anrufe entgegenzunehmen.

Ich wohnte damals in einem kleinen Atelier auf der Twenty-Eighth Street zwischen Broadway und Sixth Avenue mitten im Blumenviertel von Manhattan, wo, obwohl das wenig bekannt ist, auch eine ganze Menge Künstler leben. Ehe die Blumengroßhändler Einzug hielten, wohnten hier Musikverleger, Texter und Schlagerkomponisten; in den zwanziger Jahren war die Gegend als ›Tin Pan Alley‹ bekannt gewesen. Weil die Blumenfritzen derzeit nur die Ladengeschäfte und die Kellerräume benutzten, waren die oberen Stockwerke großenteils unbewohnt, und in den vierziger Jahren übersiedelten hauptsächlich bildende Künstler hierher, weil die Decken hoch und die Mieten niedrig waren. Anfangs kam ich her, um den Bildhauer Herbert Kallem zu besuchen, den ich durch meinen alten Freund Stanley Prager kennengelernt hatte, der ihn wiederum durch seinen Freund Zero Mostel kannte. Zero ist zwar hauptsächlich als Komiker und Schauspieler bekannt, doch angefangen hat er als Maler, und ursprünglich teilte er sich mit Kallem ein Atelier. Dieser übte seine Lehrtätigkeit in jenem Atelier aus, während sein Bruder Henry im Stockwerk darüber wohnte und Malkurse abhielt. Ich beteiligte mich bei beiden. Ich hatte dort Umgang mit allen möglichen faszinierenden Leuten und fühlte mich da bald mehr zu Hause als auf der Upper West Side, wo ich damals wohnte.

Ngoot Lee gehört zu den Typen, die ich durch Zero kennenlernte, er war Maler, und wir freundeten uns bald an. Ngoot war mit zehn Jahren aus Canton zu einem Onkel auf Besuch gekommen, der es in Chinatown zu Geld gebracht hatte, und New York gefiel ihm so gut, daß er da blieb, zunächst zur Schule ging und danach alle möglichen Jobs hatte, unter anderem in Restaurants. Mit ungefähr zwanzig Jahren ließ er sich in der Twenty-eighth Street nieder. Als ich 1960 von ihm erfuhr, daß die Nachbarwohnung frei würde, übernahm ich das Atelier, dessen Vorbesitzer in Hoboken größere Räume gefunden hatte. Allerdings erhöhte der Hauswirt bei dieser Gelegenheit die Miete. »Sind Sie mit 45 Dollar im Monat einverstanden?« fragte er listig grinsend, und obwohl Ngoot empört war, griff ich auf der Stelle zu. Zwar gab es keine Zentralheizung, und die Toilette war auf halber Treppe, doch hinterließ mir der Vormieter einen brauchbaren Ofen, und wir entdeckten einen verkleideten Kamin, der aber durchaus zu benutzen war und nicht nur das Ambiente hob, sondern mich auch vor Frostbeulen schützte. In diesem Atelier also arbeitete ich, und hier versammelten sich meine Freunde. Wenn wir abends in Chinatown gegessen hatten, ging ich mit Joe, Julie, George Mandel, Ngoot und Mel Brooks noch bei Harry vorbei, dessen Obstgeschäft die ganze Nacht geöffnet war (zu unserem Kummer wurde es abgerissen, um Platz zu machen für das World Trade Center), und auf dem Rückweg hielten wir eifrig Ausschau nach weggeworfenen Obststeigen, die wir in meinem Kamin verbrannten.

Dabei oblag es Mel, das Feuer zu füttern, während Julie, George und ich die Steigen so rasch als möglich zerkleinerten, damit Mel was zu heizen hatte. Mel war ganz verrückt nach einem prasselnden Feuer. Heller indessen tat weiter nichts als zusehen, hingestreckt auf meine Couch trank er meinen Wein und meinen Kaffee und wartete darauf, daß Mr. Lee ihm reife Ananas- oder Melonenscheiben servierte. Wenn die Gesellschaft endlich abzog, war mein Atelier ein Chaos, doch störte mich das nicht.
Das alles war soweit in Ordnung, solange ich das Atelier nur als solches benutzte und meine reichhaltige Garderobe sowie sonstige Besitztümer in einer Zehnzimmerwohnung am Riverside Drive lassen konnte. Ich fand es sehr hübsch, obwohl etwas beengt, denn ich stapelte hier auch gebrauchte Möbel, die meine Freunde ausrangierten, wenn sie sich neu einrichteten oder umzogen. Heller bezeichnete mein Atelier immer als Schuttplatz, ich aber fand es wunderschön.
Kurzum, mein Atelier war mir lieb und wert, ein Ort, an dem ich Malen, Bildhauern, an Wochenenden, freien Abenden und so fort mit Freunden zusammensein, und auch die Stunden, die ich im Büro schwänzte – und das war wesentlich öfter, als meine Teilhaber ohne zu murren akzeptierten –, verbringen konnte. In diesem Büro widmete ich mich angeblich dem Textilhandel. Die Räume der Firma – zum Glück unweit von meinem Atelier gelegen – waren prachtvoll eingerichtet worden von meinem Freund Charles Gwathmey, dem bekannten Architekten. Meinen Teilhabern gefiel die Ausstattung indessen nicht, und auch mit meiner Arbeit waren sie, wie sich herausstellte, unzufrieden. 1972 kehrte ich deshalb mit ihrer tätigen Mithilfe der Textilbranche den Rücken und verließ kurz darauf auch die Wohnung am Riverside Drive. Als das Schicksal mich solchermaßen nötigte, das winzige Atelier hinfort als meinen einzigen Wohnsitz in New York zu betrachten, fand ich es gar nicht mehr ideal, wie ich gestehe. Nun kam es mir überfüllt vor. Es war immer noch ganz gemütlich, aber einen besonderen Reiz besaß es eigentlich nur noch im Frühling. Wer hätte wohl vermutet, daß der

Schicksalsschlag, der Joe Heller in Form von Guillain-Barré traf, zugleich bewirkte, daß sich die Lebensumstände von Joes armem Freund Speed zum Besseren wandten?
Nachdem Joe am Tage seiner Aufnahme in die Klinik Julie Green gebeten hatte, auch seinen alten Freund George Mandel zu benachrichtigen, beschloß dieser, ein eingefleischter Skeptiker, sich selbst von Hellers Befinden zu überzeugen, obwohl Julie ihm versichert hatte, Guillain-Barré sei nichts Ernstes.
Er kam also in der ersten Woche in die Intensivstation, gerade als ich mich verabschieden wollte. Joe war zu einer Elektromyographie rausgefahren worden, mit der man die Nervenreaktionen prüft, und George meinte, da er nun schon mal da sei, wolle er warten, bis das erledigt wäre. Als man ihn fragte, was er da auf dem Korridor zu suchen habe, stellte er sich vor und erkundigte sich nach der Prozedur, der Joe sich da drinnen unterziehen mußte. Er erhielt die Auskunft, sich auf Unannehmlichkeiten gefaßt machen zu müssen, denn eine EMG sei schmerzhaft. Mandel fragte, als Heller herausgerollt wurde, denn auch ängstlich: »War es sehr schlimm?« worauf Heller antwortete: »Überhaupt nicht.« George glaubte, Heller spiele den Helden, dann kam ihm aber der furchterregende Gedanke, Joe könnte darum nichts gefühlt haben, weil seine Nerven bereits abgestorben wären.
Später habe ich George gefragt, was Joe ihm damals aufgetragen habe, und bekam zur Antwort: »Lauter Drecksarbeiten, und beschimpft hat er mich obendrein auch noch.«
Es überraschte mich etwas, daß George, der ja lange mit Joe befreundet ist, dieses Beispiel von Hellers berüchtigter Grobheit überhaupt erwähnte. Denn wer von seinen Freunden hat nicht sein Gebell vernommen und seinen Biß gespürt? Er teilt Beleidigungen ebenso lässig aus wie andere Leute ›Guten Tag‹ sagen. Joes Neffe, der seinen Onkel abgöttisch liebt, erzählt, daß immer, wenn er Joe anrief, um sich nach dessen Befinden zu erkundigen, die Antwort unweigerlich lautete: »Wozu willst du das wissen?« Aber Paul ist noch jung. George hingegen ist

ein gestandener Mann, und der sagt: »Wenn du Joe anrufst, verlangt er, du sollst sofort zur Sache kommen. Ruft hingegen er bei dir an, dann quasselt er stundenlang über allen möglichen Quatsch, der keinen Menschen interessiert.«

Als ich kürzlich meinen Freund Israel Horovitz anrief, den Dramatiker, der Joe von ihrer gemeinsamen Lehrtätigkeit am City College von New York kennt, erkundigte der sich nach Hellers Befinden – zwei Jahre, nachdem Joe an Guillain-Barré erkrankt war. Und noch bevor ich Auskunft geben konnte, beklagte er sich schon über Joe. »Was hat der Bursche nur? Als ich ihn neulich auf der Hochzeit von Paul Simon fragte, wie es seinen Kindern geht, sagt er mir doch glatt: ›Was geht denn dich das an? Erwartest du etwa, daß ich mich nach deinen Kindern erkundige?‹« Ich mußte mir das Lachen verbeißen und erklärte ihm, daran könne er sehen, daß Joe wieder ganz der Alte sei.

Immer wenn George Mandel ihn im Krankenhaus besuchte, fragte Heller als erstes: »Was willst denn du schon wieder?« (An wem sonst als an einem engen alten Freund hätte Heller denn auch ausprobieren können, ob er noch über Reste seiner einstigen Persönlichkeit verfügte? Andere, weniger verständnisvolle Menschen als Mandel hätten ihm womöglich die Urinflasche über den Kopf gehauen.)

In den ersten Tagen, die Joe auf der Intensivstation verbrachte, erkundigten sich eine Menge Leute telefonisch bei mir nach seinem Zustand. Nach und nach legte ich mir eine kurze, genaue Antwort zurecht, mit der die meisten Anrufer sich zufrieden gaben; ich hielt mir damit die Leute vom Hals, ohne aber jemanden zu kränken. »Joe hat eine sehr seltene Krankheit. Man weiß nicht, wie lange sie dauert, aber die meisten Patienten erholen sich davon. Es ist so was Ähnliches wie ein Kurzschluß im Nervensystem, der medizinische Name lautet Guillain-Barré Syndrom.« Da konnte ich ›Guillain-Barré‹ schon ebenso flüssig aussprechen wie ›Charles Boyer‹.

Unter den Freunden, die anriefen, waren Barbara Howar, Wyndom Robertson (damals Redakteur bei *Fortune*), Bruce

Addison, der Verleger und Liebhaber schneller Pferde und schneller Yachten, sowie Helen Bransford, eine entzükkende Freundin von Joe, die mir ein herrliches Fahrrad mit Zehngangschaltung geschenkt hat. Die meisten seiner Freunde kannte ich selbstverständlich ebenfalls, und so gab ich Auskunft über seinen derzeitigen Aufenthaltsort. Alle ohne Ausnahme waren völlig verblüfft darüber, daß Joe krank war, sie boten ihre Hilfe an und erkundigten sich, wann man ihn besuchen könne. Ich hielt Joe über alles auf dem laufenden, ganz darauf bedacht, nicht die Namen von Leuten zu vergessen, die er womöglich gern gesehen hätte, doch wollte er auf der Intensivstation keinen Besuch haben.

Einmal brachte ich ihm den Wortlaut eines Anrufes vom Anrufbeantworter, der den Nagel auf den Kopf traf: »Joe, weshalb läßt du nichts von dir hören?« fragte eine weibliche Stimme. »Du bist doch nicht etwa gestorben?« Die Intuition der Frauen ist bekanntlich meist treffend, doch in diesem Fall schoß die Dame zum Glück über das Ziel hinaus. Ganz tot war Heller noch nicht ...

Es war dies eine Freundin, die ihn zu Weihnachten in Santa Fe erwartete. Ich stellte mich ihr am Telefon vor, und weil sie sehr liebenswürdig klang, bedauerte ich, ihr erklären zu müssen, weshalb sie Heller nicht wie geplant in Santa Fe erwarten könne. Sie erwies sich dann aber als eine jener professionellen Optimisten und nahm die Neuigkeit so gelassen auf, daß mich das kränkte. Als ich erklärte, weshalb Joe sich nicht mit ihr in Verbindung habe setzen können, und daß ihr »Du bist doch nicht etwa gestorben?« mit Guillain-Barré zu beantworten sei, erschütterte sie das nicht im mindesten, ja, sie fragte nicht mal, wie fast alle anderen, was das denn sei. Ich erfuhr später, daß sie ehedem im Medical Center der Duke University gearbeitet hatte, in der Epidemiologie, und wenn sie selber nicht wußte, was man unter Guillain-Barré versteht, kannte sie gewiß jede Menge Ärzte, die es ihr erklären konnten. Ich berichtete, daß Joe in besten Händen sei und daß seine Freunde ihn in jeder Weise unterstützten. Es sei nicht notwendig, daß sie herkomme, ja es könnte geradezu schädlich sein, denn möglicherweise würde Joe sich aufregen. Sie ließ sich überzeugen, machte aber zur Bedingung, daß ich sie täglich anriefe. Im übrigen habe ihr das Gespräch mit mir gutgetan. (Dies verschwieg ich Heller, denn er sollte nicht den Eindruck haben, als spannte ich ihm hinterrücks seine Freundin aus.) Also sagte ich zu ihr, auch mich habe dieses Gespräch sehr gefreut, und noch mehr würde es mich freuen, sie bei passender Gelegenheit kennenzulernen. Ich versprach, häufig anzurufen, und schlug vor, falls sie Lust dazu habe, könne sie mich jederzeit in Hellers Wohnung per R-Gespräch anrufen. Und das tat sie denn auch fast täglich.

Unterdessen bewohnte ich nämlich bereits Hellers Appartement. Das war am praktischsten so, denn da ich nach seiner Post und seinem Anrufbeantworter sehen mußte, war es am wenigsten zeitraubend. Überdies gefiel mir die Einrichtung besonders gut, hatte ich sie doch selber ausgesucht – Heller hatte ausdrücklich gesagt: »Richte alles ganz nach deinem Geschmack ein und schaff an, was nötig ist. Nur stell mir keine Fragen und rede nicht darüber.« Ich nahm ihn beim Wort, und abgesehen von dem Besuch bei dem Freund seines Neffen samt Besichtigung von dessen Möbeln, hatte er sich um nichts gekümmert. Das Resultat war denn auch perfekt – in meinen Augen.

Das war übrigens schon der zweite Auftrag, den Heller mir gegeben hatte. Der erste war die Herstellung eines Gemäldes für die große Wohnung auf der West End Avenue. Er wünschte ein Gemälde von ganz bestimmten Abmessungen für eine ganz bestimmte Wand, und ich erklärte mich bereit, es herzustellen, ja sogar die Farben auf die übrige Einrichtung abzustimmen. Meine kunstverständigen Freunde würden zwar außer sich sein, doch lag mir sehr an diesem Auftrag, wenngleich ich wußte, daß Joe ihn mir nur gab, um andere ihm bekannte Maler zu ärgern, die ein erheblich besseres Renommee hatten als ich. Das Ergebnis war höchst befriedigend. Das Gemälde kam wie gewünscht zustande, die hauptberuflichen Maler ärgerten sich, und Joe und ich waren entzückt, wenn auch aus unterschiedlichen Gründen. Später dann hängte ich es in sei-

ner neuen Wohnung auf, und zwar so, daß ich es im Blick hatte, wenn ich an seinem Eßtisch speiste.
In Joes Wohnung zu hausen, hatte für mich auch noch andere Vorteile. So gab es nicht nur kaltes, sondern auch heißes Wasser, und in jedem Zimmer einen Heizkörper, und außer drei Personenaufzügen auch noch einen Lastenaufzug, in dem ich mein Fahrrad nach oben bringen konnte. Dieser Aufzug ging bis in den Keller, wo sich mehrere Münzwaschautomaten befanden. Als alle Münzen verbraucht waren, die Joe vorsorglich angehäuft hatte, mußte ich die Automaten aus der eigenen Tasche füttern, doch das nahm ich auf mich.
Sogar eine erstklassige Putzfrau hatte er engagiert, die einmal wöchentlich kam. Wenn sie mir und meinem Fahrrad die Tür öffneten, begrüßten die Portiers mich als Mr. Heller, und es gab auch einen Wachmann, der dafür sorgte, daß man nicht von Bettlern, Stadtstreichern und Handtaschenräubern belästigt wurde. Daß das Personal mich für Heller hielt, war insofern nicht verwunderlich, als ich von Beginn des Mietverhältnisses an ständig in der Wohnung ein- und ausgegangen war. Man kannte mich besser als ihn, und das gilt auch schon für die Zeit, bevor er erkrankte. Zu meinen ersten Pflichten gehörte es, die Umschläge mit den Trinkgeldern an Weihnachten zu verteilen, die Joe vorbereitet hatte, und das tat meinem Ansehen nur gut. Pakete und sonstige angelieferte Gegenstände wurden vom Portier angenommen. Solche Dinge wurden mir häufig ausgehändigt, und zwar immer freundlich und höflich. Seine Pakete auszupacken machte mir einen Heidenspaß, es waren meist Bücher oder Kleidungsstücke von den Firmen Bean und Bauer.
Die Wohnung war hell und freundlich. Den Wohnraum fand ich höchst gelungen, doch das Schlafzimmer mit den eingebauten Möbeln aus roter Eiche und Schränken mit Spiegeltüren war ein Traum. Am meisten genoß ich das riesige Bett mit der Daunendecke und den Daunenkissen. Zu dem schon vorhandenen Hi-Fi-Gerät besorgte ich noch einen erstklassigen Kassettenrecorder, und alles zusammen ordnete ich in Augenhöhe in einem eigens angefer-

tigten Wandschränkchen an. Hier war weniger ein Plan am Werke als vielmehr Intuition, die mir sagte, weder er noch ich würden uns künftig gern bücken wollen. Bequem im Sessel zu sitzen, Joes Drinks zu schlürfen und seinen Stereoplatten und Kassetten zuzuhören, war mir ein rechtes Vergnügen. Es ist wirklich eine Schande, daß er sich meine Musik nicht anhören will, während ich seine durchaus ertragen kann: Bach, Beethoven, Brahms, Mahler und sogar Villa-Lobos, während er nicht mal die Doobie Brothers erkennt, wenn er sie hört, und Fleetwood Mac für eine Lkw-Marke hält und Alice Cooper für ein Mädchen.
Ein weiterer Vorzug der Wohnung war ihre Lage: Nahe genug beim YMCA auf der West Side und näher am Krankenhaus als mein Atelier.
Am vierten Tag auf der Intensivstation zitterten Joes Hände so stark, daß er seine Post nicht mehr selber aufmachen konnte, das mußte also jemand anderer besorgen, soweit es überhaupt geschah. Auch hatte er es lieber, wenn man ihm die Briefe vorlas. Mir machte es Spaß, seine Post durchzusehen, im Gegensatz zu ihm.
Ich kenne niemanden, der so ungern Briefe bekommt. Darin unterscheidet er sich von den meisten Menschen. Oft genug krächzte er schon nach dem ersten Satz, den ich vorlas: »Wegschmeißen!«. Es war schon das äußerste, daß er sich sagen ließ, wer ihm Genesungswünsche schickte, bevor sie in den Papierkorb wanderten. Auch darin unterscheidet er sich von mir. Ich hebe alles auf, er nichts. Nur die Schecks durfte ich zurückbehalten, um sie einzuzahlen, und es kam dahin, daß ich am Ende seine Bücher korrekter führte als meine eigenen. Von Zeit zu Zeit korrespondierte ich mit seinem Steuerberater und seinen Anwälten.
Solche Aufträge für ihn zu erledigen, machte mir nichts aus. Auf der Intensivstation brauchte er nichts außer Kamm und Bürste, Zahnbürste und Wegwerfrasierapparate. Gelegentlich mußte ein wichtiges Dokument abgeliefert oder etwas geholt werden. Solche Botengänge erledigte ich auf meinem Zehngang-Peugeot. Es macht Spaß, in der Stadt mit dem Rad zu fahren. Das Rad ist zweifellos

das schnellste und billigste Verkehrsmittel, und nicht nur hatte ich auf diese Weise Bewegung an der frischen Luft, sondern es tat auch meiner Seele wohl.
Heller auf der Intensivstation zu besuchen war ebenfalls keine Last. Dieser neue Joe hatte sich sofort daran gemacht, Ärzte und Schwestern zu charmieren; das war ihm so gut gelungen, daß auch seine Freunde vom Personal liebenswürdig behandelt wurden. Meist war ich auch nicht der einzige Besucher, es wurde also nicht langweilig. Keiner von uns mochte glauben, daß er ernstlich krank war. Und verglichen mit anderen Patienten auf der Intensivstation, war er das auch nicht.
In dieser Einstellung wurden wir auch von den behandelnden Ärzten bestärkt, die uns keinen Grund für die Annahme gaben, er sei schwer krank. Wir, seine engen Freunde, sprachen von ihm als dem ›Krüppel‹. Und Heller, berühmt für seinen schwarzen Humor, konnte schlecht was dagegen einwenden. Ja, er bezeichnete sich selber so. Später, in der Rehabilitationsklinik Rusk, hörte ich ihn einmal rufen, als sein Rollstuhl den Korridor hinuntergeschoben wurde: »Platz da für den Invaliden!«, und das in einer Anstalt, in der, vom Personal und den Besuchern abgesehen, fast jedermann in schlechterer Verfassung war als Joe.
Anfangs brachte ich Joe die Schecks, mit denen ich seine Rechnungen bezahlte, zur Unterschrift. Aber schon am vierten Tag auf der Intensivstation konnte er den Kugelschreiber nicht mehr halten und später auch den Arm nicht mehr heben. Auch mit fremder Hilfe war er unfähig, seinen Namen zu schreiben. Da seine Unterschrift sehr charakteristisch ist, fiel es mir als einem geübten Künstler nicht schwer, sie nachzuahmen. Und weil das sehr viel einfacher war, als eine notariell beglaubigte Vollmacht aufzusetzen, verbuchte ich seine Schecks nicht nur, ich unterschrieb sie auch für ihn, ein Vorgehen, das in seinem Scheidungsprozeß noch recht amüsante Konsequenzen haben sollte.
Joe war erst drei Tage auf der Intensivstation, als mich meine Freundin Paula Batson mit schlechten Neuigkeiten

erschreckte. Sie machte damals für die Schallplatten von CBS Öffentlichkeitsarbeit und war von James Brady, einem Kolumnisten der *New York Post*, gefragt worden, ob es stimme, daß Joe schwer erkrankt sei. Paula stellte sich zunächst dumm, doch am 17. Dezember 1981 konnte man auf Seite sechs der *Post* die Meldung lesen, Joseph Heller liege mit Polyneuritis auf der Intensivstation des Mount Sinai Hospitals; er sei teilweise gelähmt und sein Befinden bedenklich, wenn auch stabil. Das klang bedrohlich.

Besonders das Wort ›gelähmt‹ wirkte wie ein Schock. Mario Puzo, seit mehr als dreißig Jahren, also noch vor dem Erscheinen von *Catch-22* und *The Godfather* (»Der Pate«), mit Heller befreundet, benutzte dieses Wort als erster. Er hatte es von Hellers Agenten gehört, der wiederum von Hellers Lektor, der hatte von einem Bekannten davon erfahren, der seine Kenntnis Cheryl McCall verdankte, die damals beim Magazin *People* arbeitete. Mario also rief George Mandel an und sagte, er habe gehört, Joe sei gelähmt? George versicherte ihm: »Da irrst du dich, Mario, ich habe ihn schon besucht, und so schlimm ist es nicht. Er hat Guillain-Barré.«

»Gütiger Gott, das ist ja grauenhaft!« entfuhr es Mario.

George murmelte überrascht: »Was denn, du weißt, was Guillain-Barré ist?«

»Nee, keine Spur, aber wenn eine Krankheit gleich nach zwei Medizinmännern genannt wird, muß sie einfach scheußlich sein.«

Als Joe die *Post* las, war ich gerade bei ihm. Er wurde bleich und nuschelte: »Jesus, Maria, wie kann ich mit einem Verleger einen Vertrag machen, wenn so was in der Zeitung steht!«

Eine Sprecherin des Mount Sinai Hospitals beteuerte, das Krankenhaus habe nichts über Joe an die Presse gegeben. Wir beschwichtigten sie, indem wir sagten, wir wüßten sehr genau, wer der Informant gewesen sei. Joe verlangte, daß Anrufern gesagt werde, er befinde sich in guter Verfassung, sei auf dem Weg der Besserung, wünsche aber keine Besucher zu sehen.

Als ich gehen wollte, fiel mir ein, daß ich einen Brief auf Joes Nachttisch vergessen hatte, der noch weg sollte. Da er für Joe leichter zu erreichen war als für mich, bat ich ihn einfach, mir den Umschlag zu reichen. Er versuchte es, schaffte es aber nicht. Wir schauten einander an und mußten lachen.

»Da kannst du mal sehen, du Schwachkopf, du bist wirklich gelähmt! Weshalb also waren wir so wütend?«

»Ich bin immer noch wütend«, sagte er.

Nachdem diese Zeitungsnotiz am Donnerstag erschienen war, wurde mir klar, daß es sehr schwer sein würde, meine Schwester und meinen Bruder daran zu hindern, nach New York zu kommen.

Jeder Schriftsteller, Dramatiker oder Dichter wird bestätigen, daß man sich darauf verlassen kann, daß auch die kleinste unwillkommene Nachricht, die in einem noch so obskuren Blatt der englischsprechenden Welt irgendwo in der tiefsten Provinz erscheint, von irgendwelchen wohlmeinenden Personen mit Gewißheit genau jenen Leuten zur Kenntnis gebracht wird, die nichts davon wissen sollen – man selber an erster Stelle.

Und die betreffende Meldung war ausgerechnet auf ›Seite Sechs‹ in der *Post* erschienen, einer von vielen Leuten gelesenen Kolumne. Formulierungen wie »unerwartete Erkrankung«, »Intensivstation«, »Polyneuritis« und »teilweise gelähmt« würden Freunde, Bekannte und Verwandte unfehlbar alarmieren. Kein Zweifel, meine Schwester Sylvia und mein Bruder Lee würden bestimmt von Leuten aus New York angerufen werden, die wissen wollten, was los war, weil sie selber noch nicht Bescheid bekommen hatten.

Die beiden wohnen nahe beieinander in bescheidenen Eigentumswohnungen in West Palm Beach im Bundesstaat Florida, wohin sie sich nach einem arbeitsreichen Leben zurückgezogen haben. Meine Schwester war über vierzig Jahre bei der Firma R. H. Macy's angestellt, und mein Bruder hat bis zu seiner Pensionierung auf der Poststelle der New Yorker Filiale von MCA-Universal Pictures gearbeitet. Ich bin das verwöhnte jüngste von drei Kindern. Meine Geschwister sind erheblich älter als ich, und beide haben sich meiner vom ersten Tage an selbstlos angenommen. Unser Vater starb, als ich fünf Jahre alt war, und zu einem erheblichen Teil haben beide in jungen Jahren für meine Erziehung und meinen Unterhalt aufkommen müssen. Und das taten sie jederzeit aufs liebevollste. Dafür haben sie nie einen Gegendienst von mir erbeten, außer daß ich ihren Bekannten, die gern meine Bücher gehabt hätten, signierte Exemplare schenkte.

Das äußerste, was ich für meinen Bruder je habe tun dürfen, war, ihm eine kleine Summe Geldes zum Erwerb eines gebrauchten Wagens zu schenken – es waren glaube ich 1500 oder 2000 Dollar –, als er von Brooklyn nach Florida umzog. Und meine Schwester erlaubte mir, die Prämien für eine unkündbare umfangreiche Krankenversicherung zu bezahlen, die sie auf mein Anraten für sich und ihren Mann George abschloß. Die jährliche Prämienrechnung ging an meine Schwester, die sie an mich weiterschickte, nicht ohne jedesmal einen Zettel einzulegen, auf dem sie schrieb, sie sei durchaus imstande, die Prämie selber zu zahlen, sollte es mir im Moment schwerfallen. In Florida hatte sie Teilzeitarbeit in einem Supermarkt gefunden, und George war in einem Schnapsladen beschäftigt; beide hatten ihr Leben lang gearbeitet und waren außerstande, sich so leicht an den Müßiggang zu gewöhnen, wie ich das konnte.

Seit 1982, dem Jahr, um das es sich hier hauptsächlich handelt, schickt sie mir die Prämienrechnungen nicht mehr. Statt dessen kam im Sommer, kurz vor meiner Entlassung aus dem Hospital, ein eingeschriebenes Päckchen, das Kriegsanleihen aus dem 2. Weltkrieg enthielt, die auf unser beider Namen lauteten, von denen ich aber nichts wußte. Fast alle betrugen 25 oder 50 Dollar und insgesamt hatten sie einen Wert von 1200 Dollar. Die ersten dieser Papiere hatte sie 1952 gekauft, als sie bei Macy's angestellt war, und bezahlt hatte sie dafür mit freiwilligen Lohnabzügen. Sie schrieb dazu, sie habe im Magazin *People* gelesen, daß ich, um die mir durch die Krankheit entstandenen Kosten zu decken, bereits 60 000 Dollar geliehen habe, und dies solle mir helfen, die noch anfallenden Kosten für Pfleger und Physiotherapie zu decken. Selbstverständlich schickte ich ihr die Papiere zurück, nachdem ich ihr telefonisch zu verstehen gegeben hatte, daß nur jemand, dem es

finanziell gutgeht, einen Betrag in Höhe von 60 000 Dollar geliehen bekommt.
Meiner Schwester ging es damals gesundheitlich selber nicht besonders gut, und mein Bruder Lee, unser Ältester, hatte seine Frau wenige Monate zuvor verloren – an Krebs. Beide hatten es also keineswegs leicht, und nichts lag mir ferner, als sie mit meinen Problemen zu belasten. Dank der Hilfe meines Neffen und gelegentlich auch meines Leibdieners, Chefkochs und Innenarchitekten Speed gelang es mir, alle beide von einer kostspieligen Reise nach New York abzuhalten. Mein Neffe Paul ist der Sohn meines Bruders. Nachdem die schon erwähnte Meldung in *People* erschienen war, sagte er mir, als er mich abends besuchte: »Pop hat mich heute mehrmals im Büro angerufen. Er möchte wissen, was das alles zu bedeuten hat.«
»Hoffentlich hast du gesagt, daß es mir gutgeht und keinerlei Grund besteht, sich meinetwegen Gedanken zu machen?«
»Selbstverständlich.«
»Sag allen, es besteht keine Gefahr, und ich bin nur zur Beobachtung hier.«
»Das habe ich schon«, sagte Paul, »bloß Tante Syl will unbedingt herkommen, und ich weiß nicht, wie ich ihr das ausreden soll. Sie sagt, sie will bei mir oder in deiner Wohnung bleiben, bis du entlassen wirst und keine fremde Hilfe mehr brauchst.«
Nach kurzem Überlegen entgegnete ich: »Bei dir kann sie nicht wohnen.« Er nickte beifällig. »Und bei mir auch nicht, weil Speed inzwischen eingezogen ist. Sag ihr das. Der muß sich um meine Angelegenheiten kümmern. Sag ihr, ich würde in ein paar Tagen entlassen, und falls ich Hilfe brauche, verspreche ich, mich an sie zu wenden.«
Als Speed pflichtbewußt am folgenden Nachmittag seinen Besuch machte, stellte ich ihm zögernd ein Ansinnen, das mir nicht ganz zumutbar erschien. »Tu mir den Gefallen und zieh in meine Wohnung. Nur für ein paar Tage. Mir ist es sehr unangenehm, meine Schwester zu beschwindeln.«

»Ich bin schon eingezogen«, grinste er. »Eigentlich wollte ich mir heute nachmittag ein paar Winterhemden aus meinem Atelier holen, aber zum Glück hat L. L. Bean ein Paket für dich geschickt, und da sind ein paar ganz schöne Hemden drin.«
»Dies etwa auch?« Ich hatte schon bei seinem Erscheinen ein wunderhübsches kornblumenblaues Hemd bewundert, das er trug.
»Hast du was dagegen?«
»Keine Spur«, antwortete ich bekümmert. »Wenn es dir aber so gut paßt, heißt das, daß ich die falsche Größe bestellt habe. Und woher hast du den Trenchcoat? Gehört der auch mir?«
Er sah ungemein flott aus in einem gefütterten Trenchcoat, den ich vierzehn Tage zuvor bei Brooks Brothers gekauft, aber nur einmal getragen hatte. An ihm sah der Mantel besser aus als an mir. Da hatte ich mich also ebenfalls verkauft.
Ich wollte unbedingt vermeiden, daß meine Geschwister mich hier auf der Intensivstation sahen, nicht mal meine Kinder sollten mich so jämmerlich sehen, zusammen mit anderen Patienten, fast völlig hilflos, mit einem Schlauch, der durch ein Nasenloch in den Magen eingeführt worden war und durch den ich ernährt wurde, in Reichweite den Absaugschlauch, mit dem ich Speichel, Schleim und ähnliche Absonderungen aus meinem Mund entfernte, die ich weder aushusten noch ausspucken konnte. War der Kopfteil meines Bettes hochgestellt, konnte ich die Arme seitlich ausstrecken und mit der Hand den Nachttisch erreichen, im übrigen aber führte ich einen aussichtslosen Kampf gegen die Schwerkraft.
Vor diesem ersten Donnerstag war mir ein Schlauch in eine Vene am Handrücken appliziert worden, hauptsächlich, um auf diese Weise Medikamente in den Blutkreislauf einführen zu können; ein Monitor, an den ich angeschlossen war, zeigte die Herztätigkeit eines kerngesunden Joggers. Ganz wie bei meiner Krankheit zu erwarten stand, wurde ich in meiner Bewegungsfähigkeit mehr und mehr eingeschränkt. William Boepple, ein achtunddrei-

ßigjähriger New Yorker Bildhauer, wurde auf den Tag genau ein Jahr später als ich von Guillain-Barré befallen. Morgens bekam er Husten, anschließend ein Brennen in den Fußsohlen; am darauffolgenden Nachmittag lag er völlig gelähmt in der New Yorker Universitätsklinik, nach Luftröhrenschnitt an ein Beatmungsgerät angeschlossen, an dem er das nächste halbe Jahr hing. So schlimm erging es mir nicht, doch die Lähmungserscheinungen waren nicht zu übersehen und schritten stetig fort.

Am Donnerstag wurde in meinem Krankenblatt vermerkt, daß man mir die Urinflasche anlegen mußte.

Die Beweglichkeit meiner Gliedmaßen ließ merklich nach, ich konnte weder Arme noch Beine heben.

Nahrung wurde mir in Breiform durch den Nasenschlauch zugeführt, weil die Schluckbeschwerden zugenommen hatten. Die Kranialnerven, welche die Muskeltätigkeit von Mund und Gesichtspartien steuern, waren befallen und Wangen, Zunge und Lippen betroffen. Man mache sich einmal klar, welche Muskeltätigkeit vonnöten ist, allein um zu spucken.

Ich konnte nicht mehr deutlich artikulieren, litt auch an Kurzatmigkeit, doch wurde mir beides nicht bewußt.

Nach dem zweiten oder dritten Tag zeigte sich die bei der Einlieferung noch normale Atmungstätigkeit beeinträchtigt; diese wurde alle drei Stunden gemessen, um das Maximum der Luftmenge festzustellen, die ich ein- und ausatmen konnte, ferner die Menge bei normaler Atmung und die maximale Kraft der Muskeln, welche die Atmung bewirken.

Ohne Hilfe konnte ich mich im Bett überhaupt nicht mehr umdrehen. Der Schwund meiner Bewegungsfähigkeit ging schmerzlos vonstatten und so tückisch schleichend, daß ich mich fröhlich über diesen Verfall hinwegsetzen und ignorieren konnte, was allen anderen nur allzu deutlich war. Zum Beispiel wurde mir erst bewußt, daß ich tagelang die Hände nicht hatte bewegen können, als mein Sohn bei seinem Besuch gegen Ende der zweiten Woche entzückt ausrief: »Mann, du kannst ja die Hand wieder bewegen!« Als ich Dr. Alvin Teirstein, dem Leiter der Inten-

sivabteilung, triumphierend mitteilte, ich habe während der Nacht das Kniegelenk bewegen können, als ich auf der Seite lag, hatte ich schon wieder verdrängt, daß ich am Vortag imstande gewesen war, in der Rückenlage das Kniegelenk zu beugen und das ganze Bein aus der Hüfte zu heben. Während ich zu genesen glaubte, verlor ich ständig an Beweglichkeit. Wer will, mag das positives Denken nennen.
Am 16. Dezember, drei Tage nach meiner Einlieferung, mußten mir zwei Schwestern in den Rollstuhl helfen, in dem ich mehrmals am Tage für etwa eine Stunde sitzen sollte. Am Freitag, dem fünften Tag, konnte ich das rechte Bein nicht mehr bewegen und beim Umzug in den Rollstuhl so gut wie keine Hilfe leisten.
Im Bett aufrichten konnte ich mich ebenfalls nicht. Saß ich, konnte ich den Kopf aufrecht halten und seitwärts drehen, ihn aber nicht heben. Schuld daran war das Versagen des Sternocleidomastoideusmuskels (Kopfwender), der sich von Brust- und Schlüsselbein zum Warzenfortsatz, einem Teil des Schläfenbeins, zieht.
Samstag, den 19. Dezember – eine Woche nach Einlieferung –, wurde festgehalten, daß ich die Kniegelenke nicht mehr beugen konnte und daß nur noch die Fußgelenke beweglich waren. Ich beklagte mich täglich bei den Ärzten über den Lärm auf der Intensivstation – die Lichter wurden nachts gedämpft, die Stimmen aber nicht –, und daß ich nicht schlafen konnte, machte mir angst und setzte mir mehr und mehr zu.
Der diensthabende Arzt vermerkte für diesen Tag: »Patient übermäßig deprimiert!«
Ich weiß sehr wohl, daß ein Schlaganfall oder ein Herzinfarkt einen Menschen blitzartig und mit schlimmeren bleibenden Schäden hinstrecken können. Was auf meine Besucher so gespenstisch wirkte, war der graduelle, lautlose Verfall, dem ich unterlag. Marian Berkman, ein Freund aus meinen Kindertagen, war besonders empört darüber, daß dies jemandem zustieß, der so gesund und vital war wie ich. Andere Besucher konnten nicht verbergen, daß sie es mit der Angst bekamen bei dem Gedanken, ähnliches

könnte auch ihnen passieren. Als ich in der zweiten und dritten Woche merklich an Gewicht verlor, zweifelte so gut wie niemand, der mich zum erstenmal besuchte, daran, daß ich im Sterben lag.

Der Nasenschlauch, durch den ich während der folgenden dreieinhalb Monate fast ausschließlich ernährt werden sollte, wurde schon am Tag meiner Aufnahme eingeführt. Am Montag konnte ich morgens nicht einmal Joghurt schlucken. Mittags erging es mir nicht besser. Ich hätte jede Summe gewettet, daß es unmöglich sei, ohne Betäubung einen Schlauch in die Nase einzuführen von der Stirnhöhle hinter der Zunge durch die Kehle bis in den Magen, ohne daß ich heulend, röchelnd, kotzend und erstickend um mich geschlagen hätte. Doch diese Wette hätte ich verloren. Angenehm war es zwar nicht, aber schmerzhaft auch nicht, und nach einiger Zeit bemerkte ich den Schlauch kaum noch. Nur wenn er gewechselt werden und durch einen sauberen ersetzt werden mußte, was selten nötig war, wurde mir bei der Aussicht darauf ziemlich mulmig.

Ich aß, wenn man das so nennen will, die übliche Krankenhauskost. Das Menü auszusuchen, war recht lustig, denn alles wurde im Schwesternzimmer durch den Mixer getrieben und mir durch den Schlauch verabreicht, was ungefähr eine halbe Stunde dauerte. Ich bestellte reichlich. Schmecken allerdings tat ich nichts, wie ich meinen erstaunten Besuchern erklärte, denen ich auch großzügig von meiner Mahlzeit anbot. Ich konnte dabei sogar weiterreden. In der Kehle konnte ich den Temperaturunterschied fühlen, je nachdem ob ich was Heißes oder was Kaltes bekam, aber weiter auch nichts. Wenn die Krankenhauskost das ist, was man behauptet, dann habe ich wohl nicht viel versäumt.

Als der Muskelschwund einsetzte und der jähe Gewichtsverlust begann, legten die Schwestern und ich besonderes Gewicht auf Kohlehydrate, wenn wir mein Essen auswähl-

ten; das war ein entschlossener, aber vergeblicher Versuch, die Gewichtsabnahme aufzuhalten. Sie gaben mir zwischen den Mahlzeiten Sahneeis, Kuchen, Schokoladenmilch, alles im Mixer gequirlt durch den Schlauch. Wir hätten es besser wissen sollen. Was da verlorenging, war Muskelgewebe, und dagegen half nichts.
Auf meinen Krankenblättern ist immer wieder vermerkt, daß ich meine Breikost gut vertrug – was niemanden überraschen wird, der je mit mir am Eßtisch gesessen hat – und daß ich »alert und dreifach orientiert« war, also was Zeit, Ort und Person betrifft. Ich wußte, wo und wer ich war, daß ich persönliche Dinge zu regeln hatte und welche.
Für den Mittwoch oder Donnerstag jener Woche war ich wieder vor den Familienrichter geladen, wo die Verhandlung fortgesetzt werden sollte, die einen oder zwei Monate zuvor ausgesetzt worden war. Jeffrey Cohen, der lebenslustige, großspurige junge Anwalt, der mich vor diesem, wie ich fand, höchst sonderbaren Gericht vertrat, das sich mit unseren ehelichen Streitigkeiten zu befassen hatte, war noch in Kalifornien, wie ich erfuhr, als ich Montag vom Apparat der Schwestern aus in seiner Kanzlei anrief. Ich sagte einem seiner Mitarbeiter, ich befände mich auf der Intensivstation im Mount Sinai Hospital, doch sei die Ursache meiner Einlieferung nichts Bedenkliches. Dabei war mir nicht klar, daß eine solche Mitteilung jemandem, der sich etwas besser auf Krankheiten verstand als ich, höchst ungereimt vorkommen mußte. Am Montag ergab ein Test mit Tensilon definitiv, daß ich nicht an Myasthenia gravis (Muskelschwäche) litt.
Es folgte die erste Rückenmarkspunktion. Insgesamt wurden drei Punktionen innerhalb zweier Wochen vorgenommen, ohne daß ich dabei die geringsten Schmerzen oder auch nur ein Unbehagen spürte, eine Tatsache, die manchen verblüfft, der ebenfalls punktiert worden ist. Nicht einmal die Kopfschmerzen stellten sich ein, vor denen man mich gewarnt hatte. Die Zusammensetzung der bei der ersten Punktion gewonnenen Rückenmarksflüssigkeit war normal, wie ich auf Befragen erfuhr.

Ich vernahm das mit Freude, doch hätte mich das eher bekümmern sollen. Als am 29. Dezember die dritte Punktion vorgenommen wurde, war ich über meine Krankheit bereits wesentlich besser informiert und hoffte inständig, daß der Proteingehalt der Rückenmarksflüssigkeit sich so weit erhöht haben würde, daß die Laborauswertung den Beweis dafür lieferte, daß ich an Guillain-Barré litt. Nun brannte ich förmlich darauf, bestätigt zu hören, daß es Guillain-Barré war! Ich wußte jetzt nämlich, daß die Prognose bei Guillain-Barré erheblich besser ist als die bei einer akuten, ungenau abgegrenzten Erkrankung mehrerer Nerven mit dem Verdacht auf Entzündung des Rükkenmarks.
Aus den Krankenblättern ist ersichtlich, daß ich am Dienstag noch stehen und gehen, allerdings nur mit Mühe aufrecht sitzen konnte. Mein Würgereflex wurde schwächer. Die Ärzte hatten bereits eine Heiserkeit bemerkt, die mir nicht bewußt war, und die verschlimmerte sich. Die Menge an Informationen, welche die beiden Ärzte am Sonntag bei den, wie es mir vorgekommen war, sehr flüchtigen Untersuchungen gewonnen hatten, erstaunte mich. Dr. Sencer hatte mich in seiner Praxis kaum zehn Minuten untersucht. Doch reichte ihm das aus, um die Schwäche der Kaumuskeln, der Zungenmuskeln und beider Kopfwender zu konstatieren, ferner eine geringe Lähmung der Hüften, beidseitige Schwächung der Arme und der rumpfnahen Gelenke einschließlich der Fingergelenke, eine Affektion der Nervenwurzeln und der Spinalnerven, und daß aufgrund der ebenfalls betroffenen Halsmuskulatur und Schädelwurzeln meine Notaufnahme in die Klinik erforderlich sei, weil die sich ausbreitende Lähmung, insbesondere die Atemfunktion, ständig überwacht und jene Tests vorgenommen werden müßten, von denen ich bereits sprach. Nachts um 23 Uhr 15 an jenem Sonntag sah Dr. Sencer noch einmal nach mir und dreimal am Montag.
Das EMG, das am Dienstag vorgenommen wurde, sollte die Geschwindigkeit prüfen, mit welcher die Nervenfasern Reize übertrugen, und ausschließen, daß die Krank-

heitssymptome von einer Muskelerkrankung herrührten statt von einer Beschädigung der Nerven. Man könnte auch sagen, das EMG mißt die Geschwindigkeit, mit welcher durch Nadelstiche und Stromstöße erzeugte Schmerzen von bestimmten Nerven weit genug geleitet werden, um als Schmerz empfunden zu werden.

Man rollte mich auf einer fahrbaren Trage aus der Station, wo ich Speed mit Schreibkram beschäftigt zurückließ; anschließend sollte er mit dem Fahrrad, das er vor der Klinik angekettet hatte, seine Botengänge erledigen. Das EMG, welches damals vorgenommen wurde, reichte zwar für den beabsichtigten Zweck aus, war aber, verglichen mit dem, das man im Februar in Rusk an mir vornahm, eher kursorisch. Letzteres währte zwei Stunden, und dabei wurden sämtliche Nerven in allen vier Gliedmaßen wiederholt mit Stromstößen und Nadelstichen gereizt, bis der Apparat ein auswertbares Reaktionsmuster lieferte. Auch wurde mindestens ein Nerv meiner rechten Gesichtshälfte auf diese Art gereizt.

Die Elektromyographie im Mount Sinai dauerte nicht länger als eine Viertelstunde, und dabei ist die Zeit eingerechnet, die das Anschließen an die Apparatur kostet. Der Arzt, der die Messung vornahm (ich nehme an, es war ein Arzt und nicht bloß ein Techniker), zeigte sich liebenswürdig und gesprächig. Er kündigte mir jeweils an, wo er die Nadel einstechen oder den Stromstoß ansetzen würde.

Dies war mir sehr recht, und ich glaube, daß keine der im ganzen vielleicht zwölf Reizungen mir besonders heftige Schmerzen verursachte. Das schlimmste war beide Male der Nadelstich in die Handfläche nahe dem Daumenballen. Der dient, glaube ich, dazu, den ulnaren Nerv zu reizen. Bei dem Test in Rusk, bei dem ich mich abzulenken versuchte, indem ich zählte, wurden einem Nerv im Bein 38 schmerzhafte Stromstöße versetzt, bevor auf dem Monitor eine aussagekräftige Reaktion abgelesen werden konnte. Ich fand das Ganze unglaubhaft – der Apparat war augenscheinlich erheblich weniger schmerzempfindlich als ich.

Nach Beendigung der Prozedur im Mount Sinai fragte

mich der Arzt wie beiläufig, ob ich an Magengeschwüren litte, er habe an mir einen Mundgeruch wahrgenommen, der dafür typisch sei. Ich sagte, meines Wissens habe ich kein Magengeschwür, versprach ihm aber, die Angelegenheit zur Sprache zu bringen, sobald ich wieder auf der Intensivstation sei. (Ich hatte keine.)
Auf der Trage liegend, erblickte ich zu meiner Überraschung auf dem Korridor meinen alten Freund George Mandel, der, den Schaffellmantel aufgeknöpft, am Tresen lehnte und in ein Gespräch mit der Schwester vertieft war. Seine bleiche, bekümmerte Miene erschreckte mich, und ich empfand den starken Wunsch, ihm meine Teilnahme zu bekunden, indem ich von der Trage sprang, ihn nötigte, selber darauf Platz zu nehmen und mir zu sagen, was ich tun könnte, um seine Beschwerden zu lindern.
George Mandel und ich sind Freunde seit meinem vierzehnten Lebensjahr, also bald ein halbes Jahrhundert. Ich wohnte noch in Coney Island, als ich ihn kennenlernte, und wir sind zusammen durch dick und dünn gegangen, einerlei ob krank oder gesund. Nach dem 2. Weltkrieg sah ich ihn mit einer Kopfverletzung, die von der Kugel eines deutschen Scharfschützen stammte, ich sah ihn nach einem Herzinfarkt und mit einem Stein in der Speicheldrüse, doch schlimmer und düsterer als in diesem Moment hatte er nie auf mich gewirkt. Er sah schrecklich aus, und schrecklich sah er aus, weil ich ihm so bejammernswert vorkam, wie ich da auf der fahrbaren Trage lag, schlaff und elend, mit einem Schlauch in der Nase. Und die Schwester hatte ihm gerade eben erst eröffnet, daß viele Patienten den Test, dem ich unterzogen wurde, als unerträglich schmerzhaft empfinden. Für mich wäre das allerdings eine Neuigkeit gewesen, hätte er mir das rundheraus gesagt.
Statt dessen fragte er feierlich: »Wie ist dein Befinden?«
»Nicht schlecht«, sagte ich prompt, wenn auch etwas matt. »Wie hast du mich hier unten gefunden?«
»Speed hat's mir gesagt. Hat es sehr weh getan?«
»Was – oh, nein, eigentlich kaum. Was ist denn?«

Er schaute ganz perplex drein. »Hat es wirklich nicht weh getan? Bestimmt nicht?«
»Nein, das sage ich doch.«
George starrte mich durchdringend an. »Erkennst du mich? Weißt du, wo du bist? Weißt du, weshalb du hier unten bist?«
»Klar weiß ich das. Weshalb fragst du?«
»Um dein Erinnerungsvermögen zu prüfen. Du behauptest also, es hat nicht weh getan? Hast du es vielleicht schon vergessen?«
George, dem Wesen nach ein unerschütterlicher Diplomat und grenzenlos duldsam, übernahm das Ressort zwischenmenschliche Beziehungen in dem arbeitsteiligen Netz aus einer recht zahlreichen und immer wachsenden Gruppe von Personen, das sich um mich her zu entwikkeln begann. Menschen, die mich häufig besuchten und auf die ich mich verlassen konnte.
Bei ihm kamen Briefe und Anrufe alter Freunde an, die zwar nicht wußten, wie sie mich, dafür aber ihn erreichen konnten. Marian Berkman rief ganz entsetzt an; wir kannten uns schon seit unserer Grundschulzeit in Coney Island, und sie war seit Anfang des Jahres verwitwet. Lou, ihr Mann, mit dem ich ebenfalls seit damals befreundet gewesen war, war an Krebs gestorben. Es riefen auch noch eine Menge andere Leute an und wollten wissen, wie es mir ginge und ob sie mich besuchen könnten; George gab Auskunft und hielt sie taktvoll hin, um mir Gelegenheit zu geben, mich erst einmal an meine Krankheit und die neue Umgebung zu gewöhnen. George nahm auch den Anruf von Mario Puzo entgegen, der erstmals das lähmende Wort ›gelähmt‹ gebrauchte und der ferner wissen wollte, wann ich ›abkratzen‹ würde. Mario hatte ich so um 1950 herum durch George kennengelernt, bevor noch einer von uns dreien einen Roman geschrieben hatte. Auch mit Marvin Winkler in Kalifornien telefonierte George; wir hatten uns als Babys ein Laufställchen geteilt, und Marvin hält auch heute noch an der verleumderischen Behauptung fest, ich hätte damals immer beide Milchflaschen geleert. Und George übernahm es, meiner Agentin, die seit mehr

als dreißig Jahren für mich tätig ist, behutsam nahezulegen, angesichts der mir bevorstehenden krankheitsbedingten Ausgaben mir die im Zusammenhang mit der Publikation meines neuesten Romans auf sie entfallende Provision zu erlassen.
»Candida«, begann George geschickt seine Eröffnung, »um Joe steht es ganz schlimm.« Was er dann anfügte, konnte sie nur noch erleichtern.
Die größte Hingabe und den höchsten Edelmut indessen bewies George dadurch, daß er an meinem Bett mit unerschütterlicher Anmut, Höflichkeit und Selbstbeherrschung die Gesellschaft von Leuten ertrug, die er, wie ich wußte, nicht ausstehen konnte – mich selber gelegentlich nicht ausgenommen.
Auch Jeffrey Cohen gesellte sich meinem Küchenkabinett zu, was um so erstaunlicher war, als ich ihn nicht besonders gut kannte und er jemand ist, der nie freie Zeit hat. Ich war ihm erst vor einem Vierteljahr begegnet, als ich sein Mandant wurde. Er kam direkt vom Flugplatz in die Klinik und war vermutlich der häufigste abendliche Besucher während der 22 Tage, die ich auf der Intensivstation verbrachte; er widmete sich mit größtem Eifer allabendlich Arbeiten, die mit seiner anwaltlichen Tätigkeit für mich nichts zu tun hatten und die eigentlich weit unter seiner Würde waren. Mein Auftritt vor dem Familienrichter war vertagt worden. Eine Weile schleppte er Akten zwischen mir und meinem anderen Anwalt hin und her, der wegen seiner Gallenoperation ebenfalls hier lag. Ich glaube, ich schreckte erst im letzten Moment davor zurück, ihn auch noch mit solchen Dingen wie Rasierapparaten, Wäsche und Unterhemden zu behelligen. Dafür hatte ich schließlich Julius Green. Aber neben Green, Speed, George und Leuten wie Joe Stein, A. Robert Towbin, lebensfroher Jogger und Bankier, nicht zu vergessen Barbara Gelb zähle ich auch Jeffrey zu dem Corps der fleißigen dienstbaren Geister, welche ich in jener aberwitzigen Zeit zur Verfügung hatte. In dem Maße, in dem meine körperlichen Kräfte schwanden, nahm meine Macht über Menschen zu. Zu den Erkenntnissen über mich selbst kam

die Entdeckung, daß ich eine geniale Begabung habe, Aufgaben zu delegieren. Statt ins Hospital hätte ich ins Weiße Haus gehört.
Zwar hat Jeffrey ein Pokergesicht und verzieht bei juristischen Kontroversen keine Miene, doch ich merkte ihm sehr wohl an, wie entsetzt er war. Auf ihn machte ich jedenfalls keinen guten Eindruck. Jeffrey ist ein dunkler, kräftiger, gutaussehender Typ, noch dazu 25 Jahre jünger als ich, doch bei unserem letzten Beisammensein wirkte ich jünger als er und sah auch besser aus. Er arbeitet schwer. Und weil er seine Arbeit ernster nimmt als ich die meine, auch seine Arbeit für mich, leidet er mehr daran. Er arbeitet unaufhörlich wie besessen – hat er mal eine Stunde frei, trainiert er für den New Yorker Marathonlauf, an dem teilzunehmen er noch nie die Zeit gefunden hat –, und deshalb war es ungewöhnlich, daß er einen so großen Teil seiner Zeit bei mir verbrachte.
Meist kam er sehr spät, nachdem er seine geschäftlichen und gesellschaftlichen Verpflichtungen hinter sich hatte, um gewissenhaft seinen Dienst an den Sterbenden und den Toten zu verrichten; er gestand mir später, in jener ersten Woche sei er überzeugt gewesen, ich gehöre zu den Sterbenden und werde mich bald den Toten zugesellen. Er hielt mich für verrückt, als ich, einen Schlauch in der Nase und den Absaugschlauch in der Hand, prahlerisch die Prognose meines Neurologen zum besten gab, daß ich nämlich nur leicht an etwas erkrankt sei, was keine bleibenden Schäden bei mir hinterlassen würde. Für Jeffrey bin ich auch heute noch ein wandelndes Wunder, die lebendige Widerlegung alles dessen, was Erfahrung und Wahrscheinlichkeit uns lehren.
Trotz seines speziellen Arbeitsgebietes hat er sich einen unparteiischen Sinn für das Angemessene bewahrt, und daß ich, der mit allen möglichen ihm bekannten Widrigkeiten zu kämpfen hatte, ausgerechnet von einer solchen Krankheit befallen wurde, kränkte sein Verlangen nach einer gerechten Weltordnung. Jeffreys regelmäßige Besuche taten mir wohl. Was ihn dazu trieb, war eine Mischung aus Anstand, Sympathie und Wertschätzung. Er

scheute sich immer, mir die Schriftsätze zu zeigen, die er für mich aufsetzte, für mich, einen Autor, den er bewunderte, und mir machte es diebischen Spaß, seine Zeichensetzung zu korrigieren. Für ihn war ich schon bei Lebzeiten – und nun im Sterben – eine Legende.
Zudem faszinierten ihn die Leute, die sich bei mir einfanden: Der Verfasser von *The Goodfather*, (»Der Pate«), Mario Puzo; Joseph Stein, der den Text zu *Fiddler on the Roof* (»Anatevka«) geschrieben hatte; Mel Brooks, der in *Kramer gegen Kramer* die Hauptrolle spielte (etwas, das ihn gewiß besonders interessierte); der gescheite und phantasievolle George Mandel, dessen letztes Buch *Crocodile Blood* gerade erschienen war; der hoch empfindsame Julius Green und andere, die sich durch ihren beißenden, misanthropischen Humor auszeichneten, kurzum in seinen Augen eine Starbesetzung. Und auf meinem Sterbebette beschrieb ich sie allesamt als gefundenes Fressen für einen jungen, aufstrebenden Scheidungsanwalt.
»Mel Brooks auch?« fragte er verblüfft.
»Der ist gut für eine Leibrente.«
»Joe Stein?«
»Ist drauf und dran.«
»Dustin Hoffman?«
»Sie findet ihn zu schüchtern.«
Ganz so einfältig war Jeffrey Cohen nun zwar nicht, doch die Versuchung, mir halb und halb zu glauben, war stark, und es entzückte ihn, daß ich ihn auf den Arm nahm. Mein abartiger Sinn für Humor verleitete mich dazu, daß ich ihn eines Abends, bevor er mich wie gewohnt mit seiner tragenden Stimme begrüßen konnte, ermahnte, leise zu sein, und ihm flüsternd mitteilte, der Mann im Nebenbett sei eben gestorben. Jeffrey erbleichte. Auch war dies kein Scherz; der Patient war jünger als ich und an galoppierender Leukämie gestorben, die seinen Hirnstamm befallen hatte. Man hatte ihn etwa vier Stunden zuvor in das Bett links von mir gelegt, und es bestand von Anfang an keine Hoffnung für ihn.
An diesem Abend war vorher Mel Brooks zum ersten Mal bei mir erschienen. Nichts hätte mich mehr überraschen

können als das Auftreten von Mel Brooks gegen neun Uhr abends an einem kalten Wintertag hier auf meiner Intensivstation. Ich wußte nicht einmal, daß er überhaupt in New York war. Mel hat fürs Sterben ebensowenig übrig wie ich, und dabei leitet ihn nichts Geheimnisvolles, sondern nur ein intelligenter Egoismus. Er schaute düster und verkniffen drein und betrachtete mich bekümmert. Ich sah schon, er war nicht gekommen, um mit mir Witze zu reißen. Er hatte Größeres vor. »Jetzt sag mal ganz ehrlich«, begann er, »hat es mit einem Brennen der Fußsohlen angefangen und sich dann aufwärts fortgesetzt, die peripheren Nerven der Wirbelsäule angegriffen und dann Schlund und Gesicht befallen?«

Ich schüttelte den Kopf und musterte ihn achtungsvoll und bewundernd. »Du weißt also, was Guillain-Barré ist?«

»Selbstverständlich«, versetzte er sachlich. »Wer wüßte das nicht? Landry-Paralyse. 1869 entdeckt, stimmt's? Ich weiß alles über Polyneuritis.«

»Wie kommt denn das? Von Polyneuritis habe ich nie zuvor gehört, und ich bin schon länger ein Hypochonder als du. Schließlich bin ich älter.«

»Wieso ich das weiß?« Er war erstaunt über meine Frage. »Aus meinen medizinischen Handbüchern selbstverständlich. Weshalb glotzt du so? Viele Leute haben solche Handbücher.«

»Aber nicht alle lernen auswendig, was drinsteht.«

Das nahm er ernst, obwohl es scherzhaft gemeint war. »O ja, das tue ich. Also hast du anfangs eine Parästhesie bemerkt? Hast du vielleicht eine Infektion der Atemwege gehabt? Oder eine Virusinfektion? Keine Bronchitis? Keine Impfung gegen Tollwut? Andere Impfungen? Hast du als Kind Windpocken gehabt, Masern, Gelbsucht –«

»Mel, Mel«, unterbrach ich ihn wohlwollend, als mir klarwurde, was ihn am meisten bedrückte, »ich weiß schon, weshalb du gekommen bist, wovor du dich schützen willst. Ich weiß auch, wie du dich immunisieren kannst.« Ich machte eine Pause, um den Speichel abzusaugen. »Ich lasse mir gern deinetwegen den Kopf rasie-

ren, und dann kannst du meine Glatze anfassen, das bringt Glück.«
Er lachte gequält. »Das ist überhaupt nicht komisch«, sagte er dann nüchtern. »Guillain-Barré ist alles andere als ein Witz. 1,6 bis 1,9 Personen von hunderttausend werden jährlich davon befallen. Also zwischen 16 und 19 Personen auf eine Million.«
Das war ja recht beeindruckend. »Machen wir doch mal eine andere Rechnung auf«, versuchte ich ihn zu trösten. »Es gibt sehr wenige Menschen, die mit zwei Personen bekannt sind, die mal daran erkrankten. Das ist doch ein Ausgangspunkt, wie?«
Er überlegte. »Das dürfte stimmen.«
»Also. Du und ich, wir haben die gleichen Freunde – Julie und Speed und George, und die kennen alle *meinen* Fall. Und so gesehen bist du gefeit, denn du wärest der zweite, den sie kennen, wenn du krank würdest.«
Das beschwichtigte ihn zunächst, und er redete von anderem. Dann schalt er den diensttuenden Arzt, als er hörte, daß ich nicht schlafen konnte. Valium lockert die Muskeln, und Schlafmittel beeinträchtigen die Atmungsorgane. Mel empfahl daher nichts dergleichen. »Geben Sie ihm Tryptophan«, befahl er in dem scharfen Ton, den Drehbuchschreiber, die je mit ihm gearbeitet haben, gewiß jahrelang nicht vergessen. »Das ist für ihn wie Muttermilch. Man bekommt es in jedem Reformhaus. Morgen schicke ich ihm eine Packung.« Als man ihm vorhielt, ich könne Tabletten nicht schlucken, explodierte er. »Dann zermahlen Sie die eben und geben sie ihm durch die Levinsonde. Muß ich euch denn das kleine Einmaleins beibringen? Und einen neuen Absaugschlauch braucht er auch – was da rauskommt, sieht mir sehr verdächtig aus.«
Kurz nach Mels Abgang starb der Mann im Nachbarbett, und etwas später kam Jeffrey, den ich flüstern hieß und dem ich sagte, was passiert war. Und als er ging, konnte ich ihm auch noch einen Auftrag verpassen, der ihm gespenstisch vorgekommen sein muß. Ich trug ihm nämlich auf, Mel durch Speed oder Julius Green, mit denen er be-

freundet war, ausrichten zu lassen, und zwar noch diese Nacht, daß Malach ha-Mavet, der jüdische Todesengel, ihn nur um Minuten verpaßt und als Ersatz mißmutig meinen Nachbarn mitgenommen habe, als sich erwies, daß Mel schon gegangen war. Ich konnte mir gut das trübsinnige Kichern vorstellen, womit Mel diese Nachricht aufnehmen würde.

Julie Green und seine Frau Edie sind Mels engste Freunde in New York, und nicht einmal die wußten, daß er hiergewesen war und mich besucht hatte. Diese beiden erledigten in den ersten drei Wochen meiner Erkrankung die lästigsten Aufträge für mich, und sie bewährten sich glänzend. Julie ist insofern der exzentrischste aller meiner Freunde, als er regelmäßige Arbeitszeiten einhält, und es ist ihm oft peinlich, sich dafür zu rechtfertigen, wenn er mit uns übrigen zusammen ist. Ich sah ihn also immer nur am Wochenende oder am späten Nachmittag oder frühen Abend, wenn für ihn Feierabend war.

Unter all den Wohltaten, die ich dem Ehepaar Green verdanke, war auch ein winziges Transistorradio, über das ich Nachrichten oder klassische Musik von WQXR hören konnte. Schlimm war nur, daß ich nach einigen Tagen unfähig war, das Gerät vom Tisch zu nehmen oder die winzigen Knöpfe zu bedienen. Und schlimm war ebenfalls, daß sich herausstellte, daß ich vergessen hatte, im Frühjahr die Jahresprämie von 132 Dollar für eine umfassende Krankenversicherung zu bezahlen. In dem Chaos, das die Auflösung meines Haushaltes zur Folge hatte, waren die entsprechenden Mahnungen und der Bescheid über das Erlöschen des Versicherungsschutzes verlorengegangen. Von dieser Versicherung wären mir bei einer Selbstbeteiligung von 10 000 Dollar 80% aller entstehenden Kosten ersetzt worden. Anfangs beunruhigte mich das nicht besonders, denn den Aufenthalt auf der Intensivstation bezahlte das Blaue Kreuz, und für den Rest war ich bei einer anderen Versicherung bis zu zehntausend Dollar gedeckt. Nur war dies unseligerweise keine schnell vorübergehende Episode, und auf die Länge gesehen büßte ich dank der Nichtzahlung einer Prämie von 132 Dollar mehr als 40 000

Dollar ein. Nachdem diese Summe überschritten war, hörte ich auf zu zählen, denn es machte mich krank, nur daran zu denken.
Edie Green brachte Bücher, Jane Austens *Emma,* um das ich sie gebeten hatte, und aus eigenem Antrieb, wohl um mich aufzurichten, *Anatomy of an Illness* von Norman Cousin. Es erwies sich dann, daß ich an beiden wenig Freude hatte, denn schon zwei Tage später konnte ich kein Buch mehr halten, weder mit einer Hand, wenn ich die andere zum Umblättern brauchte, noch mit beiden. Dann brachte Julius Green mir ein chinesisches Geschicklichkeitsspiel, zwei ineinander verschränkte Ringe, die auch ein Gesunder nur mit Mühe hätte auseinanderpopeln können. »Probier's mal«, befahl er heiter. »Sehr komisch«, antwortete ich trocken. Als ich nach zwei oder drei Sekunden aufgab, sagte er: »Dann probier mal dies hier«, und gab mir ein anderes. Er hatte etwa zwanzig von den Dingern bei sich, und den Rest dieser Woche über spielten andere Besucher damit.
Ich rächte mich dann aber gelegentlich der Episode mit der Unterwäsche: Am Ende der ersten Woche hatte sich mein Skrotum durch die ständige Reibung am Bettlaken entzündet, und eine Schwester riet mir, es mit Unterhosen zu versuchen. Julius kaufte mir ein halbes Dutzend – meine Freunde bestanden darauf, für solche Dinge zu bezahlen –, und am Ende der zweiten Woche war nicht zu übersehen, daß die Slips gewaschen werden mußten. Ich konnte jetzt nur noch eine Bettpfanne benutzen und wegen der Unbeweglichkeit der Hände bei der Säuberung nicht mehr helfen. Als ich Julius bat, er solle die Slips waschen lassen, wich er entsetzt zurück. »Nicht mal mit der Zange würde ich sie anfassen, wo denkst du hin!« wehrte er vehement ab.
»Trotzdem, sie müssen in die Wäsche, so kann ich sie nicht tragen«, beharrte ich.
»Schmeiß sie weg, in den Papierkorb da. Lieber kaufe ich dir neue.«
»Du hättest keine weißen nehmen sollen«, murmelte ich vorwurfsvoll.

Andere gute Nachrichten kamen von der Sprecherin der Klinik, eben jene, die so betroffen gewesen war von der Meldung in der *Post* und die damals versichert hatte, das Hospital habe damit nichts zu tun gehabt. Sie sagte mir eines Tages, die *New York Times* habe sich nach meinem Zustand erkundigt. Das kam mir gerade recht. Jetzt hatte ich doch Gelegenheit, alle Mißverständnisse auszuräumen, meine Kredit- und meine Glaubwürdigkeit wiederherzustellen, indem ich übereinstimmend mit den Ärzten den Stand der Dinge schilderte. Sie sollten nur die Krankheit beim Namen nennen, sie als harmlos und von kurzer Dauer bezeichnen und unmißverständlich erklären, daß ich auf dem Wege sei, völlig zu genesen, und in einer, höchstens zwei Wochen quietschfidel zur Klinik hinausmarschieren würde. Als weder Baders noch das Hospital sich auf etwas Derartiges einlassen wollten, schwante mir, daß am Ende doch nicht alles so gut bestellt sei.

Auch als Joe nicht mehr stehen, nicht mehr die Arme heben konnte, als er keine Kraft mehr in den Händen hatte und im Bett umgedreht werden mußte, glaubte ich immer noch nicht, daß seine Krankheit bedenklich oder von längerer Dauer sein könnte.

Abgesehen von dem albernen Schlauch in seinem Nasenloch sah er völlig gesund aus und paßte überhaupt nicht auf eine Station, die mit Todkranken belegt war. Als ich fragte: »Was soll der Schlauch?«, erklärte er mir, er fürchte, nicht mehr schlucken zu können und zu erstikken, wenn er versuchte, wie ein normaler Mensch zu essen. Das hielt ich nur für eine weitere überflüssige Vorsichtsmaßnahme. Das Gegenteil wurde mir demonstriert, als man zu einem späteren Zeitpunkt den Versuch machte, ihn normal zu ernähren. Er konnte wirklich nicht schlukken, und der Schlauch mußte wieder rein. Und diesmal war das eine Qual - unangenehm, widerwärtig, lästig, wie er es ausdrückte.

Trotz des Schlauches waren die Mahlzeiten für ihn Höhepunkte des Tages. Man zermatschte alles zu Brei und drückte den durch den Schlauch auf dem Umweg über die Nase in seinen Magen. Hatte er die Hälfte des Bestellten dergestalt verschlungen, hielt die fütternde Schwester inne und fragte, ob er nicht vielleicht schon zuviel gegessen habe und alles wieder ausspucken wolle? Offenbar kannte sie seine berüchtigten Eßgewohnheiten nicht. Er schüttelte nur nachsichtig den Kopf und sagte: »Das verstehen Sie nicht. Was einmal drin ist, das bleibt auch drin.«

Wir Besucher auf der Intensivstation hatten Mühe zu enträtseln, was er sagte. Schuld daran gaben wir dem verflixten Schlauch, obwohl uns bekannt war, daß er auch ohne Schlauch zu nuscheln pflegte. Joe war wütend, weil wir ihn nicht verstanden, er beschimpfte uns, gewöhnte sich an, Wörter zu buchstabieren, die wir, wie er wußte, nicht verstehen konnten, das alles aber, ohne langsamer zu sprechen. Damit hielt er die Verständigung für gesichert. Wir machten uns nicht die Mühe, ihn darüber aufzuklären, daß diese Methode für uns kein bißchen hilfreich war. Die Buchstaben m, o, u und y konnte er weder in Wörtern aussprechen noch buchstabieren. Er konnte die Lippen nicht spitzen, und er konnte seine Kehle nicht freiräuspern.

Seine Klagen über unsere Unfähigkeit nahmen wir gelassen hin, denn verglichen mit früher war er jetzt geradezu milde. Ich gewöhnte mir an zu nicken, als ob ich verstünde, was er sagte, obwohl ich es oft genug nicht mal ahnte, aber ich dachte: solange er ruhig bleibt, ist es nicht wichtig. Und war es was Wichtiges, würde er es mindestens drei weiteren seiner Freunde sagen, weil er wußte, daß ich ein Gedächtnis habe wie ein Sieb. Und von diesen anderen würde vielleicht zufällig einer das Richtige raten. Meist erteilte er einen Auftrag mindestens dreien von uns. Da wir, seine Helfer, aber nicht gerade auf den Kopf gefallen sind und seine Tricks kannten, tauschten wir unsere Informationen aus und vermieden Doppelarbeit. Auch dienten uns seine geringeren Leiden als Quelle der Heiterkeit.

Julie Green fragte George Mandel eines Tages: »Kannst du raten, was Joe heute gesagt hat?« George, der sich nichts Gutes erwartete, fragte ängstlich: »Nein, was?« »›Nheh dehgrehda waddleta deh nahe nheh!‹«. George lachte anerkennend, doch Julie war mit seiner herzlosen Parodie noch nicht zu Ende. Er führte uns Hellers Buchstabierkünste vor, deren er sich bediente, wenn wir ihn nicht verstanden ... Wir alle hofften so sehr, Heller bald wieder in seinem vertrauten Brooklyner Dialekt nuscheln zu hören.

Noch war ich überzeugt davon, daß seine Ärzte zu so extremen Maßnahmen griffen, um jede Kritik abzuwehren und der Gefahr vorzubeugen, wegen möglicher Kunstfehler verklagt zu werden. Sie taten, als wäre alles sehr ernst, was wir für eine Lappalie hielten. Als einer der Ärzte, mit dem ich zufällig gut bekannt bin, mir auf dem Korridor vor der Intensivstation praktisch eine Vorlesung über Guillain-Barré hielt einschließlich der letzten Statistiken und die Zeiträume nannte, welche eine Regeneration der Nerven beansprucht, als er überhaupt von Nervenschäden sprach und von einer 10%igen Todesrate, da war ich zwar von seinem hervorragenden Gedächtnis tief beeindruckt, sah aber nicht, daß dies mit Heller oder mir zu tun haben könnte. Ich begriff einfach nicht, weshalb der Bursche sein absolutes Gedächtnis demonstrierte.

Mir ist seither bewußt geworden, daß ich keine Ahnung davon hatte, wie übel es Joe auf dieser Intensivstation wirklich erging. Zunächst glaubte ich nicht, daß er lange krank sein würde. Zehn Tage nach seiner Einlieferung flog ich mit meinen Freundinnen Paula, Cheryl und Barbara nach Key West und kam erst kurz vor Silvester zurück. Vor der Abreise nach Florida besuchte ich Joe noch einmal und fand ihn munter und guter Dinge, wenngleich er sich kaum rühren konnte. Er entließ mich mit seinem Segen und erinnerte mich nur zweimal daran, daß ich seine Scheckbücher herauslegen und Wohnungs- und Briefkastenschlüssel Julie Green übergeben müsse, der während meiner Abwesenheit Dienst tun sollte. Julie erinnerte er dreimal daran, diese Dinge von mir zu übernehmen.

Ich zeigte ihm, wo Heller seine Scheckbücher und Überweisungsformulare aufbewahrte. Da ich am 1. Januar zurück sein würde, brauchte er sich um die monatlichen Ausgaben nicht zu kümmern, doch bat ich ihn, ankommende Schecks einzuzahlen, die Buchhaltung auf dem letzten Stand zu halten und die Post und eine Liste der eintreffenden Anrufe zu Heller ins Hospital zu bringen. Was er sonst noch zu erledigen hatte, würde Joe ihm schon nachdrücklich zu verstehen geben. Da brauchten wir uns keine Sorgen zu machen.

Julie handelt mit Diamanten – als einziger von uns allen hat er einen richtigen Beruf –, und seine Firma hat eine 800er Nummer, die es auswärtigen Anrufern erlaubt, zum Ortstarif mit ihm zu telefonieren. Für mich war es also sehr angenehm und billig, mich durch Ferngespräche mit dieser Nummer über Joes Befinden täglich auf dem laufenden zu halten. Green hatte immer komische Geschichten zu erzählen, aus denen nicht zu entnehmen war, daß es mit Joe stetig abwärts ging. Julie sah ihn jetzt täglich, und das könnte erklären, warum es ihm nicht auffiel.

Kaum wieder in New York, besuchte ich Joe, und auf die Veränderung, die ich an ihm bemerkte, war ich nicht im geringsten vorbereitet. Das sonnenverbrannte Gesicht war nun bleich und hager, und er wirkte stark abgemagert. Zehn Pfund hatte er in diesen zehn Tagen abgenommen. Anfangs war ich also sehr erschrocken, doch Joes Optimismus und seine Heiterkeit beschwichtigten meine Ängste. Er hörte mit Vergnügen, daß ich in Key West scheußliches Wetter gehabt hatte und daß wir uns infolgedessen gegenseitig auf die Nerven gegangen waren. (Es reicht nicht, sich in der Klinik wohl zu fühlen, nein, der beste Freund muß unterdessen auch noch Pech haben!) Er genoß es auch, während einer der schlimmsten Winter, an die man sich in New York erinnert, wohlig warm aufgehoben zu sein. Ohne fremde Hilfe konnte er jetzt so gut wie nichts mehr tun. Brachte ich ihm seine Post, bat er mich, seine Lesebrille aus der Schublade zu holen und sie ihm auf die Nase zu setzen. Sollte ich jemanden anrufen, dessen Nummer ich nicht auswendig wußte, verwies er mich an sein Adreßbuch, das nie dort lag, wo er es vermutete. Er konnte es nicht mehr in die Hand nehmen, auch wenn es in Reichweite lag. Trotz seiner scheußlichen körperlichen Verfassung verlor er aber nie den Humor, und auch dies machte uns Angst.

Am Neujahrstag kam ich als sein erster Besucher. Er begrüßte mich nur kurz und begann sogleich, Anweisungen hervorzukrächzen: »Ib ir en Sch –« sagte er oder so ähnlich, und ich erriet, daß er den Absaugschlauch haben wollte. So war es denn auch. Danach fuhr er fort, Befehle zu erteilen. Er verlangte nach seiner Lesebrille und wies mich an, sein Kopfteil höher zu stellen. Plötzlich sprach er auch sehr verständlich, denn er beschimpfte mich dafür, daß ich den falschen Knopf drückte. »Nicht den, du Tropf, der ist für die Füße. Das Kopfteil sollst du aufstellen, das

Kopfteil! So. Feuchte den Lappen an und mach mir die Lippen naß. Den Kopf noch etwas höher. Gut. Jetzt die Flasche zwischen meine Beine. Okay. Und nun steck meinen Schwanz in die Öffnung.«

Mein Protestschrei war auf der ganzen Station zu hören, und zwei Schwestern eilten herbei, um sich Joes anzunehmen, während ich unter Verwünschungen hinausmarschierte. Ich muß aber zugeben, daß er sich das hübsch ausgedacht hatte, und im Abgehen sah ich, daß er strahlte.

Abgesehen von meinen Besuchen in der Klinik, hatte ich mir meinen Tageslauf so eingerichtet, daß ich mir selber langsam vorkam wie Heller. Ich schlief in seinem Bett. Ich holte und sortierte seine Post, hörte den Anrufbeantworter ab, zahlte seine Rechnungen, schrieb seine Schecks aus und verschickte sie. Ich besuchte ihn täglich, berichtete von meinen Tätigkeiten für ihn und brachte den neuesten Klatsch mit.

Dieses neue Leben beeinträchtigte in keiner Weise meine sonstigen Aktivitäten, es fügte meiner Existenz nur noch etliche Annehmlichkeiten hinzu. Ich traf mich mit den alten Freunden, machte neue Bekanntschaften, verpaßte kein Konzert von Boz Scaggs, Billy Joel oder den Rolling Stones, keinen Auftritt von Elvis Costello oder James Taylor, keine Party mit Miles Davis.

Durch Paula Batson wurde ich in die zeitgenössische Musikszene eingeführt. Als PR-Beauftragter von CBS gehörte es zu ihren Pflichten, bei den Auftritten ihrer Künstler und den anschließenden Partys dabeizusein. Ich ging mit als ihr Begleiter. Joe konnte ich allerdings nicht davon überzeugen, daß diese Veranstaltungen mir Spaß machten. Er meinte vielmehr, auch in diesem Fall brächte ich einer Freundin ein Opfer. Er vergaß, daß ich seit je ein Musikliebhaber war. Tatsächlich habe ich meine Laufbahn als Schriftsteller damit begonnen, daß ich für meine Collegezeitung ein Plattenalbum rezensierte. Für einen alten Jazz-Fan wie mich war es von Rhythm and Blues bis zu Rock and Roll nur ein kleiner Schritt (wenn ich auch 45 Jahre dafür brauchte).

Eines Abends setzte ich Augen und Ohren im Palladium einer ›Heavy Metal Group‹ aus, die sich Judas Priest nannte. Ich saß neben einem Jüngling von höchstens siebzehn Jahren, der meine grauen Haare immer wieder mißtrauisch musterte. Endlich faßte er sich ein Herz und fragte: »Entschuldigen Sie, Sir, aber hören Sie diese Gruppe wirklich gern?« – »Klar Mann«, erwiderte ich, »die sind richtig geil.« Er schüttelte verblüfft und ungläubig den Kopf und murmelte: »Das kann ich nicht glauben. Mein Alter platzt, wenn ich ihm das erzähle.«
Über Paula kam ich auch mit der Country Music in Berührung, und Ende der siebziger Jahre machte sie mich mit Bobby Bare bekannt, mit ›Sir‹ Douglas Sahm, Willie Nelson und Kinky Friedman. Sie alle fand ich höchst sympathisch, und weil Kinky häufig im Lone Star Café auftritt, freundeten wir uns an. 1977 erzählte ich Heller davon, und der war so fasziniert davon, daß es eine Gruppe gab, die sich Kinky Friedman and the Texas Jewboys nannte, daß er sie auf den letzten Seiten seines Romans *Good as Gold* (»Gut wie Gold«) einführte. Als ich Kinky das erzählte, sagte der bloß: »Frag den Kerl mal, was er mir dafür zahlt.« Ich sagte, dies sei unnötig, ich wisse die Antwort bereits, sie laute: Nichts. Kinky grinste bloß. »Schon gut. Sag Heller, ich habe nichts dagegen, daß er unseren Namen verewigt. Wenn ich protestiere, erscheine ich in seinem Buch bestenfalls als Kinky Schwartz oder noch schlimmer.«
Ein gravierender Nachteil von Joes Krankenhausaufenthalt war allerdings, daß ich Ngoot sehr viel seltener traf. Ich wohnte jetzt weiter entfernt, und seine Ratschläge, seine Weisheit und insbesondere seine orientalischen Delikatessen fehlten mir sehr. Mr. Lees Kochkünste beschränken sich keineswegs auf die chinesische Küche, er versteht es ebensogut, französische, italienische und vorderasiatische Gerichte zu bereiten. Ngoots Verdienst ist es, daß aus mir ein annehmbarer Koch geworden ist. Dafür schuldet Heller ihm beträchtlichen Dank. Wenn Joe mir jemals Komplimente machte, dann bezogen die sich auf meine Kochkünste, die ich meiner Tätigkeit als Ngoots

Gehilfe in der Küche und meinen Gängen zum Markt mit dem ›Meister‹ verdanke.
Als ich Hellers Post sortierte, entging mir nicht, daß viele Leute ihn um Autogramme baten. Jetzt erst bekam ich einen Eindruck von seiner Reputation als Autor, von der Hochachtung, die Leute ihm entgegenbrachten, die ihn weniger gut kannten als seine Freunde und Verwandten. Meist lagen den Autogrammwünschen Exemplare seiner Romane bei. Die Bittsteller schrieben ausnahmslos ehrerbietig und höflich und vergaßen auch das Rückporto nicht. Dieser seiner literarischen Verehrer nahm ich mich sogleich an, denn ich sah keinen Grund, ihnen Autogramme zu verweigern, da ich doch bereits Hellers Schecks unterschrieb. Wenn meine Unterschrift von der Bank anerkannt wurde, mußte sie auch für seine Leser reichen. Joe lobte mich dafür, daß ich mich so um seine Leser kümmerte. Er gestand, derartige Verpflichtungen ehedem oft als lästig empfunden zu haben, doch wolle er sich künftig bessern, insbesondere wenn jemand anderer die eingehenden Ansuchen prüfen, die Bücher mit den erforderlichen Widmungen und Unterschriften versehen, sie auf die Post tragen und sich dort an seiner Statt in die Schlange stellen würde.
Als es einen überraschenden Kälteeinbruch gab, brauchte ich wärmere Sachen als die, die ich aus meinem Atelier mitgebracht hatte, und wählte unter Hellers Mänteln einen von Eddie Bauer entworfenen Alaska-Parka mit echtem Wolfsfellbesatz. Das war nicht mehr als praktisch. Heller, nicht gerade ein aufmerksamer Beobachter, fragte mich bei meinem Besuch aber doch gleich: »He, Speed, ist das nicht mein Mantel?« Ich entgegnete einfach: »Na und?« Das schien ihn zu amüsieren, daher fuhr ich fort, ihm mit diesem harmlosen Spiel eine Freude zu machen. Manchmal mußte ich mich längere Zeit wie ein Dressman spreizen, bevor er darauf kam, daß ich wieder ein Teil seiner kostbaren Garderobe vorführte. Das amüsierte ihn unweigerlich. Früher – das heißt vor dem Guillain-Barré Syndrom – fiel es mir oft schwer, ihn für meine Scherze zu begeistern, aber jetzt genoß er meine Vorstellungen. Ein ver-

wandelter Mensch war er! Daß seine Sachen an mir ausnahmslos besser aussahen als an ihm, verwirrte ihn etwas. Und weil wir keineswegs von gleicher Statur sind, kam er zu dem Schluß, er habe wohl die falschen Größen gekauft. Mir war es lieber, er grübelte darüber nach, weshalb seine Sachen ihm nicht paßten, als daß er darüber spekulierte, wann er sie je wieder würde tragen können.
Überdies bedachte er bei alledem nicht, daß ich dafür bekannt bin, noch in den letzten Fetzen gut auszusehen. Auch in seinen abgelegten Sachen, die er jetzt wirklich nicht mehr tragen kann, weil er dicker ist als vor seiner Krankheit, macht man mir noch Komplimente. Übrigens bin ich dank des Wohllebens, das ich seither führe, ebenfalls dicker geworden.
Da hauste ich also in Joes Wohnung und nahm immer wieder kleine Verbesserungen vor. Ihm fehlte eine schwere Omelettepfanne, und ein Reistopf aus starkem Aluminium war ebenfalls nicht vorhanden. Ferner schaffte ich auf seine Kosten ein erstklassiges, zusammenklappbares Bügelbrett an und das beste Dampfbügeleisen auf dem Markt. Schließlich ist ein Bügelbrett ohne Bügeleisen nutzlos. Mir blieb fortan die Peinlichkeit erspart, in seinen ungebügelten Klamotten auftreten zu müssen. Und in seinen Maßhemden brauchte ich mich auch nicht zu schämen – ein wahres Glück, daß Charles Gwathmey und ich ihn mit den englischen Herrenausstattern Turnbull & Asser bekanntgemacht hatten.
Es klingt sonderbar, doch hatte ich den Eindruck, als sei es Joe ganz recht, daß ich seine Identität angenommen hatte, sein Appartement bewohnte, seine Schecks unterschrieb, Autogramme für ihn gab, seine Post durchsah, mit seinen Freunden und Verwandten telefonierte und seine Sachen trug. Mir kam sogar der Einfall, seinen Roman für ihn zu Ende zu schreiben, doch war ich, wie ich ihm offen sagte, nicht ganz zufrieden mit dem, was er bis dahin zu Papier gebracht hatte.
Zwei Wochen nach Joes Einlieferung in die Klinik erschien Mario Puzo auf der Bildfläche. Ich weiß, wieviel ihn das an Überwindung gekostet hat, nicht nur weil er

draußen in Long Island wohnt und sich aus Leibeskräften dagegen sträubt, nach New York hineinzufahren, sondern weil er lieber einen Besen fressen als ein Krankenhaus betreten würde, einerlei unter welchen Umständen. Doch den Besuch bei Joe mußte er einfach machen. Vielleicht kam er auch nur, um sich davon zu überzeugen, daß Heller wirklich dort war, denn ebenso wie wir anderen Freunde von Heller argwöhnte er, daß es sich dabei um einen schlechten Witz handeln könnte. Auch er hielt Joe für den gesündesten von uns, den, der am wenigsten durch Krankheit gefährdet war.

»Ich an seiner Stelle«, vertraute er mir nach seiner Visite an, »würde mich lieber erschießen. Lieber gleich abkratzen. Das Leben würde ich mir nehmen.«

Als ich dies Joe erzählte, erwiderte er gefaßt und nachsichtig: »Dann frag ihn mal, wie er das machen will. Mit einem Messer könnte ich nichts anfangen. Den Abzug einer Pistole könnte ich nicht drücken. Tabletten nicht schlucken. Nicht mal aus dem Bett könnte ich mich stürzen.« Da er so prompt antwortete, kam mir der Verdacht, er könnte das alles für sich schon erwogen haben.

Als klarwurde, daß Joe sehr viel länger im Krankenhaus würde bleiben müssen, als einer von uns geglaubt hatte, versicherte ihm Alan Altman, der als einer von Joes Anwälten Bescheid wußte, daß er sich diese teure Krankheit sehr wohl leisten könne, obwohl seine beste Sicherung hinfällig geworden war. Mir eröffnete er: »Seit ich Joe kenne, hat er sich ständig finanzielle Sorgen gemacht. Und jetzt bekommt er es wirklich mit der Angst. Aber ich halte das für sehr übertrieben.« Das sah mir ganz nach einem der üblichen Sprüche aus, welche New Yorker Advokaten über Mandanten machen, denen sie exorbitante Honorarforderungen zu stellen gedenken.

Altman wurde auch mein Anwalt, nachdem Joe und ich den Vertrag über dieses Buch unter Dach und Fach hatten. Als er seine Rechnung schickte, verschlug es mir die Sprache. Ich fand sie viel zu hoch, und Joe war ganz meiner Meinung. Ich fragte ihn, ob er was dagegen habe, daß ich selber mit Altman darüber spreche? Er gab mir seinen Segen. Ich war dann sehr überrascht und beinahe enttäuscht, als Altman, statt hartnäckig zu argumentieren, gleich bereit war, seine Forderung herunterzusetzen. Vermutlich kriegt er sein Geld wieder rein, wenn er mich nach dieser Bemerkung wegen übler Nachrede auf Schadensersatz verklagt.

Einer von Joes treuen Besuchern war Jeffrey Cohen, ein gescheiter, gutaussehender, fähiger, ehrlicher, gewissenhafter, sensibler Scheidungsanwalt. Mir ist klar, daß diese Aussage widersprüchlich klingen muß. Trotzdem ist sie zutreffend. Jeffrey war nicht auf den Anblick gefaßt, den Joe am dritten Tage seines Aufenthaltes in der Klinik bot und auch nicht auf seinen fortschreitenden Verfall.

»Er sah schrecklich aus, schwach und blaß und sehr, sehr krank. Ich bezweifelte nicht, daß er auf der Intensivstation in guten Händen war, aber es riecht dort fürchterlich nach Krankheit.

Eines Tages ging ich nach meinem Besuch bei ihm schnurstracks ins Bad, weil ich dachte, ich müßte mich übergeben. So was sieht mir überhaupt nicht ähnlich. Joe behauptete unentwegt, es ginge ihm zunehmend besser, aber ich sah doch, daß es abwärts ging mit ihm. Eines Abends sah ich seinen Bettnachbarn, der sah besser und gesünder aus als Joe, und dabei war er schon tot.«

Jeffrey meinte, Heller befinde sich in einer Art euphorischen Deliriums, weil er unentwegt optimistisch, umgänglich und voller Humor war, und damit stand Jeffrey nicht allein da; auch andere waren zu der Überzeugung gelangt, Heller habe leider den Verstand verloren. Sogar Julie Green, dieser Inbegriff von Geduld und Gelassenheit, zeigte sich verblüfft von Joes ungewohntem Verhalten: der legte derzeit Dankbarkeit, Liebenswürdigkeit und eine ganz unwahrscheinliche Geduld an den Tag. »Ich an Hellers Stelle«, sagte Julie, »würde auf die Knie fallen, laut jammern und mir die Haare raufen.« Dabei übersah er, daß Heller nicht aufstehen, geschweige denn hinknien konnte, nicht zu reden von Haare raufen.

Auch der Dramatiker Joe Stein bekam die absonderlichsten Aufträge von Heller, wenn er ihn besuchte. Heller fand eine Beschäftigung für ihn, der er auch nachgehen konnte, als er auswärts war. Stein wollte mit der Familie über die Feiertage verreisen, und Heller lag daran, daß jemand den Teil seines Romans lesen, den er schon zu Papier gebracht hatte, und seine Meinung darüber abgeben sollte; er glaubte nämlich, er könnte bald in die Lage kommen, einem Verleger das bisher vorliegende Manuskript anbieten zu müssen, weil er Vorschuß brauchte. Er lebte zwar nicht mehr mit seiner Frau zusammen, doch zahlte er ihr Unterhalt, und seine sonstigen Ausgaben waren ebenfalls nicht unbeträchtlich. Ich war darüber sehr genau im Bild – schließlich stellte ich seine Schecks aus. Weil er nicht mehr in der Lage war, die Bogen zu halten, konnte er das ihm in die Klinik gebrachte Skript nicht selber lesen, und er hatte Zweifel daran, ob das bisher Geschriebene seinen Ansprüchen gerecht wurde.

Stein also nahm das Manuskript mit und ging damit gleich nach seiner Rückkehr zu Joe. »Wunderbar, einfach großartig«, lautete sein Urteil, und zu mir sagte er: »Ich war richtig glücklich darüber, daß ich ihm das ganz aufrichtig sagen konnte, und ich dachte, es würde ihn freuen. Statt dessen raunzte er mich an: ›Das hättest du mir auch telegrafieren können, weshalb muß ich solange darauf warten?‹«

Joes Freunde sahen nun allesamt, daß seine Genesung längst nicht so rasch voranschritt wie erwartet, ja, manche bezweifelten, daß er je wieder ohne Hilfe würde auskommen können und falls doch, würde bis dahin viel Zeit vergehen. Man darf nicht vergessen, daß er darin keinerlei Übung hatte und in gewissen Dingen auch als Gesunder recht hilflos gewesen war. Also begannen wir uns zu fragen, was eigentlich aus ihm werden sollte?

Zu Beginn der zweiten Woche auf der Intensivstation litt ich wohl mehr an meiner unmittelbaren Umgebung als unter Angst vor den Gefahren, die mit meiner Krankheit verbunden waren. Meine Klagen, wie sie im Krankenblatt festgehalten wurden, richteten sich auf die ständige Geräuschbelästigung, auf die Unfähigkeit zu schlafen, was einer der Ärzte alles unter dem Stichwort ›Ambiente‹ der Intensivstation zusammenfaßte. In den Gesprächen, die ich ab Mitte der Woche mit dem Psychiater zu führen begann, ging es weniger um meine Zukunft als um Vergangenheit und Gegenwart und um jene üblichen Beschwerden, die für einen Therapeuten das tägliche Brot bedeuten. Ich war traurig und niedergedrückt, weil ich gelähmt in einem Krankenhausbett lag. Ich sehnte mich nach meiner Mutter und meinen Geschwistern, auch nach meiner Frau und meinen Schwiegereltern. Ich wünschte sehr, wieder in den eigenen Familienkreis zurückkehren zu können und wußte doch, daß dieser Wunsch unerfüllbar war.

Ich stierte fasziniert auf die Uhr, und abends litt ich Qualen, wenn die Schwestern auf dem Stationszimmer Unfug trieben. Deren Anblick sowie den der Uhr konnte ich vermeiden, indem ich den Vorhang um mein Bett zuziehen ließ, doch das wiederum ertrug ich auf die Dauer nicht, denn dann kam ich mir ganz isoliert vor. Ausgeschlossen zu sein war mir entsetzlich, zugleich aber wollte ich nicht gestört werden.

Als jene schon erwähnte Notiz über mich in der *New York Times* erschienen war, also Anfang der zweiten Woche, rief Dustin Hoffman an. Er hatte die Notiz gelesen und bei einem Anruf im Hospital erfahren, daß ich keinen Besuch wünschte. Nun wollte er von mir selber hören, ob es mir nicht doch recht sei, wenn er käme. Selbstverständlich war es mir recht.

Ich sorgte dafür, daß ich bei seiner Ankunft im Rollstuhl saß, und all die aufgeregten Schwestern sorgten dafür, daß ich präsentabel aussah - rasiert und gebadet. Zu dieser Zeit bedurfte es nur zweier Personen, mich vom Bett in den Rollstuhl zu setzen, während am Ende der Woche schon mindestens vier, wenn nicht gar sechs Helfer dabei beteiligt sein mußten, mich mitsamt meinem Bettlaken auf eine parallel zum Bett stehende Trage zu schieben, deren Fuß- und Kopfteil so verstellbar waren, daß man darauf saß wie auf einem Stuhl; da war ich nämlich schon außerstande, bei dieser Operation mit Schultern, Beinen oder Rumpf nachzuhelfen.
Dustin und ich kannten uns seit etwa zehn Jahren, und wenn wir einander irgendwo begegneten, aßen wir gemeinsam. Daß wir so gute Freunde geblieben sind, liegt gewiß daran, daß wir nie eng befreundet waren. Auch haben wir nie gemeinsam an einem Projekt gearbeitet, und auch das dürfte sich positiv ausgewirkt haben; so halten wir einer den anderen - womöglich ganz irrig - für einen urteilsfähigen und rücksichtsvollen Menschen. Unsere Freundschaft basiert auf einem Übereinkommen, das ich vor Jahren einmal, und nicht ganz spaßhaft, in die Worte faßte: Du brauchst meine Bücher nicht zu lesen, ich deine Filme nicht anzusehen. Sehe ich mir doch mal einen seiner Filme an, so geschieht das anläßlich einer Premierenfeier; den Film anzusehen, ist der Preis für die anschließende Party und das kalte Buffet. Ich glaube, als er mich besuchen kam, hatten wir uns ein oder zwei Jahre nicht gesehen. Es überraschte mich aber nicht, daß er sich so teilnahmsvoll zeigte und sofort kam, um mich zu trösten, so gut er konnte.
Wir begrüßten einander nach einem gutartigen, düsteren, freundschaftlichen und philosophisch resignativen Ritual.
»Du siehst ja furchtbar schlecht aus«, hieß ich ihn willkommen. »Was ist denn nur mit dir los?«
»Mir ist es ziemlich übel ergangen«, erwiderte er, ohne eine Miene zu verziehen. Dustin gehörte zu jenen Freunden, die bei ihrem ersten Besuch furchterregend erbleichten und ängstlich und ernst dreinschauten, und ich sah

schon, daß es großer Anstrengungen meinerseits bedürfen würde, ihn aufzumuntern. Es stellte sich heraus, daß er, bevor er kam, versucht hatte, bei seinem eigenen Arzt Erkundigungen einzuziehen, doch war dieser gerade nicht in seiner Praxis. Kaum im Hospital angekommen, verlangte er von den Schwestern Bleistift und Papier und begab sich damit zum Münztelefon auf dem Korridor. Nach einer Viertelstunde war er wieder da, und ich sah an seinen Kritzeleien, daß er sich von seinem Medizinmann über Guillain-Barré hatte aufklären lassen und daß er, wie schon Mel Brooks vor ihm, sichtlich erschrocken war. Ich las auf seinem Zettel Wörter wie ›peripher‹, ›Parese‹, ›autoimmunologisch‹, Wörter, die ich nun schon kannte, dazu andere, die mir in diesem Zusammenhang noch neu waren, wie ›Streß‹ und ›auslösende Faktoren‹.
Dustin improvisierte aus seinen Notizen: »Die meisten Erkrankten erholen sich wieder.«
»Im Ernst?« fragte ich mit einem Schuß Sarkasmus, der aber an ihn verschwendet war.
»Ganz recht«, grunzte er düster. »Die Prognose ist günstig, sehr günstig sogar. In zwölf von hundert Fällen . . .« und es folgte, was in Regieanweisungen ›verstummt allmählich‹ genannt wird.
»Hat dein Arzt dir auch gesagt, daß es ansteckend ist?« nahm ich ihn auf den Arm.
Das überhörte er und fuhr belehrend fort: »In manchen Fällen sind auslösende Faktoren zu beobachten. Jawohl. Auslösende Faktoren. Hast du dich letzthin überanstrengt?«
»Ach wo.«
»Bestimmt nicht?«
»Du vielleicht?«
»Na, wer leidet heutzutage nicht unter Streß«, gab er zu und bot an, mir in jeder erdenklichen Weise behilflich zu sein.
»In welcher Weise?« wollte ich wissen.
»Vielleicht brauchst du eine Privatpflegerin, einen Krankenpfleger, jemand, der ständig für dich da ist und Physiotherapie mit dir macht.«

»Sieh dich mal um.« Ich deutete mit einer Kopfbewegung auf die zahlreichen Hilfskräfte, die uns umschwärmten und sich keine Gelegenheit entgehen ließen, ihm so nahe wie möglich zu kommen. »Im Moment habe ich reichlich. Vielleicht später.«

Und genau in diesem Augenblick wurde ›Team 700‹ ausgelöst. (Der Code wechselt von Klinik zu Klinik; im Mount Sinai jedenfalls lautete er ›Team 700‹.) Sofort rückte die Rettungsmannschaft aus und versammelte sich um das Bett einer Frau, die bewußtlos mir gegenüber lag. Sie hieß Rose, und wir lagen nahe dem Eingang. Schwestern, Ärzte, Beatmungsexperten eilten herzu, es war von Blutdruck, Puls, Atropin und Sauerstoff und weiß Gott was die Rede, und Peggy Dunne, eine der tüchtigen, liebenswerten Oberschwestern vom Tagesdienst, bat mich, meinen Besucher doch bitte hinauszuschicken, bis der Notfall behoben wäre. Dustin, der das mitbekommen hatte, nickte höflich, sagte, er wolle warten und wiederkommen, und schlich auf Zehenspitzen hinaus. Zum ersten Mal war es mir ausgesprochen peinlich, von Menschen, die ich kannte, in einer solchen Umgebung gesehen zu werden.

Der Alarm konnte bald abgeblasen werden; Rose war für diesmal mit dem Leben davongekommen. (Ich halte es aber für sehr wahrscheinlich, daß sie nicht mehr unter den Lebenden weilt.)

Als Dustin wieder herein durfte, fragte er nicht so sehr schmollend als aufrichtig wißbegierig: »Weshalb sollte ich eigentlich rausgehen?« Wie so viele, die seine Kunst, wie er gelegentlich sagt, oder seinen Beruf ausüben, kann auch Dustin oft nur kurz bei einem Gegenstand verweilen, doch weiß ich aus Erfahrung, daß seine Wißbegier, ist sie erst einmal geweckt, durchaus echt und zielgerichtet ist. »Ist das eine Vorschrift? Oder glaubte man, ich könnte es nicht mit ansehen?«

Mit spielerischer Ironie, die er sehr wohl zur Kenntnis nehmen würde, versetzte ich: »Es könnte sein, daß es für dich bei diesem Auftritt keine Rolle gab.«

Er schnitt mir eine Grimasse und erkundigte sich dann

noch einmal, ob es nicht doch was gäbe, was er mir besorgen, schenken oder für mich tun könnte. Mir fiel nichts ein. In dieser Hinsicht ist er mir über. Dustin ist gescheiter und einfallsreicher als viele, mit denen er zu tun hat, was erklären mag, weshalb er, wie man hört, gelegentlich mit Produzenten und Regisseuren Schwierigkeiten hat, und mit dem Vorschlag, den er nun machte, traf er genau ins Schwarze: einen Walkman von Sony wolle er mir besorgen.

Ich hielt den Einfall schlichtweg für genial, und hätte ich es gekonnt, ich wäre aus dem Bett gesprungen vor Wonne. Ich hatte bis dahin nie so ein Ding besessen, wußte aber, was ein Walkman ist, und ahnte, welche Wohltaten er mir unter den gegebenen Bedingungen erweisen könnte. Ich würde die Musik hören können, die ich so vermißte, vor dem Lärm geschützt sein, der hier unvermeidlich war, als da waren das Brummen der Maschinen, das unablässige Kommen und Gehen, die Gespräche im Zimmer der Schwestern, vor allem aber das grauenhafte Gequäke des dort unablässig laufenden Radios.

Was sollte er für Kassetten besorgen? Schon flog Dustins Stift übers Papier. Ich nannte die Werke, die mir spontan einfielen: Brahmskonzerte, Beethovenquartette, alles und jedes von Bach. Dustin hatte damals einen Assistenten namens Julius, und der kümmerte sich um alles. Keine drei Stunden später traf das Paket ein. Von dem, was ich verlangt hatte, gab es längst nicht alles auf Kassette, doch Julius hatte vortrefflichen Ersatz besorgt. Unter anderem mit der Matthäuspassion, fast vier volle Stunden Vokalmusik, so tröstlich und sublim, wie der menschliche Geist sie nur erdenken kann.

Großzügig wie ich bin, lieh ich gegen Ende meiner dritten Woche die Kassetten der Matthäuspassion einer neuen Patientin, die in dem Bett neben meinem lag, einer Frau, jünger als ich, die ich früher einmal unter wesentlich heitereren Umständen kennengelernt hatte. Auch sie war ständig bei Bewußtsein und wurde wegen einer Herz-Lungen-Komplikation überwacht. Sie war mit dem Leiter der Werbeagentur verheiratet, bei dem meine Tochter ihren

ersten Job hatte; das Ambiente auf der Intensivstation, mit dem ich mich, nunmehr schon ein Veteran, abgefunden, wenn auch nicht gerade angefreundet hatte, fand sie unerträglich. (Langsam festigte sich bei mir die Überzeugung, daß man, wenn man nur lange genug in einem Krankenhaus liegt, früher oder später auf alle Personen trifft, die man je kennengelernt hat. Gleich anfangs galt das für meinen Anwalt mit seinen Gallensteinen; wenige Tage nach meiner Aufnahme mußte mein Schwiegervater sich hier einem Eingriff unterziehen, was bedeutete, daß meine Tochter gleich zwei Besuche machen konnte, wenn sie herkam, und daß meine Frau ebenfalls täglich anwesend war. Sie hatte anfragen lassen, ob sie mich besuchen dürfe, doch lehnte ich das hartnäckig ab. Was hätten wir einander zu sagen gehabt? Daß es ihr leid tue, daß ich krank war? Mir tat es noch mehr leid. Sie respektierte meinen Wunsch, und ich wußte, daß nicht nur mir das Kummer bereitete, sondern auch ihr.)
Ich hatte, wie gesagt, zuvor nie Musik über einen Walkman gehört und war jetzt ganz entzückt von der Klarheit der Wiedergabe. Auch von den Schwestern, die hier Dienst taten, hatte keine je zuvor ein solches Gerät benutzt; Krankenpflegerinnen werden nicht allzugut bezahlt, und einen Walkman zu kaufen hätte einen Tageslohn erfordert. Nun nahm eine nach der anderen den Kopfhörer um, und ich sah, wie sich ihre Gesichter verklärten. Als die allabendliche, gespenstisch anmutende Ruhe eintrat, probierte eine der Schwestern das Gerät und fand nicht nur die Wiedergabe, sondern auch die Musik selbst so hinreißend, daß sie einen Schrei des Entzückens ausstieß. Ich schlug ihr vor, die Kassette in das Gerät im Schwesternzimmer einzulegen, und es folgten zehn bemerkenswerte, wie verzauberte, unwirkliche Minuten, angefüllt mit einer melodischen, überirdischen Musik, die allen ans Herz griff – allen jedenfalls, die bei Bewußtsein waren. In meiner Abteilung lagen allerdings drei Patienten bewußtlos auf dem Rücken (die wirkten tatsächlich wie Bewohner einer anderen Welt) und waren an mechanische Beatmungs- und Absauggeräte angeschlossen, die im Hin-

tergrund Tag und Nacht schnauften und pusteten. Auf der eingelegten Kassette war zufällig das Andante aus dem Klavierkonzert Nr. 2 von Brahms aufgenommen, und Misha Dicta hat in meinen Ohren (womöglich auch in denen der anderen hingerissen Lauschenden) nie so zauberhaft geklungen wie an diesem Abend und in dieser makabren Umgebung.

An diesem wundervollen Geschenk hatte ich nur zu bemängeln, daß ich schon am folgenden Tag außerstande war, die Kassetten einzulegen und die winzigen Knöpfe zu bedienen; die Schwestern mehr als einmal darum zu bitten, eine Kassette einzulegen, wäre mir ebenso peinlich gewesen wie darum zu bitten, man möge mir beim Lesen die Seiten umschlagen.

Ganz wie versprochen, kam Dustin zwei oder drei Tage später erneut zu Besuch, und wieder brachte er ein Geschenk mit, das von seinem genialen Einfallsreichtum zeugte, eine elektrische Zahnbürste, mit der er selber nicht umzugehen verstand, die er aber gleich in eine Steckdose am Kopfende meines Bettes steckte. Er konnte es gar nicht erwarten zu sehen, ob das Ding sich bewährte, und das tat es dann für fast ein ganzes Jahr. Weil ich selber schon mal eine gehabt hatte, wies ich ihn an, wie er sie handhaben sollte, und er putzte mir die Zähne.

Das war nun wirklich wie aus einem Film: Dustin Hoffman traktiert mich mit der Zahnbürste, und das ausgerechnet auf einer Intensivstation!

Wenn Dustin Hoffman an die Arbeit geht, ist er sich jederzeit aller seiner Bewegungen bewußt, und er reinigte die Zähne seines Freundes auf der Intensivstation mit der gleichen Gewissenhaftigkeit, mit der er vor der Kamera eine Rolle gespielt hätte. Er nahm seine Arbeit ernst. Die Anwesenden bewunderten seinen Auftritt, und ebenso wie die anderen hörte ich fasziniert zu, als er erzählte, sein erster Job in New York, wohin er gekommen war, um sein Glück als Schauspieler zu machen, habe darin bestanden, in der psychiatrischen Abteilung eines hiesigen Krankenhauses die Knie von Patienten festzuhalten, die einer Elektroschocktherapie unterzogen wurden. Ich hörte das über-

rascht und interessiert, denn es war mir völlig neu, daß es einen solchen Job gibt. Ich glaubte ihm das damals übrigens nicht und tue es auch heute noch nicht.
Er kündigte an, er wolle mit den Seinen über die Feiertage verreisen, versprach aber, sogleich nach seiner Rückkehr vorbeizukommen. Als er das tat, lag ich nicht mehr auf der Intensivstation, sondern schon in meinem Einzelzimmer. Er brachte den Dramatiker Murray Schisgal mit, ebenfalls ein Freund von mir. Es war ein weiterer jener düsteren, schwarzen, kalten Abende, an denen die Stadt den Eindruck einer Hölle erweckt, in der alle Feuer ausgegangen sind. Die Nachtschwester, eine kleine, rothaarige, blitzgescheite Person namens Donna Mirabello, trug aus diesem Anlaß erheblich mehr Lidschatten auf als sonst und duftete eine Spur stärker nach ihrem Parfüm.
Meine Krankheit hatte nunmehr ihre ›Plateau‹-phase erreicht, was bedeutete, daß die Lähmung zum Stillstand gekommen war, also nicht weiter fortschreiten würde. Eine Besserung indessen war noch nicht zu konstatieren. Ich muß auf meine Besucher, Dustin eingeschlossen, abgemagert wie ein Kadaver gewirkt haben, denn in den vergangenen zwei Wochen war der Gewichtsverlust durch Muskelatrophie erheblich gewesen. Ich konnte nicht essen, keinerlei Gymnastik treiben, und der Schwund des Muskelgewebes war noch nicht zum Stillstand gekommen. Ich selber bemerkte von dieser Veränderung wenig, erst als ich ein halbes Jahr später in Badehosen und kurzärmeligem Hemd vor dem Spiegel im Rollstuhl saß, sah ich mit Entsetzen, wie dürr ich geworden war. Und damals hatte ich von den verlorenen dreißig oder vierzig Pfunden fünfzehn schon wieder angesetzt.
Die Besucher blieben nicht lange, und es war überhaupt eine etwas förmliche Visite. Diskret wie er ist, blieb Dustin lange genug allein an meinem Bett, um unauffällig zu fragen, ob ich Geld brauche. Ich versprach ihm, ihn wissen zu lassen, wenn dies der Fall wäre.
»Tu es bitte unbedingt«, murmelte er und schlug verschämt die Augen nieder. »Mag sein, ich habe nicht viel Talent, aber Geld habe ich reichlich.«

›Subtext‹ ist ein Ausdruck, den Schauspieler benutzen und den ich erstmals von Dustin gehört hatte. Also neckte ich ihn dankbar mit der Bemerkung, der ›Subtext‹ dessen, was er eben gesagt hatte, sei wohl, daß er in Wirklichkeit meine, er habe von beidem eine ausreichende Menge.

Medizinisch betrachtet, war meine zweite Woche im Krankenhaus die schlimmste. Daß es abwärts ging mit mir, konnte ich daran erkennen, daß ich immer weniger imstande war, die schier endlosen einfachen Muskeltests zu bestehen, denen mich meine ärztlichen Besucher unterzogen, also meine eigenen behandelnden Ärzte, andere Medizinmänner von anderen Abteilungen der Klinik, welche die Neugier hertrieb, Ärzte, die noch ausgebildet wurden und mal schnell einen Blick auf mich werfen wollten, Professoren, die mit ihren Studenten kamen, Spezialisten, die Assistenzärzte ausbildeten. Manchmal kamen alle zehn Minuten irgendwelche Wissensdurstige, die ich nie wieder zu sehen bekam, und kratzten auf der Suche nach Reflexen an meinen Fußsohlen. Mir kam gar nicht der Gedanke, daß ich mir das verbitten könnte. Ich ahnte ja auch nicht, daß diese Fremden mit meinem Fall fast nie zu tun hatten.
Eine höchst willkommene Ausnahme war Dr. Adam Bender, ein liebenswerter, jugendlich aussehender Arzt, Professor für Neurologie und Direktor der neuromuskulären Klinik; seine Besuche empfand ich niemals als Zudringlichkeit oder Belästigung. Er war stets munter, dabei aber taktvoll, ein sympathischer Mann, und das Grüppchen medizinischer Anlernlinge, das er mitbrachte, wirkte vergnügt und so, als kämen sie aus einem angenehmen gesellschaftlichen Anlaß. Dr. Bender klärte mich darüber auf, daß die Abwesenheit eines Reflexes als solche nicht unbedingt bedeutsam sein muß. Und nachdem er Dr. Sencers Diagnose auf Guillain-Barré übernommen hatte, verließ er mich jedesmal breit schmunzelnd mit der Ankündigung: »Sie werden wieder gesund, früher oder später können Sie sich normal bewegen.«
Ich bedankte mich herzlich bei ihm und dachte im stillen

bei mir: »Dein Wort in Gottes Ohr«, ein Satz, den ich unbedingt in meinen Roman einbauen wollte, sollte ich je wieder imstande sein, daran weiterzuarbeiten.
Mit der Zeit wurde ich es aber leid, immer wieder die gleichen Kunststücke vorzuführen, die sogar meine eigenen Ärzte von mir erwarteten. Mürrisch dachte ich insgeheim darüber nach, daß beide Baders in Wahrheit doch Internisten seien und fragte mich, weshalb sie sich nicht aus Dr. Sencers Protokollen darüber informierten, was alles ich nicht tun konnte. Kam einer der beiden vormittags und der andere nachmittags, beschränkte ich mich gereizt auf eine wörtliche Schilderung. »Ich kann nicht aufstehen und den Kopf nicht heben, kann die Arme nicht aus der Schulter bewegen oder dem Gegendruck Ihrer Hand standhalten. Ich kann die Knie nicht anziehen und immer noch nicht mit dem Daumen den kleinen Finger erreichen, wie Sie es von mir verlangen. Vor kurzem hat man meine Lunge abgehorcht, aber wenn Sie gern möchten, dürfen Sie das auch.«
Mitte der zweiten Woche konnte ich nicht mehr lächeln, sondern nur noch grimassieren (Mund und Wangen verzogen sich beiderseits ungleichmäßig), den Buchstaben ›e‹ nicht aussprechen, weil sich die Lippen nicht gleichmäßig öffneten, konnte zwar mit den Achseln zucken, die Schultern aber weder vorwärts noch rückwärts bewegen, die Lider entgegen dem sanften Druck eines Fingers nicht mehr öffnen oder schließen, konnte nicht rechts blinzeln, ohne auch das linke Lid zu bewegen, und die Stirne nicht runzeln. Weder konnte ich pfeifen noch die Zähne blecken. Keine dieser Tätigkeiten erscheint besonders wichtig, und tatsächlich vermißte ich sie auch erst, als ich beide Kliniken hinter mir hatte und mich bemühte, zu sprechen und zu essen wie ein Gesunder. Immerhin war an diesen Beeinträchtigungen abzulesen, daß auch meine Schädelnerven entzündet waren. Ich mußte häufiger husten, der Magenschlauch und der Absaugschlauch waren immer öfter verstopft.
Daß meine Schädelnerven befallen waren, entnahm ich den Äußerungen Dr. Sencers gegenüber einem Assistenz-

arzt. Sencers Untersuchungen ließ ich widerspruchslos über mich ergehen, denn er beobachtete meinen Fall am aufmerksamsten von allen. In den kritischen beiden Wochen zu Anfang meines Klinikaufenthaltes kam er täglich, manchmal zwei- oder dreimal.* Er kam auch manchen Abend vorbei, um die Stadien meines Verfalles zu beobachten, und versuchte, ihre Bedrohlichkeit abzuschätzen. Er blieb auch da noch ein aggressiver Optimist, wenngleich nicht immer überzeugend, und ich frage mich manchmal, wie weit er selber an seine optimistischen Vorhersagen glaubte, und wie weit diese nur dazu dienen sollten, meine Moral hochzuhalten.

Was ich von Dr. Sencer erfuhr, war, daß ich Schädelnerven besitze und daß die Nerven V, VII, XI und XII unmißverständlich anzeigten, daß sie zunehmend in Mitleidenschaft gezogen wurden. Jenen meiner Leser, die niemals an Guillain-Barré oder einer anderen schweren Polyneuritis gelitten haben, auch denen, die daran erkrankt waren, aber alles vergessen haben, möchte ich erklären, daß die Schädelnerven diejenigen Nerven außerhalb des Rückenmarks sind, die unmittelbar vom Hirn zu den Muskeln von Kiefer, Gesicht und Zunge führen; zusammen mit bestimmten Nerven des Halsnervengeflechtes haben sie Teil an spezifischen Bewegungen von Kopf, Hals und Schultern. Die Wirkung der Krankheit auf die Spinalnerven bedurfte keiner weiteren erhellenden Erklärung: Die Wirkung war lähmend.

Mit der damals diensthabenden Assistenzärztin Barbara Hirsch kam ich nicht besonders gut aus. Ich ärgerte mich darüber, daß sie, wie mir schien, aus eigener Initiative Untersuchungen an mir vornahm, manchmal gleich nachdem Dr. Sencer mit seiner Untersuchung fertig und gegangen war. Es kam mir vor, als wiederholte Dr. Hirsch die glei-

* Weder Baders noch Dr. Sencer stellten mir mehr als einen Besuch täglich in Rechnung, und erst als ich schon in der Rusk Klinik war, schickten sie ihre Liquidationen. Speed, der immer noch meine Schecks ausschrieb, ließ sich mit der Bezahlung Zeit und ersparte meiner gequälten Seele alle Einzelheiten.

chen Untersuchungen, nur ausführlicher. Ich wußte damals noch nicht, daß sie beauftragt war, täglich über das Befinden aller Patienten auf der Station einen umfassenden Bericht abzugeben, der sämtliche Beobachtungen enthalten mußte, die von Ärzten und Pflegepersonal gemacht worden waren, und hegte deshalb den Verdacht, daß sie mich quasi als ihr spezielles Studienobjekt mißbrauchte. Das gefiel mir überhaupt nicht, und als sie sich eines Tages wieder meinem Bett näherte, um mit ihren Untersuchungen zu beginnen, verbat ich mir das ziemlich schroff. Sie wurde nun ebenfalls recht ausfallend, warf mir Undankbarkeit vor und behauptete, sie sei im Moment für mich die wichtigste Person, auch wenn ich mir das nicht vorstellen könne. Ich glaube, wir übertrieben beide ein wenig.

Da ich mich bei ihr für meinen Ausbruch nicht entschuldigt habe, will ich das jetzt nachholen. Vor allem muß ich ihr dafür danken, daß sie die drei Rückenmarkspunktionen an mir vornahm, ohne mir den geringsten Schmerz zuzufügen, und ebenfalls dafür, daß sie auf Anhieb für eine weitere Blutuntersuchung die Vene traf, nachdem zuvor zwei eifrige, aber nun reuig dabeistehende Schwestern vergeblich zehn Minuten lang in meinem Arm herumgestochert hatten. Erst als ich viel später die Krankenblätter studierte, bekam ich einen Eindruck von der Verantwortung, die alle Stationsärzte zu übernehmen hatten, die mich betreuten. Für jeden Tag findet sich eine ausführliche Zusammenstellung der medizinischen Daten, angereichert durch persönliche Beobachtungen wie: »Leicht erregbar und depressiv«, »Liegt nachts lange wach, schläft erst um 4 Uhr 40 ein« oder »Gemütsverfassung entsprechend den Gegebenheiten auf der Intensivstation«. Nicht zu reden von den detaillierten Angaben zu Temperatur, Puls, Blutdruck und Atemtätigkeit. Ferner findet sich die Bewertung meiner motorischen Fähigkeiten in Gliedmaßen, Rumpf, Gesicht und so fort. Aus dem Bericht vom 29. Dezember – Dr. Hirsch wurde an diesem Tag von der Intensivstation einer anderen Station zugeteilt – entnehme ich, daß die »Atmungswerte mit 12/20–12/24 einen Tief-

punkt erreichen« und daß »seit dem 25. Dezember definitive Anhaltspunkte für eine Besserung des Befindens festzustellen sind«.
Auch ohne die Krankenblätter zu kennen, war mir klar, daß meine Fähigkeit zu atmen abnahm. Ich brauchte nur das Anzeigegerät im Auge zu behalten und zu hören, welche Zahlen die Schwester angab, wenn ich die Lungen aus Leibeskräften füllte und anschließend ausatmete oder versuchte, durch einen Schlauch einzuatmen, dessen anderes Ende zugehalten wurde. Pünktlich alle drei Stunden wurden diese Tests vorgenommen. Anfangs sah ich ihnen geradezu erwartungsvoll entgegen, ich hielt sie für ein Geschicklichkeitsspiel, wie ich sie aus meiner Kindheit auf Coney Island kannte, und wenn ich bei dieser Prozedur, die ich als Prüfung der ›Lungenkraft‹ auffaßte, kein gutes Ergebnis erzielte, bat ich darum, es ein zweites Mal versuchen zu dürfen. (Ich weiß jetzt, daß es so etwas wie ›Lungenkraft‹ nicht gibt. Die eigentliche Atmung besorgen die Muskeln der Brust und des Zwerchfells.)
Als die Zahlen von den Dreißigern bis in den Anfang der Zwanziger zurückfielen, gelegentlich sogar noch weiter, verlor ich die Lust an diesem Spiel. Mir kam eine dumpfe Ahnung davon, daß es irgendwo eine Grenze für diese Werte geben müsse, jenseits derer ein ernster Eingriff nicht zu vermeiden sein würde. Der dritte dieser Tests, bei dem die normale Atmung gemessen wurde, erwies sich als nutzlos, sobald ich dahinterkam, daß ich das Ergebnis willkürlich manipulieren konnte; seit ich wußte, daß meine normale Atmung gemessen wurde, konnte ich nicht mehr normal atmen.
Ich wußte nicht, wie die Werte bei meiner Einlieferung gewesen waren, und ich wußte auch nicht, wieweit sie sinken durften, ohne daß ich gefährdet war. Jetzt ist mir bekannt, daß mehr als die Hälfte der an Guillain-Barré leidenden Patienten an Versagen der Atmung stürben, würde keine künstliche Beatmung vorgenommen. Die ausgewiesenen Werte zeigen, daß in den zwölf Tagen von der Einlieferung und dem Tiefpunkt um Weihnachten meine Atmungskapazität um mehr als die Hälfte zurück-

ging. Allerdings habe ich das zu keiner Zeit als Beeinträchtigung empfunden, nie unter Kurzatmigkeit oder anderen Atembeschwerden gelitten. Tatsächlich heißt es in den Unterlagen, daß meine Atemtätigkeit ›noch ausreichend‹ war, und mein Fall wurde insofern als atypischer Guillain-Barré beschrieben, als die Nerven der Thoraxregion, welche die Atmungsmuskulatur kontrollieren, viel weniger befallen waren als die Schädelnerven und die weiter unten liegenden peripheren Rückenmarksnerven. Ich war daher nicht im mindesten darauf vorbereitet, als einer der Brüder Bader mir eines frühen Morgens eröffnete, sie seien beide der Meinung, es müsse ein Luftröhrenschnitt vorgenommen werden. Dazu nickte ich nur stumm. Dr. Bader hielt das wohl für stoischen Gleichmut, doch in Wahrheit war es nichts als versteinernde Unkenntnis. Er sagte, die Prozedur sei einfach und könne hier an meinem Bett vom Stationsarzt vorgenommen werden. Zurückbleiben würde nur eine kleine Narbe am Hals, und nicht einmal Frauen nähmen daran Anstoß. Wieder nickte ich nur und fragte, wann das passieren solle? Er antwortete, es sei noch nicht gar so dringlich. Ich weiß jetzt, weshalb er bei alledem so feierlich aussah: ich erklärte mich damit einverstanden, daß man mir die Kehle durchschnitt.
Dr. Alvin Teirstein ist ein sehr bekannter Lungenspezialist, und damals übte er auf unaufdringliche Art so etwas wie die Oberaufsicht über die Intensivstation aus. Er wirkte abgeklärt, aber voller Selbstvertrauen, wurde niemals laut und war sichtlich ein Mann von Welt und von seiner Tätigkeit befriedigt. Umgeben von jüngeren Ärzten, die bei ihm lernten und ihn höchst respektvoll behandelten, erschien er unfehlbar an jedem Werktagmorgen auf der Station und besprach mit ihnen kurz den Zustand der Patienten. Hatte er ihnen mein Befinden beschrieben, ließ er mich durch zwei Schwestern im Bett aufrichten und horchte meine Brust ab. Als ich bei dieser Gelegenheit beiläufig erwähnte, was Dr. Bader mir kurz zuvor eröffnet hatte, schaute Dr. Teirstein mich verdutzt an. Ich merkte, daß ich mich in der Annahme geirrt hatte, alle mich behandelnden Ärzte tauschten ständig ihre Erkenntnisse über

mein Befinden untereinander aus. Jedenfalls zeigte er sich mehr überrascht als ich und billigte diesen Plan offenbar nicht.
»Die Werte sind doch sehr schlecht«, hörte ich mich selber sagen, wenn nicht gar winseln, so als wolle ich Dr. Baders Entscheidung rechtfertigen.
Dr. Teirstein entgegnete sehr milde: »Hier werden nicht Werte behandelt, sondern Patienten. Machen Sie sich deshalb jetzt noch keine Gedanken.« Seine bestimmte, aber völlig gelassene Art flößte mir großes Vertrauen ein.
Übrigens war mir nicht in den Sinn gekommen, mir Sorgen zu machen, bevor er es erwähnte.
Auch Wally Sencer wußte von Baders Vorschlag nichts, als er später am gleichen Vormittag zu mir kam. Auch er schien etwas verblüfft darüber. Er ließ mein Nachthemd herunterstreifen und betrachtete lange Zeit prüfend und wortlos meine Brust. Ich fragte mich schließlich, was das wohl sollte?
Endlich kam er zu einem Ergebnis und deutete mit dem Finger auf meinen Brustkorb. »Im Interkostalraum rührt es sich schon, sehen Sie?« sagte er zum Stationsarzt und der Schwester. »Ich glaube, wir warten noch ein Weilchen damit«, beruhigte er mich. »Ich wette, daß die Werte ab jetzt raufgehen.«
Das hörte ich gern.
Zwischen unseren Rippen verlaufen die sogenannten interkostalen Muskeln. Die erweitern und verengen den Brustkorb. Bevor ich mich an diesen Absatz wagte, durchaus unlustig, ihn überhaupt zu verfassen, hatte ich nur eine sehr naive Vorstellung vom Mechanismus der menschlichen Atmung. Irrigerweise nahm ich an, daß das Atmen, insbesondere das tiefe Atmen, damit beginnt, daß man durch Mund oder Nase Luft einsaugt, welche alsdann den Brustkasten aufbläht. Jetzt erfahre ich, daß das genaue Gegenteil zutrifft. Der Brustraum wird erweitert durch das Absinken des Zwerchfells und eine Vergrößerung des Brustkorbes, und dadurch strömt Luft ein in Befolgung des physikalischen Lehrsatzes, demzufolge die Natur kein Vakuum duldet. In meinem Fall wurde damals die At-

mung, obwohl ich das nicht wußte, fast zur Gänze durch das Zwerchfell besorgt. Die Interkostalmuskeln waren gelähmt, und an jenem Vormittag glaubte Dr. Sencer erstmals zu sehen, daß sie wieder tätig wurden. Damit hatte er Gott sei Dank recht. Die Atmungswerte stabilisierten sich, und zu Weihnachten trat die erwähnte Wende ein, die den Beginn ihres meßbaren Anstieges signalisierte. In den folgenden Tagen, an denen die Tests noch vorgenommen wurden, war dieser Anstieg nicht gerade sensationell, doch die Gefahr eines Atemversagens war gebannt und von einem Luftröhrenschnitt hinfort nicht mehr die Rede.

Monate später, am Ostersonntag, als ich schon im Rusk-Institut war und mit einem Telefon umgehen konnte, rief Mario Puzo mich an, um mir zu sagen: »Joe, es klingt zwar wie Gotteslästerung, aber ich muß dir sagen, mir ist so, als wärest du von den Toten auferstanden.«

Mario hatte in meiner zweiten Woche auf der Intensivstation zu unserem beiderseitigen Bedauern jenen obligatorischen Besuch bei mir gemacht, zweifellos gedrängt von seiner Freundin Carol Gino, die selber Krankenschwester gewesen war, bevor sie beschloß, nicht mehr als solche tätig zu sein, sondern hinfort die Tätigkeiten einer Krankenschwester in Romanen zu schildern. Und die plante einen langen Besuch, einen viel längeren jedenfalls, als Mario recht war. Ich glaube, es ist nicht übertrieben zu sagen, daß ich Mario ebenso kummervoll betrachtete wie er mich. In den mehr als dreißig Jahren, die wir miteinander befreundet sind, haben wir uns stets an den Grundsatz gehalten, uns niemals gegenseitig zur Befolgung gesellschaftlicher Konventionen anzuhalten, und wir wußten beide, daß ich von ihm ebensowenig erwartete, daß er mich im Hospital besuchte, als ich meinerseits ihm einen Krankenbesuch gemacht hätte. Und da stand er nun und rief in uns beiden Schuldgefühle und Reue hervor. Genötigt worden war er zu diesem Besuch von Skrupeln, die, wie sein Verstand ihm sagte, völlig überflüssig waren und von wenigstens einem Menschen – Carol –, der besser weiß als er oder ich, was sich schickt.

Er bot ein Bild des Jammers. Und wie er das durchgestanden hat, ahne ich nicht. Ich weiß nicht, ob er selber, ob Speed oder Carol auf den Satz verfallen waren, Mario würde lieber einen Besen fressen als einen Besuch im Krankenhaus zu machen, doch ist es ein hübsches Bild. Wie ein Besen schmeckt, ahne ich nicht, und ich selber würde lieber im Krankenhaus liegen, als das herauszufinden, gebe aber zu, daß in Sachen des Geschmackes die individuelle Neigung entscheiden sollte.
Würde ich sagen, Mario hielt sich im Hintergrund, wäre das nicht korrekt, denn auf dem engen Raum um mein Bett gab es so was wie Hintergrund nicht. Aber vom Moment seines Erscheinens an war ihm anzumerken, daß er darauf brannte, wieder wegzugehen.
Carol ihrerseits trat lebhaft und munter an mein Bett, stützte ihre Ellenbogen auf das umlaufende Gitter und redete ungehemmt drauflos, zu mir, zu Kim – meiner unerschütterlichen Oberschwester – und zu jedem, der aus reiner Neugier für einen Moment zu uns trat. Nie zuvor und auch seither nicht habe ich Carol so erlebt – sie schien selig, sie fühlte sich hier ausgesprochen heimisch.
Ich sagte, sie erinnere mich an einen Cowboy, der sich nach dem Round-up durstig in der Kneipe niederlasse, besser noch an eine Nutte, die es auf dem freien Strich zu was gebracht habe und nun im Kreis der vormaligen Kolleginnen Erinnerungen auffrische, ganz beglückt darüber, in dem alten Puff zu sein, in dem sie ihre schönsten Jahre verbracht habe. Sie stellte und beantwortete Fragen über die neuesten Techniken und plauderte freimütig über ihre eigenen Erlebnisse in Krankenhäusern. Mario wurde derweil blaß und blasser, er wartete sichtlich ungeduldig darauf, daß sie endlich zum Schluß käme, fuhr mit dem Zeigefinger in seinen Hemdkragen, in dem der Hals förmlich zu schrumpfen schien.
Ich wußte, daß Mario, wenn er sich, was selten genug vorkam, genötigt fand, in die Stadt zu kommen, unfehlbar eines von den drei besten Restaurants besuchte, die er kannte; diesmal aber mußte er in der Cafeteria des Hospitals essen, noch dazu in Gesellschaft zweier Schwestern

von meiner Station, die Carol zum Essen einlud, einzig um ihre Orgie der Erinnerungen so lange wie möglich auszudehnen. Vielleicht wollte sie Mario auch merken lassen, daß sie sich hier und in dieser Gesellschaft wesentlich besser amüsierte als auf dem Filmfestival in Cannes, auf das er sie alljährlich mitschleppte.
Doch bevor es dazu kam, eröffnete mir Carol, die Farbe der Sekrete, die ich aus meiner Mundhöhle absaugte, gefalle ihr gar nicht. Diese Abfallprodukte wurden von einem durchsichtigen Schlauch in einen Behälter an der Wand hinter meinem Bett geleitet, der immer dann geleert wurde, wenn er für den neutralen Betrachter einen genügend ekelerregenden Anblick bot. Ich selber konnte ihn nicht sehen, aber Mario fand, er sehe aus wie »eine mit Rotz gefüllte Flasche«. Was anfangs noch farblos gewesen war, wurde im Lauf der Zeit, den Krankenblättern zufolge, »dick und sahnig gelb«. Im Schlauch stellte es sich mir als eine rostbraune Flüssigkeit dar. Weder Kim noch den anderen Schwestern gefiel das, und sie notierten diese Veränderung jeden Tag gewissenhaft.
Ihr Argwohn war durchaus berechtigt, denn meine Temperatur, bislang durchaus normal, stieg auf 37,6° und bei der nächsten Messung auf knapp unter 38°. Sogleich wurde mit systematischen Untersuchungen und Behandlungen begonnen, was mit einem Male jenen komplizierten Überwachungsmechanismus rechtfertigte, von dem ich in meiner leichtfertigen Ahnungslosigkeit angenommen hatte, er diene zu nichts anderem, als (auf Kosten des Blauen Kreuzes) ungerechtfertigte und willkürliche Behauptungen von Patienten zu widerlegen, bei ihrer Behandlung seien dem Personal Kunstfehler unterlaufen. (Ich bin auch jetzt nicht ganz und gar davon überzeugt, daß dieser Gesichtspunkt dabei überhaupt keine Rolle spielt.) Zu den übrigen an mir vorgenommenen Verrichtungen traten nun täglich noch eine Röntgenaufnahme der Lunge und ein Elektrokardiogramm, was ich beides als recht störend empfand. Noch hing ich an dem Monitor, der meine Herztätigkeit überwachte, obwohl mein Blutdruck und mein Puls besser waren als die irgendeines mei-

ner Ärzte. Wann immer ich hustete, seufzte oder von den Schwestern bewegt wurde, schrillte zu unser aller Ärger die Alarmglocke. Als die Temperatur sich nun der 38°-Marke näherte, vergingen nur Minuten, bis Laborantinnen mir Blut abzapften und den Hals ausschabten, um Kulturen anzusetzen, die eine Infektion anzeigen sollten. Die Auswertung der neuesten Röntgenaufnahme ergab das Vorhandensein von Schatten in einer Lungenhälfte, wo zuvor keine Schatten gewesen waren. Man verabreichte mir Antibiotika, hängte mich an einen Tropf, ebenfalls mit Antibiotika gefüllt, und der baumelte da nun im trauten Verein mit einem weiteren, der mir seit etwa einer Woche eine Traubenzuckerlösung zuführte. Dies alles löste bei Typen wie Bob Towbin, Barbara Gelb und Mel Brooks eine Fülle von boshaften Bemerkungen aus: sie verglichen mich in diesem neuen Zustand mit dem Helden eines Romans, bekannt als ›Der Soldat in Weiß‹. Tatsächlich hatte sich der untere linke Lungenlappen entzündet. Das wurde unverzüglich diagnostiziert und entsprechend behandelt.

Ich weiß inzwischen, daß Lungenentzündung und Verstopfung jedermann bedrohen, der längere Zeit bettlägerig ist, wobei erstere besonders gefährlich ist, wenn der Patient beim Schlucken behindert ist. Dank der frühen Diagnose und der prompten Behandlung dauerte meine Lungenentzündung nur zwei Tage, und häufiges Beklopfen des Brustkorbes und Einatmen medikamentöser Dämpfe verhinderten, daß sich Sekrete in der Lunge ablagerten, die sich dort ebenso rasch sammeln können wie in jenem ominösen Behälter hinter mir an der Wand, der Teil meiner Absaugvorrichtung war. Die Verstopfung ganz loszuwerden, brauchte es allerdings Monate, und ich verspreche feierlich, daß davon fortan so gut wie gar nicht mehr die Rede sein soll.

In diesen Tagen, als es mir recht übel ging, besuchte mich Mel Brooks. Er war im Begriff, nach Europa zu fliegen, und es deprimierte ihn zu sehen, wie sehr sich mein Zustand seit seinem ersten Besuch verschlechtert hatte, so wie ihn auch das aberwitzige Phänomen deprimierte, daß sein

letzter Film in Europa weit besser ankam als hier. Wir taten, was wir konnten, um einander aufzumuntern.
Er war diesmal in Begleitung von einem oder zwei unserer engsten Freunde, und zudem saß Speed bereits an meinem Bett. Alle diese Lumpen hatten sich zum Abendessen in Chinatown verabredet – ohne mich. Im allgemeinen trafen wir uns einmal wöchentlich zu einem gemeinsamen Essen, manchmal auch öfter. Dieser Club von sogenannten Feinschmeckern war in Wahrheit eine Versammlung von Vielfraßen, die chinesische Speisen in sich reinstopften und unter denen ich, zusammen mit einem sehr kleingewachsenen Komponisten namens Hershy Kay, inzwischen verschieden, eine herausragende Rolle spielte. Mel erwies sich zu Beginn dieser Mahlzeiten als schnellster Fresser, doch fehlte es ihm an Ausdauer, und er verlangte bereits stöhnend nach dem Dessert und höheren Tantiemen, wenn Hershy und ich noch die Reste von Fleisch und Spinat, Quark mit Bohnen, Hummer, Langusten und einer Sauce aus schwarzen Bohnen oder womöglich beides in uns reinstopften. Nicht zu reden von gebratenem Fisch.
Mel ist aus soliderem Material gemacht als Mario, er ging ohne weiteres auf mich los, beguckte und betatschte die neuen Errungenschaften und scheute sich nicht, alle Fragen zu stellen, die ihm in den Sinn kamen. Er prahlte freudlos damit, daß er, meinem Anblick nach zu schließen, bei den Atmungstests, die er beobachtete, mindestens die dreifachen Werte erreichen könnte, weigerte sich aber, das zu probieren. Er war gekränkt, beinahe persönlich beleidigt, weil ich Lungenentzündung haben und dabei im Bett liegen konnte wie jemand, der keine Lungenentzündung hat. Dann betrachtete er versonnen meinen linken Schultermuskel und zeigte sich betroffen von meiner Unfähigkeit, den Ellenbogen nur die kleinste Spur von der Bettdecke heben zu können. Er war umdüstert und schnalzte erschüttert mit der Zunge.
»Das Leben hängt wirklich an einem Faden«, ließ er mich mit erstickter Stimme wissen. Er versprach, mich auf dem Rückflug, den er hier unterbrechen mußte, vom Flugplatz anzurufen, was bei den anderen ein Grinsen hervorrief,

denn sie alle wußten, daß er jeden anrief, der ihm einfiel, wenn er auf einem Flugplatz, einerlei wo, auf seine Anschlußmaschine wartete. Als er den schweren Wintermantel zuknöpfte, hielt er düster murmelnd ein Selbstgespräch, das von der Gefährdung der menschlichen Gesundheit handelte und von der Unberechenbarkeit des amerikanischen Publikums, das gar nicht daran dachte, in hellen Haufen in die Kinos zu strömen, wo das neueste Meisterwerk des Schöpfers von *The Producers* (»Frühling für Hitler«) lief, während die Eingeborenen von München, Wien und Luxemburg von den Bergen herabstiegen und hordenweise ihre Wälder verließen, um in nie zuvor gesehener Masse die Kinos zu stürmen.

»Ruhm ist vergänglich« oder so ähnlich antwortete ich ihm darauf. Die anderen – Speed, George, Julie Green und Joe Stein – drückten ihr aufrichtiges Bedauern darüber aus, daß ich hier bleiben müsse, während sie nun nach Chinatown zum Essen gingen. Wer sollte ihnen das wohl glauben? Lügner waren sie, Heuchler allesamt! Sie konnten es gar nicht erwarten.

Zwar war keiner von uns besonders glücklich über Joes Aussehen, doch sein Krankenbett war stets ein beliebter Treffpunkt.

Mel Brooks' ersten Auftritt bekam ich nicht mit, dafür wurde ich aber zum zweiten eigens bestellt. Von Julie, mit dem ich mich zum Essen verabreden wollte, erfuhr ich, daß Mel in der Stadt war, Joe besuchen und anschließend mit uns essen gehen würde. Julie wollte auch Mandel und Stein, womöglich auch Ngoot noch auftreiben. Ich stand an Hellers Bett, als Mel und Julie reinkamen. Minuten später kamen noch zwei andere Besucher. Nach einer kurzen, freundlichen Begrüßung ging Mel ins Schwesternzimmer, um sich nach Joes Befinden zu erkundigen – wahrscheinlich auch nach seinem eigenen.

Das nahmen wir hin, ohne mit der Wimper zu zucken, denn wir kannten Mel als großen Hypochonder, ebenso medizinkundig wie die meisten Ärzte (und der komischste Zeitgenosse). Gut, daß er wieder da war. Seit er nach Kalifornien umgezogen war, sah ich ihn nur noch selten. Ich war schon eng mit ihm befreundet, bevor ich Joe kennenlernte, und durch mich lernte Joe dann auch Mel kennen.

Anfang der fünfziger Jahre traf ich Brooks erstmals auf einer kleineren Party, die von meinem Freund Stanley Prager gegeben wurde. Ich erwartete, in eine Gesellschaft von gescheiten und unterhaltsamen Leuten zu kommen, womöglich war auch Zero Mostel anwesend, vielleicht Jack Gilford oder auch beide. Auf Mel aber war ich nicht vorbereitet, von dem hatte ich bis dahin nie gehört. Er imitierte gerade die englische Königinmutter, die ihren Sohn ermahnt, den Palast nicht ohne seinen warmen Umhang und die schwere Krone zu verlassen: »Es ist Winter, und du willst ohne Umhang, ohne Zepter, ohne Krone hinaus in die Kälte – das erlaube ich nicht! Du bleibst im Palast.«

Erst im folgenden Sommer traf ich ihn wieder, auf Fire Island, wo er in meiner Nähe ein Strandhaus gemietet hatte. Wir sahen uns oft in diesen Wochen, und bei einer der wenigen Zänkereien, die ich mit meiner ersten Frau hatte, ging es darum, daß sie mir vorwarf, meine Familie und meine Geschäfte zu vernachlässigen; ich sei ganz verrückt aufs Show Business, treibe mich mit Hallodris herum, spiele nächtelang Poker und so fort. Sie hatte mit alledem recht, aber ich bedauerte es keinen Moment. Nach der Trennung von meiner Frau zog ich mich in das Atelier in der 103. Street zurück, unweit Central Park West. Kurz darauf wurden wir geschieden, blieben aber Geschäftspartner. Mel und ich aber blieben eng befreundet. Übrigens hatte Mel sehr bald selber Ehekrach – er war damals mit Florence verheiratet. So spazierte ich denn manche Nacht mit ihm durch die Straßen – er leidet an Schlaflosigkeit –, hörte mir geduldig und mitfühlend seine Klagen an, vermied aber sorgfältig, Stellung zu nehmen. Florence mochte ich nämlich besonders gern, und bis dahin hatte ich geglaubt, die Ehe sei glücklich. Aber was weiß man schon? Als wir eines Abends wieder so umherschlenderten, eröffnete Mel mir, er wolle daheim ausziehen. Florence habe ihm wiederholt sehr zugeredet. Unvorsichtigerweise platzte ich damit heraus, daß ich es für entwürdigend hielte, mich mehr als zweimal von meiner Frau auffordern zu lassen, auszuziehen. Mel nahm mich sofort beim Wort. »Recht hast du. Also laß uns deinen Wagen nehmen und hilf mir packen. Kann ich bei dir wohnen?«

Ich hätte mir gern die Zunge abgebissen, sagte aber selbstverständlich zu. Das Ehepaar bereitete mir insofern eine Überraschung, als die beiden wie Täubchen miteinander turtelten und überhaupt nicht merken ließen, daß sie sich trennen wollten. Während ich packte, schmusten sie endlos miteinander. Das war für mich ein Rätsel. Ich war fest davon überzeugt, daß dies alles nichts als eine Komödie war und daß sie nach kurzer Zeit wieder zusammen leben würden. Da hatte ich aber unrecht.

Mel und ich wohnten länger zusammen, als ich es für möglich gehalten hätte – ein ganzes Vierteljahr. Er war unerträglich, und daß wir so eng aufeinanderhockten, machte

alles noch schlimmer. Seine Schlaflosigkeit, sein hoher Blutzuckerspiegel und seine Anfälle von Paranoia trieben uns schier zum Wahnsinn, und mehr als einmal war ich in Versuchung, ihn in die Klapsmühle einliefern zu lassen.
Da ich im Atelier wohnte, stand auch das Telefon dort; einmal nahm er einen Anruf für mich entgegen, und ich hörte ihn sagen: »Mr. Vogel arbeitet gerade an seinem Pferdchen (tatsächlich fertigte ich eine Plastik an) und kann nicht mit Ihnen sprechen.« Bevor ich ihm den Hörer wegnehmen konnte, wurde aufgelegt.
Eines Nachts geriet er wirklich außer Rand und Band, angeblich, weil ihn mein Schnarchen störte, und als ich morgens aufstand, hatte er mit meiner teuersten Farbe nicht etwa ›Mel liebt Speed‹ an die Wände geschmiert, sondern ›Du schnarchst, du Lumpenhund! Jawohl, schnarchen tust du, die ganze Nacht, du Arschloch!‹ Das war ziemlich schlimm, doch unverzeihlich fand ich, daß er dazu überging, meine besten Oberhemden zu tragen und auf seine Reisen nach Kalifornien meine in England maßgeschneiderten Shorts mitzunehmen. Er war gerade in Los Angeles, als mir der Kragen platzte. Es mußte was geschehen. Und mir kam auch eine Idee. Noch war er nicht geschieden, deshalb rief ich Florence an. »Florence«, flehte ich sie an, »verzeih mir, ich hätte mich nicht einmischen dürfen. Ich hätte Mel nicht helfen dürfen auszuziehen. Er ist jetzt gerade in Kalifornien, und ich möchte dir seine Sachen zurückbringen. Ihr könnt ja dann immer noch entscheiden, was ihr machen wollt. Ich halte mich künftig völlig raus.«
Florence hörte sich das wortlos an, aber als ich zu Ende war, putzte sie mich fürchterlich runter. »Bist du verrückt geworden? Woher nimmst du nur so blöde Einfälle? Wenn du es mit ihm nicht mehr aushältst, schmeiß ihn raus! Was brauchst du mich dazu?«
Es dämmerte mir, daß dieser Plan wenig aussichtsreich war. Es galt, noch einmal nachzudenken. Raus mußte er, auch wenn es das Ende unserer Freundschaft bedeutete. Also wollte ich ihm die Pistole auf die Brust setzen, noch bevor er mit meinen Hemden und Shorts wieder da war.

Ich erwischte ihn im Hotel Beverly Hills und brachte gerade eine gestammelte Begrüßung heraus, als er mich auch schon unterbrach: »Ich weiß schon. Eigener Herd und so weiter. Du willst mich loswerden, stimmt's?«
Ich war verblüfft und stammelte: »Wo . . . woher weißt du das?«
Er lachte nur. »Hilfst du mir packen und umziehen?«
»Aber gewiß! Und diesmal mit Vergnügen.«
Ich war froh darüber, daß unsere Freundschaft daran nicht zerbrach. Und falls das klingt wie *The Odd Couple* (»Ein seltsames Paar«), so ist es kein Zufall, denn Neil Simon, der Autor, hat meinem Freund David Zelag Goodman gestanden, daß die Geschichten, die er über mein Zusammenleben mit Brooks gehört hatte, ihn zu seinem Stück inspiriert haben.

Als Joe Heller auf Fire Island auftauchte, lebte ich schon in zweiter Ehe. Ich hatte mein altes Haus verkauft und Carl Reiners wunderhübsches Strandhaus in Seaview gekauft, einer feinen Gegend, und hier lebte ich sehr glücklich mit meiner jungen Frau, meinen und ihren Kindern und unserem gemeinsamen Kind. Als ich eines Tages gerade ein Sonnenbad nahm, erschien Shirley Heller, eine attraktive Person, die mit meiner jüngeren Schwester befreundet ist (ihr Mädchenname ist Held), und lud mich ein, sie und Joe Heller zu besuchen. (Im Frühjahr war *Catch-22* erschienen.) Joe brachte es fertig, den gesamten Klatsch der jüngst vergangenen Zeit aus mir herauszupressen, und wir freundeten uns schnell an. Obwohl ich das Gefühl hatte, die beiden paßten nicht besonders gut zueinander, machte ich Heller dann mit Brooks bekannt, und auch daraus wurde mit der Zeit eine richtige Freundschaft.
An jenem Abend, von dem hier die Rede ist, betätigte Mel sich so eifrig als medizinischer Konsulent, daß er darüber die Zeit vergaß. Julie gab unmißverständlich zu erkennen, daß er nicht zu Mittag gegessen hatte und hungrig war. Er behauptete, halb verhungert zu sein, und das hatte schließlich zur Folge, daß auch wir anderen Hunger verspürten. Es widersprach also niemand, als Stein den Man-

tel anzog, obwohl es noch nicht sehr spät war und wir uns mit Joe prächtig amüsierten.
Es war ein ungutes Gefühl, einem Festmahl zuzustreben, während Joe hier liegen mußte und nichts als Brei durch die Nase bekam. Das verursachte uns Schuldgefühle. Mel linderte die etwas, indem er uns daran erinnerte, wie Heller sich wohl benehmen würde, stäke der Schlauch in einer anderen Nase als seiner eigenen. Damit schloß Mel sich der Meinung anderer an, die Heller jüngst besucht hatten und die ihn gut kannten; man war sich darüber einig, daß er aussah wie ein Überlebender aus einem KZ, doch daß er sich für einen Kranken wunderbar aufführe. Für Mel war Heller von allen Patienten der vorbildlichste, diesen Ruhm gönnte er ihm neidlos.

Es war weiter nicht überraschend, daß die meisten, die Heller häufig in der Klinik besuchten, zu unserem ›Gourmet-Club‹ gehörten. In Wahrheit war das eine Horde von Vielfraßen, eine absonderliche Verbindung von Männern, die sich seit zwei Jahrzehnten durch die Restaurants von Coney Island und Chinatown fraß. Besonders uns, die wir Hellers Eßgewohnheiten so genau kannten, kam es hart an, mit ansehen zu müssen, wie er nicht einmal mehr schlukken konnte, und keiner von uns wagte, sich vorzustellen, daß er diese Fähigkeit etwa nicht wiedererlangen würde. So grausam konnte das Schicksal einfach nicht sein.
Als George, Julie und ich uns eines Abends beim Essen in dem damals von uns bevorzugten Restaurant in Chinatown darüber unterhielten, eröffnete George uns, daß er sich über Guillain-Barré bei seinem Schwager, einem Arzt, informiert habe und daß niemand vorhersagen könne, welche der befallenen Nerven sich regenerieren würden, kurzum, daß es keine Garantie dafür gebe, daß Joe je wieder normal würde essen können. Green, der Joes Heißhunger nur allzugut kannte, brach das Schweigen, das auf diese Mitteilung folgte: »Ich setze trotz allem auf Joe.«
Unser ›Gourmet-Club‹ hat in den Jahren seines Bestehens einen gewissen Ruf erlangt, und in aller Bescheidenheit möchte ich sagen, daß es dafür gute Gründe gibt. Aller-

dings war es wohl unvermeidlich, daß darüber entstellende Schilderungen, wenn nicht gar vorsätzliche Lügen in Umlauf sind. Die möchte ich an dieser Stelle korrigieren.

Im Oktober 1974 sagte Heller in einem Interview mit dem Magazin *People*, er treffe sich wöchentlich ein- oder zweimal mit Mandel, Puzo, Brooks, Vogel und Stein zum Essen in Chinatown. Mehrere Monate später erwähnte Mel Brooks auf eine Frage, die sich auf Eiercreme bezog, gegenüber *Playboy* beiläufig unsere Namen, und noch im gleichen Jahr wurde auch Heller von *Playboy* interviewt.

PLAYBOY: Wie ist der Gourmet-Club entstanden?

HELLER: Vor dreizehn Jahren hat Ngoot Lee, der berühmte chinesische Werbefachmann, damit begonnen, einmal in der Woche eine Gruppe von Freunden zu sich zum Essen einzuladen. Er wurde dann aber sehr erfolgreich und fand, daß es ihn entwürdige, für uns den Koch zu spielen. Wir sind dann statt dessen zum Essen in chinesische Restaurants gegangen.

PLAYBOY: Ein berühmter chinesischer Werbefachmann ist uns nicht bekannt.

HELLER: Ngoot ist sehr gewitzt. Er verbirgt seine wahre Nationalität, indem er nur jiddisch spricht.

Etliche Jahre später ließ sich Mario Puzo, der jegliche Publizität verabscheut, doch von *Time* dazu überreden, ein Interview zu geben, und er erwähnte gleich anfangs, daß er es besonders genieße, mit seinen »ältesten und engsten Freunden, den Schriftstellern Mandel und Heller, dem Diamantenhändler Green und einem ehemaligen Textilkaufmann namens Speed Vogel« in Chinatown zu essen. Mario ist sehr scheu und sanft, er verabscheut nicht nur jedes öffentliche Aufsehen, sondern scheut auch davor zurück, seine Freunde in peinliche Situationen zu bringen. Er und Joe sind, was gesellschaftliche Konventionen angeht, so ziemlich der gleichen Meinung, und diese beiden in der Klinik zu beobachten, war recht lehrreich. Augenscheinlich wußte jeder vom anderen, was er dachte. Joe wußte, daß Mario lieber anderswo gewesen wäre als ausgerechnet zu Besuch auf der Intensivstation, und Mario

war davon überzeugt, daß im umgekehrten Fall Heller sich vor einem Krankenbesuch gedrückt haben würde – und dafür wäre Mario auch noch dankbar gewesen.
Carol Gino arrangierte einmal für Mario, was sie eine kleine Überraschungsparty nannte, und lud dazu ihre und seine gesamte Verwandtschaft, alle seine Freunde, Anwälte, Agenten und die literarische Szene ein, soweit sie deren habhaft werden konnte, kurzum, es war wie die Hochzeitsgesellschaft aus *The Goodfather* (»Der Pate«). Ich war ebenfalls anwesend, nur Joe blieb daheim und war noch dabei, sich für sein Nichterscheinen einen Vorwand auszudenken, als Puzo ihn anrief und sich ausdrücklich dafür bedankte, daß Joe nicht gekommen war. Mario beneidete dann etwas wehmutsvoll Joe um seinen Guillain-Barré, der ihm einen unanfechtbaren Grund dafür lieferte, alles und jedes abzulehnen, was mit gesellschaftlichen Umtrieben zu tun hat. »So viel Glück möchte ich auch mal haben«, sagte er. »Wer mal Guillain-Barré gehabt hat, der braucht doch wohl nie wieder zu einer Party zu gehen, auf die er keine Lust hat?«
Im gleichen Jahr, in dem *Time* den Artikel über Mario brachte, berichtete Kenneth Tynan in *The New Yorker* ausführlich über den Gourmet-Club, im Zusammenhang mit einem Porträt von Mel Brooks. Im großen und ganzen ist das darin gezeichnete Bild zutreffend, aber einige kleine Korrekturen verträgt es doch. So etwa, wenn Tynan Carl Reiner sagen läßt: »Die Mitglieder sind sehr höfliche Leute. Einmal saß ich mit dem Gesicht zur Küchentür, und als ich dort eine Ratte entdeckte, die über den Küchenboden spazierte, bot man mir unverzüglich einen anderen Platz an, ohne Aussicht in die Küche.« Nun, Reiner ist ein reizender Mensch, er gehört zu den nettesten Leuten die ich im Show Business je angetroffen habe, doch mit Höflichkeit hatte das alles nichts zu tun. Wir wollten bloß keine Klagen hören. Reiner sagte weiter: »Verglichen mit dem Algonquin Round Table, fand ich die Mitglieder des Gourmet-Clubs unterhaltsamer. Die Geistesblitze kommen wie bei einem Gewitter, ihr Witz ist atemberaubend.« Da hatte Carl gut reden, denn zu jener Zeit waren die mei-

sten Mitglieder des Algonquin Round Table schon verstorben. Barbara Gelb schreibt in ihrem im *New York Times Magazine* erschienenen Bericht ›Auf der Suche nach Joseph Heller‹: »Er (Joe) trifft sich Woche für Woche mit den gleichen alten Freunden und scheint die Lust an der im Grunde langweiligen chinesischen Küche nie zu verlieren. Es ist immer die gleiche nicht gerade brillante Viererbande (Ehefrauen und Freundinnen sind nicht zugelassen), die sich da vollstopft. Falls Puzo oder Brooks gerade in Manhattan sind, dürfen sie mitessen, doch im wesentlichen sind die Teilnehmer nur Heller und seine drei alten Kumpane George Mandel, Julius Green und ›Speed‹ Vogel. Green ist ein erfolgreicher Kleinunternehmer, Vogel war ehedem in der Textilbranche, gelegentlich auch bei Zabar als Heringsverkoster tätig, und Mandel, der mit Heller auf Coney Island aufwuchs, ist Schriftsteller.«

Die ›drei alten Kumpane‹ mögen noch hingehen, und auch die ›langweilige Küche‹, denn wenn es erstklassige Restaurants in Chinatown gäbe, würden wir uns dort treffen, aber einen gelegentlichen Heringsverkoster bei Zabar ›nicht gerade brillant‹ zu nennen, geht doch etwas weit.

Der Gourmet-Club entstand Anfang der 60er Jahre, bald nachdem ich mich mit Ngoot Lee angefreundet und herausbekommen hatte, daß die köstlichen Essensgerüche, die bis in mein Atelier drangen, verursacht wurden von den Gerichten, die auf Lees Herd simmerten. Mir fehlte der Mut, mich selber bei ihm einzuladen, doch getan hätte ich es gern. Nach einigen Wochen machte meine Geduld sich bezahlt. Mr. Lee forderte mich auf, an seinem ›bescheidenen Mahl‹ teilzunehmen. Und besser hat mir nie etwas geschmeckt. Als erstes setzte er mir einen Teller mit Reis vor, über den er eine Mischung aus Schweine- und Lammfleisch samt Gemüsen, Kräutern, orientalischen Gewürzen und eine Sauce goß. Das klingt grauenhaft, schmeckte aber köstlich.

Nachdem ich seine Kochkünste in den höchsten Tönen gepriesen hatte, lud er mich häufig ein, und ich lehnte nie ab. Was er auf den Tisch brachte, war unfehlbar hervorragend. Selbstverständlich bekam ich es nicht fertig, den

Mund zu halten, sondern erzählte Mel Brooks von Ngoots Kochkünsten, und der wollte unbedingt teilhaben. Ngoot war einverstanden. Kurz darauf weihte ich auch Heller ein, und der wollte es ebenfalls mal probieren. Das überraschte mich nicht, und der großzügige Ngoot reagierte auf meine Anfrage mit einem gelassenen: »Warum nicht?« Nun trat der Schneeballeffekt ein; Mel brachte seinen Freund Julie Green mit, und Heller kam mit George Mandel. Gute zehn Jahre später berichtete George es Mario Puzo, und Heller bemerkte dazu nur: »Den hätten wir doch nicht auslassen dürfen.« Das also war der Kern der Gourmets. Der Club kam bald ins Gerede, und es gab genügend Leute, die beitreten wollten, doch lehnten wir das rigoros ab. Gute Typen wie Carl Reiner und Joe Stein wurden als gelegentliche Gäste zugelassen, ja, sie durften ihrerseits weitere Gäste vorschlagen, doch wurde jeder Vorschlag streng geprüft, und eine Neinstimme reichte für die Ablehnung aus. Einige Zelebritäten äußerten den Wunsch, teilzunehmen, wurden aber fast allesamt abgelehnt, es sei denn, sie erfüllten die Grundvoraussetzung, d. h., sie mußten ein gutes Mundwerk besitzen. Damit war nun nicht etwa Beredsamkeit gemeint, sondern einzig und allein Appetit.

Joe Stein nimmt an unseren Mahlzeiten seit mehr als zehn Jahren teil, und doch wird er nicht Mitglied, so sehr er sich das wünscht. Auch der verstorbene Hershy Kay, der kleinste Mann im Show Business, Komponist und Arrangeur solcher Broadway-Hits wie *Evita* und *Chorus Line*, wurde, obwohl er fünfzehn Jahre an unseren Mahlzeiten teilnahm, kein ordentliches Mitglied. Allein schon deswegen nicht, weil er viel zu klein war. (Mel bemerkte dazu: »Bis auf Joe sind wir alle eher klein, aber Hershey ist *zu* klein.«) Auch hatte Hershey eine unserer geheiligten Regeln gebrochen: er nahm von einem fremden Teller. Dies war verboten. Statt aufzustehen wie ein Mann, meinethalben auch über den Tisch zu kriechen, um an die Schüsseln zu kommen, verging er sich gegen das Gebot. Dieses galt grundsätzlich für alle, die Großen wie die Kleinen oder Lahmen, die Löwen und die Lämmer, was zugegebenermaßen unfair war, aber so war es nun mal. Wir haben Hershey am Ende vergeben, daß er so klein war – da war er aber schon gestorben. Nach seinem Tode wurde er ordentliches Mitglied. Joe Stein hingegen ist immer noch bestenfalls Kandidat (und wird in Anekdoten über Brooks oder Heller meist nicht namentlich erwähnt. Seit Heller in East Hampton wohnt, hält Stein sich für ein Vollmitglied, weil wir ihn fast immer auffordern, mit uns in Chinatown zu essen. Er ist aber keines, denn auch er hat eine Grundregel gebrochen, nämlich sich beklagt, und das ist unverzeihlich. Nicht etwa über das Essen oder die Bedienung, wogegen keiner was einzuwenden gehabt hätte, nein, er klagte: »Ich finde, ihr habt zu viel bestellt.« Und das mehrmals. Zu den von Green aufgestellten Geboten zählt als erstes ›Es ist besser, zuviel zu haben als nicht genug‹, und demzufolge kann jedes Mitglied bestellen, was und soviel es will.)

Joe Steins Sohn Harry, der bei *Esquire* arbeitet und die Bücher *Ethics* und *Hoopla* geschrieben hat, wurde einmal vom Herausgeber eines bundesweit verbreiteten Magazins aufgefordert, einen Artikel über den Gourmet-Club zu schreiben, den der Herausgeber für eine moderne Abart des Algonquin Round Table hielt, wo geistreiche Gespräche geführt wurden. Harry Stein, der einmal mit uns gegessen hatte, lehnte den Auftrag ab mit der Begründung: »Das sind bloß ältliche Knaben, die sich vollfressen und Weibergeschichten erzählen.« Dabei beachtete Harry nicht, daß wir in seiner Anwesenheit nur deshalb Weibergeschichten erzählt hatten, damit er sich nicht befangen fühlen sollte. Wir fürchteten nämlich, daß er unseren üblichen Themen zusammen mit einem ausgedehnten Essen nicht gewachsen sein könnte. Dabei gab Heller meist den Ton an, und es handelte sich um gewichtige Probleme. Harry hätte seinen Bericht nur allzugern geschrieben, wäre er dabei gewesen, als wir die Strömungen des Hudson erörterten und die Frage, weshalb Eis flußaufwärts treibt. Ein anderes Mal stellten wir voller Befriedigung fest, welch Glücksfall es für die Menschheit sei, auf einem Planeten zu leben, auf dem Wasser vorkommt. (Beide Gespräche hat Heller in *Good as Gold* [»Gut wie Gold«] festgehalten.) Ferner wurde darüber diskutiert, ob man bei Harry dem Obsthändler perfekte Melonen zu kaufen bekäme, und ein weiteres Thema war jener Abend, an dem in ganz Chinatown keine Hummer mehr aufzutreiben waren.

Ließ unser Chefkoch Ngoot sich herbei, in seiner Wohnung für uns eine Mahlzeit zu bereiten, hatte jeder seine besondere Funktion. Julie Green und ich dienten Lee als Kräuterschneider und Unterköche.

Julie und ich trafen uns gegen sechs Uhr abends, fuhren gemeinsam nach Chinatown, kauften dort mindestens das Doppelte der von Lee angegebenen Menge und bereiteten sie in seinem Atelier unter seinen wachsamen Augen vor. Jeder leistete einen Beitrag und hatte davon seinen Nutzen: Julie und ich lernten kochen; Joe, George Mandel, Mario und Mel wurden fett. Und Ngoot konnte seinen jiddischen Wortschatz an uns ausprobieren.

Den hatte er ursprünglich bei Zero Mostel gelernt, doch waren noch Korrekturen vonnöten. So mußten wir ihm beibringen, daß die schweinischen Ausdrücke, die er bei Zero gelernt hatte, überhaupt nicht jiddisch waren, und noch nach zwei Jahren eifrigen Studiums war Lee nicht imstande zu sagen: »Es is schwer ze sein a Jid« – womöglich, weil er das nicht glaubte.

Geburtstage und sonstige Gedenktage sahen ihn als unseren Ehrengast, nicht nur, weil man darauf zählen konnte, daß er das eine oder andere Gericht zubereitete, sondern hauptsächlich, weil er sich dann besonders fein benahm und uns mit seinen dreisprachigen Reden entzückte. Nachdem die Gourmets sich etliche Jahre von Lee in dessen Wohnung wöchentlich hatten verwöhnen lassen, tat er ganz überraschend folgenden Ausspruch: »Was is los mit euch Scheißkerlen, seid ihr alle Arschlöcher? Ich koche mir für euch den Arsch ab, und keiner von euch beschissenen Halunken is auch nur einmal auf die Idee gekommen, mich zum Essen einzuladen! Schmocks seid ihr!« Ngoots Ausbruch hatte zur Folge, daß wir uns wie die gierigen, fühllosen Bestien vorkamen. Per Abstimmung erklärten wir die folgende Woche zum ›Muttertag‹

für Ngoot Lee. Und wir beschlossen, ihm zu Ehren in dem Restaurant seiner Wahl ein Festbankett zu geben.
Am Ende dieses Abends antwortete Ngoot auf die Frage, ob es ihm gefallen habe: »Nein!«, und als er unsere Verblüffung bemerkte, erklärte er uns: »Keiner von euch Scheißkerlen hat daran gedacht, mir zum Muttertag auch nur eine einzige verstunkene Blume mitzubringen!« Wir gelobten, nächstes Jahr weniger vergeßlich zu sein. Als der Wagen dann vor einer Verkehrsampel stehenblieb und nicht weiter wollte, gab Heller eine Probe seines bekannten Humors, indem er Ngoot aufforderte: »He, Lee, steig aus und zieh den Karren!«
Der Gourmet-Club traf sich weiter entweder bei Mr. Lee oder in chinesischen Restaurants, die er auswählte, bis er eines traurigen Tages verlegen ankündigte (und uns verpflichtete, darüber zu schweigen), wegen seiner neuen Tätigkeit als Werbeberater bei einem großen Kaufhaus könne er künftig nur noch hin und wieder mit uns essen gehen.
Im übrigen, so fuhr er fort, habe er es auch satt, mit einer »Bande Würstchenfressern« zu speisen. Wir versprachen, seine neue Tätigkeit vor seinen Künstlerfreunden zu verschweigen, vorausgesetzt, daß er uns auch künftig gute Lokale in Chinatown nenne. Darauf ging er ein, aber erst nachdem er uns ein weiteres Versprechen abgerungen hatte: Wir müßten diese Lokale vor unseren anderen Bekannten geheimhalten, damit die nicht ebenfalls dort auftauchten und mit ihren ausgefallenen Wünschen die Preise verdarben. Tatsächlich war dies im Fall des Restaurants Mon Sing bereits geschehen; dort hatten wir jahrelang gern gegessen, denn was auf den Tisch kam, war schmackhaft und das Lokal nie überfüllt. Hershey Kay jedoch brach sein Schweigegelübde und brachte eines Abends nicht nur seinen Nachbarn Craig Claiborne von der *New York Times* mit, sondern praktisch das gesamte Corps de Ballet von der City Center Oper. Eine Glosse in der *New York Times* brachte seinen Verrat ans Licht, und das Mon Sing wurde für uns praktisch über Nacht unbetretbar. Nicht nur war es ständig überfüllt, sondern das Es-

sen wurde schlecht und schlechter, und am Ende konnte man dort sogar mit Kreditkarten bezahlen!
Nach diesem Vorfall wurde die Geheimhaltung strenger gehandhabt, und Mr. Lee wollte seine Kenntnis für sich behalten. Er verdächtigte nämlich einige Mitglieder des Clubs, und damit hatte er recht. Doch der Vernehmungstechnik von Heller war er nicht gewachsen, der hätte auch einem Stein Informationen abgepreßt – falls er hungrig genug gewesen wäre und seine Suppe nicht bekommen hätte. Er begegnete eines Abends zufällig Ngoot und entriß ihm, mit Hilfe generöser Gaben von Whiskey, seine neueste Entdeckung. Und dadurch kam es zu der berühmten ›Nacht der Hummer‹.
Ich könnte hier eine detaillierte Beschreibung folgen lassen, bin aber zum Schweigen verpflichtet. Doch da auch ich zu denen gehöre, denen nicht zu trauen ist, breche ich also mein Schweigen.
Julie, George, Joe und ich schlenderten eines Abends auf der Suche nach einem vielversprechenden Lokal durch Chinatown. Mon Sing schied aus, weil überfüllt. Julie beklagte sich zum wiederholten Mal: »Wenn doch dieser geschwätzige Zwerg Hershey nur das Maul gehalten hätte, könnten wir jetzt da essen oder Ngoot würde uns wenigstens einen Tip geben. In letzter Zeit haben wir überhaupt nicht mehr anständig gegessen.«
Wir stimmten ihm von Herzen zu, alle außer Joe, der nach kurzem Bedenken berichtete, Ngoot habe ihn kürzlich in ein ganz tolles Lokal mitgenommen, das er uns aber nicht verraten dürfe. Das wurde mit verdientem Hohn quittiert. Denn wer wußte besser als wir, daß man Heller nichts glauben durfte? Für uns war er weniger der berühmte Schriftsteller als vielmehr der hemmungslose Vielfraß.
Im Weitergehen malte Joe die Wonnen dieses Lokals in den schönsten Farben, er pries das saftige Schweinefleisch, die Suppe nach Art des Hauses, lobte über den grünen Klee den Hummer, der, wie er sagte, auf eine ganz besondere Art zubereitet werde, die für ihn ganz neu gewesen sei. Nun ist es für seine Freunde wirklich schwer, ihm zu glauben, und als er uns in eine Bude schleppte, die

nach nichts aussah, nahmen wir voller Zweifel Platz. Heller flüsterte dem Kellner etwas zu (später stellte sich heraus, daß er gesagt hatte: »Bringen Sie uns genau das, was Mr. Ngoot Lee neulich bestellt hat«), und es vergingen keine zwei Minuten, da stand das Essen schon auf dem Tisch. (Genau das schätzen wir besonders!) Die Suppe war superb, die gedünsteten Krabben perfekt, das Schweinefleisch zart mit Kruste, und dann folgte der Hummer, gekocht mit Limonenöl und exquisit gewürzt. Es war himmlisch. Doch Joe ließ den Kellner kommen und sagte mit gerunzelter Stirn, der Hummer sei nicht richtig zubereitet. Wir waren darüber etwas verblüfft und schlürften einen ausgezeichneten Tee, als – Wunder über Wunder! – zwei weitere Hummer erschienen, diesmal zubereitet auf Cantoner Art, mit geschnetzeltem Schweinefleisch, Eiern, Schalotten und einer Sauce aus schwarzen Bohnen – ein wahres Meisterwerk. Diese beiden Hummer schmeckten noch besser als die vorangegangenen, und wir trauten unseren Gaumen kaum. Bei weitem das Beste, was wir je in dieser Art gegessen hatten, und es blieb außer den Schalen nichts übrig. Trotzdem schüttelte Joe betrübt seine Löwenmähne und warnte uns: »Laßt noch etwas Platz, die sind immer noch nicht, was ich meine.« Er setzte dem Kellner umständlich auseinander, daß die Hummer zwar vorzüglich gewesen seien, aber eben doch nicht so zubereitet, wie man sie ihm und seinem grauhaarigen chinesischen Freund hier kürzlich serviert habe. »Erinnern Sie sich nicht? Da war keine schwarze Sauce dabei, es war irgendwas ganz anderes.« Dem Kellner schien plötzlich ein Licht aufzugehen, und er verschwand in der Küche. Narr, der ich bin, sagte ich, ich könne keinen Bissen mehr herunterbringen, worauf Joe bloß erwiderte: »Warte, bis du ihn probiert hast.« Nach einer ganzen Weile wurden sie gebracht, Hummer, wie wir sie uns nicht mal im Traum hätten ausmalen können, und Joe stürzte sich mit einem gemurmelten: »Genau die habe ich gemeint« darauf. Er tat sich sofort die besten Stücke auf den Teller. (Er benutzte stets Messer und Gabel statt der Eßstäbchen, mit denen wir arbeiteten, und äußerte auf Befragen nur: »Mit den Stäbchen

geht es mir zu langsam«.) Er hatte also einen gewaltigen Vorsprung, doch holten wir langsam auf, und obwohl wir mehr schlangen als kauten, konnten wir doch die erstklassige Qualität dieses himmlischen Gerichtes noch ausreichend würdigen. Es war ›gebackener Hummer‹, sautiert in Hühnerfett mit nur wenigen Zutaten. (Ich habe allerdings den Verdacht, daß die ›wenigen Zutaten‹ das wesentliche dabei sind und daß ich niemals dahinterkommen werde, worin sie bestehen.)
Schon tags darauf rief Mr. Lee bei Joe an. »Du verräterischer Judas, du Vieh, ich kann dich nur bedauern! Ins beste Lokal von ganz Chinatown führe ich dich, du Ganove, und du schwörst, du willst das Maul halten! Aber von jetzt an traue ich dir nicht mehr, du Dreck!«
Heller verschlug es die Sprache. »Woher weißt du . . .? Hat Speed gequatscht oder Julie? . . . Dann muß es George gewesen sein.«
»Keiner von diesen Mistkerlen war's«, brüllte Ngoot, »bloß weiß heute ganz Chinatown, daß vier Verrückte, zwei mit Bart und zwei ohne, gestern abend sämtliche Hummer in Chinatown aufgefressen haben! Meine kleine Jen hat mich schon heute früh deshalb angerufen. Ich wußte gleich, wer das gewesen ist. Jetzt ist es rum, daß ihr zu viert sechs Hummer gefressen habt samt all den anderen Gerichten. Die beiden letzten mußten von irgendwoher erst geholt werden. Was glaubst du wohl, wie schwer es mir gefallen ist, mir auszurechnen, daß das nur ihr gewesen sein könnt, du Blödmann? Du hältst mich wohl für bescheuert, was?«
Seither ist auch die New Sun verschwunden (ein sehr passender Name für dieses Lokal). Vergeblich haben wir versucht, diesen gebackenen Hummer anderswo aufzutreiben. Ngoot Lee behauptet, er weiß, wo es den gibt, aber er verrät es nicht. Die Zeiten, als er es darauf anlegte, uns zu beeindrucken, sind endgültig passé.

Seit Ngoot uns nicht mehr begleitete, suchten wir uns auf eigene Faust Lokale in Chinatown, und es war durchaus nicht unüblich, daß wir uns nach einem opulenten Mahl, wie dem in der New Sun, auf den Weg nach Little Italy machten, um dort große Portionen Zitroneneis zu verschlingen. Auf der Mulberry Street gab es eine Eisdiele, die aussah wie eine gewöhnliche Bäckerei, doch der Besitzer, Valentino Sorrento, stellte, wie wir meinten, das beste Eis der Welt her.

Valentino ähnelte mit seinem feinen, dunklen Gesicht Marcello Mastroianni; hinter seiner melancholischen Miene verbarg er jedoch das Talent eines Komikers von der Art Henry Armettas. Ein umgekehrter Pagliacci war er. Valentino verhöhnte unseren Hang, chinesisch zu essen, unbarmherzig, wo es doch ringsum die besten italienischen Lokale gab, und vor allem erklärte er uns für verrückt, als wir auch nach San Gennaro noch Eis verlangten, wenn die Eisherstellung nach alter Tradition aufhört. »Verrückt seid ihr! Wer will schon im kalten Winter Eiskrem essen?« – »Wir!« bedrängten wir ihn.

»Ach was«, lehnte er ab, »bloß für euch lohnt sich das nicht. Soll ich mich euretwegen ruinieren? Ihr seid ja nette Leute, aber schlagt euch das aus dem Kopf.«

Nach einigem Hin und Her schlossen wir folgenden Kompromiß: Bevor er die Eisproduktion für das laufende Jahr einstellte, fertigte er eigens für uns noch eine bestimmte Menge an, die er in Literbehälter abfüllte und in den Gefrierschrank stellte. Wir konnten das Eis dann entweder bei ihm essen oder mit nach Hause nehmen.

So ganz das Wahre war das aber nicht, denn wir mußten warten, bis es genügend aufgetaut war, bevor wir uns darauf stürzen konnten, doch gut schmeckte es immer noch. Heller allerdings ist ein ungeduldiger Mensch und verfiel auf einen Ausweg. Er beauftragte Valentino von Fall zu Fall telefonisch, mehrere Litergefäße aus dem Gefrierschrank zu nehmen und sie bereitzustellen, damit wir, wenn wir in Chinatown gegessen hatten und zu ihm kamen, das Eis bereits in eßbarem Zustand vorfanden. Kamen wir zu früh und war das Eis noch hart, knabberten wir Valentinos Gebäck und warteten, bis man das Eis löffelweise essen konnte. Das entspricht nicht ganz der Etikette – Eis muß eigentlich aus der Tüte ohne Zuhilfenahme von

Eßgeräten geschlürft werden, aber da wir uns nun schon mal auf einen Kompromiß eingelassen hatten, nahmen wir auch das noch in Kauf. Gelangten wir auf den Grund des Behälters, hatte das Eis die richtige Konsistenz, und wir zankten uns selbstverständlich um den Rest. Nur die Gierigsten und Stärksten hatten Aussicht auf Erfolg. (Heller verlangte einmal von Valentino, er möge sich unter jede Achsel einen Behälter mit Eis klemmen, während er auf uns wartete, dann hätte es die richtige Konsistenz. Valentino fand das aber gar nicht lustig.)

Einmal kam es zwischen Ngoot und Valentino zu einem heftigen Disput darüber, ob Pasta chinesischen Nudeln vorzuziehen sei oder umgekehrt? Ngoot beendete den Streit schließlich, indem er kategorisch erklärte: »Ihr Brüder habt die Nudeln schließlich nicht erfunden. Das haben wir getan! Wir haben schon Nudeln gegessen, längst bevor euer Marco Polo in China auftauchte und das Rezept geklaut hat, das er für unser Nudelrezept hielt. Bloß hat er das falsche erwischt, das richtige haben wir für uns behalten. Und das falsche war nicht mal vollständig, wir haben bei dem Rezept einiges weggelassen.«

Wenn die Gourmets sich endlich von Valentino verabschiedet hatten, war es nicht ungewöhnlich, daß sie im Village noch eine Pizza aßen, geröstete Erdnüsse kauften und die zusammen mit echter New Yorker Eiercrème verzehrten.

Ich erinnere mich an einen Abend in einem für uns neuen Restaurant mit Joe, Julie und George. Ngoot war verhindert, was bedeutete, daß wir auf unseren Dolmetscher verzichten mußten. Heller studierte ratlos die Rückseite der Speisekarte, auf der etwas in chinesischen Schriftzeichen geschrieben stand. Als er den Kellner fragte, was das sei, erfuhr er, es handele sich um ein Festmahl für zehn Personen, sehr schmackhaft, aber nichts für nur uns vier. Joe sagte: »Klingt ganz gut. Bringen Sie es.« Der Kellner wußte nicht: War das ein Witz oder waren wir Verrückte? Doch Heller machte ihm klar, es sei ernst gemeint, und mit großen Mengen hätten wir keine Schwierigkeiten. Man wies uns an einen großen runden Tisch, und gleich

darauf wurde serviert. Ein köstliches Gericht folgte dem anderen, und als wir noch im besten Zuge waren, bemerkten wir, daß unser Tisch in einigem Abstand von Zuschauern umringt war – Kellner, Köche, andere Gäste, sogar die Kassiererin fehlte nicht. Zwar verstanden wir nicht, was sie miteinander tuschelten, doch vermute ich, daß sie Wetten darüber abschlossen, ob wir das überleben würden oder nicht. Wir aßen alles ratzekahl auf.
Der Gourmet-Club stand, was gesellschaftliche Anlässe anging, bei allen seinen Mitgliedern an erster Stelle. Die Ehefrauen maulten mehr oder weniger über diesen Stand der Dinge, fügten sich aber insofern ins Unvermeidliche, als sie für die Abende, da der Club tagte, keine anderen Verabredungen trafen. Alle, bis auf die Frau von Mel, die den Club als rein chauvinistische Veranstaltung betrachtete und verlangte, Mel solle nicht mehr hingehen. Tatsächlich gehorchte er für eine Weile und bekannte offen: »Ihr wißt, ich bin gern mit euch zusammen, aber an die Wand stellen lassen will ich mich deshalb nicht.« Ich verstand nicht ganz, was das bedeuten sollte – hätte seine Frau ihn erschießen lassen? In Wahrheit waren die Ehefrauen nicht wirklich ausgeschlossen, nur handelten wir nach dem Motto: »Du kannst gerne deine Frau mitbringen, bloß meine soll lieber zu Hause bleiben.«
Einmal luden wir sie allesamt zu einem Essen nach Chinatown ein, und sie kamen auch. Danach verlangten sie unisono, wir sollten unsere Mahlzeiten dort künftig ohne sie einnehmen. »Das ist alles?« fragten sie enttäuscht, »mehr tut ihr nicht? Bloß essen und trinken?«

Eines Abends stellte ich Joe in der Klinik eine ernste Frage. Ich wollte wissen, ob er zu irgendeinem Zeitpunkt während seiner schweren Krankheit gebetet habe? Er gab es zu. »Ich habe aber nicht darum gebetet, daß ich meine Prozesse gewinne, völlig gesund werde oder meinen Roman fertigschreiben kann, sondern ich wünschte mir, einmal noch einen gebackenen Hummer essen zu können, wie früher in der New Sun.« Das wünsche ich mir auch.

Seit dem 26. Dezember waren meine Atmungswerte stabil geworden, und in meinem Krankenblatt heißt es: ›Patient ist, was Guillain-Barré betrifft, voll stabilisiert.‹ Am 29. forderte ich Morty Bader zum zweiten Mal auf, meine Verlegung von der Intensivstation weg in die Wege zu leiten, denn medizinisch betrachtet, bestand keine Gefahr mehr für mich. Morty stimmte mir zu, gab aber zu bedenken, daß der Kalender gegen eine sofortige Verlegung spreche. Ich benötige nach wie vor ständige Pflege, und die sei über das bevorstehende verlängerte Neujahrswochenende in den anderen Abteilungen der Klinik nicht unbedingt gewährleistet. Einzig auf der Intensivstation könne ich mit der Pflege rechnen, an die ich gewöhnt sei und deren Wegfall für mich einen größeren Schock bedeuten würde, als ich mir vielleicht vorstellen könne. Ob ich es nicht noch fünf oder sechs Tage hier aushalten wolle? In einem Einzelzimmer ohne Privatpflegerin würde ich es weniger gut haben. Das Blaue Kreuz bezahle überdies auf der Intensivstation bestimmte medizinische Verrichtungen, für die ich als Privatpatient im Einzelzimmer künftig selber aufkommen müsse, und es war unterdessen jedermann klar, daß da erhebliche Kosten auf mich zukommen würden, bevor ich entlassen werden konnte. Ich stimmte höchst bereitwillig zu, was nur zeigte, daß ich insgeheim mehr Furcht davor hatte, meinen augenblicklichen Zustand zu ändern, als ich mir selber eingestand.

Zum ersten Mal verlangte ich die Verlegung aus der Intensivstation (man könnte sagen, es war der erste von zwei Ausbrüchen tiefster Verzweiflung) sonderbarerweise, nachdem Dustin Hoffman mir den Walkman geschenkt und damit meine Stimmung erheblich gehoben hatte. Soviel also zu der Behauptung, Beethoven, Bach und Brahms vermögen es, eine bleibende heilsame Wirkung auszu-

üben. Weshalb ich in der darauffolgenden Nacht in solch abgrundtiefe Verzweiflung verfiel, kann ich nicht sagen. Mag sein, ich hatte bereits zu viele Nächte in dieser Abteilung zugebracht, die Mehrzahl davon selbstverständlich schlaflos. (Alle meine Ärzte gaben zu, daß jeder, der einigermaßen bei Bewußtsein ist, dort nicht schlafen kann.)
Offenbar war es die Nachtschwester, die von 22 Uhr bis 7 Uhr Dienst tat und deren Unterschrift auf dem Krankenblatt ich nicht entziffern kann, der gegenüber ich den Vorsatz formulierte, den ich in den gespenstischen schlaflosen Nachtstunden gefaßt hatte, nämlich unter allen Umständen und ohne Rücksicht auf etwaige Risiken keinen Tag länger auf der Intensivstation zu bleiben. Ich machte ihr das mit allem Nachdruck klar.
Kaum trat die Schwester der ersten Tagesschicht um sieben Uhr ihren Dienst an (lieber Himmel, wer um sieben Uhr anfangen muß zu arbeiten, kann doch höchstens bis sechs Uhr im Bett bleiben, wurde mir bei dieser Gelegenheit klar!), machte ich auch sie mit meinem einsamen Entschluß bekannt, und ich fürchte, daß ich das gleiche jedem gegenüber tat, mit dem ich an jenem Vormittag in Berührung kam, wie um durch ständige Wiederholung mich in meinem Vorsatz zu bestärken und meine Verlegung so schnell wie möglich herbeizuführen. Davon wollte ich mich um keinen Preis abbringen lassen, nichts sollte mich hindern. Schließlich bekam ich täglich Besuch von Advokaten!
Dr. Hirsch schreibt in ihren Berichten: »Patient sehr unruhig und deprimiert wegen der Verhältnisse auf der Intensivstation«, und »Gemütszustand des Patienten bezeichnend für Verstörung durch Aufenthalt auf Intensivstation«. Und Dr. Sencer trifft die gleiche Feststellung: »Verhältnisse auf Intensivstation und anhaltender Schlafmangel verursachen merkliche Erregung beim Patienten.« Selbst Kim Kudzin, die Nachmittagsdienst hatte, notierte: »Beschreibt seinen Gemütszustand als tief deprimiert wegen andauernden Aufenthaltes auf Station und Schlaflosigkeit.« Entscheidend wurde dann selbstverständlich

mein Gespräch mit Morty Bader, das, wie bei uns üblich, mit gedämpften Stimmen geführt wurde. Ich eröffnete ihm heldenhaft in weinerlichem Ton, lieber wolle ich sterben, als noch länger hier liegen, es würde mich gewiß zum Wahnsinn treiben, hier bleiben zu müssen, ich könne es nicht mehr ertragen. Morty hörte mir mit der gleichen aufmerksamen Nüchternheit zu, die er vom Moment, da ich ihm zuerst meine Symptome am Telefon geschildert hatte, bewies (während ich fürchtete, er würde mich auslachen) und unterbrach mich nicht. Als ich zu Ende war, schüttelte er nur leicht den Kopf und sagte entschieden: »Nirgendwo anders in der Klinik sind Sie besser aufgehoben als hier.«

Und schon fühlte ich mich unbeschreiblich erleichtert, weil ich bleiben durfte. Ist das zu begreifen? Er fuhr fort: »Sie brauchen immer noch die allerbeste Pflege. Ihre Reaktion ist durchaus verständlich, ich wundere mich darüber, daß sie nicht schon eher eingetreten ist. Man braucht sich ja nur mal umzusehen.« Mir wurde blitzartig klar, daß ich mir mehr als alles andere wünschte, genau hier bleiben zu dürfen. Jetzt bekam ich es bei dem Gedanken, verlegt zu werden, mit der Angst. Morty fuhr fort: »Ich schicke Ihnen einen Psychiater, der soll herausfinden, wie groß der Streß ist, unter dem Sie stehen. Allein schon ein Gespräch mit ihm wird Ihnen guttun. Mein Bruder ist übrigens der gleichen Meinung.«

Schon fühlte ich mich besser. Ich erkenne sehr wohl einen Zwiespalt, wenn er mir unter die Nase gehalten wird, und Verdrängung, wenn ich die Augen nicht mehr davor verschließen kann. Und wenn ich nun noch vor Angst bebte, dann, weil ich begriff, wie knapp ich der Gefahr entronnen war, der Geborgenheit dieser verabscheuten Station verlustig zu gehen, die mir unbewußt als der einzige Ort erschien, der mir das Weiterleben garantierte. Hier hinderten mich nicht nur Atmosphäre und Geräusche am Schlafen, sondern auch eine große Angst, die ich mir nicht ganz verbergen konnte. Ich empfand zugleich beseligende Erleichterung und entmutigende, infantile Scham. Es mußten noch zwei Tage vergehen, bis es mir gelang, meine verworrenen Gefühle einigermaßen zu ordnen, und der Psychiater, der mir geschickt wurde, notieren konnte: »Aufmerksam, zugänglich, optimistisch. Befreundet sich mit dem Gedanken, demnächst Einzelzimmer zu beziehen, begreift aber, daß die erforderliche Anpassung etliche Tage dauern wird, und ist erleichtert, daß die Verlegung nicht schon heute stattfindet.«

Ich wollte nicht bleiben, aber weg wollte ich auch nicht.

Dr. Arthur Peck ist ein Psychiater, der häufig Patienten im Mount Sinai Hospital behandelt. Wenn ich ihn richtig verstanden habe, sind wir beide im gleichen Krieg gewesen. Er hat anschließend Medizin studiert und sich auf Psychiatrie verlegt, als er merkte, daß er keinen Gefallen an Krankheiten und Blut fand. Jetzt war sein Spezialgebiet die Behandlung emotionaler Probleme von Krankenhauspatienten, von denen viele an Krankheiten litten, die traumatischer und unbarmherziger waren als meine. Ich schloß daraus, daß er kaum jemals eine Therapie von längerer Dauer ins Auge faßte, was, wie mir schien, auf eine gewisse Ambivalenz seinerseits schließen ließ.

Den Trost, den ich durch ihn bekam, kann man nicht hoch genug veranschlagen. Schon nach zehn Minuten versicherte er mir, von einer Psychose könne keine Rede sein und auch sonst nicht von einem irgendwie krankhaft nervösen Zustand, es gehe mir eben einfach nur angemessen jämmerlich. In dieser unnatürlichen Umgebung und unter den ebenso unnatürlichen Verhältnissen würde nur jemand, der schon sehr viel schlechter dran sei als ich, anders reagieren. (Aus anderer Quelle erfuhr ich später, daß einer meiner behandelnden Ärzte Jahre zuvor ebenfalls als Patient auf der Intensivstation gelegen und sehr viel früher als ich und auch mit größerem Nachdruck verlangt hatte, verlegt zu werden.)

Seinen ersten Notizen entnehme ich, daß Dr. Peck mich als »beredt, ansprechbar ... aufmerksam, gesprächsbereit ... und sehr zugänglich« beschrieb.

Ist es da ein Wunder, daß wir so gut miteinander auskamen? Ferner fand er, ich sei »in beklagenswertem Zustand, weil unfähig, auf der Intensivstation ausreichend Schlaf zu

finden«; daß ich mir sehr wohl des Ernstes meiner Krankheit bewußt sei und auch der Notwendigkeit ständiger Pflege, daß ich jedoch »den zähen Fluß der Zeit durch das Aufsagen von Zahlen und das Vermeiden des Anblickes der Stationsuhr« zu bekämpfen suchte. »Auch hegt er Zweifel an der Korrektheit der Diagnose.«
Ich hatte allen Anlaß, mir Sorgen zu machen, im Falle die Diagnose unrichtig wäre. Sollte sich nämlich herausstellen, daß ich nicht an Guillain-Barré litt, ließ sich über die Heilungschancen nichts Genaues sagen. Es überrascht mich jetzt, daß keiner meiner Freunde mir oder einer dem anderen gegenüber eine Bemerkung darüber fallen ließ, daß ich täglich von einem Psychiater aufgesucht wurde. Sollten sie das wirklich nicht befremdlich gefunden haben? Mindestens so sehr wie ich?
Weil unsere Gespräche immer wieder unterbrochen wurden, sei es durch Schwestern, besuchende Ärzte oder die Physiotherapeutin, die man mir ebenfalls verordnet hatte, wurde meine Psychotherapie zu einer Art Groteske, über die wir beide lachen mußten. Dr. Peck, hilfsbereit von Natur, half eifrig mit, wenn ich vom Bett auf den Stuhl und umgekehrt befördert wurde, half der Schwester, mich für die Röntgenaufnahme des Brustkorbs in die richtige Lage zu bringen, rollte mich auf die Seite, wenn ich in der breiten Schlinge der Bettwaage gewogen werden sollte, eine Vorrichtung, die ich auch jetzt noch ihrer genialen Primitivität wegen bewundere. Auf Puzzles verstehe ich mich nicht, und auch meine mechanische Phantasie ist so unterentwickelt, daß ich tausend Jahre gebraucht hätte, um darauf zu kommen, wie man ein Bettlaken wechseln kann, auf dem jemand liegt. Das geschieht nach dem gleichen Prinzip, nach dem man den Patienten in die Schlinge der Waage schiebt, um ihn sodann hängend zu wiegen. Ein Glück, daß ich das Problem nicht selber lösen mußte, denn hier wurden täglich die Laken gewechselt, und im Abstand von wenigen Tagen wurde ich gewogen.
Dr. Peck war auch in anderer Weise eine große Hilfe für mich; selbst über so triviale Dinge wie den Ödipuskomplex, Wiederholungszwänge, das Trauma, das der Tod ih-

rer Eltern für Kinder bedeutet, über Charakter und Psyche einiger der mich behandelnden Ärzte wußte er Auskunft zu geben. Jammerte ich vergangenen häuslichen Idyllen nach und Menschen, die mir was bedeutet hatten, erinnerte er mich sogleich daran, daß ich wieder mal einem Anfall von Regression erlegen wäre und daß diese Beziehungen nicht mehr bestünden.

Zweimal nur hat Dr. Peck mich überrascht. Auf der Station arbeiteten auch Pfleger, drei oder vier glaube ich, und das meist in den Nachtstunden. Die meisten waren wohl frisch eingewandert. Selbstverständlich mußte ich mich an sie wenden, wenn ich die Flasche brauchte, oder die Bettpfanne, wenn der Absaugschlauch heruntergefallen war, oder wenn ich die Füße voneinander lösen oder meine Lage im Bett verändern wollte, obwohl ich erst zehn Minuten zuvor gemeint hatte, es noch lange so aushalten zu können. Die erste Überraschung bereitete mir Dr. Peck, als ich ihm offenbarte, daß ich an mir selber etwas entdeckt hatte, das mir höchst sonderbar vorkam: es war mir peinlicher, solche Hilfe von den Pflegern zu erbitten als von den Schwestern. Er zuckte sichtlich zusammen, als er das hörte, und das wiederum war für mich eine unerwartet schroffe Reaktion auf eine Haltung, die, wie ich ohne weiter darüber nachzudenken annahm, unter Männern durchaus üblich ist. Das glaube ich auch heute noch, und auch jetzt noch verstehe ich nicht, weshalb er so reagierte. Das zweite Mal überraschte er mich, als es um seine Rechnung ging. Er war sogleich bereit, seine Forderung herabzusetzen, sollte meine Krankenversicherung sein Honorar nicht in voller Höhe erstatten.

Dr. Peck setzte ich heiter und umständlich auseinander, wie ich mit den widrigen, demoralisierenden Verhältnissen des Lebens auf der Intensivstation fertigzuwerden gedachte. Weniger wortreich als ich, begnügte er sich mit der Notiz: »Patient hat beschlossen, sich seiner Umgebung anzupassen.«

Und warum auch nicht? Warum war mir das nicht schon früher eingefallen? Mein Elend beruhte doch zum großen Teil auf dem Versuch, so folgerte ich kühl, in einer Umgebung ein normales Leben zu führen, die das Übliche einfach nicht zuließ. Weshalb wollte ich unbedingt die Nacht in einem Zuge durchschlafen? Warum sollte ich mich an die nächtlichen Geräusche auf der Station nicht ebenso leicht gewöhnen wie an den allnächtlichen Höllenlärm, den Lastwagen, U-Bahnen, Polizeisirenen und johlende Passanten in den Straßen von Manhattan machten? Den Schlaf, den ich brauchte, konnte ich auch in kleinen Portionen schlafen, weshalb mußte ich unbedingt die Nacht durchschlafen? Falls in den Nachbarbetten jemand starb, nun, dann starb er eben, damit hatte ich nichts zu tun, und niemand starb speziell, um mich zu ärgern. Und ich hätte viel übler dran sein können, erklärte ich Dr. Peck – ich hätte ja auch einer der hier diensttuenden Pfleger oder Ärzte sein können. Ich kam, anders ausgedrückt, zu der sehr vernünftigen Einsicht, daß das Ganze eine Sache der richtigen Einstellung sei. Und die sollte mir doch nicht schwerfallen.

Dachte ich.

Der Fehler in all diesen positiven Gedankengängen steckte darin, daß sie nicht das Geringste veränderten. Auch jetzt gelang es mir nicht einzuschlafen, wenn ich müde war und fand, es sei nun an der Zeit. Fiel ich dann endlich doch in Schlaf, so nur, weil ich nach stundenlangen Bemühungen total erschöpft war. Und sehr bald schon weckte mich wieder irgendein Geräusch oder ein Gedanke.

In der zweiten Woche gab man mir ein gewöhnliches Antihistamin, das oft als Schlafmittel Verwendung findet, Benadryl. Ich bekam es gegen 20 Uhr und schlief sofort ein, ohne dessen gewahr zu werden. Um 0 Uhr 30 war ich plötzlich hellwach und sah, daß etliche Ärzte um mein Bett standen. Das Gefühl, geschlafen zu haben, stellte sich überhaupt nicht ein, und das versetzte mir einen Schock. Nun war ich wieder ratlos – es war erst kurz nach Mitternacht, und ich war nicht die Spur schläfrig. Wie sollte ich den Rest der Nacht überstehen? Um vier Uhr gab man mir noch eine Dosis Benadryl, und wieder schlief ich, ohne es zu merken, ein; als ich um sieben aufwachte, hatte ich auch diesmal nicht das Gefühl, geschlafen zu haben. Und

wieder standen Ärzte um mein Bett und unterhielten sich in normaler Lautstärke über mich. Das erschreckte mich maßlos. Wie kam es, daß ich von alledem nichts gemerkt hatte?
Und als dieser Moment der Verwirrtheit und des Unverständnisses vorüberging, fühlte ich mich gedemütigt und ausgesetzt, verhöhnt, elend und verletzlich und auch wütend. Ich war drauf und dran, mich zu beklagen.
Dr. Peck gegenüber gestand ich ein, daß ich den Schlaf genossen hatte, doch der abrupte Wechsel von hellwach zu bewußtlos ängstigte mich so sehr, daß ich das Benadryl nicht mehr nahm. Dann schon lieber der qualvolle Verdruß der Schlaflosigkeit. Lieber wollte ich mich in den Schlaf arbeiten, bis das Ruhebedürfnis von Leib und Seele unwiderstehlich wurde.
Doch als es dann soweit war, als ich am Abend des 30. Dezember die Gier nach Schlaf stärker empfand als je zuvor und überzeugt war, auf der Stelle einschlafen und lange schlafen zu können, da sträubte ich mich dagegen, verfiel in einen Angstzustand, schlimmer, als ich ihn je erlebt hatte.
Zwischen vier Uhr nachmittags und zehn Uhr abends glaubte ich, allein schon an dieser Angst sterben zu müssen, die ich insgeheim durchlitt, während ich schier zerrissen wurde von einem Schlafbedürfnis, dem ich nicht widerstehen konnte, und der Todesangst bei dem Gedanken, einzuschlafen, der lähmenden Überzeugung, daß jener Atemzug, mit dem ich ins Land der Träume überwechseln würde, auch mein letzter wäre.
Ich erinnere mich noch an Einzelheiten. Der Tag war trübe, der Himmel grau, es dunkelte früh. Das Kopfteil meines Bettes war so angehoben, wie ich es wünschte, halb saß ich, halb lag ich, und zwar auf dem Rücken. In dieser Stellung konnte ich beobachten, was auf der Station vorging. Meine Sinne waren geschärft wie die eines Menschen, der sich in der Falle fühlt. Der Absaugschlauch lag zur Hand, erst links, dann rechts, und ich beobachtete wachsam alle Personen, die sich hier bewegten, und alles, was vorging. Heben konnte ich den Kopf nicht, doch zur

Seite drehen. Ich betrachtete alles aufmerksam, obwohl ich nichts davon sehen wollte – ich konnte mich daran nicht hindern. Nach nichts sehnte ich mich mehr als nach Schlaf, aber nichts fürchtete ich auch so sehr wie den Schlaf.

Ich sog gierig Luft ein, wie ein Durstiger trinkt. Ich hörte mich atmen, spürte Luft in mich einströmen, sich ausdehnen. Meine Lider wurden schwer, alles verschwamm mir vor den Augen. Die Luft kam mir vor wie Äther, schrecklich, alles durchdringend und überwältigend. Und als ich dann fast weg war, als ich wußte, jetzt holst du zum letzten Mal Luft, kämpfte ich mit aller Kraft, die ich aufbringen konnte, dagegen an, das letzte bißchen Atem zu holen, das den Schlaf bringen würde (und den ›Tod‹, wie Dr. Peck sich am folgenden Morgen notierte). In einer perversen logischen Umkehrung sah ich Atmen als tödlich an, Schlaf als letal. Kein Wunder, daß ich mir auf dies alles keinen Reim machen konnte.

Im letzten Moment riß ich mich vom Einschlafen zurück, machte eine heftige Kopfbewegung, begleitet von einem tiefen Erschauern, zwang mich, die Lider zu öffnen, und stierte angstvoll, erfüllt von paranoidem Haß, von Furcht und Mißtrauen um mich. Ich mißtraute jedem Gegenstand und jedem Lebewesen in jener kleinen gespenstischen Welt. Und Minuten später überkam mich neuerlich die Sehnsucht nach erholsamem Schlaf, ich fühlte beseligt, wie ich im Begriff war, ins Dunkle abzugleiten, und dann erinnerte ich mich wieder mit Entsetzen, wohin die Reise gehen würde und daß ich mich unbedingt zurückhalten mußte.

So schlichen Stunden dahin, und meine Ängste nahmen zu, bis ich glaubte, diesen furchterregenden Zustand widerstreitender Unentschlossenheit nicht mehr ertragen zu können. Ich wußte nicht, was ich wollte. Ich war überzeugt, ich würde an Luft ersticken und an Schlafmangel sterben. Das war, so redete ich mir zu, pure Hysterie, und ich fragte mich, wie lange man diese qualvolle Zerrissenheit wohl überstehen könnte. Ich fürchtete, allein daran schon zu sterben, meine Lider wurden neuerlich schwer,

ich atmete tiefer und riß mich gerade noch im letzten Moment vom Abgrund des Verderbens zurück. Irgendeine Erleichterung mußte unbedingt eintreten, wenn mir nicht das Herz stillstehen sollte.
Endlich wurde es Abend. Endlich traf die Nachtschicht ein. Und ich erkannte unter den Schwestern eine, von der ich mir Rettung versprach. Ich betete darum, daß sie zu mir kommen möge. Ängstlich gespannt suchte ich zu berechnen, welche zwei der vier Nachtschwestern meiner Abteilung und welche von beiden mir zugeteilt werden würde. Als ich sah, daß mein Gebet erhört worden, daß ich gerettet war, lehnte ich mich erleichtert seufzend zurück. Im Kriege war ich Bombenschütze gewesen und hatte an 60 Feindflügen teilgenommen, und bei einer dieser Aktionen kam es mir vor, die Maschine sei in der Luft explodiert. Während der darauf noch folgenden 23 Feindflüge – darunter zwei gegen die Po-Brücke nördlich von Ferrara und einer gegen den stark verteidigten Hafen von La Spezia – fürchtete ich mich sehr. Aber jener Tag in der Klinik war doch der schlimmste meines Lebens.
Ihr Name lautete Jean Genova, und sie war bestimmt nicht älter als fünfundzwanzig. Falls ich mich recht erinnere, war sie bläßlich, hatte dunkles Haar und sehr dunkle Augen. Gelegentlich sprachen wir miteinander. Mein erster Eindruck war, daß sie scheu, distanziert, dabei aber ungemein tüchtig und gescheit war. Ebenso wie Lori Meiselman, auch sehr von mir geschätzt und zur Tagesschicht gehörend, war sie klein und zierlich, was die Geschicklichkeit, mit der sie mich anhoben und auf die Seite drehten, nur um so wunderbarer machte. Beide Frauen besaßen das unbezahlbare Talent, mich zu bewegen, als wäre ich aus einem Stück; nie bohrten sie einem die Finger in die Rippen oder mußten vergessene Gliedmaßen gleichsam nachliefern, ein Bein etwa, das versehentlich nicht mitgekommen war. Lori Meiselman, eine von denen, die die Hektik der Frühschicht auszuhalten hatten, war die extravertiertere von den beiden. Jean war unverheiratet und versah freiwillig den Nachtdienst, und ich stellte mir vor, daß sie dies tat, um sich nicht dem gesellschaftlichen Treiben in New

York City aussetzen zu müssen, das vielen Menschen sinnlos und abstoßend vorkommt.
Sie prahlte nicht, zeigte keine Neugier. Als Tochter eines Arztes hatte sie sich um einen Studienplatz für Medizin beworben und fürchtete sich nun vor der Prüfung, von deren Ausgang ihre Zulassung abhing. Ich habe mich seither gefragt, wie das wohl gelaufen sein mag. Sie war wortkarg, und die meisten Ärzte und Medizinstudenten, die ich kenne, sind das keineswegs, abgesehen von Psychiatern, die dunkle Geheimnisse bewahren müssen.
In dem etwas gegen das Licht abgeschirmten Gehäuse, in dem ich lag, hatte ich nun jemanden, dem ich vertraute, mit dem ich sprechen konnte, und das tat ich denn auch auf der Stelle. Drängend flüsterte ich ihr alles zu, was ich empfunden und gedacht hatte. »Die letzten Stunden waren scheußlich für mich«, vertraute ich ihr an, als sie zu mir kam und mich nach meinem Befinden fragte, und schilderte ihr ausführlich, ohne mich zu schämen und ganz gefaßt, was ich durchgemacht hatte.
Kaum hatte ich damit begonnen, fühlte ich mich ganz normal. (Sigmund Freuds ›Sprechtherapie‹ heilt nicht alle Beschwerden, aber einige doch, und zum Glück waren meine zu heilen.) Danach schlief ich vier oder fünf Stunden fest. Und am Morgen hatte ich nur noch die verblüffende, fast wunderliche Erinnerung an meine Angst vor meiner Angst, über die ich sprechen konnte.
Ich wachte erfrischt und gut gestimmt auf, obwohl die diensthabende Schwester notierte, ich habe zu ihr von ›Alpträumen‹ gesprochen, ›die von Atemnot handelten‹.
Als Dr. Teirstein mit seinem Gefolge zur Visite kam, prahlte ich mit meinem dramatischen Kampf gegen einen Anfall von Hysterie, der mich fast das Leben gekostet hätte. Man ließ mich reden, ohne zu unterbrechen. Dann setzte Dr. Teirstein mir sein Stethoskop auf die Brust, als habe er von alledem nichts gehört. Eine junge Ärztin aus seinem Gefolge bemerkte lobend, daß meine Fähigkeit, gegen Widerstand einzuatmen, sich verbessert habe und minus 30 messe. Dr. Teirstein stimmte milde lächelnd zu. »Ja, aber vermutlich kämen Sie auch über 50, ohne sich be-

sonders anzustrengen.« Mein Bericht hatte also keinen großen Eindruck gemacht. Vielleicht habe ich schlecht erzählt?

Arthur Peck war da schon aufmerksamer und auskunftsfreudiger. Er erklärte mir beinahe schüchtern, daß das von mir beschriebene Phänomen nicht Hysterie gewesen sei, sondern Angst. Eine hysterische Person komme nicht auf den Gedanken, an Hysterie zu leiden. Und er versicherte mir, Menschen könnten sich nicht ersticken, auch im Schlaf nicht, und auch nicht vor Angst, selbst wenn sie wollten, könnten sie sich nicht selber am Atmen hindern. Und daß Menschen nicht daran sterben, daß sie sich unglücklich fühlen. Ferner lenkte er meine Aufmerksamkeit auf etwas Offensichtliches, das wahrzunehmen ich mich erfolgreich gewehrt hatte, nämlich auf die Beatmungsgeräte, an die alle anderen allesamt bewußtlosen Patienten angeschlossen waren, und auf die Geräusche, welche jene Apparate regelmäßig von sich gaben. Es sei nicht überraschend, daß ich seit dem Tage meiner Einlieferung den Schlaf fürchte und daß meine besorgte Aufmerksamkeit der Atmung galt. Er vermerkte über unsere Unterhaltung:

›Patient morgens ruhig und relativ angstfrei. Berichtet von schweren Angstanfällen am vergangenen Nachmittag und Abend. Befürchtete einzuschlafen, nicht atmen zu können, also zu sterben. Zustand milderte sich, als er darüber zur Nachtschwester sprach. Danach Schlaf und angstfreies Erwachen. Sagt, er war versucht, mich anrufen zu lassen, gebe ihm daher meine Privatnummer . . . Sollte dieser Zustand wiederkehren, verordne ich Valium. Er wird es wohl nicht nehmen, ist aber dankbar für die Verordnung.‹

Weder nahm ich das Valium noch ließ ich ihn daheim anrufen. Allerdings bat ich ihn, auch nach dem langen Wochenende zu mir zu kommen, wenn ich in mein Einzelzimmer verlegt sein würde. Noch ertrug ich den Gedanken, auf ihn zu verzichten, schlecht.

Die Tage jenes verlängerten Wochenendes verbrachte ich in den Klauen eines weiteren Trennungskonfliktes: Ich wollte um keinen Preis weg von der Intensivstation. Unterdessen war mir die Station mit allem Drum und Dran geradezu verhaßt, ausgenommen das Personal und die ununterbrochene medizinische Versorgung, und ich verabscheute mich dafür, so daran zu hängen. Und doch war meine größte Sorge, man könnte mich noch während des Wochenendes hier wegverlegen, falls es nämlich einen unerwartet hohen Andrang von neuen Patienten gäbe. Das brauchten gar nicht so viele zu sein. Insgesamt gab es in beiden Abteilungen der Intensivstation nur acht Betten. Ganz auf mein eigenes Wohl bedacht, behielt ich die Zahl der Patienten stetig im Auge, und wenn das Telefon mit einer neuen Alarmmeldung klingelte, erkundigte ich mich auf der Stelle danach, ob etwa Neuzugänge angemeldet würden. Der erste war eine junge Schwarze (sie wurde auf einer Trage hereingerollt), die nach einem Essen im Familienkreis einen anaphylaktischen Schock erlitten hatte und in Lebensgefahr schwebte. Sie konnte gerettet und zwei Tage später auf eine andere Abteilung verlegt werden. Als nächste kam eine Ausländerin, die an ihrem Asthma schon fast gestorben war; sie lebte allein in der Stadt, hatte hier weder Verwandte noch Bekannte und war besonders während der Feiertage durch schwere Asthmaanfälle gefährdet. (Die Konsultationen an den Betten anderer Patienten gehörten zu jenen Geräuschen, die ich nicht abstellen konnte.)

Aber ich weiß noch andere Geschichten. Etwa um diese Zeit wurde in das Bett neben meinem ein kräftiger, jugendlicher Drogensüchtiger gelegt, der eine Überdosis genommen hatte. Kaum wieder zu sich gekommen, verlangte er, entlassen zu werden – er kannte seine Rechte. Als er sich auf den Beinen halten konnte, kletterte er aus dem Bett, wankte mit geballten Fäusten durch die Station und wollte unbedingt den verantwortlichen Arzt sprechen. Sein Benehmen und sein Gossenjargon wirkten tatsächlich bedrohlich. Ab und an stieß er taumelnd an mein Bett. Meine Tochter kam um diese Zeit zu Besuch, und wir beide hörten uns staunend und offenen Mundes seine Ausbrüche an. Ich wollte ihn um jeden Preis hier raus haben, und sei es als Leichnam. Ich war weniger human als die Ärzte. Was konnte ihn hindern, seine ganze Wut an mir auszulassen? Warum holten die Schwestern zu meinem Schutz nicht die Polizei? Und doch erfüllte seine unstillbare Kampfeslust mein Herz auch mit Freude, so pervers das klingt. Ich war ganz auf seiner Seite. Er wollte hier weg. Ich wollte, daß er abhaute. »Schmeißt das Arschloch raus«, flehte ich lautlos, und richtig, er bekam seinen Willen, und das Bett neben meinem war wieder frei.

Ich kann noch viel mehr Geschichten erzählen! Eines Morgens starb eine ältere Patientin. Bevor der Tag vorüberging, lag schon wieder eine ältliche Patientin in ihrem Bett. Und anderthalb Tage lang redete die Schwester die Neue mit dem Namen der Alten an, bis ich mich bemüßigt fühlte, sie auf ihren Irrtum hinzuweisen. (Die Schwestern sprechen auch mit bewußtlosen Patienten, reden sie mit Namen an, sprechen lauter zu ihnen als zu anderen, alles in der Absicht, sie irgendwie zu erreichen.) Als ich diese also auf ihren Irrtum aufmerksam machte, schaute sie mich ungläubig an. »Haben Sie das denn ganz vergessen?« insistierte ich. »Sie haben sich doch selber um die andere gekümmert, Sie haben ihren Tod festgestellt.« Es überrascht mich kein bißchen, daß die meisten Schwestern sich von dieser Station versetzen lassen, bevor sie dreißig sind.

In jener letzten dahinschleichenden Woche tat sich nicht mehr viel. Mein Herzmonitor wurde abgeschaltet. Der arme Speed hatte mir zuliebe eine Ferienreise nach Key West unternommen und es dort, des miesen Wetters wegen, schlecht getroffen – was ich mit Vergnügen hörte. Er fürchtete zu Unrecht, daß seine Begleiterinnen, bei der Abreise noch ein Herz und eine Seele, nach diesen verregneten Tagen kein Wort mehr miteinander sprechen würden. Im Rückblick ist mir der Gedanke gekommen, er könnte das alles mir zuliebe erfunden haben, gutartiger Junge, der er ist. (Ich möchte hier erklären, daß ich den Quilp in Charles Dickens *The Old Curiosity Shop* [»Der

Raritätenladen«] für eine der liebenswertesten Gestalten der Weltliteratur halte, ebenso wie den Scrooge, bis er am Ende seinen beklagenswerten Sinneswandel vornimmt.)

Joe Stein, der Dramatiker *(Fiddler on the Roof* [»Anatevka«]), verbrachte die Ferien mit seiner Frau und deren Tochter auf Barbados, wohin er die 325 vorliegenden Typoskriptseiten meines Romans *God Knows* (»Weiß Gott«) mitnahm, um sich einen Eindruck zu verschaffen. Ich konnte das Script nicht lesen, aber er konnte es, und ich wollte wissen, ob er es gut genug fand, um es in dieser Form einem Verleger zu zeigen. Er war durchaus dieser Meinung, ließ mich aber auf sein Urteil warten. Ich fand, er hätte mir telegrafieren sollen. (Er hatte übrigens Grund, sich darüber zu freuen, daß er das Script gut fand, denn um diese Zeit schuldete ich ihm bereits 10 000 Dollar.) Doch zynisch, wie ich bin, sagte ich mir: Joe findet alles gut, was du schreibst, und holte deshalb auch die Meinung von Barbara Gelb ein, die keins von meinen Büchern leiden kann und am Ende dann doch mit ihnen zufrieden ist, obwohl sie unweigerlich zu lang sind. Barbara, eine brutale, erstklassige Redakteurin, findet jeden Satz, Absatz und jedes Kapitel, das ich veröffentlicht habe, viel zu lang. Ihrer Meinung nach ist alles, was je von jemand geschrieben wurde, zu lang, ausgenommen einzig die empfehlenswerte, umfangreiche Biographie von Eugene O'Neill, die sie vor Jahren gemeinsam mit ihrem Mann Arthur geschrieben hat und die bei weitem besser wäre, wäre sie nicht so lang.

Die Krankenhausverwaltung ließ mich nun wissen, man habe drei erfahrene Privatpflegerinnen aufgetrieben, die mich, so lange es nötig wäre, in meinem Einzelzimmer pflegen würden und damit einverstanden seien, nicht, wie üblich, nach jeder Schicht, sondern einmal wöchentlich entlohnt zu werden. Ich konnte ja keine Schecks ausstellen. (Übrigens waren die Frau, die mir dies mitteilte, und ein anderer Verwaltungsangestellter die einzigen Nicht-Patienten in meinen beiden Kliniken, die je eine Zeile von mir gelesen hatten.) Valerie Humphries, von der man noch

Näheres hören wird, war eine der drei Pflegerinnen, und bevor ich ihr Patient wurde, war ich ihr nur insofern wie ein Schriftsteller vorgekommen, »weil Sie ein bißchen so aussehen wie Norman Mailer«. (Unterdessen hat sie alle meine Bücher gelesen und findet sie durchaus nicht zu lang; auch weiß sie jetzt, daß ich viel, viel besser aussehe als Norman Mailer.)

Morty Bader überlegte derweil, ob es nicht angebracht sei, daß ich nach der Entlassung aus dem Krankenhaus in eine Rehabilitationsklinik ginge, beispielsweise die Rusk-Klinik, und als ich nichts dagegen einwandte, erbot er sich, den erforderlichen Papierkrieg für meine Aufnahme zu beginnen. Sein Bruder Richie erklärte mir – nicht zum ersten Mal –, daß Nervengewebe sich nur um einen Millimeter pro Tag regeneriert, und wiederholte auch die herzerwärmende Anekdote, die davon handelt, auf welche Weise diese Wachstumslänge festgestellt worden ist: Der englische Chirurg Dr. Stephen Head durchtrennte vorsätzlich den Nerv an seinem Unterarm und maß täglich den Fortschritt der Empfindlichkeit unterhalb der Schnittstelle. Später ist mir klargeworden, daß beide Baders mich allmählich mit dem Gedanken vertraut machen wollten, daß meine Genesung erheblich länger in Anspruch nehmen würde, als ich mir einzugestehen wagte. Mit Morty unterhielt ich mich gelegentlich über Lyrik, besonders über Tennysons *Ulysses*, dessen Schlußverse mit ihrer Botschaft an die Alternden sich besonders gut auf uns beide anwenden lassen – so jedenfalls schien er zu denken.

Dr. Sencer hinwiederum, wie immer der aggressive Optimist, fand die Idee, mich in einer Rehabilitationsklinik unterzubringen, schlichtweg defätistisch. »Bei dieser verrückten Krankheit«, erklärte er, »kann es durchaus sein, daß Sie in vierzehn Tagen aus dem Bett springen und nach Hause wollen.« Ich klärte ihn nicht darüber auf, daß ich jetzt kein Zuhause mehr hatte, wohin es mich zog.

Hinter Sencers Rücken bat ein Neurologe der Klinik, der gern neue Theorien entwickelte, um die Erlaubnis, meinen Körper auf das Vorhandensein einer Zecke abzusuchen.

Ich war sehr dafür, denn wenn eine Zecke die Ursache meiner Erkrankung war, wäre ich die Krankheit zusammen mit der Zecke losgeworden. Doch fand er leider keine. Sencer grinste nur höhnisch, als ich ihm davon erzählte. »Wäre es eine giftige Zecke, würde Ihr Befinden sich laufend verschlechtern«, erklärte er mir, »es verbessert sich aber.«

Verbesserte es sich wirklich? Ich hustete noch häufig und saugte reichlich Sekret ab. Doch immerhin konnte ich jetzt schon ein Taschenbuch halten. Auch konnte ich Götterspeise schlürfen, doch die Zunge wollte nicht gehorchen, und es bestand noch eine Schlundlähmung. Den rechten Arm konnte ich bis zum Gesicht heben und die Haare der rechten Kopfseite kämmen, und Schwestern und Physiotherapeutin merkten übereinstimmend an, daß mein Bizeps besser funktionierte und ich fester zugreifen konnte. Hätten sie es mir nicht gesagt, ich hätte es nicht bemerkt.

Die tägliche halbe Stunde Physiotherapie war eine angenehme Abwechslung, hauptsächlich deshalb, weil Ellen, die Physiotherapeutin, eine lebenslustige, attraktive junge Frau war, deren extravertiertes Benehmen von manchen Männern gewiß als Aufforderung zum Flirt mißverstanden wurde. Es wurde viel herumgealbert, wenn sie da war. Ich schätzte die Therapie mehr als Zerstreuung denn als Heilmaßnahme, denn ich konnte nicht recht daran glauben, daß die Bewegungen von Hüften und Schultern, an denen ich mich unbeteiligt fühlte, während Ellen meine Muskeln arbeiten fühlen konnte, meine Heilung beschleunigten. Es machte mir aber Spaß (mit Unterstützung), auf die Bettkante gesetzt zu werden. Das war eine Herausforderung. So konnte ich das Gleichgewicht länger als eine Viertelstunde halten. Das kam mir nicht gerade wie eine großartige Leistung vor, bis ich den Versuch machte, mich langsam auf die Matratze zurücksinken zu lassen, und umkippte wie ein Kartoffelsack. Mein Kopf, wenn er nicht gehalten wurde, fiel ins Genick wie ein Stein. Beugte ich mich auf dem Bettrand sitzend vor, fiel es mir leicht, mich aufrecht zu setzen, doch wenn ich mich auch nur Zentimeter hintenüber lehnte, kippte ich um wie eine Stoffpuppe. (Die Rückenmuskulatur funktionierte, nicht aber die Bauchmuskeln.)

Mein Gewichtsverlust wurde jetzt sehr deutlich. In einem meiner medizinischen Handbücher lese ich, daß die Lähmung bei Guillain-Barré schneller einsetzt als der Schwund des Muskelgewebes. Bei der Aufnahme im Mount Sinai wog ich 75 kg. Als der Schwund in der zweiten Woche begann, ging mein Gewicht binnen einer Woche herunter von 73,5 kg auf 70,3 kg und in der folgenden Woche auf 66,6 kg. Als ich entlassen wurde, dürfte ich weniger als 63 kg gewogen haben. Schätzen muß ich das deshalb, weil mein Gewicht für die Mediziner auf der Intensivstation uninteressant war; ich litt an Muskelschwund, nicht an Unterernährung. Und da war nichts zu machen.

Ende der zweiten Woche war die Atrophie über den gesamten Körper verteilt. Ich könnte jetzt eine medizinische Beschreibung der Symptome folgen lassen, wie sie im Handbuch stehen, doch möchte ich mich darauf beschränken, denen, die es nicht wissen, zu sagen, daß sich dieser Schwund am sichtbarsten bemerkbar macht an den Schläfen, die so weit einsinken, daß man eine Münze in die Höhlungen legen kann, ferner auf den Handrücken zwischen Daumen und Zeigefingern, in den Handtellern, an den Daumenwurzeln, wo sich überall Höhlungen bilden und lange, lange Zeit auch bleiben, wenn nicht sogar für dauernd.

Silvester gegen Mitternacht fand auf der Station eine kleine Feier statt, es gab Champagner, und die Schwestern erboten sich großmütig, mir welchen in meinen Nasenschlauch zu gießen. Ich hielt es für gescheiter, das abzulehnen, denn ich wollte vermeiden, daß durch irgendwelche neuen Veränderungen in Funktion oder Gefühl die Frage akut würde: Ist das nun die Folge des Alkohols, oder hat es mit der Krankheit zu tun? Überdies habe ich nie anderen als den allerbesten Champagner gemocht. Bis jetzt habe ich es nicht fertiggebracht, dies meinem sehr nahen Freund A. Robert Towbin zu eröffnen, der, selbst kein trinkfreudiger Mensch, den Horden von Gästen, die er je-

derzeit zu sich nach Hause einlädt, nicht immer vom besten Champagner vorsetzt.
Bob Towbin hat in Dartmouth studiert, war ein begabter Künstler und hatte das Glück – vielleicht auch Pech, oder beides zusammen –, als Bankier in der Wall Street zu reüssieren. Er findet an allem seinen Spaß, auch am eigenen Mißgeschick und auch an meinem. Seine Wohnung liegt unweit vom Mount Sinai Hospital, und er kam mich fast jeden Morgen besuchen, an Werktagen auf dem Weg ins Bankenviertel im dreiteiligen Anzug und einem feinen Mantel, an den Wochenenden als Jogger verkleidet, grinsend und schwitzend. Was mich an ihm am meisten faszinierte, war seine umwerfende Liebenswürdigkeit, die alles überstieg, was ich bis dahin erlebt hatte, seine durch nichts zu erschütternde Heiterkeit, der auch die Krankenhausatmosphäre nichts anhaben konnte und auch nicht der Anlaß seiner Besuche. Stets war er ebenso vergnügt und waren unsere Gesprächsthemen so anregend, als träfen wir uns auf einer Gartenparty oder auf jener Luxusyacht, die er für seinen Ausflug nach Cannes zum Filmfestival charterte, zu dem er auf meine Bitte Speed Vogel in jenem Frühjahr einladen sollte. (Er zuckte auch mit keiner Wimper, als ich ihm einige Wochen später eröffnete, ich müsse ihn nun doch um zwölfeinhalbtausend Dollar anpumpen, wovor ich ihn schon gewarnt hatte. Noch am gleichen Nachmittag ließ er mir den Scheck durch Boten zukommen. Der arme Speed unterschrieb für mich und hob für mich den Hörer ab, damit ich mich telefonisch bei Bob bedanken konnte.) So früh am Morgen derart aufgeheitert zu werden, half mir, den Tag zu überstehen. Als ich dann in meinem Einzelzimmer lag, gehörte Bob zu den ersten, die meine Tagespflegerin Valerie Humphries veranlaßten, über diesen ihren neuen Patienten nachzudenken, und der der schlaffen, verschrumpelten Figur, die ich war, auf geheimnisvolle Weise eine Art männlicher Attraktivität verlieh.
Die fünf Tage des verlängerten Wochenendes neigten sich allmählich ihrem Ende zu. Weder wurde ich aus der Intensivstation rausgeworfen noch starb ich. Eines Nachmittags

war eine der Schwestern so freundlich, mit mir im Rollstuhl einen Ausflug in die Korridore der Klinik außerhalb der Intensivstation zu unternehmen. Jetzt erst erblickte ich das Krankenhaus sozusagen im Normalzustand. Was ich sah, gefiel mir wenig, und nach einem zweiten Ausflug stand mir nicht der Sinn. Es gab da viel mehr Kranke, als ich vermutet hatte, mehr jedenfalls, als ich sehen oder mir auch nur vorstellen wollte.
Eine philippinische Schwester von einer anderen Station, die mir völlig unbekannt war, kam eines Nachts verstohlen herein und flüsterte mir mit starkem Akzent zu: »Sie werden wieder gesund, wissen Sie das schon?« Das rührte mich sehr, und ich verliebte mich auf der Stelle in sie.
Kurz vor meiner Verlegung erschien der muntere Adam Bender mit seinen aufgekratzten jungen Leuten und machte mir strahlend den Vorschlag, mich noch einem Elektromyogramm zu unterziehen, einfach so, zum Spaß. Womöglich kämen andere Resultate dabei heraus. Er betonte, die Prozedur gratis vornehmen zu wollen, doch lockte mich seine Großmut nicht.
Montag war ich dann schon früh bereit, doch fand die Verlegung erst am späten Nachmittag statt. Julius Green brachte einen Vorrat neuer Unterhosen und holte das kleine Radio und etliches andere ab, was ich nicht brauchen würde. Meine elektrische Zahnbürste und der Walkman, mein Adreßbuch, Norman Cousins *Anatomy of an Illness,* Jane Austens *Emma* und die restlichen Habseligkeiten wurden eingesammelt. (Die Patienten auf der Intensivstation konnten ihre Dinge praktisch nirgendwo unterbringen.) Ich weiß nicht mehr, wer von meinen Freunden bei dem Umzug anwesend war. Zu sechst packten die Schwestern mein Bettlaken, eine stützte meinen Kopf und schwupp! lag ich auf der fahrbaren Trage, die in einen Rollstuhl verwandelt werden konnte. Ich verabschiedete mich bei dem anwesenden Pflegepersonal, und ein Pfleger schob mich hinaus. Angekommen war ich liegend auf dieser fahrbaren Trage, drei Wochen zuvor. Jetzt verließ ich sitzend die Intensivstation. Welch ein Fortschritt! (Aber das stimmte eigentlich nicht, denn bei

der Aufnahme war ich körperlich in besserer Verfassung gewesen.)

Noch konnte ich weder stehen noch schlucken, noch mich ohne Hilfe aufrecht setzen. Im Sitzen konnte ich die Füße nicht heben, auch den Kopf nicht und den linken Arm nicht, und im Bett umdrehen konnte ich mich ebenfalls nicht allein. Bald machte ich die Erfahrung, daß ich den Telefonhörer nicht halten konnte. Die Zunge gehorchte noch nicht, und die Hand zwischen die Beine führen konnte ich ebenfalls nicht, und niemand wußte, wann und ob ich es je können würde. Meine Kiefermuskeln waren nicht so stark, daß ich Nägel hätte kauen können, und das hatte ich doch mit Genuß länger als fünfzig Jahre getan. Wertpapiere besaß ich so gut wie keine, auch Aktien nicht. Mein Bargeld war praktisch verbraucht, und auf Einnahmen konnte ich nicht rechnen. Dafür war ich außer Gefahr, und den Umzug überstand ich gut.

Vier Tage nach Neujahr schob man Joe in sein Einzelzimmer im Klingstein-Pavillon von Mount Sinai. Verglichen mit der Intensivstation war dies ein Paradies, jene der Hades.

Welch ein Unterschied! Das Zimmer war geräumig, ruhig, mit Ausblick auf den Central Park und die Skyline der Westside. Er hatte ein eigenes Bad und Telefon. Beide waren für ihn nutzlos, nicht aber für uns. Seine Privatpflegerinnen waren vermutlich ihrer beruflichen Qualifikation wegen gewählt worden, doch die beiden, die wir im Laufe des Tages zu sehen bekamen, waren hübsch und jung, und das konnte nicht schaden. Beide ließen einen Besuch bei Joe zu einem wahren Vergnügen werden. Joe kann und wird darüber ohne Zweifel für sich selber sprechen, doch was uns angeht, so war seine neue Umgebung eine wesentliche Verbesserung.

Es gab in Joes Zimmer nur einen deprimierenden Anblick: ihn selber.

Ich erfuhr, daß es zum Teil finanzielle Erwägungen gewesen waren, die Baders bewogen hatten, Joe länger auf der Intensivstation zu lassen, als medizinisch geboten gewesen wäre, und nachdem ich gesehen hatte, um wieviel besser er in diesem neuen Zimmer untergebracht war, hatte ich große Lust, Baders Grausamkeit vorzuwerfen. Zum Glück hielt ich den Mund. Sehr bald nämlich unterschrieb ich wöchentlich die Schecks für seine Privatpflegerinnen, jeweils 2100 Dollar. Ich habe Baders deshalb später insgeheim Abbitte geleistet.

Joe tat immer noch so, als fehle ihm so gut wie nichts. Wir hielten das für Mut und Stoizismus im Unglück. Ich weiß jetzt, daß er anderen gegenüber seine Schwäche und seine Ängste beklagte, seine Schlaflosigkeit und die Furcht, die ihn quälte, nicht mehr aufzuwachen, sollte er einschlafen. Seinen Freunden gegenüber äußerte er diese Klagen nie.

Mag sein, er folgte seinem eigenen Motto, das da lautet: »Ein Freund in Not ist nicht mein Freund«. Denkbar ist auch, daß er fürchtete, wir würden ihn nicht mehr besuchen, falls er nicht mit ermunternden Neuigkeiten und Scherzen aufwartete. Daß regelmäßig ein Psychiater zu ihm kam, war mir bekannt, doch kam ich nicht auf die Idee, ihn nach dem Grund dafür zu fragen. Das tat keiner seiner nächsten Freunde, und auch untereinander erwähnten wir das nie.

Später erfuhr ich, daß der Psychiater, Dr. Peck, Joe versicherte, er sei geistig völlig gesund. Joes Neffe Paul, sein Anwalt Jeffrey und etliche andere Freunde hatten da ihre Zweifel. Marvin Green, ein mehrfach mit Preisen ausgezeichneter Segler und Großunternehmer, beschrieb jedenfalls seinen Besuch bei Heller gegenüber seinem Freund Stanley Cohen, einem in Paris praktizierenden amerikanischen Anwalt, so: »Ich habe nie jemanden gesehen, der dem Tode näher schien als er. Und da lag er nun und schwatzte drauflos, als ob ihm nicht das geringste fehlte.«

Hellers Pflegerinnen habe ich wohl alle kennengelernt, am besten aber Valerie Humphries und Donna Mirabello, weil die ihren Dienst zu den Zeiten verrichteten, wenn ich Besuch machte. Joe berichtete, auch seine Nachtschwester, Willie Mae Grasty, sei »Spitze« und besonders geeignet für die Zeit, in der er schlafen zu können hoffte. Sie verhielte sich völlig still, sei aber stets bereit, ihm behilflich zu sein, wenn er während der Nacht etwas brauchte. Ich bin auch früher schon gutaussehenden Krankenschwestern begegnet, fand aber Valerie und Donna exzeptionell hübsch. Ich gestehe, daß Donna mehr mein Fall war, ein mediterraner Typ, dunkel, klein und wohlgerundet. Dazu witzig, gescheit, sympathisch und, was nicht überraschen konnte, verlobt. Valerie war für mich zu groß und zu schlank, dafür aber lebte sie allein, war heiter und sehr reizvoll.

Valerie sah aus, als könnte sie mühelos Äpfel von meinem Kopf essen, doch das täuschte. Ganz so groß war sie nicht, doch wenn sie da oben ein abwechslungsreicheres Menü

vorgefunden und sich etwas gestreckt hätte, wäre es wohl gegangen. Wenn ich mal von Heller absehe, ist Valerie die kräftigste Esserin, die ich kenne. Heller, der ja ein gutes ›Mundwerk‹ zu schätzen weiß, glüht förmlich vor liebevoller Bewunderung, wenn er hört, wie Valerie stöhnt: »Jetzt bringe ich aber keinen Bissen mehr runter«, nur um im nächsten Moment wieder einen vollen Löffel reinzuschieben. Valerie hat irgendwie erkannt, daß der Weg zu seinem Herzen durch *ihren* Magen geht. Seit sie sich mit uns rumtreibt, sind weder Valerie Humphries noch ihr ehemaliger Patient so mager, wie sie zuvor waren, und ich ebenfalls nicht.
Zuerst erblickte ich ihre Rückseite. Sie stand über ihren Schützling gebeugt, richtete sein Kopfkissen und gab dabei ulkige Geräusche von sich. Es klang nach Glucke. Als sie sich aufrichtete, merkte ich, sie kicherte bloß. Und errötete. Womit Joe sie zum Lachen gebracht hatte, weiß ich nicht, doch war es wohl eine sehr zudringliche Frage oder eine laszive Bemerkung. Oder beides.
Joe machte uns miteinander bekannt, und sie kicherte wieder, als sie hörte, mein Name sei ›Speed‹. Wenn sie lachte, klang das angenehm melodisch, also bemühten wir uns, amüsant zu sein. (Ich weiß, das ist so, als wolle man charmant sein, und meist geht es daneben, aber bei Valerie gelang es uns.) Sie hörte sich gern unsere Albereien an und verstand Joes undeutliche Aussprache, konnte auch sein Gekritzel lesen. Über seine Scherze lachte sie jedesmal, fand seine Freunde hinreißend, und es machte ihr Spaß, ihn zu pflegen. Sie ahnte im voraus, wann er die Flasche brauchte, umgedreht werden oder sein Kissen aufgeschüttelt haben wollte, und wer weiß was sonst alles noch, wenn ich nicht dabei war. (Heller erzählt mir längst nicht alles.) Und es war nicht zu übersehen, daß er sich gerne von ihr versorgen ließ. Was hätte er mehr verlangen können? Ich meinte jedenfalls bald, daß es für ihn keine bessere Pflegerin gäbe.
In seinem neuen Quartier wirkte Joe weniger hilflos – er konnte jetzt bis zu einem gewissen Grade Hände und Arme bewegen, seinen Oberkörper allerdings nicht, und

im Bett mußte man ihn noch umdrehen. Oft genug verlangte man von mir Handlangerdienste, wenn es darum ging, seine Lage zu verändern. Ich lernte, was ein ›Zuglaken‹ ist und wie geschickt man sich seiner bedienen kann, wenn man einen Patienten von einem Platz zum anderen transportieren will. Die neue Rolle als Medizinalhelfer sagte mir zu, und im übrigen wäre ich fast Arzt geworden, bevor ich Heringsverkoster wurde.* Ganz gewiß wäre aus mir kein übler Arzt geworden, doch bedauere ich nicht, daß ich keiner bin. Blut kann ich zwar sehen (das anderer Leute), aber mit Kranken habe ich keine Geduld, es sei denn, sie wären meine Freunde. Meine Praxis wäre also sehr klein gewesen. Als Heringsverkoster hätte ich mehr Geld verdient.
Vor seiner Erkrankung hatte Joe sich angewöhnt, weiche Zahnstocher zu benutzen, mit denen man zugleich den Gaumen massiert. Das ist keine schlechte Methode der Zahnhygiene, vorausgesetzt, man praktiziert sie, wenn man allein ist. Doch Heller sah man lange Zeit überhaupt nur noch mit solch einem Ding zwischen den Lippen, und das war wirklich ekelhaft. Im Krankenhaus entwickelte er eine andere Art von oraler Befriedigung: Mit der angefeuchteten Zahnbürste fuhr er über die ausgetrockneten Lippen, und mit dem Absaugschlauch entfernte er den Schleim aus seiner Kehle. Meist hielt er beides in den Händen wie Zepter und Reichsapfel. Vermutlich tat es ihm gut, etwas für sich tun zu können. Der Nasenschlauch muß sehr unangenehm für ihn gewesen sein, und ich

*Ich stellte mich meinem Freund Saul Zabar als solcher zur Verfügung, als er selber eines Tages durch eine Erkältung der oberen Luftwege an dieser Tätigkeit gehindert war. Saul ist einer der drei Eigentümer der Firma Zabar, einer berühmten Delikatessenhandlung. Er fand, daß mein Geschmack dem seinen entspreche, und schlug mir vor, regelmäßiger Mitarbeiter zu werden. Das war ganz nach meinem Herzen, die Arbeitszeit war nicht lang und beeinträchtigte meine sonstigen Tätigkeiten kaum. Dabei wurde keineswegs nur Hering verkostet, sondern auch geräucherter Stör, Lachs und andere Delikatessen, darunter der kostbarste Kaviar. Ich habe in meinem Leben allerlei Tätigkeiten ausgeübt, doch diese gefiel mir von allen am besten.

fand, er gab seinem ohnehin genügend schlimmen Zustand noch eine besonders grausige Note. Mir jedenfalls wäre der Schlauch höchst zuwider gewesen, doch Joe beklagte sich nie darüber. Er benahm sich würdevoll wie ein Herrscher. Er wurde häufig gebadet und auch sonst liebevoll gepflegt. Die Schwestern waren ihm mit der Flasche und der Bettpfanne behilflich. Seine Bettwäsche wurde oft gewechselt, und er nahm an diesen Prozeduren teil, ohne daß es den Anschein hatte, er ließe sie wohl oder übel über sich ergehen. Auf der Intensivstation war er stets heiter erschienen, nun aber war er beinahe ekstatisch. Ich hatte den Verdacht, dies müsse irgendwie mit Schwester Humphries zu tun haben.
Kam ich jetzt mit seiner Post, bat Joe mich, doch »bitte« seine Zahnbürste anzufeuchten und ihm zu reichen, damit er die Lippen benetzen konnte, und er unterließ es nie, sich dafür zu bedanken. Das drängte einem den Vergleich mit seinem früheren Betragen förmlich auf. Hatte man ihn ehedem freundlich gefragt: »Na, wie geht's denn so?«, pflegte er schroff zu knurren: »Was geht denn dich das an!« Jetzt hingegen antwortete er ausführlich und höflich, und wenn er einen Wunsch hatte, äußerte er diesen ebenfalls sehr höflich. Wie vorherzusehen gewesen war, gewöhnten sich seine Freunde Julius Green und ein gewisser Speed Vogel seine früheren Umgangsformen an und, obwohl sonst jederzeit freundlich und umgänglich, verfielen sie darauf, sich gegenseitig auf eine wohlwollend gemeinte Frage anzublaffen: »Was geht denn dich das an?« – eine Gewohnheit, die sie bis heute nicht haben ablegen können.

Valerie erzählte Joe beiläufig, daß sie das Lone Star Café über alles liebte, auf Country Western Music stehe und ganz verrückt sei nach Kinky Friedman und seinen Texas Jewboys. Verblüfft hörte sie von ihm, daß der Besitzer des Lone Star Café, Mort Cooperman, ein Bekannter von mir ist und Kinky nicht nur mein Freund, sondern auch ein Bewunderer von Hellers *Catch – 22* (ganz abgesehen davon, daß er in *Good as Gold* [»Gut wie Gold«] seinen eigenen

Auftritt hat). Diese Neuigkeiten machten auf sie einen wirklich großen Eindruck, und sie wurde ganz aufgeregt. Joe erzählte mir davon, als Valerie beim Essen war, und fragte mich, ob ich nicht mit ihr ins Lone Star zu Kinky gehen wollte. Dazu war ich selbstverständlich gleich bereit. Zu diesem Zeitpunkt stellte Joe sich entweder gleichgültig, weil er nicht wollte, daß wir errieten, er sei in seine Pflegerin verliebt, oder aber der Liebesbazillus hatte ihn noch nicht befallen. Ich fand immer noch, Valerie sei als meine Begleiterin zu groß, doch sah sie gut aus, und nach allem, was mir mein älterer Bruder, ein Arzt, über Krankenschwestern erzählt hatte, erwartete ich mir einen interessanten Abend.

Val war von meinem Vorschlag, gemeinsam auszugehen, entzückt und nahm ohne weiteres an. Ich kündigte Kinky telefonisch an, ich wolle seinen Auftritt zusammen mit Hellers Pflegerin bewundern; Kinky war erfreut darüber, daß Joe nicht mehr auf der Intensivstation lag und ich ihm die Ehre antun wollte. Er würde dafür sorgen, daß wir hereinkämen, ohne Eintrittsgeld bezahlen zu müssen.

Meine Freundin Cheryl hat vor langer Zeit im Magazin *People* eine Story über den berühmten Strafverteidiger Gerry Spence aus Wyoming geschrieben, und zum Andenken schenkte er ihr einen uralten Stetson. Ihr war der viel zu groß, und sie schenkte ihn mir. Der war gerade im richtigen Zustand – voller Flecken und Mottenlöcher. Als ich ihn zum ersten Mal trug, machte ein Bekannter mich darauf aufmerksam, daß in New York City nur echte Cowboys oder total Bekloppte solche Hüte tragen. Ich sah das ein, und der Hut blieb hinfort im Schrank. Für meinen Auftritt mit Valerie allerdings schien er mir genau das richtige, also trug ich ihn, als ich sie abholte.

Der Abend wurde dann noch amüsanter, als ich erwartet hatte. Am Eingang begrüßte mich eine strahlende Hostesse und winkte uns herein, während andere Besucher an der Kasse Schlange stehen mußten, und als Kinky uns erblickte, begrüßte er uns durchs Mikrofon: »Hier kommt mein lieber Freund Speed Vogel in Begleitung von Joseph Hellers wunderschönen Pflegerin, Valerie Humphries.« Es wunderte mich, daß Kinky sich das gemerkt hatte, denn am Telefon hatte er sich angehört, als habe er einen Kater. Valerie amüsierte sich großartig. Sie konnte keinen Moment stillsitzen. Sie bewegte sich ständig im Takt der Musik und lachte schallend über die anrüchigen Witze. Kinky widmete ihr sogar einen Song. Nach Ende des ersten Auftritts kam er zu uns auf einen Plausch an den Tisch und ging erst, als er wieder aufs Podium mußte. Obwohl Valerie Frühschicht hatte, bestand sie drauf, auch den zweiten Auftritt zu sehen. Als wir endlich gingen, war ich nicht mehr ganz nüchtern, doch stets Kavalier, begleitete ich Joes Pflegerin nach Hause. Sie forderte mich auf, bei ihr noch ein letztes Glas zu trinken. Es war nun zwei Uhr in der Frühe, Valerie war hellwach und munter, ich hingegen ziemlich angeschlagen und schläfrig. Ich stürzte einen Bourbon herunter, ergriff den abgewetzten Stetson und wankte heimwärts.

Während ich noch friedlich schlummerte, unterhielt Valerie am nächsten Morgen Joe mit einer Schilderung des vergangenen Abends, und er kicherte noch vor sich hin, als ich mit seiner Post eintraf. Dann bedankte er sich bei mir dafür, daß ich seiner Pflegerin einen so angenehmen Abend bereitet hatte.

Heller war nicht der einzige, der mich wegen meiner aufopferungsvollen Selbstlosigkeit lobte. Viele Bekannte und einige irregeleitete Freunde machten den gleichen Fehler. Ich konnte mich kaum vor Leuten retten, die mich nach Joes Befinden fragten und niemals unterließen, mir mit feuchten Augen und idiotischem Lächeln zu versichern, wie großartig es von mir sei, mich so aufopfernd um meinen Freund zu kümmern. Nur Julius Green und Hellers impertinenter Neffe durchschauten von Anfang an, was es mit dieser ›Selbstlosigkeit‹ auf sich hatte. Sie wußten, was dies alles mich ›kostete‹. Paul drückte das so aus: »Speed reißt sich Joes wegen kein Bein aus. Er hat sich schon immer an ihn gehängt, und das tut er nun auch in der Klinik.«

Nach unserem Besuch im Lone Star Café erkundigte sich Kinky Friedman mehrmals telefonisch nach Joes Ergehen und wollte wissen, wann er ihn besuchen dürfte. Ich schlug ihm vor, damit noch zu warten, bis Joe sich kräftiger fühlte. Das leuchtete ihm ein. Während Joe die Wohltat eines Einzelzimmers genoß, genoß ich den Aufenthalt in seiner Wohnung auf der Eighth Avenue. Hatte ich bei einem ausgedehnten Frühstück die *New York Times* durchgeblättert, bearbeitete ich Joes Post, erledigte Korrespondenz für ihn, ging auf die Bank und radelte durch den Central Park zum Mount Sinai. Dort traf ich pünktlich zum Lunch ein – seinem und meinem. Das Krankenhaus schickte den Patienten Obstsäfte, Äpfel, Joghurt und Kaffee aufs Zimmer, und das reichte mir durchaus. Valerie jedoch brauchte eine handfeste Mahlzeit, und wenn wir ein bißchen herumgealbert hatten, zog sie den Mantel an, übergab Heller meiner Obhut und versprach, bald wiederzukommen. Das tat sie denn auch immer, obwohl ich ihr versicherte, sie könne sich ruhig Zeit lassen, ich sei nicht in Eile. Ich habe den Verdacht, sie wollte sich nichts von dem Spaß entgehen lassen, den wir in ihrer Abwesenheit hatten, vor allem, wenn noch andere Besucher kamen, während sie weg war.

Über das Fahrrad als Transportmittel geht mir, wie ich schon sagte, nichts. Einerlei, wie das Wetter ist, ich weigere mich, ein anderes zu benutzen. Eines Januartages schneite es heftig. Tags drauf taute es, und der Schnee schmolz. Alsdann setzte ein scharfer Nordwind ein, und die Straßen verwandelten sich in Eisbahnen. Kühn wie stets schwang ich mich auf mein Rad und strampelte Richtung Krankenhaus. Als ich den Central Park erreichte, war mir klargeworden, daß es wirklich saudumm war, bei solchem Wetter zu radeln. Gleichwohl blieb ich entschlossen, Joe seine Post zu bringen und noch einige Sachen, um die er gebeten hatte. Der Wind blies mir ins Gesicht, und ich schlitterte den Weg entlang. Weil ich nun aber schon die halbe Strecke bewältigt hatte, meinte ich, es wäre blöd, jetzt aufzugeben. Im Park war kaum Verkehr. (Ich war der einzige Blödling, nur weigerte ich mich verstockt, jetzt umzukehren.) Am Ausgang bei der 103. Straße sah ich mich einer Kombination aus Schneewehen, Harsch, einer steilen Abfahrt und heulendem Wind gegenüber, und meine Überlebenschancen waren gleich Null. Das Rad rutschte unter mir weg, ich schlug mit dem Hinterkopf auf und sah Sterne. Gleich mußte ich an Joe denken. »Du Schmock!« würde er sagen, »du bist ja nicht mal krankenversichert!« Mein Kopf tat weh, sonst aber war ich heil bis auf ein paar Schrammen. Der Sattel des Rades stand quer, und die Handbremse war verbogen. Joes kostbarer Mantel von Eddie Bauer hatte auch was abgekriegt, aber davon abgesehen stand alles zum besten. Ich dankte der Gottheit, die sich der Kinder, der alten Leute und der Schwachsinnigen erbarmt, und war glücklich, daß ich zu allen drei Kategorien gehöre.

Ich rieb mir den Schädel und schob das Rad den Rest des Weges, schloß es an einer Parkuhr vor dem Hospital an und erwähnte weder Joe noch Julie gegenüber etwas von meinem Mißgeschick. Ich genierte mich zu sehr. Dabei hatte ich noch Glück gehabt. Yael, eine Freundin von Valerie, die ebenfalls im Klingenstein Pavillon arbeitete, hatte weniger Glück. Am gleichen Tag, an dem ich praktisch mit heiler Haut davonkam, rutschte sie auf dem Weg zur Arbeit aus und brach sich eine Hand. Ich saß eine Stunde später wieder auf dem Rad, sie kam erst einen Monat später wieder zur Arbeit.

Ich war nicht der einzige, der zufrieden war mit Joes neuem Quartier, auch Julie Green und George Mandel hielten sich hier sehr viel lieber auf als auf der Intensivstation, sie kamen öfter und blieben länger. Julie meinte: »Hier ist es gar nicht übel, es könnte wirklich viel schlimmer sein.« George behauptete, die Atmosphäre hier erinnere ihn an die im Clubhaus des alten Sportclubs auf Coney Island und fuhr dann fort: »Habe ich euch eigentlich mal erzählt, daß wir Joe immer rausgeschmissen haben, wenn er kam? Damals war er nämlich noch ein kleiner Rotzbengel.« Wir mußten grinsen, als wir uns vorstellten, wie der kleine Heller von George an die Luft gesetzt wurde, und Valerie lachte.

Sie war übrigens so von Joe und seinen Freunden angetan, daß sie auch amüsiert gewesen wäre, hätten wir ihr das Telefonbuch vorgelesen. Julie mochte sie am liebsten, gab ihm alle möglichen Kosenamen, und manchmal sah es so aus, als hätte sie ihn am liebsten in die Arme genommen und beschmust, weil er so »knuddelig und herzig« war. Als auch noch Joe Stein dazustieß und die Alberei überhaupt nicht mehr endete, tat Valerie, als habe sie dergleichen nie zuvor erlebt. Für eine Klinik war dies wohl auch ein reichlich bizarres Gebaren, doch ihre Reaktion fand ich nachgerade übertrieben. Sie amüsierte sich gar zu sehr. Allerdings fanden auch andere, daß man, wollte man sich amüsieren, am besten zu Joe in seinen Pavillon ginge. Joes Sohn Ted pflegte anzurufen und sich zu erkundigen, wer gerade anwesend sei, bevor er sich zu einem Besuch bereit fand. Sagte Joe, er sei gerade allein oder es waren Leute da, die Ted nicht komisch fand, antwortete der: »Dann gehe ich lieber ins Kino. Vielleicht komme ich morgen. Sag mir, wer zu Besuch kommt . . . vielleicht Dustin mal wieder?« Und Alan Altman, ein vielbeschäftigter Anwalt, kam häufig und gestand: »Das ist kein Krankenbesuch, das ist die reinste Komödie!«

Ich überstand die Verlegung sehr gut und kam in zufriedenstellender Verfassung auf meinem neuen Zimmer an. Donna Mirabello, die es wissen mußte, bestätigte mir das. Sie arbeitete mehrmals in der Woche zwei Schichten, morgens als OP-Schwester, anschließend bei einzeln liegenden Privatpatienten, wie ich einer war. Sie stand kurz vor der Heirat mit einem ehemaligen Kommilitonen von der New York University, der derzeit noch seine Facharztausbildung als Kieferchirurg beendete. Ihre vernunftbestimmte Lebensauffassung, ihre unerschütterliche Entschlossenheit, auf dem einmal gewählten Weg fortzuschreiten, verdankte sie zweifellos ihrer Herkunft. Der Vater war ehedem bei der Berufsfeuerwehr gewesen und hatte in seiner Freizeit sein Einkommen aufgebessert, indem er Fernsehgeräte reparierte; ihre beiden älteren Brüder hatten berühmte Universitäten absolviert, der eine Harvard, der andere Columbia. Einer war jetzt Arzt, der andere Jurist. Sie war italienischer Abkunft, und ihr Elternhaus stand im Sheepshead Bay, einem Viertel von Brooklyn, nicht weit von Coney Island. Ihr Dialekt erinnerte an den von Mario Puzo und übrigens auch an meinen eigenen. Als ich hörte, daß sie den Vormittag über bei einer schwierigen Operation an einem Kind mitgewirkt hatte, fand ich, ich habe nicht das Recht, große Ansprüche an sie zu stellen. Das tat ich denn auch nicht, soweit ich mich erinnere. Es verletzte mich aber tief, daß sie an den drei Wochenenden, die ich in meinem Pavillon verbrachte, jeweils einen Tag frei nahm. Das war, bevor ich wußte, daß sie eine reguläre Schicht als OP-Schwester absolvierte und ihr Dienst bei mir eine sozusagen freiwillige Leistung war. Und hätte ich es gewußt, wäre ich trotzdem verletzt und ängstlich gewesen, hätte ihr das trotzdem schwer verübelt.

Das erste, was mich beim Anblick des neuen Zimmers

stark beeindruckte, war die Tatsache, daß es hier keine Apparatur für den Anschluß eines Absaugschlauches gab. Auf der Intensivstation war der eingebaut gewesen, hier aber nicht. Man sagte mir, ein solcher Apparat sei für mich nicht beantragt worden. Ob ich den brauche? Ich brauchte ihn ganz gewiß! Donna sorgte dafür, daß ein kleines, fahrbares Gerät herbeigeschafft wurde. Das zweite, was mich beeindruckte, war das Verhalten der Nachtschwester, welche, um perfekt zu sein, die Fähigkeit und die endlose Geduld besitzen muß, sich von Mitternacht bis Tagesanbruch völlig still zu verhalten. Meine hieß Willie Mae Grasty, und die saß alle zweiundzwanzig Nächte bei mir, die ich dort verbrachte. Donna machte mich kurz vor Mitternacht mit ihr bekannt. Die beiden hatten schon früher miteinander bei denselben Patienten gearbeitet.

Willie Mae Grasty war eine kräftige Schwarze, verheiratet und Mutter mehrerer erwachsener Kinder. Ihre Stimme klang sanft, ihre Bewegungen waren gelassen, und sie strahlte eine mütterliche Wachsamkeit aus, die ich als beschützend und trostreich empfand. Zu meiner Verblüffung verbrachte sie die erste Nacht mit den Händen im Schoß auf einem Stuhl im Schein der gedämpften Lampe, rührte sich nicht und gab keinen Laut von sich, es sei denn, ich äußerte eine Bitte. Dann war sie hellwach, sofort behilflich. Was sie des Nachts aß, brachte sie von daheim mit und verzehrte es außerhalb des Zimmers. Ich vermutete, daß die Cafeteria des Krankenhauses abends geschlossen wurde und daß sich in der Nähe kein ihr geeignet erscheinendes Lokal befand. Sie zeigte mir das Mikrofon, durch das ich sie über die Sprechanlage herbeirufen konnte, sollte ich während ihrer kurzen Abwesenheit einen Wunsch haben. Sie blieb aber nie länger als eine halbe Stunde fort, und soweit ich mich erinnere, brauchte ich sie nie zu rufen. Obwohl ihre Schicht in eine Zeit fiel, in der meine Freunde mich nicht besuchen kamen, las sie schon bald Romane von Edie Green, Julius' Frau, mit eigenhändiger Widmung. Wie das zustande kam, weiß ich nicht. Edie ist eine Frau, die eines Tages fand, sie sei gewiß imstande, bessere Romane zu schreiben als die Autoren, die sie las, und hat seither mehr Bücher publiziert als ich, und zwar unter ihrem vollen Namen Edith Piñero Green. Willie Mae hatte schon viele Patienten gehabt, aber wohl noch keinen, der eine Autorin kannte. Sie kam stets rechtzeitig zur Arbeit und ließ Donna niemals warten. Das gilt übrigens für alle drei meiner Pflegerinnen. Auch mich ließ sie niemals warten. Sie trat ihren Dienst um Mitternacht an, und ich fand es unsinnig, den Versuch zu machen, schon vor ihrer Ankunft zu schlafen.

Die Nachtschwester hatte mit mir im Grunde wenig Arbeit – alle zwei Stunden wurde ich auf die andere Seite gedreht, manchmal auch öfter, falls ich darum bat, und manchmal benötigte ich die Flasche. Ich hatte keine Schmerzen, und mein Allgemeinzustand war stabil. An Medikamenten erhielt ich nur Heparin, ein Antikoagulans, das das Entstehen von Blutgerinnseln verhindert. Dies wurde tagsüber intramuskulär gespritzt. Seit der ersten Woche im Hospital trug ich elastische Strümpfe, auch dies, um die Bildung von Blutgerinnseln zu vermeiden. Eine Embolie ist nämlich eine weitere Gefahr, von welcher der bettlägerige Patient bedroht ist.

Die Nächte verliefen im wesentlichen immer nach dem gleichen Muster. Wenn sie kam, bat ich sie um mein Isocal, eine konzentrierte Proteinlösung, die auch noch andere Nährstoffe enthielt und die ich in dem vergeblichen Bemühen nahm, mein Gewicht zu halten. Auch andere Medikamente, die ich für nützlich hielt, wurden mir zugeführt, selbstverständlich durch den Schlauch. Bald nahm ich allnächtlich eine Dosis Chloralhydrat in der Hoffnung (vergeblich), einmal bis zum Morgen durchzuschlafen. Anders als bei Benadryl war die Wirkung hier so milde, daß ich nie wußte, ob wirklich eine eintrat. (In Rusk setzte ich dann auf eigene Initiative, aber mit Zustimmung von Keiko Marchand, der japanischen Nachtschwester, das Chloralhydrat ab, ohne daß ich eine Änderung spürte.) Ich sagte ihr dann gute Nacht und versuchte, von der kleinen Lampe abgewendet, einzuschlafen. Für sie war dann nichts Ungewöhnliches zu tun, bis es sich im Hospital gegen sechs oder sechs Uhr dreißig zu rühren begann.

Zunächst schwätzten wir dann ein bißchen miteinander, meist über die im Zimmer herrschende Kälte und den eisigen Zug, der vom Park her durch die schlecht schließenden Fenster drang, bis ich schließlich seufzend sagte: »Okay, fangen wir an.« Und während ich die Frühnachrichten im Fernsehen einstellte, bereitete sie mich für den Tag vor, d. h. zuerst die Flasche, dann das Waschen im Bett, das Abreiben des Rückens mit Alkohol, das Wechseln von Nachthemd und Bettlaken, und schließlich die Bewegungsübungen, die von der Pflegerin an den Gliedmaßen unbeweglicher Patienten vorgenommen wurden. Wie man mir sagte, sollten dadurch die Gelenke gelockert und der Verkürzung der Sehnen vorgebeugt werden. Manchmal fühlten sich bei diesen Übungen meine Arme und Schultern ganz außerordentlich steif an, und es dürfte wohl stimmen, was man mir gesagt hatte. Ich drückte dann Zahnpasta auf die elektrische Zahnbürste, hauptsächlich, um damit das Zahnfleisch zu massieren; allerdings hatte ich noch weitere zwei Monate nicht die Kraft, mit dem Daumen das Knöpfchen zu drücken, das den Mechanismus in Gang setzt. Den elektrischen Rasierapparat anzustellen, fiel mir leichter, weil der einen Schiebeschalter hat. Blieb dann noch Zeit, bevor die Nacht offiziell für beendet erklärt wurde, ließ ich mir Isocal oder Obstsäfte geben. Willie Mae suchte sodann ihre Sachen zusammen – Mantel, Hut, Handschuhe und Schal –, dazu den Roman von Edith Piñero Green. Wenn sie dann ihren kurzen Bericht geschrieben hatte, wartete sie an der Tür stehend auf das Erscheinen der Tagesschwester, mit dem der Tag wirklich begann, sagte mir munter Ade und ging.

Am ersten Abend in meiner neuen Umgebung eröffnete mir Donna, bevor sie ging, am Morgen erwarte mich eine angenehme Überraschung, wenn ich erstmals meine Tagesschwester zu Gesicht bekäme. Willie Mae nickte zustimmend. Sie beschrieb mir Valerie als groß, schlank, sexy und schön genug – ich zitiere hier ihre Worte –, »um im Fernsehen als Krankenschwester aufzutreten«. Die Serie, auf die sie anspielte, war mir unbekannt, doch war mir

klar, daß das Bild, das ich mir nach dieser Beschreibung von Valerie machte, nie und nimmer mit der Wirklichkeit übereinstimmen könnte. Ist die männliche sexuelle Phantasie im Spiel, oder jedenfalls meine sexuelle Phantasie, so verblaßt daneben die Wirklichkeit unweigerlich. Daß Donna diese Valerie als groß und schlank beschrieb, führte ich gleich darauf zurück, daß sie, als eher zierliche Person, Größe als einen Faktor der weiblichen Attraktivität überschätzte. Frauen sind überhaupt keine guten Bewerterinnen weiblicher Schönheit. Schließlich beneiden sie Mannequins, oder? Und so stellte sich denn auch keinesfalls überraschend heraus, daß Valerie ihrerseits Donna mit den lebhafteren Farben, der zierlicheren, wohlgeformten Figur um den erotischen Zauber beneidete, der ihr, Valerie, abging, wie sie meinte.
Von meinem Gesichtspunkt her, also aus dem Krankenbett, sah ich eine hochgewachsene, schlanke, dunkelhaarige Person kurz vor acht hereinkommen, angetan mit einem langen Mantel mit hohem Kragen, der ein rotwangiges Gesicht umrahmte. Was da hereinkam, hatte für meinen Geschmack zuviel Rouge aufgetragen, zuviel Lidschatten und Lippenstift, und das tut sie immer noch. (Der Lippenstift färbt ihre Vorderzähne rot, und ich und Sidney Gruson müssen sie darauf aufmerksam machen. Und immer noch antwortet sie mir auf Fragen, die ich ihr vor vier Jahren gestellt habe.) Erst als sie den Mantel ablegte und in ihrem Kittel dastand, wurde mir klar, mit wem ich es zu tun hatte. Sie erinnert sich, daß ich sie zu ihrer Überraschung ausgesprochen munter begrüßte: »Herzlich willkommen, Valerie!« Und sie erinnert sich ferner, daß sie darüber froh war.
Für Krankenschwestern ist der Patient in erster Linie ein Stück Arbeit, wie anstrengend, hängt von der Art der Krankheit ab, von seinen Stimmungen, seinem Charakter, davon, ob er Schmerzen hat, viel Besuch bekommt, viele Medikamente braucht und ständig Handreichungen oder Überwachung verlangt. So gesehen war ich der ideale Patient, der Wirklichkeit gewordene Traum einer schwer arbeitenden jungen Frau. Am gleichen Tage übernahm eine

Schwester namens Yael Herman die Pflege eines Belgiers, der sich in New York einer Operation wegen Kehlkopfkrebs unterzogen hatte. Der litt Schmerzen, brauchte zu genau festgelegten Zeiten Morphiumspritzen und andere Medikamente, in seiner Kehle sammelte sich Sekret, das fast stündlich abgesaugt werden mußte. Er wurde in den ersten Tagen von seiner Frau und der Krankenschwester unentwegt beobachtet, und weder er noch seine Frau verstanden ein Wort englisch. Da war ich wesentlich besser dran. Und im Vergleich zu Yael war denn auch Valerie wesentlich besser dran; abgesehen davon, daß sie zeitig aus dem Bett mußte, hatte sie gleichsam Urlaub. Valerie Humphries hatte einfach Glück.

Und ich ebenfalls.

Joe Stein bezeichnete sie als liebenswürdige Person. Julie Green fragte mich nach ihrem Alter, und als er hörte, daß ich es nicht kannte, sagte er: »Egal, egal, du könntest es wesentlich schlechter getroffen haben.« Sidney Grusen nannte sie hübsch, obwohl er sie auf dem Korridor knapp eine Minute gesehen hatte, noch dazu in einem Moment, da sie in Eile und etwas aufgeregt war, weil sie sich beeilte, wieder an mein Bett zu kommen, wo es eine Prozedur zu beenden galt, die auch nur anzudeuten sich für einen Mann von Geschmack schlichtweg verbietet.

Es gab noch manches andere an ihr zu sehen, das ich durchaus selber wahrnehmen konnte.

Sie kam pünktlich und arbeitete gewissenhaft. Gute Arbeit war ihr Stolz, insbesondere war ihr keine Kleinigkeit zu gering. Sie ging sehr bald dazu über, von mir zu verlangen, alles selber für mich zu tun, was ich nur irgendwie leisten konnte, und Speed hätte ihr vorhersagen können, daß dies nicht gutgehen würde. Ich mußte jenen Teil meiner Haare selber kämmen, den ich erreichen konnte, bevor sie den Rest erledigte, und es war (und ist) ihr wichtig, daß ich immer tadellos gekämmt bin. Gleiches galt für die Handhabung des elektrischen Rasierapparates. Lagen meine Ellenbogen fest auf, konnte ich ein Gutteil der rechten Gesichtshälfte rasieren, nicht aber die linke. Als wir schon nach Rusk übersiedelt waren, befahl sie der Pflegerin, die sie ablöste, darauf zu achten, daß ich soviel feste Nahrung wie möglich zu mir nehmen müsse, bevor sie mir den Brei durch den Schlauch fütterte, vergaß aber anzufügen, daß ich womöglich außerstande sein würde zu schlucken. Das Malheur, das sich infolgedessen ereignete, nachdem Valerie gegangen war, dauerte eine gute halbe Stunde und war insofern besonders ärgerlich, als die bedauernswerte, blind gehorchende Frau kaum englisch verstand und ich bei aller Wut, die mich packte, unfähig war, ihr den Unterschied zwischen dem, was gesagt, und dem, was damit gemeint war, zu erklären, nämlich daß ich *versuchen* solle, soviel wie möglich von der normalen Mahlzeit zu mir zu nehmen. Ein Heiliger mag ich gewesen sein, aber aus Stein war ich nicht.

Aus den Gesprächen mit Valerie, die in den folgenden Tagen, Wochen, Monaten und Jahren folgten, ging hervor, daß sie nie verheiratet gewesen war, nicht mal ein- oder zweimal.

An Pearl Bailey konnte sie sich erinnern, nicht aber an Pearl Harbor, woraus ich scharfsinnig schloß, sie müsse zwischen 35 und 50 Jahre alt sein. Beschäftigt war sie immer; einen Abend in der Woche lernte sie Bridge spielen, an einem anderen Abend Eiskunstlaufen, sie besuchte Kinos, Theater, Konzerte. Unseligerweise (wie ich fand) interessierte sie sich unterschiedslos für alles und jedes. Sie erfreute sich arglos an Dingen, die längst aus der Mode gekommen waren (Mike Nicols Produktion von *The Little Foxes* mit Elizabeth Taylor in der Rolle der Regina). Ihr gefielen Vivaldi und Händels *Wassermusik*, doch ließ sich das womöglich korrigieren. Man muß ihr lassen, daß sie im Jahr zuvor bei Händels *Messias* fest eingeschlafen war, was gar nicht so einfach ist, wenn das Libretto in der Muttersprache der Hörerin geschrieben ist. Andererseits war sie imstande, nach einmaligem Hören Beverly Sills von Joan Sutherland zu unterscheiden, und beide wiederum von Leontyne Price, Maria Callas und Shirley Verrett, während ich, der unendlich viel mehr Opern gehört habe und die Melodien fast sämtlich mitsummen kann, fast außerstande bin, die Stimme Frank Sinatras von der Mario Puzos zu unterscheiden. Sie kannte die Namen von Golfprofis, Bauunternehmern, Tennisspielern und Rock-Stars. Ungefähr zehn Jahre lang hatte sie als Sekretärin bei Union Carbide und bei Grundstücksmaklern in der Wall Street gearbeitet, bevor sie sich der Krankenpflege zuwandte, die ihr mehr zusagte. Ganz wie Brownings *Last Duchess* gefällt ihr alles, was ihr gerade vor Augen kommt; sie schließt gern neue Bekanntschaften, und ihr vorherrschendes und abstoßendstes Laster ist, daß sie bis zum Beweis des Gegenteils alle Leute nett findet. Sie pflegt ihre Patienten mit einem Eifer, der oft übertrieben ist, und bleibt mit manchen noch in Verbindung, wenn der Anlaß, der sie zusammenführte, längst weggefallen ist. Sie gewöhnte sich an, ein- oder zweimal wöchentlich im Schwesternzimmer oder bei Donna anzurufen und zu fragen, ob irgendwelche Kleinigkeiten, die bei ihrem Schichtwechsel noch unerledigt geblieben waren, ordnungsgemäß abgewickelt wurden. Hatte sie Zeit zu lesen, bevorzugte sie englische und amerikanische Krimis und war – welcher Widersinn! – vertraut mit dem Leben der George Sand, deren Werke sie nicht nur angeschafft, sondern auch gelesen hatte.

»Egal, egal«, höre ich Julie Green immer noch sagen, als er sich behaglich in meinem Rollstuhl niederließ und mit jenem Lächeln über den Central Park blickte, das aus der inneren Gewißheit kommt, nun den richtigen Platz im Leben gefunden zu haben, »du hättest es viel schlechter treffen können.« In seinem eigenen Krankenzimmer, wo er eine Herzattacke kurierte, die er sich im Vorjahr bei den Übungen zugezogen hatte, die ihm sein Arzt verordnete, um festzustellen, ob er in guter Kondition sei (er und sein Arzt brauchten auf das Ergebnis nicht lange zu warten!), hatte er sich viel weniger behaglich gefühlt. Sein Zimmer hatte nämlich keine so schöne Aussicht wie meines und war auch nicht so farbenfroh dekoriert. Und ich hatte meine Besuche bei ihm sehr viel weniger genossen, als er die seinen bei mir genoß. Um meine Menschenfreundlichkeit unter Beweis zu stellen, hatte ich seine beiden Kinder, die zwar alt genug waren, sich daheim zu versorgen, aber

nicht alt genug, um ein Automobil zu steuern, an den Wochenenden in ihr Strandhaus auf Fire Island befördert. Seiner Frau war dann die ehrenvolle Aufgabe geblieben, in seinem trüben Krankenzimmer herumzusitzen und darauf zu achten, daß er sich nicht davonstahl, um heimlich zu rauchen, was er, wie sie wohl wußte, seit Jahren tat, genauso, wie er sich jetzt gelegentlich davonstiehlt, um heimlich ein volles Glas reines Cholesterol zu sich zu nehmen. Auch Julie Green fand Valerie sonderbar, faszinierend, generös und amüsant.
Ferner nahm Valerie Humphries zusammen mit ihrer jüngeren Schwester Reitunterricht in einer Ortschaft mit dem irreführenden Namen Pleasant Valley zwei Stunden außerhalb New Yorks, wann immer sie Zeit fand, die Schwester zu besuchen. Gott weiß, wie sie die Energie, den Eifer und die Zeit für alle diese Unternehmungen aufbrachte, vom Geld ganz zu schweigen. (Derzeit lernt sie bei Rosalie Gwathmey Stricken, der Frau des Malers Robert Gwathmey und der Mutter des Architekten Charles Gwathmey – sämtliche Gwathmeys sind seit Jahren mit Speed und mir befreundet. Auf der Insel Saint Croix, wo wir in dem ersten Winter während meiner Genesung einen Monat verbrachten, nahm Valerie Segelunterricht, lernte Surfen, nahm Tennisstunden und war untröstlich, weil Wasserski gerade nicht gelehrt wurde.) Anfang Januar, als wir uns kennenlernten, plante sie übers Wochenende einen Skiausflug nach Vermont, doch sagte sie ab, als sie sah, wie traurig ich dreinblickte, als sie mir eröffnete, sie werde Samstag und Sonntag nicht für mich da sein (sagt sie).
Ich allerdings habe diesen Vorfall etwas anders in Erinnerung.
Doch noch schwindelt sie nicht oder macht mir was vor, und wahr bleibt, daß sie ihren Plan aufgab und jenes Wochenende nicht in Vermont verbrachte, obwohl sie sich an der gemieteten Skihütte finanziell beteiligt hatte. Auch das folgende Wochenende nicht. Ebenso wie die Nachtschwester Mrs. Grasty fehlte Valerie nicht einen einzigen Tag während meines Aufenthaltes im Pavillon. Tatsache ist,

daß Valerie überhaupt nicht mehr in diese Skihütte fuhr. Dabei besaß sie Skier, die seither nicht benutzt wurden, dazu flotte Skikleidung, die nie getragen wurde, und das alles transportierte eine Mitmieterin jener Hütte zurück in die Stadt. Tatsache ist ferner, und das erzählt sie immer noch mit ungläubigem Staunen, daß sie sich im Krankenhaus viel besser amüsierte, mit einem Patienten, der so ganz anders war als die, an die sie gewöhnt war, und dessen Besucher sich ebenfalls auffallend von den üblichen Krankenhausbesuchern und voneinander unterschieden. Glaubt man ihren täglichen Berichten – und das darf man getrost –, war ich während ihrer Schicht unfehlbar bester Stimmung. Diese Bemerkung erscheint in jedem Tagesbericht, und sie war auch dann zutreffend, wenn ich, sei es aus psychischen, sei es aus physischen Anlässen, allen anderen gegenüber schlecht gelaunt war. Auch sie war stets guter Laune und kam früher und früher zum Dienst. Meine Freunde faszinierten sie, einmal ihrer Zahl und Verschiedenheit wegen, dann auch wegen der Dauer der uns verbindenden Freundschaft, und sie wollte alle unbedingt näher kennenlernen. Ich hingegen kannte sie nur allzugut und brannte darauf, Valerie näher kennenzulernen. Kein Wunder also, daß ich gute Laune hatte, wenn sie da war. Warum sollte ich nicht? Am Ende ihrer ersten Woche flirtete ich bereits mit ihr auf Teufel komm raus.

Eine sehr gescheite Dame, die ich niemals vergessen werde, gab mir mal einen Tip, den ich ebenfalls nicht vergessen werde: Ein Mann, der eine Frau durch Gespräche fesseln und sie zum Lachen bringen kann, der kann auch ihr Herz gewinnen. Gott weiß, daß ich endlos mit Valerie redete und nach Kräften versuchte, sie zu fesseln. Zum Glück brauchte ich meinen Redeschwall nicht zu unterbrechen, wenn sie mich durch den Schlauch fütterte, und sie ihrerseits redete zu mir. (Meine gescheite Dame hätte noch hinzufügen können, daß es sich auszahlt, wenn der Mann auch versteht zuzuhören, aber das ist wohl in ihren Tip eingeschlossen.) Ich entdeckte, daß Valerie den Tag, an dem das entscheidende Spiel der Footballiga ausgetragen wird, den ›Supersonntag‹ nennt, muß aber anständigerweise zugeben, daß sie dies in meiner Gegenwart nur ein einziges Mal getan hat. Die Frau von Prinz Charles nennt sie entweder Lady oder Prinzessin Di und pflegt, oder besser pflegte mir zu berichten, was sich in deren Leben so alles ereignete. Sie hat eine unbeherrschbare Neigung, jedem, der gerade da ist, Stellen aus der *New York Times* vorzulesen, die von besonderem Interesse für sie sind auch dann, wenn derjenige, dem sie vorliest, die Zeitung bereits selber gelesen hat. (Daß ich mich vorhin als Heiligen bezeichnet habe, ist wahrlich keine große Übertreibung.) Dabei, ihre Aufmerksamkeit zu wecken und sie zum Lachen zu bringen, halfen mir unaufgefordert und ohne sich besonders anzustrengen viele meiner Besucher. Von Natur aus gesellig und fröhlich, schloß sie so gut wie alle ins Herz, die sie durch mich kennenlernte, und das ist auch heute noch so.

Daß Kinky Friedman sich an diesem Geplauder beteiligte, war ein ganz unverhoffter Glücksfall. Ich traute meinen Ohren nicht, als ich sie seinen Namen erwähnen hörte.* Diese Frau, die nach einmaligem Anhören Placido Domingo von Luciano Pavarotti unterscheiden konnte, sagte doch wirklich völlig unbekümmert, das Lone Star Café sei eines ihrer liebsten Lokale und der Country Western Singer Kinky Friedman einer ihrer Lieblinge. Wie ein Blitz aus heiterem Himmel kam mir der Einfall zu der ersten einer Reihe von Aktionen, die in ihrer Raffinesse einer listigen Verschwörung gleichkamen, die sowohl mephistophelischen Charakter hatte als auch erfolgreich war.

Wieder einmal mußte Speed ran. Ich wußte, daß er mit

*Ich traute meinen Ohren auch nicht, als ich zum ersten Mal jemand Kinky Friedman und seine texanischen Jewboys erwähnen hörte (jetzt nennt er sich Kinky Friedman, der Originaltexasjewboy). Es war Speed Vogel, der den Namen nannte, und seine damalige Freundin Paula, die mit Schallplatten zu tun hat, kannte ihn ebenfalls. Sofort arbeitete ich ihn in ein Kapitel aus *God as Gold* (»Gut wie Gold«) ein, wo sich ein ehemaliger Gouverneur von Texas (eine Imitation von John Conally) zweimal positiv über ihn äußert: einmal vergleicht er ihn mit Gold (»Kinky ist gescheiter, aber Sie gefallen mir besser«) und einmal mit Henry Kissinger (»Haare hat er wie Kinky, aber Kinky ist gescheiter«).

dem Besitzer des Lone Star auf gutem Fuße stand und auch mit Kinky, und deshalb hielt ich es nicht für eine Zumutung, ihn zu bitten, an meiner Statt Valerie ins Lone Star Café auszuführen. Und er tat es gern, entweder noch am gleichen oder am folgenden Abend.

Als sie am Morgen danach kam, war sogleich zu erkennen, daß die Wirkung genau die beabsichtigte war – sie war zugleich hingerissen und dankbar. Kinky, von Speed angestiftet, hatte ihr sogar einen Song gewidmet, bei ihr am Tisch gesessen, und das alles hatte ihr ungeheuer geschmeichelt. Als ich ihrem aufgekratzten Bericht lauschte, bekam ich allerdings einen Schock. Das Gespenst der Desillusionierung trat besonders deutlich in Erscheinung, als sie für mich die ersten Zeilen von *Old Ben Lucas* sang und behauptete, besonders großen Gefallen daran zu finden. Dieses Kunstwerk beginnt folgendermaßen: »Dem alten Ben Lucas / rinnt grüner Rotz / haufenweise aus der Nase«. Daß ihr Geschmack sich so gravierend von meinem unterscheiden sollte, entsetzte mich. Ich konnte es nicht fassen, daß sie das komisch fand. (Ich mag nicht glauben, daß sie es darum so schön fand, weil es sie an mich erinnerte!) Dies war wahrlich roh, und roh bin ich nicht, es war vulgär und unfein, weit unter dem beliebten, geistvollen Song Kinkys, den ich für eines seiner brillanten Meisterwerke halte: *They Ain't Making Jews Like Jesus Anymore.*

Doch sagte ich mir, niemand ist perfekt, und Krüppel dürfen nicht wählerisch sein, wie Speed und Julie Green mir oft genug vorhielten. Außerdem waren die Würfel gefallen: Ich hatte mich auf einen Kurs festgelegt, der mir zu verlockend erschien, um ihn jetzt zu ändern. Als jemand das Theaterstück *Amadeus* erwähnte, gab mir das den Gedanken ein, von Joe Stein zwei Karten zu erbitten, die ich als Köder verwenden wollte, um Valerie das kommende Wochenende über in der Stadt festzuhalten, und als Mann von Welt wollte ich gar nicht wissen, wer sie begleiten würde. Danach bezauberte ich sie mit zwei Karten für *Othello* am Broadway mit James Earl Jones und Christopher Plummer. Auch das wurde ein voller Erfolg. Ich ließ also nach Kräften die Puppen tanzen. Kinky, Mozart,

Shakespeare – wie konnte ich das noch übertreffen? Als nächster war Tschaikowsky an der Reihe mit *Schwanensee.* Diesmal ging Valeries Mutter Lillian mit, die ihre Tochter besuchte, weil die jetzt durch übermäßig viel Arbeit daran gehindert war, ihre töchterlichen Pflichten zu erfüllen. Valerie sind die Namen der berühmten Tänzer ebenfalls vertraut, und Natalja Makarowa gilt ihr ebensoviel wie Donald Trump. Diese Einladung nahm sie mit erwartungsvoll glitzernden Augen an. Weil die Mutter noch nie im Russian Tea Room gewesen war, empfahl ich ihr, dort zu essen, und bestellte einen Tisch für sie. Und ohne anzudeuten, was ich vorhatte, veranlaßte ich, daß die Rechnung für die Mahlzeit an mich ging und daß den Damen erst eröffnet wurde, daß Mr. Joseph Heller sie eingeladen habe, wenn sie bezahlen wollten. Man sieht, ich bewirtete sie königlich, während ich in Wahrheit wie eine welke Pflanze unbeweglich in meinem Bett lag. Ich hatte nicht für möglich gehalten, daß man jemanden so glücklich machen kann, ohne einen Finger zu rühren! So waren wir denn beide meist bei bester Laune.
Mit Donna Mirabello ließ sich die Sache nachmittags und abends leider sehr viel schlechter an. Schneller, als ich für möglich gehalten hätte, langweilte ich sie, und sie verhehlte das auch nicht; hauptsächlich beschwerte sie sich darüber, daß ich nicht einmal bereit sei, gemeinsam mit ihr in die Glotze zu gucken. Ihr zuliebe machte ich den Versuch – schließlich fühlte ich mich nicht nur als Kavalier, sondern auch als väterlicher Arbeitgeber. Sie durfte sich ansehen, was sie wollte. Ich übersiedelte zu diesem Zweck mit Hilfe mehrerer Schwestern in meinen Rollstuhl und ließ sie das Programm wählen. Ich bemühte mich sogar, die Programme gemeinsam mit ihr anzusehen. Konnte ich mir überhaupt keinen Vers auf die Vorgänge am Bildschirm machen, schwieg ich fein stille und vertiefte mich, so gut es ging, in *Emma*. Jedoch, diese Veranstaltungen wurden ein Fehlschlag für uns beide. Ich konnte es ihr nicht recht machen. Als sich das nicht länger verbergen ließ, gab sie als gute Verliererin auf. »Es macht einfach keinen Spaß, mit Ihnen fernzusehen!« Und sie machte keinen

Versuch mehr. – Was sollte ich da tun? Ich war nicht so krank, daß ich ihr eine dramatische Szene hätte machen können. Es geschieht mir manchmal, daß mein anfängliches Interesse an anderen Menschen abrupt schwindet, zumal wenn sich nicht täglich etwas Neues ereignet, was den einen für den anderen interessanter machen kann, als er es abends zuvor gewesen ist.

In den letzten drei bis vier Stunden ihrer Schicht hatte Donna im Grunde nichts mehr zu tun für mich. Das Abendessen wurde schon zeitig gebracht. Ich mühte mich so gut ich konnte mit Suppe, Götterspeise oder Eiscreme, während sie, mich aufmerksam im Auge behaltend, für den Fall, daß ich anfinge zu würgen, den Rest der Mahlzeit zu Brei verarbeitete. Dies geschah in einem Gerät, das Speed für meine Wohnung angeschafft hatte, wo er jetzt hauste, seine und meine Freunde bewirtete, denn seine Freundin Paula war eine vorzügliche Köchin. Mir selbst blieb nur die Wahl, entweder die regulären Krankenhausmahlzeiten durch das Mixgerät treiben zu lassen oder eine von der Krankenhausküche zubereitete flüssige Diät zu mir zu nehmen. Um wenigstens einigen Ballaststoff zu bekommen – es nützte fast nichts –, bevorzugte ich das Mixgerät. Wenn sie mich gefüttert hatte, ging Donna selber essen; ihre Essenspause war auf eine Stunde beschränkt, doch blieb sie manchmal ein paar Minuten länger, niemals kam sie früher zurück. Einmal überzog sie die Pause um ganze zehn Minuten, und ich war so gereizt, daß ich ihr das vorwarf, was sie mir nie verziehen hat. Keiner von uns beiden begriff, daß ich sie eigentlich überhaupt nicht gehen lassen, daß ich nicht ohne sie sein, auf keinen Fall alleingelassen werden wollte. Für ihre freien Tage besorgte sie mir eine sehr geschickte und angenehme Philippina namens Tessie, aber das war eben doch nicht dasselbe. Ohne meine Donna kam ich mir verlassen vor ungeachtet der Tatsache, daß wir einer für den anderen nicht die Spur anregend waren. Kam, was um diese Zeit selten geschah, ein Besucher, fühlte ich mich weniger allein, wenn sie weg war, doch ließ ich die Uhr nicht aus den Augen und wartete auf ihre Rückkehr.

Gingen Donna oder Tessie zum Essen weg und ließen mich allein, kam die schlimmste Zeit des Tages. Die Minuten krochen nur so dahin. Draußen war es schon dunkel (übertags war es nicht so schlimm, wenn Valerie zum Essen ging, denn außerhalb meines Zimmers lief die übliche Routine ab). Bevor Donna ging, sorgte sie dafür, daß Klingel und Telefon (seit ich den Hörer abnehmen konnte) zur Hand waren und ebenfalls die Fernbedienung für das Fernsehgerät. Wenn ich allein blieb, hatte ich Lust aufs Fernsehen. Mein Sohn Ted kaufte für mich einen guten Ukw-Empfänger, doch Musik allein konnte die Leere nicht ausfüllen. Und alles, was ich im Fernsehen ertrug, waren Nachrichten – jedenfalls dreieinhalb Minuten lang. Die beiden abendlichen Nachrichtensendungen – Inlands- und Auslandsnachrichten – dauerten jeweils eine halbe Stunde, und daran konnte ich verfolgen, wie weit Donnas Essenspause vorschritt. Schon gleich nach Beginn dieser beiden Sendungen kam es mir vor, als wäre Donna bereits ein Vierteljahr abwesend. Mit Bedauern stellte ich fest, daß man innerhalb von 24 Stunden bestenfalls zehn Minuten lang authentische sehens- und hörenswerte Nachrichten bringen kann, und das meiste handelt von Großbränden, Kälterekorden, Schneeverwehungen, blutrünstigen Mordtaten und Flugzeugabstürzen, was alles auch die aufgewärmten Nachrichten der Vorwoche hätten sein können. Abgesehen von Skandalen in Regierungskreisen oder nationalen Katastrophen (nationale Tragödien reichen nicht mehr aus), geht in der Politik nichts Sehenswertes vor sich, und ich kann mir keine langweiligeren Gestalten vorstellen als prominente Politiker, die ihren Geschäften nachgehen. Interessant werden sie erst, wenn man sie in einen Skandal oder eine Katastrophe verwickelt sieht. Selbst den Zeitungen fällt es schwer, diese bürokratischen Automaten lebendig erscheinen zu lassen, die sich nicht voneinander unterscheiden, einerlei, welche gerade an der Regierung sind. Mag sein, diese Personen, die sich zum sogenannten Dienst an der Allgemeinheit entschließen, sind nicht langweiliger als wir anderen Zeitgenossen, doch unsere Arbeit bildet nicht den Gegenstand der täglichen Berichterstattung. Und dann die Schlagzeilen, mit denen in einer Sendung bereits auf die Nachrichten in der nächsten verwiesen wird! Es kann einem im Krankenhaus Schlimmeres passieren, als daß man eine Fernsehshow ansehen muß, bei der man sich wünscht, lieber tot zu sein, als noch länger zusehen zu müssen, aber es war nicht immer leicht, sich das klarzumachen, wenn ich mit steigender Wut von einem Programm zum anderen wechselte, ohne was Interessantes zu finden, bis ich das verflixte Ding endlich abstellte. Ah, welche Vorwürfe machte ich Donna deshalb! Manchmal ließ ich mich dann perverserweise auf den Rücken fallen, wo ich, wie ich wußte, bewegungslos wie eine umgedrehte Schildkröte ihre Rükkehr abwarten mußte.

Ging sie zum Essen, wußte ich jedesmal gewiß, daß sie nicht zurückkommen würde. Das war nun Wasser auf die Mühle von Dr. Peck, doch nach zehn Tagen in meinem Einzelzimmer konnten weder er noch ich die Notwendigkeit für eine fortdauernde psychiatrische Behandlung erkennen. Überdies nahm er eine Woche Urlaub, und wir glaubten, daß ich kurz nach seiner Rückkehr bereits in Rusk sein würde. Und selbst ich sah ein, daß meine übertriebene Reaktion auf die Abwesenheit Donnas irgendwo in fernster Vergangenheit ihre Ursachen haben mußte und daß es unnötig war, da jetzt zu graben.

War sie zurück, scherzten wir ein wenig über dies und das, wenn der eine oder andere sich etwas Neues einfallen lassen konnte, und warteten sodann in häuslicher, ereignisloser Behaglichkeit das Ende des Abends ab. Von den Ärzten kam jetzt keiner mehr vorbei, es sei denn, man rief einen. Mehr aus Jux und dem Verlangen nach Zerstreuung als aus anderen Gründen bat ich darum, noch einmal vom Bett auf den Rollstuhl gehievt zu werden, und das gab Donna und ihren Helferinnen, von denen eine gemahnt wurde, meinen Kopf zu unterstützen, ausreichend Anlaß, Witzchen zu machen. Gegen halb elf gab sie mir durch den Schlauch die Dosis Chloralhydrat, die es mir möglich machen würde oder auch nicht, nach Eintreffen von Willie Mae einzuschlafen. Das war es dann auch schon. Ist es da ein Wunder, daß Donna mich als Patienten langweilig fand und darüber und über anderes oft belustigte Bemerkungen machte? (Mein Urin, der gemessen und betrachtet wurde, wird in den Notizen des Personals stets als klar und hellgelb gelobt. Und Urin ließ ich in großen Mengen von jeweils 500 bis 600 Kubikzentimetern wegen der vielen Flüssigkeit, die ich zu mir nahm. Als ich eines Abends die Rekordmenge von 700 cm^3 erreichte und sie die Flasche gegen das Licht hielt, fragte ich sie, wie es denn aussehe? »Wunderschön. Sie könnten das Zeug auf Flaschen füllen und ein Vermögen machen, wenn Sie es unter der Bezeichnung Gut wie Gold in den Handel brächten.« Man sieht, bei der Auswahl meiner Pflegerinnen hatte ich eine glückliche Hand.)

Kamen Besucher, die Donna bereits kannte, paßte sie sich mühelos der freundlichen, geselligen Atmosphäre an. Spürte sie, daß persönliche Dinge erörtert werden sollten, zog sie sich taktvoll zurück. Solche sehr persönlichen Unterhaltungen führte ich mit Barbara Gelb; wir hatten jahrelang im gleichen Mietshaus gewohnt, und die Erwachsenen beider Familien waren eng befreundet.

Sydney Gruson erschien erstmals an einem der kältesten und dunkelsten Abende eines kalten, dunklen Winters. Ich entschuldigte mich im Scherz dafür, daß ich nicht zu dem Abendessen gekommen war, das am Mittwoch nach jenem Sonntag hätte stattfinden sollen, an dem ich eingeliefert worden war. Während er da war, schaute auch Morty Bader herein. Ich machte sie gern miteinander bekannt, denn jeder hatte vom anderen schon gehört. Sydney wußte, daß Morty und Richie Bader eineiige Zwillinge sind und überdies ausgezeichnete Ärzte (hat man sie als Hausärzte, so ist das insofern von finanziellem Vorteil, als man für den Preis einer Diagnose gleich zwei bekommt, wenngleich beide fast immer gleich lauten); und Morty kannte Sydney dem Namen nach als den ehemaligen Auslandskorrespondenten, Redakteur und derzeitigen Stellvertretenden Herausgeber der *New York Times*.

Auch Stanley Cohen kam vorbei, ein Junge aus der Bronx,

der jetzt sowohl hier als auch in Paris als Jurist tätig ist. Er brachte Toby mit, seine Frau und gute Freundin, sowie die aufmunternde Kunde, er kenne jemand, der sechs Monate zuvor mit Guillain-Barré in die Klinik gekommen und jetzt schon wieder draußen sei, ohne bleibende Schäden davongetragen zu haben. Ich wunderte mich nur darüber, daß beide so mitleidig auf mich blickten. (Jetzt weiß ich, daß ich ungemein abgemagert war, und weil meine schöne Sonnenbräune unterdessen längst verblichen war, lobte niemand, der mich erstmals jetzt besuchte, mein gutes Aussehen.)

Stanley erwähnte nebenher, daß mein Freund Marvin Green am folgenden Tag nach Büroschluß vorbeikommen wolle; die beiden hatten sich über mich kennengelernt und trafen sich gelegentlich, um Geschäfte zu besprechen, von denen ich keine Ahnung hatte. Als Marvin dann am nächsten Abend vorbeikam, litt ich bereits unter Hustenreiz. Mein alter Freund Marvin war unterdessen zum Aufsichtsratsvorsitzenden und Hauptaktionär der Firma Reeves Communications avanciert. Als wir uns 1955 kennenlernten, arbeitete ich bei *Time* als Texter für Werbevorlagen, die es unseren Annoncenakquisiteuren erleichtern sollten, Anzeigenraum zu verkaufen. Marvin war damals Vertreter der Firma Visualscope, die sich um die künstlerische Ausgestaltung dieser Werbehilfen bemühte und sich auch erbot, das Vorführgerät für die Dias zu stellen und anderes, was mit der Präsentation zusammenhing. Ich saß damals an dem Manuskript von *Catch-22*. Als dieser Roman 1961 erschien, war Marvin bereits Teilhaber bei Visualscope und wurde kurz darauf Alleininhaber. Später kaufte er dann Reeves Communications dazu.

Er ist sehr groß, bei bestem Appetit und stammt aus einer streng protestantischen Familie mit asketischen Neigungen. Sein Urgroßvater, der der Christlichen Wissenschaft anhing, verdiente bereits Millionen, als eine Million noch mehr war als eine Million, und zwar mit der Herstellung jener Planwagen, welche die frühen Siedler für ihren Zug nach Westen brauchten. Fast alles von diesem Geld hinterließ er der Kirche. Der Großvater, ebenfalls aus eigener

Kraft zum Millionär geworden, tat es ihm gleich, und dessen Sohn, Marvins Vater, ebenfalls. Daß sie ihren Kindern nichts hinterließen, sondern alles der Kirche vermachten, hatte moralische Gründe. Sie vererbten nur Haus und Geld für die Ausbildung der Kinder, das war eine unumstößliche Regel. (Manchmal stelle ich mir vor, daß Marvin an seinen eigenen Kindern ebenso handeln wird – ein Alptraum! – und weder ihnen noch mir was vererbt. Ich habe ihm schon gesagt, daß ich seine puritanischen Prinzipien nicht teile und daß er nicht glauben dürfe, sein Geld könnte meinen Charakter verderben.)
Es gab viel zu reden, und ich sah ihm an, daß mein Anblick ihn erschreckte. Er trug einen schwarzen Mantel, den er nicht ablegte. Als ich von meiner Krankheit berichtete, eröffnete er mir, auch er sei seit Kindertagen nie ernstlich krank gewesen, und meine Schilderung des plötzlichen Wechsels von strotzender Gesundheit zu einer Krankheit wie der meinen bestürzte ihn sichtlich. Er war der erste leidenschaftliche Segler, den ich kennenlernte. Ich bin mehrmals mit ihm gesegelt und kann mir nichts Langweiligeres vorstellen als einen Tag auf dem Wasser, ausgenommen einzig einen Tag beim Angeln. Jetzt hielt ich ihm vor, daß er sich ehedem geschworen habe, mit 35 Jahren eine Million verdient haben zu wollen und dann den Rest seiner Tage mit jenen seiner Angehörigen, die Lust dazu verspürten, an Bord eines Bootes zu verbringen. Jetzt sei er weit älter als 35, besitze mehrere Millionen und arbeite ebensoviel wie früher. Er, so gab ich ihm zwischen Hustenanfällen zu verstehen, sei der wahre Versager von uns beiden, ich hingegen der Erfolgreiche.
Diese Hustenanfälle dauerten zwischen einer und zwei Minuten und bedingten entsprechende Gesprächspausen. Er blieb eine Stunde bei mir, und wir redeten ganz vernünftig über unsere Kinder, unsere Arbeit, unsere Pläne, und dabei kam Marvin zu der Überzeugung, ich sei von Sinnen. Er erzählte gleich anderntages Stanley Cohen von diesem Besuch, und zwar mit einer Ergriffenheit, die bei ihm selten ist. Er sagte, ich sei dem Tode nahe, schwätze aber trotzdem von alten Bekannten und allen möglichen

Banalitäten, ganz als wisse ich nicht, wie es um mich stehe! (Er hielt mich für verrückt, glaubte, ich liege im Sterben, und bot mir trotzdem zwölfeinhalbtausend Dollar an, und mehr, falls ich es brauchen sollte. Da fragt man sich doch, wer von uns beiden wirklich verrückt war?)

Die Hustenanfälle begannen am späten Nachmittag oder frühen Abend, wurden während dreier Tage schlimmer und dauerten bis nach Mitternacht, wenn Donna gegangen war. Dann betrachtete Willie Mae mich voller Mitgefühl, bis ich endlich vor lauter Erschöpfung einschlief. Wachte ich während der Nacht auf, brauchte ich nicht zu husten, und auch bei Tage nicht vor dem späten Nachmittag. Da soll sich einer einen Reim drauf machen. Mit den Schleimabsonderungen, die ich absaugte, hatte das nichts zu tun, auch meinen Lungen fehlte nichts. Ich inhalierte regelmäßig mittels einer dicht abschließenden Gummimaske über dem Gesicht, hatte auch kein Fieber. Valerie erkundigte sich im Laufe des Abends telefonisch nach meinem Befinden und erfuhr jedesmal zu ihrem Kummer, daß der Husten mich wieder plage. Sollte es ein Mittel dagegen gegeben haben, so hat man es jedenfalls nicht für nötig gehalten, mir damit zu helfen. Das einzige, was mir Erleichterung verschaffte, dachte ich mir selber aus: ich ließ das Kopfende ganz heruntertun und alle Kissen wegnehmen, so daß ich völlig waagerecht lag. Doch bis sich diese Erleichterung, wenn überhaupt, einstellte, verging einige Zeit, und sie hielt auch nicht vor. Die Methode hatte auch nicht immer den gewünschten Erfolg. Ich sehe noch Joe und Elisa Stein mitleidig auf mich herunterblikken. Ich konnte nicht sprechen, konnte nicht zuhören, dankte für ihren Besuch und schickte sie weg.

Mein schwedischer Verleger Per Gedin kam wie jedes Jahr auf der Suche nach Manuskripten von Autoren, die er mochte, nach New York. (Er behauptet, er könne aus dem, was ein Autor schreibt, auf dessen Charakter schließen und wolle nichts von jemandem verlegen, in dessen Gesellschaft er sich nicht wohlfühle. Daß er Alexander Solschenizyn verlegt hat, beruht wohl auf einem Irrtum.) Daß meine Bücher in Schweden soviel Anklang finden, liegt hauptsächlich an ihm, mehr noch als an mir. Als er vor vielen Jahren Geschäftsführer bei dem schwedischen Verlag Wahlstrom & Widstand wurde, war *Catch-22* bereits in kleiner Auflage erschienen, gut rezensiert worden, aber vergriffen. Mit einem Werbeaufwand, der bei ihm üblich ist, legte er es wieder auf und verkaufte zwei Auflagen, brachte eine broschierte Ausgabe heraus, schloß mit Buchgemeinschaften ab und so fort, was alles zur Folge hatte, daß meine späteren Bücher in Schweden gut aufgenommen wurden. Als er erfuhr, wo ich mich befand, meldete er sich telefonisch an und kam gerade an jenem Abend, als meine Hustenanfälle am schlimmsten waren. Im Jahr darauf berichtete er mir, wie sehr er sich davor gefürchtet hatte, überhaupt mein Zimmer zu betreten. Ich kann ihn mir gut vorstellen, wie er unschlüssig die Klinke in der Hand hält, denn ich kenne ihn als empfindsame Seele. Und ich weiß, wie ich mich an seiner Stelle gefühlt hätte. Er gehört zu jenen Menschen, die ich vor allen schätze, und das gilt auch umgekehrt.

Bislang pflegten wir anläßlich seines jährlichen Aufenthaltes hier ein ausgiebiges spätes Essen in einem sehr guten Restaurant einzunehmen, bei dem es auch reichlich zu trinken gab – alles auf seine Kosten. Am Tage seiner Abreise lunchten wir ausgiebig im Russian Tea Room, wo ich bezahlte, und wir plauderten bei einem Wodka nach dem Lunch, bis es für ihn Zeit wurde, zum Flugplatz zu fahren. In diesem Jahr kam das nicht in Frage. Um seine Großzügigkeit und seinen Einfallsreichtum zu illustrieren, will ich nur ein Beispiel anführen: als ich zwei Jahre zuvor seinen Schafpelz bewundert hatte, händigte er seine Garderobenmarke dem Portier mit der ausdrücklichen Anweisung aus, er möge sie mir genau eine Viertelstunde nach seinem Weggehen übergeben. Da erst merkte ich, daß Per Gedin mir seinen Schafpelz sozusagen vom Leibe weg geschenkt hatte.

Er hat jedoch gewisse nervöse Angewohnheiten, auch wenn er lustig ist, und die machten sich bei seinem diesjährigen Besuch besonders bemerkbar. Er rutschte auf seinem Stuhl herum, und wenn er sich bemühte zu lächeln, sah er aus, als kämen ihm gleich die Tränen. Ich lag waagerecht auf dem Rücken. Draußen ging ein böiger Wind, schwere nasse Flocken fielen, was alles die melancholische Atmosphäre unterstrich, die in meinem Zimmer herrschte. Draußen war die Dämmerung in Nacht übergegangen. Ich glaube, ich konnte den Hustenreiz keine halbe Minute unterdrücken, und erlaubte ihm deshalb, nur so lange zu bleiben, wie die Höflichkeit es erforderte – er war schließlich bei diesem Wetter den ganzen Weg hergekommen –, dann winkte ich ihn fort, bat ihn, so gut ich konnte, mir den ganz großen Gefallen zu tun wegzugehen, denn ich könnte es nicht ertragen, ihn so von Mitleid übermannt zu sehen, und anderswo in der Stadt könne er sich zweifellos besser amüsieren als hier an meinem Bett. Als er sich verabschiedete, waren wir beide erleichtert.

Per war von diesem Besuch so erschüttert, daß er bei seiner Rückkehr in dänischen und norwegischen Verlegerkreisen erzählte, ich läge auf den Tod, und falls ich unglücklicherweise überleben sollte, dann nur als Krüppel.

Als Per im folgenden Winter wiederkam, hielten wir es fast so wie früher; Valerie kam mit und half mir in seinen Schafpelz, denn ich wußte, er würde ihre Anwesenheit sehr genießen. Was ihn denn im Vorjahr so pessimistisch gestimmt habe? fragte ich scherzhaft. Ob er denn nicht gesehen habe, daß ich mich wieder völlig erholen würde? Ich habe ihm das doch vorhergesagt.

Das tat ich nämlich allen gegenüber, es war wie ein Zwang. Und in diesem Zusammenhang ist noch etwas von Interesse: Die Hustenanfälle empfand ich nicht so sehr als Beeinträchtigung meiner Gesundheit, jedenfalls nicht stärker als jeder normale Mensch, der von einer schweren Erkältung befallen wird – man ärgert sich mehr, als daß man sich fürchtet. Jedenfalls sah ich da keinen Zusammenhang mit meiner Krankheit. Und noch etwas: Während der ganzen Dauer meiner Krankheit empfand ich mich keinen Augenblick als besonders schwach, denn Schwäche bedeutet für mich Schläfrigkeit, Lethargie, Abwesenheit von Kraft. Gelähmt war ich, das stimmt, aber schwach nicht. Und ich war es wirklich nicht. Meine Muskeln waren schwach. Ich hingegen fühlte mich tagsüber gut, meine geistige Regsamkeit, meine Lebenslust ließen keinen Moment nach. Nur alles andere hatte mich gemeinerweise im Stich gelassen.

Während der drei oder vier Hustenabende langweilten Donna und ich uns ausnahmsweise nicht miteinander. Ob sie während ihrer Essenspause wegging, weiß ich nicht mehr. (Schwer vorstellbar, daß sie mich in diesem Zustand eine Stunde allein gelassen haben soll, das Gegenteil ist aber ebenso unglaubhaft!) Ich gebe jetzt wieder, was sie um zehn Uhr abends am letzten und schlimmsten Abend dieser Hustenanfälle notierte:

»Hustenreiz in der Kehle, Patient hustet ununterbrochen seit 16 Uhr. Dr. Baders Praxis um 18 Uhr angerufen. Arzt vom Dienst ordnet 19 Uhr 30 Entfernung des Magenschlauches und Wiedereinführung für morgen früh an, falls nötig. Assistenzarzt Dr. Cohen um 20 Uhr hier, prüft Würgereflex, verordnet Entfernung des Schlauches, sobald Patient sein Schlafmittel bekommen hat. Verabreicht um 21 Uhr Valium zur Beruhigung.«

Später notiert sie, daß um 22 Uhr 45 Schlafmittel und ein halber Liter Apfelsaft durch den Schlauch verabreicht wurden, der sodann entfernt wird. Diese Prozedur »erträgt Patient gut«. Der Schlauch ist schlaff, wohl einen halben Meter lang, und war in seinem mittleren Teil von verfärbten Schleimklumpen verstopft. Außer den Telefonaten und der Entfernung des Schlauches war Donna gegen 17 Uhr und wieder gegen 20 Uhr 30 mit einem weiteren Problem beschäftigt, der Patient »verlangte dringend die Bettpfanne, ohne daß es ihm gelang, Stuhlgang zu haben«. Es heißt dann knapp, aber ausreichend deutlich weiter: »Seit drei Tagen kein Stuhlgang. Glyzerinzäpfchen um 17 Uhr ohne Erfolg gegeben. 20 Uhr 30 Einlauf mit mäßigem Resultat.« Wenn ich sage, ich hatte alle Hände voll zu tun, ist das eine Metapher, doch wenn ich das gleiche von Donna behaupte, ist es buchstäblich die Wahrheit. Um 23 Uhr stellte sich erhöhte Temperatur ein, und der Arzt vom Dienst, Dr. Cohen, wurde benachrichtigt. Er ent-

nahm eine Blutprobe und suchte nach Anzeichen einer Infektion.
Die Blutuntersuchung fiel negativ aus, in Hals und Lunge keine Symptome. Seit Mitternacht bewachte mich Willie Mae Grasty und berichtet, daß ich nach Entfernung des Schlauches nicht mehr unter Hustenreiz litt und Schleim nicht im Übermaß produzierte. Gegen zwei Uhr früh war die Temperatur wieder normal, und als Valerie Humphries morgens eintraf, sah zum Glück alles wieder gut aus, bis auf die leidige Verstopfung. In ihrem Bericht äußert Willie Mae Grasty die Vermutung, der plötzliche Temperaturanstieg könne durch heftiges Husten und damit einhergehende Angst verursacht worden sein. Da die Blutuntersuchungen nichts ergeben hatten, könnte sie damit recht haben. Jedenfalls ließen sich in dieser Nacht weder die Pflegerinnen noch der Arzt oder die Klinik Nachlässigkeit zuschulden kommen. Morgens wurde dann der Schlauch wieder eingeführt, und zwar von einem Arzt, der mit den Baders zusammenarbeitet, und das so geschickt und schnell, daß ich außer einem flüchtigen Unbehagen nichts verspürte. (Trotzdem möchte ich diese Prozedur nicht mehr über mich ergehen lassen.) Auch der Husten kehrte nicht wieder.
Wenn sie mich morgens gefüttert hatte, brachte Valerie mir jetzt regelmäßig ein Tablett mit fester Nahrung, über die ich mich, so gut es gehen wollte, in meinem Rollstuhl sitzend hermachte. Ein Stück Banane zu essen fiel mir am leichtesten; auf Drängen Valeries versuchte ich mich an einem weichgekochten Ei (mit Salz! Ein köstlicher Genuß). War das Ei eine Spur zu hart gekocht, klebten Krümel von Eigelb an Gaumen und Zunge, die ich nicht runterschlukken konnte; mir fehlten Kraft und Geschicklichkeit, jene Muskeln ins Spiel zu bringen, die so etwas normalerweise in die Speiseröhre befördern, wo dann die Schwerkraft sich endlich mal nützlich machen kann – was übrigens durch den aufsteigenden Schleim verhindert worden wäre, dessen Menge übrigens offenbar durch den Geschmack der Nahrung vergrößert wurde, und wäre es auch bloß pappige Babynahrung. Ich benutzte also zur Entfer-

nung der Krümel den Absaugschlauch und probierte es ein weiteres Mal mit einem kleinen Löffel voll.
Dr. Sencer, oft ebenso unzufrieden wie ich, geriet eines Morgens der Schleimproduktion halber so in Wut, daß er mich mit dem Kopf nach unten über die Bettkante schob, mich heftig schüttelte und mit der flachen Hand auf den Rücken schlug. Dies nennt man ›Drainage durch Lageveränderung‹, und »eine kleine Menge verdickten, dunklen Schleims wurde abgestoßen«. Dieser brutale Eingriff hatte Erfolg – bis zum nächsten Eßversuch. Götterspeise und Eiscreme bewältigte ich ohne Mühe, doch selbst dabei konnte es Überraschungen geben. Am schwersten fiel es mir, reine Flüssigkeiten zu mir zu nehmen – denn was ich da im Mund hatte, blieb nie lange genug an der gleichen Stelle, um auch geschluckt zu werden.
Weil allgemein angenommen wurde, daß ich demnächst zu Rusk übersiedeln würde, stellte sich bei mir das Gefühl ein, daß ich hier nur die Zeit abwartet, bis ich von dem Ort, an dem ich krank gewesen war, an einen anderen käme, wo ich gänzlich wiederhergestellt werden sollte. Abgesehen von Erscheinungen wie dem Husten gab es nichts Besonderes mehr festzustellen. Nur die Schluckbeschwerden wurden plötzlich bedeutungsvoll, denn wenn ich nicht schlucken konnte, würde man mich in Rusk nicht aufnehmen, aber gerade darauf war ich ja erpicht.
Mein Antrag auf Aufnahme bei Rusk wurde von Grace Neil gestellt, einer Sozialarbeiterin, und Ellen, meine Physiotherapeutin, die ihre Ausbildung bei Rusk erhalten hatte, kümmerte sich persönlich darum, indem sie ihre Beziehungen benutzte. Ich bekam eine Art Gebrauchsanweisung zugeschickt, die ich Speed gab, denn für einen Aufenthalt bei Rusk mußten Dinge beschafft und Vorauszahlungen geleistet werden. Von Anfang an gab es bei alledem bürokratische Hemmnisse. So war es unmöglich herauszubekommen, ob und, wenn ja, welchen Teil der Kosten das Blaue Kreuz übernehmen würde; das stellte sich erst heraus, als die erste Monatsrechnung eintraf. (Für alle, die mal in die gleiche Lage kommen sollten, gilt, daß

das Blaue Kreuz nur die Hälfte der Kosten übernimmt, die in einem Monat anfallen, es sei denn, das Rehabilitationszentrum hat den Status eines anerkannten Krankenhauses, was bei Rusk nicht der Fall ist.)
Ellen verabreichte mir allwerktäglich Physiotherapie, und Valerie schaute aufmerksam dabei zu, denn sie wollte lernen, selber diese Übungen mit mir zu machen. Seit Speed mehr und mehr Schecks ausstellen mußte, machte ich mir Gedanken darüber, wer für die Physiotherapie eigentlich bezahlte. Es stellte sich heraus, daß Ellen vom Blauen Kreuz bezahlt wurde, daß aber ich die Rechnung ihres Vorgesetzten begleichen mußte, eines Psychiaters, der sämtliche Rehabilitationsmaßnahmen in der Klinik leitete und gelegentlich bei mir im Zimmer erschien. (Wer weiß schon, weshalb?) Von Ellen erfuhr ich, daß es nur einer einzigen sachkundigen Person bedurfte, mich vom Bett auf meinen Rollstuhl zu verfrachten oder mich auf die Füße zu stellen, daß ich mit durchgedrückten Knien ohne fremde Hilfe stehen, ja, daß ich mich sogar fünf Minuten zentimeterweise vorwärts und rückwärts bewegen konnte, ohne zu ermüden. Normalerweise steht man nicht mit durchgedrückten, sondern gelockerten Knien, was bedeutet, daß die betroffenen Muskeln (Quadriceps) unentwegt arbeiten müssen, was meine nicht taten. Dies hatte zur Folge, daß ich wie ein Klotz umfiel, wenn meine Knie einknickten, und nachdem dies einmal passiert war, wurden wir sehr vorsichtig.
Ellens Tagesberichte sprechen von beständigen Fortschritten. Und die machte ich wirklich – wer nicht häufig um mich war, konnte das sehen. Leute wie Sydney Gruson und Toby Cohen waren sprachlos angesichts der Veränderung, die sie bei ihrem nächsten Besuch an mir bemerkten, doch die regelmäßigen Besucher achteten für meinen Geschmack viel zu wenig darauf, benutzten mein Zimmer vielmehr abends und an Wochenenden zu geselligen Zusammenkünften und den Besuch bei mir als willkommenen Vorwand, von daheim wegzubleiben, wohin sie gehört hätten. Manchmal blieben sie länger, als mir lieb war, und ich stellte mich dann schläfrig in der Hoffnung,

sie zu vertreiben, denn müde war ich wirklich meistens. Ich höre noch Joe Stein sagen, als ich mich wieder einmal schlafend stellte: »He, Leute, der pennt ja schon. Wir sollten jetzt lieber abhauen.«
»Quatsch«, widersprach George Mandel, »wenn er pennen will, dann pennt er auch. Gestern ist er eingeschlafen, als ich ihm was erzählen wollte. Wir stören ihn nicht die Spur.«
Und Julie Green (sein Lieblingsplatz war mein Rollstuhl, und Valerie erbleichte förmlich, als sie das sah, denn sie ist sehr abergläubisch und war fest davon überzeugt, daß er sich solchermaßen der Gefahr aussetzte, selbst krank zu werden), Julie Green also verkündete bei jeder Gelegenheit seine Theorie darüber, wie meinen Schluckbeschwerden abzuhelfen sei: »Laß dir gefälligst ein Huhn mit Soyasauce aus Chinatown bringen, wenn du schlucken willst, mindestens was aus einem guten italienischen Restaurant. Das Zeug, das sie dir hier vorsetzen, würde kein Mensch schlucken wollen.« (Damit hatte er womöglich gar nicht ganz unrecht, denn als meine Tochter Erica mir einige Zeit später bei Rusk italienische Fleischklößchen in einer leckeren Sauce brachte, rührte sich der allen Kindern angeborene Schluckinstinkt auf einen Schlag, und plötzlich konnte ich schlucken, ohne darüber nachdenken zu müssen, wie man das macht – ich schluckte einfach!)
Meine Motorik kehrte nach und nach zurück, daran war jetzt nicht mehr zu zweifeln. Das geschah nur Schrittchen für Schrittchen, doch es summierte sich, und ich war bald imstande, Bewegungen auszuführen, die ich nicht mehr hatte machen können. Ich konnte den Telefonhörer aufnehmen und festhalten (also den Bizeps spannen), wenn das Telefon unterhalb der Schulterhöhe stand, die Schultermuskulatur (Deltamuskel) also nicht beansprucht wurde. Die ersten, die ich anrief, um zu beweisen, daß ich noch am Leben und guten Mutes sei, waren meine Geschwister. Hätte ich geahnt, wie jämmerlich meine Stimme am Telefon klang, ich hätte damit noch einen oder zwei Monate gewartet. Meine Stimme war mitleiderregend und unverständlich, doch sagte mir das damals niemand, aus

Mitgefühl. Im Laufe der Wochen besserte sich das, und meine Telefonpartner äußerten sich erfreut darüber. In meinen eigenen Ohren klang meine Stimme unverändert, nicht volltönender als zuvor und die Diktion ebensowenig bühnenreif.
Und hin und wieder knabberte ich mit Erfolg an den Speisen, die man mir vorsetzte, weiche Nahrung, wie schon gesagt, und auch nicht so viel, wie die Ärzte sich wünschten. Dr. Sencer war der Meinung, ich könne noch sehr viel mehr tun (und ich bin überzeugt, dies war ein Wunschtraum. Er wollte, daß ich auf der Stelle völlig wiederhergestellt würde, solange ich noch unter seiner Aufsicht war, und zum Teufel mit Rusk!) Die Gaumenmuskeln bewegten sich, die Schließmuskeln des Schlundes ebenfalls, was wollte ich mehr? Gelegentlich hatte ich den Eindruck, daß er sehr unzufrieden war mit mir, daß er meine Schleimausscheidungen und alle Muskelgruppen meines Mundes gründlich satt hatte.
Es kam der Abend, da ich in Gegenwart von Donna Mirabello als Zeugin einen ganzen Teller Wontonsuppe (aus der Krankenhausküche) leerte, und zwar in so unglaublicher Geschwindigkeit, daß ich mich voller Selbstvertrauen auf das gebratene Hühnchen stürzte und »einen kleinen Teil davon« verschlang. Donna strahlte vor Stolz und Überraschung. Morgens prahlte ich damit vor Valerie und bestellte ein komplettes Frühstück. Und da erwies sich, daß ich fast nichts davon zu mir nehmen konnte. Mittags erging es mir nicht besser. Beide Mahlzeiten wanderten durch den Mixer. »Nahrungsaufnahme erfolgt weiterhin durch den Schlauch.« Ich hatte mir nicht klargemacht (und ich möchte wetten, Sie auch nicht, und die Wette würde ich sicherlich gewinnen), daß die Zunge ein Muskel ist, daß auch Lippen und Wangen und alles übrige, was beim Essen eine Rolle spielt, ebenfalls Muskeln sind, und alle diese konnten (ebenso wie Deltamuskel, Quadriceps, Adduktoren, Abduktoren, Hüftflexoren) durch Ermüdung und Mangel an Innervation gelähmt werden. (Auch jetzt bin ich mit dem Ablauf der Bewegungen noch nicht vertraut, welche die gesunde Zunge beim Kauen und Schluk-

ken macht. Man versuche es selber, versuche auch, die Wangen zu bewegen, denn was sie auch tun, meine tun es nicht. Beim Essen sammeln sich Reste an meinen Vorderzähnen, die ich verstohlen in den Mund schiebe, hinter vorgehaltener Hand und mit der Miene eines tief in Gedanken versunkenen Menschen. Zum Glück verhindern die Lippen, daß mir das gekaute Zeug aus dem Mund fällt. Vielen Menschen, die mit Leuten umgehen, die Schlaganfälle erlitten haben, wird dieses Phänomen bekannt sein.)

Auf Vorschlag von Dr. Sencer zogen meine Baders einen Hals-Nasen-Ohrenspezialisten zu, Dr. Max Som. (Möglich, daß meine Ärzte bereits gerüchtweise davon gehört hatten, daß Rusk sich gegen meine Aufnahme sperrte, wovon ich noch nichts ahnte.) Dr. Som kam abends, direkt aus dem Operationssaal, begleitet von einem jungen Assistenten, beide hochdramatisch in ihren grünen Kitteln und weiten Hosen, die Kappe auf dem Kopf, und Dr. Som diktierte dem Assistenten seine Befunde. Momentan kam mir der Verdacht, sie wollten auch mich unters Messer nehmen. In seiner grünen Verkleidung hatte Dr. Som so verändert ausgesehen, daß ich ihn nicht erkannte, als er etliche Tage später mehr Zeit hatte und vorbeikam, um sich nach meinem Befinden zu erkundigen. Dr. Som ist eine hervorragende Kapazität auf seinem Gebiet, und er verbrachte fast eine ganze Stunde bei mir. Als er eine Rechnung schickte, die nicht mal die Hälfte dessen betrug, womit ich gerechnet hatte, kam ich mir vor wie ein Armenpatient.

Wer bei der Untersuchung außerdem noch anwesend war, weiß ich nicht mehr. Dr. Som stocherte so tief in meiner Kehle herum, wie es ohne Betäubung nur möglich ist, und schon der erste Befund, den er seinem Assistenten diktierte, löste bei mir Erleichterung aus. »Die Zunge fibrilliert.« Und erklärend zu mir: »Das bedeutet, die Zunge bewegt sich sehr schwach, sie zittert sozusagen.« Damit bestätigte er mir praktisch, daß ich nicht von Sinnen war – was, ich gebe es zu, eine Übertreibung ist. Er bestätigte, daß, abgesehen von anderen Phänomenen, die darauf hindeuten konnten, daß ich nicht mehr bei Verstand war, tatsächlich greifbare physische Ursachen für meine Unfähigkeit zu schlucken vorlagen. Zäpfchen und Stimmbänder, so fuhr er fort, funktionieren gut. Noch sollte nicht mit ausschließlich flüssiger Ernährung begonnen werden, »und die Aussichten auf völlige Wiederherstellung nach Abklingen des Guillain-Barré Syndroms sind gut. Mit der Zeit werden die Schluckbeschwerden gänzlich verschwinden.«

Nun stand ich unvermittelt vor einem neuen Hindernis – die Zeit verrann zu schnell. Ohne jegliche Vorwarnung traf die niederschmetternde Nachricht ein – zum Glück beruhte sie auf einem Irrtum –, daß das Rusk-Institut mich auf keinen Fall aufnehmen werde, solange ich nicht normale Kost zu mir nehmen konnte, ohne die Hilfe des Personals dafür in Anspruch zu nehmen, das ohnehin schon überlastet war mit der Pflege von Patienten, die ganz oder teilweise gelähmt waren als Folge grausiger Unfälle oder Erkrankungen.

Ich habe Mortimer Bader (oder war es sein Bruder Richard) niemals so niedergeschlagen erlebt wie damals, als er mir gemeinsam mit Grace Neil, die ebenso niedergeschlagen dreinsah, eröffnete, daß Rusk sich weigere, mich aufzunehmen, solange ich noch durch den Magenschlauch ernährt werden müsse. Das war ein Schock, doch gelang es mir wohl, meine Gefühle hinter einem Ausdruck abgeklärten Fatalismus' zu verbergen. (Wie ich den beiden wohl vorgekommen sein mag?) Ich erinnere mich, gesagt zu haben, daran werde sich vermutlich über Wochen und Monate nichts ändern.

Insgeheim aber verdichteten sich alle meine Gefühle zu der bangen Frage: Was soll jetzt aus dir werden? Auch im Rückblick kommen mir bei diesem Gedanken fast die Tränen. Doch war das damals, glaube ich, nicht so. Vielmehr stärkte mich wohl jene Art Resignation, die kleine Tiere überkommt, bevor sie endgültig aufgeben, wenn sie sich in der Falle fühlen.

Mein Kummer war um so größer, als ich mir irrigerweise einbildete, einzig im Rusk-Institut würde ich wieder auf

die Beine kommen, und jede Verschiebung meiner Aufnahme dort würde die volle Genesung hinauszögern – die Voraussetzung dafür, daß ich von niemand mehr abhängig wäre. Und wo anders sollte die stattfinden?
Im Mount Sinai Hospital konnte ich nicht mehr lange bleiben. Ich war, was man quadriparetisch nennt, praktisch ein abgemagerter 180 cm langer Krüppel, was meine Möglichkeiten betraf, mich aus eigener Kraft zu bewegen, doch abgesehen von dieser Lähmung gesund wie ein Pferd. Den Gedanken, in diesem Zustand in meine kleine, neue Wohnung auf der Eighth Avenue transportiert zu werden, ertrug ich nicht, ich war davon überzeugt, daß ich dort, auch von privaten Pflegerinnen versorgt, sehr bald schon an einer Kombination aus Einsamkeit, Untätigkeit und Selbstmitleid dahinsiechen würde. Für Speed Vogel und seine Bedürfnisse war die Wohnung wie geschaffen, er hatte beinahe genügend Platz für seine umfangreiche und farbenprächtige Garderobe, und selbst das Fahrrad ließ sich im Wohnzimmer unterbringen. Aber für mich war das ganz unzulänglich. Wäre es unmöglich gewesen, die Bedingungen zu umgehen, die das Rusk-Institut stellte, hätte dieser Umsturz aller meiner Pläne mich wohl vernichtet.
Man scheute dort wohl auch vor Patienten zurück, deren Beschwerden nicht von den Physiotherapeuten behandelt werden konnten, die das Institut in der Hauptsache beschäftigte.
Der Kompromiß, mit dem diese Krise in letzter Minute beigelegt wurde, kam dank der unermüdlichen Bemühungen der Doktores Bader und der unvergleichlich effizienten Sozialarbeiter im Mount Sinai zustande. Grace Neil telefonierte geduldig mit der Aufnahme bei Rusk, bis sie das Personal dort endlich davon überzeugt hatte, daß die Ernährung durch den Schlauch keinerlei besondere Vorkehrungen erfordere und im übrigen von meiner privaten Pflegerin rasch und problemlos zu bewältigen sei. Baders hatten es noch schwerer damit, klarzumachen, daß ich medizinisch gesehen völlig gesund sei – es stellte sich dann heraus, daß ich zu den wenigen Patienten meiner Abteilung gehörte, wo zwischen fünfzig und sechzig Kranke la-

gen, der nicht ein einziges Mal katheterisiert werden mußte. Und es war für Baders keineswegs leicht, einen ihnen bekannten Internisten vom Klinikum der New York University, dem das Rusk-Institut angeschlossen ist, dazu zu überreden, meinen Gesundheitszustand zu begutachten, der damals gut war und es bis auf den heutigen Tag geblieben ist. Man nahm mich schließlich unter der Bedingung auf, daß ich Privatpflegerinnen beschäftige, solange ich nicht normal essen konnte.

Doch bis diese günstige Wendung sich abzeichnete, verging fast die ganze Woche. Und erst am Montag, einen Tag vor der Übersiedlung ins Rusk, kam der endgültige Aufnahmebescheid, der es der Sozialarbeiterin Mrs. G. Neil erlaubte zu notieren:

»Abteilung Sozialarbeit. Telefongespräch mit Dr. M. Bader ergibt, daß Rusk Bett für Mr. Heller zur Verfügung stellt. Keefe & Keefe (Krankentransporte) überführen Patienten am 26. 1. 82 um 11 Uhr zusammen mit seiner privaten Pflegerin. Patient fühlt sich wesentlich besser, seit er weiß, daß Aufnahme in Rusk definitiv. Eine gewisse Besorgnis besteht zwar, doch ist er entschlossen, nach Kräften bei der Rehabilitierung mitzuarbeiten.«

Zu der erwähnten Besorgnis kam noch der Abschiedsschmerz, denn mich vom Mount Sinai zu trennen, erzeugte in mir sehr ambivalente Gefühle, vergleichbar denen von Kindern, die ihr Zuhause verlassen. (Die meisten meiner Bekannten, die eine Neigung haben, sich an ihre Kindheit zu erinnern, hatten eine unglückliche.) Man hätte fast denken können, ich sei gerne dort gewesen. Und meine Freunde trauerten ebenfalls um den bevorstehenden Verlust eines so heimeligen Vereinslokals, wie mein Zimmer es gewesen war. Julie Green sagte mehr als einmal, so als mache er diese Entdeckung jedesmal neu: »Weißt du, es ist gar nicht übel hier, gar nicht übel.« Ich sehe ihn noch ganz deutlich Anfang der Woche, als meine Übersiedlung nach Rusk noch unbestritten schien, in meinem Rollstuhl sitzen, die Hände im Nacken verschränkt und mit seinem schiefen Lächeln und der wehmütigen Stimme zu den anderen sagen: »Wie können wir

uns bloß amüsieren, wenn er aus der Klinik entlassen wird?«
Diese offenherzige Frage reizte Miß Valerie Humphries, die an seine Art noch nicht hinreichend gewöhnt war und ihn herzlos und grausam fand, doch unterdrückte sie ihren Zorn. Am nächsten Morgen hatte ihre Entrüstung eine andere Form angenommen. Sie wirkte in der Frühe nicht so gutgelaunt wie sonst, sondern eher niedergeschlagen und ließ mich den Grund auch gleich wissen.
»Als Ihr Freund gestern vom Rollstuhl her sagte – George heißt er doch, oder war es Joe Stein?«
»Julie Green?«
»Richtig. Als ich ihn fragen hörte: Wie können wir uns bloß amüsieren, wenn er aus der Klinik entlassen wird, da traute ich meinen Ohren nicht. Ich dachte, so was Herzloses hast du noch nie gehört, und am liebsten hätte ich ihm meine Meinung gesagt. Aber gestern abend zu Hause habe ich noch mal nachgedacht, und dann fragte ich mich selber: Wie kannst du dich bloß amüsieren, wenn er aus der Klinik entlassen wird?«
Das rührte mich und tat mir wohl. Zumal sie mir gestand, daß ihr in ihrer Zeit als Krankenschwester noch nie etwas so viel Spaß gemacht habe, wie mit uns zusammenzusein, und daß sie sich nicht vorstellen könne, sich je wieder bei der Arbeit so gut zu amüsieren.
Nun, gerührt und erfreut, wie ich war, konnte ich ihr doch keinen weiteren Patienten wie mich versprechen – in aller Bescheidenheit. Ich hatte sie bereits gebeten, mich auf der Fahrt zu Rusk zu begleiten, und ihr dafür einen ganzen Tageslohn in Aussicht gestellt. Es kränkte sie, daß ich überhaupt daran gezweifelt hatte, daß sie mitkäme, und Bezahlung lehnte sie ab; während der Nachmittagsschicht könne sie den Ausfall leicht wettmachen.
Nachdem man nun aber in Rusk darauf bestand, daß ich mich von eigenen Schwestern füttern lassen müsse, konnte ich ihr einen Patienten wie mich garantieren, falls sie mit mir zu Rusk kommen wollte. Sie war dazu gleich bereit, um so mehr, als das Institut näher bei ihrer Wohnung lag.

Nun blieb nur noch ein Problem, von dem ich fürchtete, es könne mich zu genau dem Krankheitsrisiko machen, das man in Rusk nicht haben wollte. Weder Glycerin noch Dulcolax hatten gewirkt, und auch andere Abführmittel erbrachten nicht das ›gute Resultat‹. Rhizinusöl hatte es vermocht, doch seit sieben Tagen gab es kein ›gutes Resultat‹ mehr. (Ein ungehobelter Mensch könnte schreiben, ich steckte voller Scheiße.) Mein Bauch war so aufgeschwollen, daß ich im Rollstuhl nicht mehr aufrecht sitzen konnte beim Essen und auch meine Übungen nicht mehr machen konnte.

Das ›gute Resultat‹ wurde schlußendlich herbeigeführt von einem jungen, gutaussehenden Gastroenterologen namens Dan Present, der am Vorabend meiner Übersiedlung erschien. Als er meine Klagen angehört hatte, die unterdessen auch sehr schmerzhafte Rektalkontraktionen einschlossen, die seit anderthalb Tagen pünktlich alle paar Minuten einsetzten, bemerkte er nur: »Kein Wunder, das ist ja hart wie Gußeisen.« Sein Bericht über Diagnose und Therapie ist ein Meisterwerk an Knappheit:

Diagnose: Kotstauung

Abgeführt.

Dr. Present kam am folgenden Morgen wieder und beendete die Prozedur. Julie Green hatte unterdessen meine Sachen gebracht, die er sechs Wochen zuvor aus dem Hospital mitgenommen hatte. (Uns alle erstaunt immer noch, daß das alles nur sechs Wochen gedauert haben soll, drei Wochen und einen Tag jeweils auf der Intensivstation und in meinem Pavillon, ein sehr kleiner Maulwurfshügel, wenn man daraus einen *Zauberberg* machen möchte.) Valerie kleidete mich an, und wir waren reisefertig, als der Krankenwagen kam.

Das war am 26. Januar. Joe hatte mir die Broschüre gegeben, die das Rusk-Institut ihm zugesandt hatte, und darin befand sich eine Liste der Bekleidungsstücke, die er dort brauchte, Hemden, Hosen, Trainingsanzug, Socken, Unterwäsche, Hausschuhe. Ein Discounter am Broadway unweit seiner Wohnung hatte alles dies am Lager. Bademäntel und Schlafanzüge hatte er bislang nie getragen, und ich vermutete, daß er sie nach seiner Entlassung wegschmeißen würde.

Es blieb nicht Zeit genug, die Namensbänder wie gefordert einzunähen, doch alle diese Sachen einzukaufen und seinen Koffer zu packen, machte mir Spaß – es war, als sollte einer meiner Söhne ins Ferienlager fahren. Alles war bereit und reisefertig in seinem Pavillon, längst bevor der Krankenwagen eintraf.

Daß er diese Verlegung gut überstehen würde, bezweifelte ich keinen Moment. Er freute sich darauf, so viel war gewiß. Wir, seine Freunde, waren nervös, denn wir fürchteten, die Atmosphäre in seinem neuen Zimmer im Rusk-Institut könnte weniger heimelig sein, als es die im Pavillon gewesen war. Nachdem Joe bei Rusk angekommen war, rief Valerie mich an, gab mir seine Zimmernummer durch, und ich radelte hin, um mir die Sache anzusehen.

Im großen ganzen war er hier gut untergebracht. Zwar hatte er keine Aussicht auf den Central Park, und die Atmosphäre bei Rusk war alles andere als heiter, doch gab es in der Nähe ein Café und die Kantine war besser als die im Mount Sinai. Mir war ganz so, als würden auch wir diese Übersiedlung recht gut überstehen. Kam hinzu, daß wir in dem Gebäude Thirty-fourth Street Ecke First Avenue auch näher an Chinatown waren.

Mir fiel auf, daß die sichtbaren Patienten fast alle in Rollstühlen unterschiedlicher Machart saßen. Manche wurden

geschoben, andere bewegten sich mit eigener Kraft vorwärts, und ich begegnete auch zwei von Elektromotoren angetriebenen Rollstühlen. Der eine wurde handgesteuert, der andere auf rätselhafte, mir unverständliche Art. Es stellte sich dann heraus, daß es ein Modell für Quadriplegiker war, die mit dem Atem steuerten.
Ferner gab es einen großen L-förmigen Raum, der mit seinen Ruderapparaten, Fahrrädern, Barren und schiefen Ebenen (die hier ›Kipptische‹ genannt wurden) sowie einem mit dicken Polstermatten ausgelegten Podest Ähnlichkeit mit einer Turnhalle hatte. Auf einem anderen Stockwerk gab es einen Raum für Beschäftigungstherapie, ausgestattet mit vielen kleinen verstellbaren Tischen, Apparaten und einfachen Spielen wie Mühle und Domino. Manche der Apparate waren gewöhnliche Schreib- oder Nähmaschinen, andere sahen aus wie hochkompliziertes Spielzeug. Zu ihrer Bedienung mußte man Finger, Hände, Arme und Schultern gebrauchen. Als Joe eingeliefert wurde, lag auf seinem Stockwerk niemand mit einem Guillain-Barré Syndrom. Die anderen Patienten litten an den Folgen von Schlaganfällen, Sauerstoffmangel oder anderen Formen von Schäden am Hirn und an der Wirbelsäule, teils verursacht durch Krankheit, teils durch Unfall. Alle hatten geschädigte Nerven, und ihre Genesungsaussichten waren begrenzt entsprechend dem Grade, in welchem die Nerven sich erneuern konnten. In dieser Hinsicht war Heller gut dran, und seine Therapeuten erkannten das auch. Sie konnten von ihren Bemühungen gute Erfolge erwarten, und da sie ihre Arbeit mit Hingabe verrichteten, bereitete es ihnen große Befriedigung, Joes Fortschritte zu beobachten.
Weil Joe häufig behandelt wurde, war er selten auf seinem Zimmer anzutreffen, wenn ich zu Besuch kam, und ich mußte ihn suchen gehen. Meist war er in einem der beiden Therapieräume. Zu Beginn arbeitete er mit einer Physiotherapeutin auf der Polstermatte, manchmal lag er auch auf dem Kipptisch und später, als er schon kräftiger war, bewegte er sich zwischen den Holmen des Barrens. Oft begrüßte mich eine der Therapeutinnen und führte mich

strahlend zu Joe, wobei sie sagte: »Speed, kommen Sie her und sehen Sie sich an, was Joe schon ganz allein auf der Matte schafft.« Auch später ließen sie in ihrem Eifer nicht nach und berichteten stolz über die neuesten Fortschritte ihres Patienten. Ich kam mir vor wie unter meinen Kindern im Kindergarten. Pflegerinnen und Therapeutinnen waren samt und sonders ungewöhnlich kräftig, gescheit, heiter und gutaussehend. Als Joes Physiotherapeutin erfuhr, daß ich leidenschaftlicher Radler bin, machte sie mich mit einer Kollegin bekannt, die mich für den Sonntag zu einem Fahrradmarathon einlud, das sie und ihre Freunde veranstalteten. Das reizte mich sehr, doch hatte ich für Sonntag schon was vor – vermutlich eine Besorgung für Joe.

Weil ich immer noch die Schecks für ihn ausschrieb, war ich über seine Einnahmen und Ausgaben genau im Bilde. Besonders die wöchentlichen Schecks für seine Privatpflegerinnen im Mount Sinai stellten einen beachtlichen Abfluß seiner Reserven dar. Als er bei Rusk aufgenommen wurde, wußte ich, daß seine Krankenkasse kaum noch etwas zahlen würde, und da war ich es dann, der sich schlecht fühlte.

Julie Green hatte eine Versicherungspolice gefunden, unter der die Versicherung bei 10 000 Dollar Selbstbeteiligung 80% aller Kosten übernommen hätte, doch war sie etliche Monate vor Hellers Erkrankung verfallen. Woher also das Geld nehmen für alle diese Veranstaltungen? Ich wußte jetzt, wie die Einnahmen aussahen, die ihm überwiesen wurden. Große Beträge waren während meiner Geschäftsführung überhaupt nicht darunter, die meisten betrugen weniger als 100 Dollar. Typisch für die Überweisungen eines Monats war folgende Aufstellung: 5.51, 47.92, 6.50, 160.79 Dollar von seiner Agentin Candida Donadio; 470.25 von seinem Verleger Simon & Schuster; 16.69 und 18.35 Dollar von der Agentur Russell & Volkening; 103.95 Dollar von der Theateragentur Lantz – alles in allem 829.96 Dollar! Und alle zwei Tage zahlte er an Rusk mehr als das Doppelte dieses Betrages. Im Monat machte das über 12 000 Dollar, ohne die Arztrechnungen, die einen weiteren Tausender im Monat ausmachten, und ohne seine persönlichen Ausgaben außerhalb der Klinik. Ehedem galt ich als cleverer Geschäftsmann, mindestens für clever genug, um zu wissen, daß man in die Peite rutscht, wenn mehr Geld ausgegeben wird als einkommt. Es gab eine Zeit, da besaß ich am Central Park West eine Elfzimmerwohnung, ein Sommerhaus auf Fire Island, ein Atelier in Chelsea und für meine Frau eines auf der West End Avenue. Eingerechnet die Inflation, waren Hellers monatliche Ausgaben trotzdem höher als meine in den Tagen, da ich im Geld schwamm. Seiner von ihm getrennt lebenden Frau zahlte er Unterhalt, und zwar ebensoviel, wie sie zur Zeit ihrer Ehe mit ihm zur Verfügung gehabt hatte, wie Joe mir sagte. Der Betrag war erheblich höher als der, den ich meiner ehemaligen Frau zukommen ließ.

Jeden Monat zahlte ich für ihn die Miete für fünf Wohnungen, von denen er keine bewohnte. Er war ja in der Klinik. Ich schrieb Schecks aus für die vormals eheliche Wohnung, für seine Wohnung in der Eighth Avenue, für das Atelier in Santa Fé, das er auf ein Jahr gemietet hatte, aber nicht mehr brauchte, für Hypothekenzinsen auf eine Eigentumswohnung in Greenwich Village, die von einem seiner Kinder bewohnt wurde, und für das Haus in East Hampton (das im Winter meist leer stand). Ferner leistete er Abschlagszahlungen auf Honorare für Anwälte und Steuerberater, überwies Geld an Verwandte, für Stromrechnungen etc., fällige Versicherungsbeiträge, Steuern und Gott weiß was sonst noch. Jetzt kamen die Rechnungen vom Mount Sinai und die von Rusk, so daß ich allein im Februar 17 097.32 Dollar anweisen mußte. Dagegen fiel überhaupt nicht ins Gewicht, was ich auf sein Konto einzahlte.

Die Rechnungen der Ärzte vom Mount Sinai Hospital waren ebenfalls zahlreich und nicht unerheblich. Soweit möglich, leistete ich Abschlagszahlungen, und Joe half mir aus der Klemme, indem er Geld lieh. Joe Stein hatte ihm schon 10 000 Dollar vorgestreckt, und sowohl Marvin Green als auch Bob Towbin liehen ihm jeder 12 500 Dollar. Damit war ich die schlimmsten Sorgen los.

Mit Bob Towbin samt Familie hatte ich mich schon angefreundet. Die Bekanntschaft war durch ein typisch Hellersches Manöver zustande gekommen. Jahre vor seiner Erkrankung hatte er mich mal gebeten, für seine Bekannten in East Hampton chinesisch zu kochen. Weil er weiß, daß ich so was fast nie ablehne, konnte er ein solches Angebot unbesorgt machen. Irene Towbin allerdings hatte er den irrigen Eindruck vermittelt, er engagiere einen chinesischen Küchenchef. (Davon hatte er nun mir gegenüber kein Wort erwähnt.)
Joe und Irene holten mich auf dem Weg nach Chinatown in meinem Atelier ab. Irene gefiel mir auf Anhieb. Ich hatte das Dinner schon geplant, und unterwegs zu meinen bevorzugten Lieferanten fragte Irene mich unauffällig: »Übrigens, wie hoch ist gewöhnlich Ihr Honorar?« Da war ich platt. Ich schaute mich nach Heller um, doch war der verschwunden. »Was hat Joe Ihnen denn bloß gesagt, Irene? Ich mache das doch nicht für Geld!« Da war nun wiederum sie platt. »Ich habe ihn gefragt, ob er jemand kennt, der eine orientalische Mahlzeit ausrichten kann, und er sagte darauf, er sei befreundet mit einem chinesischen Küchenchef. Machen Sie das denn nicht beruflich?«
Ich klärte sie über meinen Amateurstatus auf, sagte, es mache mir Spaß, gelegentlich für Freunde chinesisch zu kochen, und wolle das auch für sie tun.
Davon war sie nicht sehr beglückt. »Das kann ich nicht erlauben, wie kommen Sie dazu, ein Essen für dreißig Personen zu kochen, ohne daß wir dafür bezahlen?«
»Dreißig Personen?« Das war mir neu, ich blieb aber cool. »Was sind schon dreißig Personen, wenn mir jemand hilft, die Gemüse zu waschen und kleinzuhacken. Im Gegenteil, es macht mir Spaß. Und von Geld wollen wir bitte nicht mehr reden.« Für diesen kleinen Scherz hätte ich Heller mit Vergnügen umbringen können.

Was heißt hier Scherz! Es war nicht als Scherz gedacht, und ich verstehe nicht, wie Speed dazu kommt, das immer noch zu behaupten. Zu Irene Towbin habe ich bestimmt nichts von einem chinesischen Küchenchef gesagt, und wie sie auf die Idee kam, er erwarte, dafür bezahlt zu werden, weiß ich nicht. Sie hat sich anschließend bei mir entschuldigt und gesagt, sie hoffe, Speed nicht gekränkt zu haben. Ich hatte mit der ganzen Sache überhaupt nichts zu tun.

Wem soll man nun glauben, ihm oder mir? Heller oder dem armen Speed, der Hellers Freunden ein großes Essen ausrichtete? Wie auch immer, ich revidierte den Speiseplan im stillen, wir tätigten die Einkäufe und packten alles in Irenes Wagen.
Das Essen gelang vortrefflich, ich wurde (nach der Kocherei) den Gästen vorgestellt, zu denen ich nun auch gehörte, und mit der ganzen Familie bekannt. Towbins Jüngster, Zach mit Namen und etwa zehn Jahre alt, gefiel mir besonders. Daß ich seine Bekanntschaft machte, lohnte bereits den ganzen Arbeitsaufwand.

Und die Freundschaft hat bis heute gehalten. Wer Speed kennt, wird nicht überrascht davon sein, daß er sich mit einem Zehnjährigen anfreundete, denn Speed gehört zu den Kindern zwischen sechs und fünfundsechzig, auf die man gelegentlich trifft und die in der Lage sind, zu Menschen, die irgendwo in dieser Altersgruppe rangieren, in Beziehung zu treten. Was ihn angeht, so ist das jedenfalls nicht übertrieben. Er neigt dazu, auf alles und jedes einzugehen, das fällt ihm leichter, als etwas abzulehnen. Er hat was an sich, was auf manche Leute faszinierend und unglaubhaft wirkt, und zu diesen Leuten gehörte auch Valerie Humphries. Die sah sich einem ausgeglichenen Menschen mit Lachfältchen um die Augen, einem grauen Bart und einem Fahrrad mit Zehngangschaltung gegenüber, der alt genug war, ihr Vater zu sein, aber jung genug, um als Verehrer in Betracht zu kommen, denn auch diese Rolle spielte er bekanntlich gut. Er kann nicht nur kochen, er bügelt auch, macht Besorgungen, näht, hämmert und repariert so gut wie alles. Als er noch in der Textilbranche war – zwanzig Jahre ist das her –, sagte Mel Brooks mal

über ihn: »Der ist wie Huckleberry Finn und treibt auf seinem Floß durch Manhattan.« Er war jederzeit bereit, während der Bürostunden mit irgendwelchen Leuten zu irgendwelchen Zwecken zusammenzukommen. Im Sportclub läuft er glatt seine sechs Meilen, während ich es bestenfalls auf vier bringe, er hat seine Kaffeebohnen selber geröstet, bloß um zu sehen, wie man das macht, und frisch geschlachtete Hühner zum Trocknen auf meine Wäscheleine gehängt, bevor er sie kochte. Er schneidet mir die Haare – wie Valerie bezeugen kann, die verblüfft dabei zuschaute. Seit fast fünfzehn Jahren hat mir niemand anderer die Haare geschnitten, seit er für sich die Sache überdacht und entschieden hatte, er sei dazu sehr wohl imstande.
Vor meinem Haus steht eine seiner Skulpturen aus Metall, einen Vogel darstellend. Und wie bekannt, habe ich mein erstes Ölbild vor Jahren bei ihm in Auftrag gegeben. Bei Rusk schätzten ihn zwei Physiotherapeutinnen unabhängig voneinander für fünf Jahre jünger als ihre Väter; diese Väter sind mindestens fünfzehn Jahre jünger als ich, und Speed ist zwei Jahre älter als ich. Jeffrey Cohen kann sich mit seinen fünfunddreißig beim Gedanken an Speed auf sein Alter freuen. Wie schon bei dem Ölgemälde, hat er mindestens einmal Erfolg bei allem, was er unternimmt. Ich zweifelte keinen Moment daran, daß es ihm auch gelingen würde, für Irenes dreißig Gäste ein exzellentes chinesisches Mahl zu bereiten, falls er sich darauf einließe; er hatte dann bei der Vorbereitung der Gemüse jede Menge Hilfe, denn die Gäste, die in die Küche schauten, waren fasziniert von den Vorgängen dort und gern bereit zu helfen.

Bevor ich fortfahre, frage ich noch einmal – wem wird man glauben, ihm oder mir? Dem armen Speed? Oder einem Mann, der sich von einem Anfänger ein Ölgemälde herstellen läßt, einzig um diejenigen seiner Freunde zu ärgern, die professionelle Künstler sind?
Zach interessierte sich für die Vorbereitungen, die ich in der Küche traf, und sah mir dabei zu. Ich zeigte ihm, wie

man Rindfleisch in feine Scheiben schneidet und Reis vorbereitet, und er erzählte mir dafür die Geschichte seines Bären Broccoli, eines riesenhaften Stofftieres, das auf geheimnisvolle Weise aus dem Auto der Eltern verschwunden und auf ebenso geheimnisvolle Weise wieder zurückgekommen war. Er zeigte mir Broccoli in seinem Schlafzimmer, das größte und bestgestopfte Exemplar seiner Art, das mir je vor Augen gekommen ist; ich sah gleich, daß es einzigartig und nur schwer zu ersetzen war. Kurz nach Verschwinden des Bären hatte Zach mit der Post die kurze Benachrichtigung bekommen: »Bin in geheimer Mission unterwegs. Halte Verbindung. Broccoli.« In der folgenden Zeit hatte er Briefe aus allen möglichen exotischen Ländern und Städten bekommen (wofür seine phantasievollen Eltern sorgten, die einen weltweiten Bekanntenkreis haben. Unterdessen wurde Broccolis Nachfolger von dem gleichen Kunsthandwerker hergestellt, von dem auch das Original stammte), in denen Broccoli seine Abenteuer schilderte und baldige Rückkehr in Aussicht stellte. Endlich, Monate später, tauchte Broccoli wieder bei Zach auf und sah aus wie neu.

Zach war ein sehr heller Junge, und ich weiß nicht so ganz, ob er auf das liebevolle Manöver seiner Eltern reinfiel. Andererseits zeugte nichts an der Art, wie er die Geschichte erzählte, davon, daß er wirklich wußte, was vorgegangen war. Ich weiß auch nicht, ob er mich auf den Arm nahm oder ob er, darin noch ganz Kind, an Broccolis geheime Mission glaubte. Immerhin bewirkte seine Erzählung, daß ich seine Eltern für ihren Einfallsreichtum bewunderte. Ich mochte überhaupt die ganze Familie sehr gern, betrachte sie als meine Freunde und hätte doch nie den Nerv gehabt, sie oder sonstwen zu fragen, ob sie mich auf der von ihnen gecharterten Yacht zum Filmfestival nach Cannes mitnehmen würden. Das erledigte Heller. Für mich.

Der arme Speed würde also demnächst als Gast an Bord einer Yacht in Cannes residieren, das Festival besuchen, köstliche Mahlzeiten einnehmen und sich großartig amüsieren, während Heller, eben noch im Krankenhaus, sich mit seinem Scheidungsprozeß herumquälen mußte. (»So geht es gelegentlich zu im Leben« sagte der Richter im Zusammenhang mit einer anderen Angelegenheit, die direkt mich betraf. Den Sommer 1984 verbrachte ich größtenteils in dem Haus von Joes Freunden Stanley und Toby Cohen in Saché in Frankreich. Joe hingegen verbrachte den halben Sommer, wie er mir knurrend mitteilte, »in den Klauen der Advokaten, und die andere Hälfte beim Zahnarzt.«)

Ich brachte Joe vom ersten Tage an seine Post ins Hospital und später ins Rusk-Institut. Es kamen nicht nur Rechnungen, sondern auch Briefe. Anfangs hatte ich sie für ihn aufmachen müssen, und meist sagte er nach einem flüchtigen Blick auf den Absender – wenn es nicht gerade persönliche Freunde waren –, »schmeiß das Zeug weg«. Das machte mich schier wahnsinnig.

Manche dieser Briefe öffnete ich dann trotzdem, und Joe ließ mich den einen und anderen Absatz vorlesen, bevor er grunzte: »Schmeiß ihn weg oder lies ihn zu Hause.« Im Mount Sinai sagte er einmal: »Wenn du meinst, der ist so wichtig für mich, steck ihn in den Mixer.« Wenn Green bei solchen Vorfällen anwesend war, sagte er grinsend: »So ist's brav, Junge, dir geht's schon viel besser, das klingt ja wie früher.«

Ich rächte mich dann, indem ich Joe damit aufzog, daß er vermutlich auf eben diese Weise auch die Prämienrechnung für seine große Krankenversicherung behandelt hätte. Schon hatte er mir gebeichtet, auf die gleiche Weise bereits Schecks über erhebliche Summen ›erledigt‹ zu haben, und deshalb lag es nur nahe, anzunehmen, daß er sich den Verlust der Police ebenso eingebrockt hatte. Traf dies zu, dann hatte der kurze Weg zum Papierkorb mit diesem Stück Papier in der Hand ihn mehr gekostet, als er sich eingestehen wollte. Als ich ihn eines Tages bei der Beschäftigungstherapie eine Brieftasche säumen sah, konnte ich mir nicht verkneifen, ihn darauf hinzuweisen, daß, falls er nur seine Post gewissenhaft läse, er jetzt einiges Geld hätte, das er in dieser Brieftasche unterbringen könnte.

Zusammen prüften wir, welche seiner regelmäßigen Ausgaben gekürzt werden oder ganz wegfallen könnten. Die Wohnung in Santa Fé stand ganz obenan. Ich telefonierte mit seiner Vermieterin, die sehr nett reagierte und auf weitere Mietzahlungen verzichtete. Ich ließ auch den dortigen Telefonanschluß aufheben und bat seine Freundin in Santa Fé Mary Jane Doe (selbstverständlich nicht ihr richtiger Name), seine Sachen in Kartons zu packen und herzuschicken. Aus der Güte meines Herzens und dem Rest von Joes Vermögen schickte ich ihr einen Scheck über 50 Dollar zur Deckung der Kosten. Diese Tat sollte mehr als ein Jahr später dann eigenartige und eigentlich sehr lustige Folgen haben:

Am 19. Oktober 1983, als es in Joes Scheidungsprozeß um die Höhe des Unterhaltes ging, den er seiner Frau zahlen sollte, wurde er vom Anwalt seiner Frau, Mr. William Binderman, befragt. Dieser hatte Ablichtungen von Joes Kontoauszügen zur Hand. Im März des Jahres, als Joe Auskunft über seine Vermögenslage hatte geben müssen, war er gefragt worden, ob er jemals einen Scheck für eine Person namens M. J. Doe über fünfzig Dollar ausgeschrieben habe, und Joe antwortete unter Eid »Nein«. Binderman, der es darauf anlegte, Joe als nicht vertrauenswürdig erscheinen zu lassen, war nun, da Joe als Zeuge in eigener Sache gehört wurde, gewiß, ihn dank der in seinem Besitz befindlichen Unterlagen, festnageln zu können.

Binderman argumentierte laut Protokoll vor dem Richter folgendermaßen: »Glaubwürdigkeit bedeutet in unserem Fall, sagt der Mann die Wahrheit oder nicht?« Und er zog aus seinen Unterlagen den Auszug hervor, der belegte, daß ein Scheck über 50 Dollar für »J. M. Doe« ausgestellt worden war. Damit glaubte er, Joe in der Falle zu haben, doch ging der Schuß nach hinten los.

Als Joe den ihm vorgelegten Auszug ansah, sagte er: »Ich sehe, die Eintragung befindet sich in der Liste der in meinem Auftrag getätigten Überweisungen. Aber ich erkenne nirgends meine Handschrift.«

Dies war der Moment, auf den Jeffrey Cohen wartete, der ja genau wußte, wie alles sich abgespielt hatte. Er bat den Richter, seinerseits eine Frage an Heller stellen zu dürfen.

»Kennen Sie diese Handschrift?« fragte Joe.
»Ja«, sagte Heller.
»Und wessen Handschrift ist dies?«
»Es ist die Handschrift von Irvin Speed Vogel.«
»Wer ist denn das?« fragte der Richter.
»Ein sehr guter Freund von mir«, sagte Heller. »Während ich im Krankenhaus lag, hat er sich um meine Angelegenheiten gekümmert, da ich selber dazu außerstande war. Ich konnte auch keine Schecks ausstellen, und das hat er ebenfalls übernommen, einschließlich der Unterschrift.«
Der Richter sagte daraufhin abschließend zu Binderman: »Sie bezweifeln die Glaubwürdigkeit des Zeugen, und um seine Unglaubwürdigkeit zu beweisen, haben Sie ihn vor dem Haupttermin gefragt, ob er einen Scheck für Mary Jane Doe ausgestellt habe. Der Zeuge hat dies verneint. Der Scheck, der auf M. J. Doe lautet, ist in einer fremden Handschrift ausgestellt.«
»Aber Mr. Hellers Konto wurde damit belastet«, gab Binderman zu bedenken.
»Das war aber nicht Ihre Frage«, korrigierte Jeffrey Cohen.
Der Richter fuhr fort: »Ihre Frage war, ob der Zeuge einen Scheck ausgeschrieben habe, und er hat das verneint. Diese Aussage ist, soweit ich sehe, absolut zutreffend ... hätten Sie gefragt, ob ein Scheck für eine Mary Jane Doe von seinem Konto abgebucht worden sei, wäre das was anderes. Aber Ihre direkte Frage wurde wahrheitsgemäß beantwortet.«
»Ich gestehe das zu, Euer Ehren«, sagte Binderman.
Und darauf bemerkte der Richter: »So geht es gelegentlich zu im Leben.«

Erst als ich zur ambulanten Behandlung ins Rusk-Institut ging, wurde mir klar, daß sich viele meiner Besucher dort unwohl gefühlt haben dürften. Im allgemeinen sind die Patienten dort nicht ›krank‹, sie sind vielmehr versehrt, die meisten dauerhaft, und viele sehr, sehr schlimm. Und man sah genügend von ihnen, um zu begreifen, daß die Katastrophen, die sie getroffen hatten, auch jeden anderen treffen können. Ich wurde zwar im Rollstuhl hingefahren, doch mochte ich meine Leidensgefährten in Rollstühlen und auf fahrbaren Tragen nicht anschauen. Als ich noch Patient des Hauses gewesen war, kam es mir ganz natürlich vor, in einer Klinik zu liegen, doch jetzt nicht mehr. Ich kam mir vor wie ein Invalide, und es paßte mir gar nicht, jeden Nachmittag, an dem ich dorthin fuhr, daran erinnert zu werden. Ich war zugleich Zuschauer und Darsteller, und beides gefiel mir überhaupt nicht.
Als Patient fügte ich mich vom Augenblick meiner Aufnahme glatt ein. Empfangen wurde ich von einer Schwester namens Mary Welch, für diesen Tag meiner Abteilung zugeordnet. Unterstützt wurde sie von ihrer Kollegin Meryl Farquharson, die ständig auf meiner Station arbeitete und die mir dank ihrer mit Heiterkeit und Freundlichkeit gepaarten Tüchtigkeit das Gefühl absoluter Geborgenheit vermittelte; kam hinzu, daß sie sich ruhig und anmutig bewegte und dabei leise Spirituals vor sich hin summte. Das waren gute Voraussetzungen für einen Aufenthalt, der sich länger hinziehen sollte als vermutet. Valerie packte die von Speed besorgten Sachen aus und verteilte sie in den Schubladen der Kommode und im Schrank auf der kleinen Diele gegenüber dem Bad.
Die zweite Tagesschicht wurde von Margaret George wahrgenommen, die Valerie später geduldig beibrachte, wie man mich heben konnte. Alle Schwestern waren begeistert von dem Zustand meiner Haut und voll des Lobes

über die Pflege im Mount Sinai; von dort, so ließen sie uns wissen, sei noch nie ein aufgelegener Patient zu ihnen gekommen. Valerie fühlte sich unter diesen umgänglichen Frauen gleich sehr wohl. Hier bei Rusk herrschte wochentags, wenn der Betrieb auf vollen Touren lief, ein Geist der Energie und des Optimismus, wie Valerie ihn noch in keiner der Kliniken angetroffen hatte, wo sie bisher tätig gewesen war, und auch das gefiel ihr sehr. Diese Klinik gefiel ihr, ich gefiel ihr, also erklärte sie sich einverstanden, mich so lange zu pflegen, wie ich einer Privatpflegerin bedurfte.

Was die Nachmittags- und die Nachtschicht anging, so mußte ich mich auf mein Glück verlassen, denn weder Donna noch Willie Mae waren bereit, den weiten Weg hierher zu machen. Mit der Nachtschicht hatte ich Glück insofern, als die von Herman Bryan versehen wurde, einem ruhigen, erfahrenen, vernünftigen Pfleger, der während anderthalb Wochen die Nächte bei mir verbrachte; so lange hielt Dr. Ragnarsson einen Nachtpfleger für erforderlich. Mit der Nachmittagsschicht war ich weniger glücklich, keine der Pflegerinnen gefiel mir so gut, daß ich sie ein zweites Mal haben wollte. Da war ich vom Mount Sinai verwöhnt. (Einer meiner Gurus, Speed Vogel, hält mir gern vor Augen, daß das Bessere der Feind des Guten ist.)

Als in meiner zweiten Woche dort die einzelnen medizinischen Befunde erstellt waren, erklärte mir Dr. Ragnarsson, einer von zwei Physiatern auf der Station, er halte es für besser, ich versuchte ohne meine Privatpflegerinnen auszukommen. Meine Reaktion war eine Mischung aus Angst und Erleichterung, letztere gespeist von überwiegend finanziellen Erwägungen. Dr. Ragnarsson war der Meinung, das reguläre Personal könne alle erforderliche Hilfe leisten, ausgenommen die Fütterung durch den Schlauch. Er schlug vor, ich möge doch Valerie überreden, lange genug zu bleiben, um mir die letzte Mahlzeit um sechs Uhr abends zu verabreichen, und mich für alles weitere dem Klinikpersonal anzuvertrauen. Die Ängste, die ich deswegen in der ersten allein verbrachten Nacht ausstand, legten sich bald. Schließlich hatte ich ja meine Klingel, und es ist üblich, daß jemand alle zwei Stunden bei Nacht nach den Patienten sieht und ihnen hilft, ihre Lage im Bett zu verändern, falls gewünscht. Ich blieb also nie längere Zeit unbeobachtet, und wenn ich wollte, konnte ich auch schon früher Hilfe herbeiklingeln.

Valerie dazu zu überreden, täglich bis sechs zu bleiben, war so einfach, wie ich mir das vorgestellt hatte. Eine großzügige Entlohnung für zwei weitere Arbeitsstunden war dabei die kleinste Verlockung für sie. Sie pflegte ohnehin an den meisten Tagen eine Stunde länger bei mir herumzutrödeln. Noch warb ich nach Kräften um sie. Speed und ich vergaßen den Valentinstag nicht, daran schloß sich ein Abendessen im Restaurant Elaine an, bei dem selbstverständlich jemand anderer sich der Mühe unterzog, sich ihr angenehm zu machen. Valerie war bereits in diesem Restaurant gewesen, nicht aber in Begleitung einer Zelebrität wie Mario Puzo, der hier in hohem Ansehen stand, wie überall, wo er verkehrt. Mario hat einen besonderen Trick, der garantiert, daß man ihn respektvoll behandelt. Ich nenne diesen Trick ›übermäßige Trinkgeldverteilung‹. (Der Roulettetisch im Kasino von Cannes ist ein weiterer Ort, wo man ihm Respekt erweist, was Speed bezeugen kann, wenn er auf diese Episode zu sprechen kommt.)

Als Valerie zwei Tage freinahm, um ihre Schwester zu besuchen, die außerhalb wohnt, wurde sie von einem Gebinde Frühlingsblumen überrascht, die ich durch einen örtlichen Blumenhändler eine Stunde nach ihrer Ankunft bei der Schwester abliefern ließ. Arglos wie sie ist, konnte sie sich nicht denken, wie ich auf diesen Blumenhändler und die Adresse ihrer Schwester in dem Vorort von Poughkeepsie gekommen war. Ihr fiel nicht ein, daß ich ja bloß ihre Schwester anzurufen und zu bitten brauchte, das alles für mich zu arrangieren und auch den etwas gewagten Text, den ich mir ausgedacht hatte, auf ein Kärtchen zu schreiben. Auch veranlaßte ich listig, daß Speed veranlaßte, daß Valerie nach ihrer Heimkehr ein Dutzend Rosen in ihrer Wohnung vorfand. Ein Mann, der monatelang gelähmt im Bett liegt, kann all seine Zeit darauf verwenden, eine Frau zu umgarnen und sich zum perfekten Kavalier hochstilisieren. Eines Samstagsnachmittags kam Dustin mit Murray Schisgal und dessen Frau Reene zu Besuch, die selber erst kürzlich aus einer Klinik entlassen worden war. (Reene ist die Schreibweise, die ihre Eltern auf dem Taufschein benutzten, und Renée heißt seitdem so.) Wir beide hatten uns in jüngster Vergangenheit gegenseitig telefonisch Mut zugesprochen. Diese drei lernten Valerie erst jetzt kennen, Valerie ihrerseits dürfte Dustin schon von der Leinwand her bekannt gewesen sein. Eigentlich nur um des Effektes willen bat ich Valerie, mich aus dem Bett auf meinen Rollstuhl zu heben, und alle drei sperrten Mund und Augen auf und applaudierten anschließend, nachdem sie gesehen hatten, wie geschickt Valerie die ihr beigebrachten Handgriffe ausführte, mit denen sie mich zunächst auf die Füße stellte und mich dann in den Rollstuhl bugsierte. Die Prozedur wirkte sehr erotisch und war amüsant zu betrachten – das ist sie auch heute noch. Diese Aufstell- und Drehprozedur beginnt damit, daß wir uns umschlingen; Ihr Rock rutscht über die Knie herauf und wir enden Bauch an Bauch und Wange an Wange, sie breitbeinig mit immer noch hochgeschobenem Rock, wir beide eng umschlungen. Die Herren gratulierten ihr zu dieser Darbietung und versicherten ihr, falls sie den Beruf wechseln wolle, könne sie sich jederzeit auf der Bühne sehen lassen, als Mannequin oder Callgirl gehen, lauter Vorschläge, die Valerie nur allzugut bekannt waren, denn zahllose Ärzte, auch Patienten hatten ihr die schon unterbreitet.

Im gleichen Maße, in dem ich meine Nahrungsaufnahme vermehrte, begann auch Valerie mehr zu essen. Julius Green brachte eigentlich bei jedem Besuch ein halbes Dutzend Behälter einer besonders schmackhaften Eiscreme mit, die im Gefrierfach des Personalkühlschrankes aufbewahrt wurde, und zwar nicht ausschließlich für meinen Konsum. Auch Gebäck brachte er mit. Seit bekannt war, daß ich an Hefekrapfen knabbern konnte, fragte Jeffrey Cohen regelmäßig an, welchen Aufstrich wir für das Früh-

stück am Samstag und Sonntag wünschten. Andere brachten süßes Gebäck. Ich bemühte mich, trotz des Schlauches Gewicht anzusetzen, und als das richtig funktionierte, nahm ich wöchentlich so um die fünf Pfund zu. Es gab auch Reste von Festmählern aus Chinatown, an denen sich hauptsächlich die schweigsame japanische Pflegerin Keiko Marchand gütlich tat, die einen unstillbaren Appetit entwickelte, mindestens halb so groß wie der von Valerie.
Eines Samstagnachmittags wurde an meinem Bett ein festliches Picknick eingenommen, veranstaltet von meinem großzügigen Freund Bob Towbin aus Anlaß der endgültigen Entfernung meines Nasenschlauches, mit Delikatessen und Champagner vom ›Club 21‹. (Diesmal schmeckte mir der Champagner.) Sogar ein rotkariertes Tischtuch wurde über mein Bett gedeckt, das Valerie zu diesem Anlaß von Steve und Barbara DeClerque geborgt hatte, alten Freunden von mir aus der Zeit bei *Time Magazine,* die ganz in der Nähe wohnten. Es fehlte nur der Sonnenschirm von Dubonnet.
Weil ich weiß, wie sehr Valerie Manet schätzt (neben Monet, Renoir, Cézanne, Pissaro und einer Menge anderer), schlug ich vor, sie möge sich ausziehen und nackt mit uns speisen. Sie errötete leicht und lehnte ab. Dabei war sie keineswegs prüde, zog sich aus, um mich unter der Dusche zu stützen, schob mir mit Schwung Zäpfchen in den Hintern. Was letzteres angeht, war sie besonders geschickt, sie verfügte über eine äußerst delikate Technik, die ich den anderen Schwestern beizubringen versuchte, die Valerie gelegentlich vertraten.

Da lag ich nun also in einer Klinik in New York City, betreut von Dr. Kristjian Ragnarsson, nicht nur kein Jude, sondern ein echter Isländer. (Man stelle sich vor.) Ich wies Dr. Mary Swajian auf diese Ironie des Schicksals hin, die junge, noch in Ausbildung befindliche Assistenzärztin, die, soweit ich weiß, ebenfalls keine Jüdin, aber von Dr. Ragnarsson mit meiner Behandlung beauftragt war. Beide sind Physiater, das heißt ihr Spezialgebiet ist Physiatrie zum Unterschied zur Inneren Medizin, ein Unterschied, den ich nicht zu erklären versuchen will, weil ich dazu nicht imstande bin. Dr. Swajian fand mich bei guter Gesundheit, wenn auch gelähmt an den Gliedmaßen, und sie hatte demzufolge mit mir wenig Arbeit, solange ich in der Klinik war, denn ich blieb gesund. Die einzige Beeinträchtigung waren Schwindelanfälle, unter denen ich zwei oder drei Wochen litt, wenn ich meinen Kopf drehte, während ich im Bett lag. Dann begann alles, was in meinem Blickfeld war, sich immer schneller zu drehen, mit angsterregender, unerklärlicher Geschwindigkeit. Da dies geschah, während ich lag, bestand nicht die Gefahr zu fallen, wie ich anfangs befürchtete. Als mir das klargeworden war, stellte ich als nächstes fest, daß das Drehen aufhörte und der Brechreiz verschwand, wenn ich die Augen schloß. Als ich das wußte, waren diese Episoden nicht mehr schreckenerregend für mich, sondern nur noch unerträglich.

Während dieser Wochen unterbrach ich aber keinen Moment die mir verordneten Tätigkeiten. Auch Valerie war von den Schwindelanfällen nach wenigen Tagen nicht mehr beunruhigt; ich schloß einfach die Augen und erklärte ihr: »Jetzt dreht sich wieder alles«, und dann kam sie sofort und sorgte dafür, daß ich nicht aus der Welt fiel, wenngleich sich das, wie gesagt, meistens ereignete, wenn ich im Bett lag oder im Rollstuhl saß. Mein Blutdruck blieb normal, und für das Auftreten und Verschwinden des Schwindelgefühls habe ich nie eine Erklärung bekommen.

Meine Physiotherapeutin war eine hochgewachsene, blauäugige, überschäumende junge Frau Anfang der Zwanzig mit Namen Carol Recker Hughes, sehr attraktiv und munter, verheiratet mit einem Anwalt, der noch erheblich größer war als sie und nur wenig älter. Wie fast alle Physiotherapeutinnen hier war sie liebenswürdig und ermunterte mich unermüdlich. Was immer sie von mir verlangte, sie tat es so, daß ich glaubte, es sei möglich, auch wenn anfangs das meiste unmöglich war.

Von den Physiotherapeutinnen ist allgemein zu sagen, daß sie wie auch die Schwestern auf der Intensivstation im

Mount Sinai erstaunlich jung waren, was ich mir damit erklärte, daß sie diese Arbeit aufgeben, bevor sie dreißig sind. In einer Rehabilitationsklinik müssen die Therapeutinnen außerdem sehr viel heben können, fast alle Patienten sind mindestens teilweise gelähmt, und viele waren schwerer als ich.

Meine Beschäftigungstherapeutin war eine ebenfalls junge, verheiratete Frau namens Susan Miron Bernstein, rothaarig, braunäugig und gut anzusehen. Susan sprach leise, war liebenswürdig und zurückhaltend. Sie schmunzelte und lachte still vor sich hin, wenn sie hörte, wie ich mich mit Speed unterhielt, der gelegentlich vorbeikam, wenn ich mit Susan arbeitete, und vermutlich ist sie überrascht und zerknirscht, wenn sie jetzt liest, wie schlecht ich mich häufig in meinen Sitzungen mit ihr oder einer ihrer Kolleginnen fühlte.

Meine Arbeit in der Beschäftigungstherapie fiel mir sowohl leichter als auch schwerer als die in der Physiotherapie. (Beschäftigungstherapie ist Pflicht; man übt dabei Bewegungen, die ein Gesunder ausführt, ohne darüber nachzudenken, und betätigt hauptsächlich die Muskeln von Schultern, Armen und Händen. Ein unangemessen großer Teil des Hirns, größer jedenfalls, als man glauben möchte, befaßt sich allein mit den kleinen Muskeln der Hände und den ebenfalls kleinen Gesichtsmuskeln.) Leichter fiel mir die Arbeit, weil ich für diese Übungen weniger Kraft aufbringen mußte. (Zu Anfang bewegte ich winzige Gegenstände mit der Pinzette, stapelte Kegel, bewegte kleine Würfel, verschob die Steine auf dem Damebrett.) Schwerer fiel sie mir, weil sie mir häufig mißlang, so große Mühe ich auch aufwendete. Es war frustrierend, einzugestehen, daß ich es nicht schaffte. Schwerer war es auch deshalb, weil der Widerstand, den ich überwinden mußte, sei es Reibung oder Schwerkraft, im gleichen Maße vergrößert wurde, wie ich Erfolg hatte. Dies hatte zur Folge, daß sich bei mir das Gefühl einstellte, man wolle mich nicht von der Stelle kommen lassen. Auf der Matte in der Physiatrie war alles klar: schaffte ich etwas nicht, nun, dann schaffte ich es eben nicht (mich auf die

Seite drehen, aufrichten, mit den Ellenbogen aufstützen oder den Kopf heben). Gelang es mir nach und nach, alles dies zu bewältigen, war der Fortschritt nicht zu übersehen, ein Anlaß zu jubeln. Bei der Beschäftigungstherapie war das ganz anders. Gelang es mir, einen Holzklotz abzuschmirgeln (nach siebenmaliger Bewegung mußten beide Arme ruhen), gab man mir gröberes Schmirgelpapier, so daß ich mehr Kraft aufwenden mußte, und die mir auferlegte Arbeit blieb insoweit eine Art demoralisierende Strafe, denn sie fiel mir immer gleich schwer. Gleiches galt für einen Apparat, mit dem Gewichte zu bewegen waren, wobei ich gezwungen war, die Arme über Knie- oder Tischhöhe zu heben, und für eine Knetmasse, die ich formen oder flachdrücken mußte. Alle diese Übungen wurden niemals leichter. Man versteht jetzt wohl, weshalb ich es in der Beschäftigungstherapie vorzog, eine Brieftasche zu säumen, einen Kuchen zu backen oder Eiweiß zu schlagen, sobald ich dazu in der Lage war. Mit der Tastatur einer elektrischen Schreibmaschine kam ich ebenfalls gut zurecht, wenngleich die Vorlagen mich kaum je interessierten. Alle diese Übungen sollten meinen linken Ellenbogen stabilisieren.

Das eigentliche Problem, mit dem wir es zu tun hatten, wurde offiziell als erhebliche Muskelschwäche in Rumpf, Hals und Gliedmaßen infolge Nervenversagens als Folgeerscheinung des Guillain-Barré Syndroms bezeichnet.

Die Fingermuskeln sind besonders klein. Als Susan verlangte, ich solle die Finger spreizen, machten weder der Ringfinger noch der kleine Finger mit. Spreizte sie diese selber ab, war ich außerstande, sie zurückzubewegen. Eine Übung, die mich emotional besonders belastete, bestand darin, ein auf der Tischplatte liegendes Taschentuch zusammenzuknüllen. Noch schlimmer erging es mir, wenn ich es wieder glätten sollte, was den Gebrauch jener Muskeln nötig machte, die in umgekehrter Richtung arbeiten. Es wollte einfach nicht gelingen. Die Unfähigkeit, meine Finger gegen einen so winzigen, fast unmeßbaren Widerstand auszustrecken, setzte mir fürchterlich zu.

Bei der Physiotherapie mit Carol kam ich mir anfangs vor

wie ein Klotz. (Die Beine fühlten sich so schwer an, daß ich mir nicht vorstellen konnte, je wieder gehen zu können. Ich wußte nicht und weiß auch jetzt nicht, wie irgendwer imstande ist zu gehen!) Doch die oben beschriebenen, eigentlich winzigen Beeinträchtigungen entmutigten mich sehr viel mehr. Schlimmer als beides, schlimmer noch als alles, woran ich mich erinnern konnte, war das Elektromyogramm, das am 10. Februar gemacht wurde, in meiner dritten Woche im Rusk-Institut. Weil ich mich noch gut an das im Mount Sinai vorgenommene EMG erinnerte, ließ ich mich in jener aufgesetzt munteren, heldenhaften Laune wegkarren, die Leute meines Temperaments an den Tag legen, wenn sie zwecks Zahnsteinentfernung zum Zahnarzt gehen. Daß man Valerie gebeten hatte, eine Stunde später wieder da zu sein, hätte mich allerdings argwöhnisch machen müssen. Dann dauerte es fast zwei Stunden, bevor sie mit mir fertig waren.
Weder der jeweilige Stromstoß noch die einzelnen Nadelstiche waren so schmerzhaft, daß man hätte schreien wollen. Vielmehr war es die unbarmherzige Abfolge der Stromstöße, die mich total fertigmachte, und es wurde schlimmer und schlimmer, als ich begriff, daß ich keine Möglichkeit hatte, die Zahl der Stromstöße zu berechnen, die jeweils an bestimmten Stellen erfolgten. Manche Nerven waren unempfindlich, andere nicht. Jeder Stromstoß war einzeln fühlbar, und es erfolgten eben 38 solcher Stromstöße gegen einen empfindlichen Nerv im rechten Bein, jeweils im Abstand von ein bis zwei Sekunden. Als ich bis fünfzehn gezählt hatte, fragte ich mich total ungläubig, was die Kerle da eigentlich suchten! Der Test als solcher war ungefährlich, hatte man mir versichert. Der Arzt war ein stoischer Orientale, und mehr war aus ihm nicht herauszubekommen. Ein junger Techniker aus Brooklyn saß auf einem Stuhl neben dem schmalen Tisch, auf dem ich lag, ohne angeschnallt zu sein. Er ließ sich jederzeit auf ein kleines Gespräch ein, wenn ich versuchte, mich damit abzulenken. Er erzählte mir noch während dieser Prozedur, daß viele Patienten dabei zu weinen beginnen, Männer eher als Frauen und, wie er bemerkt haben wollte, Pa-

tienten aus Brooklyn am seltensten. Letzteres hielt ich für unwahrscheinlich, das sagte er bloß, weil wir beide aus Brooklyn stammten.

Erst wurde mein linker Arm vorgenommen, dann das linke Bein. Beides dauerte erheblich länger als der ganze Test im Mount Sinai. Es war also ohne Zweifel was ganz Neues. Als mir klar wurde, daß als nächstes die rechte Seite drankommen würde, sank mir das Herz. Wie schon beim ersten Test, rief ein kräftiger Nadelstich in den Daumenballen starke Schmerzen hervor. Wieder glaubte ich zu hören, wie das Gewebe mit einem übelkeiterregenden Geräusch zerriß.

Grob gesagt mißt dieser Test Geschwindigkeit und Stärke, womit das, was wir mit Schmerzempfindung bezeichnen, von den Nervenfasern zum Hirn geleitet und dort in die angemessene Reaktion umgesetzt wird, in die Erkenntnis also, daß etwas schmerzt. Soweit ich weiß, soll diese Umwandlung blitzschnell und deutlich erfolgen. In meinem Fall ergab sich bei dieser elektrodiagnostischen Untersuchung, daß alle geprüften Muskeln eine undeutliche und verzögerte Reaktion zeigten, ferner Anhaltspunkte für eine Entzündung von Nervenwurzeln, worüber man ja bereits ausreichend informiert ist. (Polyradiculoneuropathie.) Als alle vier Gliedmaßen bearbeitet worden waren und ich glaubte, die Qual habe nun ein Ende, wurde mir eine Nadel in die rechte Wange unweit des Mundes gestoßen, und der Arzt murmelte vor sich hin, auch die Facialmuskeln seien anscheinend betroffen. Das hätte ich ihm vorher sagen können.

Als es dann vorüber war, war ich total erledigt, schwer deprimiert und so bleich, daß Valerie nach Dr. Swajian schickte, kaum daß ich wieder im Zimmer war. Dr. Swajian fand allerdings nichts Besorgniserregendes, gegen Ende des Nachmittages schwand die Blässe, und am Tage darauf konnte ich wie gewohnt meine Übungen machen.

Unterdessen war die Post gekommen, darunter ein Brief von Minna Towbin, der Tochter von Bob und Irene, die damals in Dartmouth studierte. Minna hatte mir schon mehrmals aufheiternde Zettelchen und auch neues Spiel-

zeug geschickt, so eine Wasserpistole, mit der ich Besucher bespritzte, die mit leeren Händen kamen statt mit Eßbarem; eine Pfeife, mit der man Seifenblasen machen konnte und mit der ich vorführte, wie gut ich pusten und meinen Arm bewegen konnte; eine Mundharmonika, auf der ich zum allgemeinen Erstaunen *Swanee River* spielte, der einzige Song, den ich beherrsche. Diesmal schickte Minna auf vier Seiten ihre besten Wünsche, jeder Absatz war mit andersfarbiger Tinte geschrieben und reich verziert mit Glitzerornamenten, denn der Anlaß war der Valentinstag. Der ganze Brief strotzte nur so von Humor. Zum Schluß behauptete sie, jedermann in Hanover, New Hampshire, drücke mir den Daumen. Im Rollstuhl sitzend, das EMG gerade hinter mir, las ich Valerie den Brief vor. Beim letzten Absatz angelangt, versagte mir die Stimme, und ich fing an zu weinen. Das ging aber vorüber, ich telefonierte mit Irene, um nach Minnas Adresse zu fragen, und sagte ihr, ich habe einen Brief von ihrer Tochter erhalten, der mich zu Tränen gerührt hätte. In einem telefonisch aufgegebenen Telegramm sagte ich Minna etwa dasselbe.
Als ich am nächsten Morgen zeitig aufwachte, war mir wieder nach Weinen zumute. Das geschieht Bettlägerigen, die früh im Krankenhaus erwachen, häufig, und manchen von uns sogar zu Hause.

Dr. Kristjian Ragnarsson war etwa zwanzig Jahre jünger als der 58jährige, alerte, gut orientierte und entwickelte (wenn auch etwas magere), nette Patient in seiner Obhut. Er hatte die helle Hautfarbe und die scharf ausgeprägten Züge der Wikinger, von denen er abstammte. Auch von ihrer Abenteurerlust hatte er was: Seine Vorstellung von Urlaub war, samt Frau und zwei kleinen Kindern Campingreisen zu unternehmen, einmal bis nach Florida, nur um unterwegs zu sein. Bei unserer ersten Begegnung sagte er, sein Vorgesetzter, der medizinische Direktor der Klinik, heiße Goodgold, und er habe deshalb meinen Roman *Good as Gold* (»Gut wie Gold«) mit besonderem Vergnügen gelesen. Dieses Buch sollte in meinem Scheidungsprozeß insofern noch eine Rolle spielen, als es vom Gegenanwalt unter der Bezeichnung ›Hellers *Mein Kampf*‹ als Beweismittel eingeführt wurde. (Zweifellos verstößt es gegen alle Regeln, jetzt einen Vorfall zu erwähnen, der stattfand, lange nachdem die Ereignisse, von denen dieses Buch handelt, vorüber waren, doch wer kennt schon jemand, der *Mein Kampf* geschrieben hat? Da fällt mir nur ein einziger ein, und in dessen Buch geht es nicht um eheliche Streitigkeiten.)

Ein Bürger von New York City wird normalerweise nicht viele Leute kennenlernen, die aus Island stammen und Ärzte sind. Die Fragen, die ich Dr. Ragnarsson stellte, betrafen denn auch meist mich selber. Nach meinem Aussehen zu schließen, glaubte er mir versichern zu können, daß ich nicht länger als zwei Monate im Rusk-Institut werde bleiben müssen, betonte jedoch, garantieren könne er für nichts. Nicht einmal, daß ich an Guillain-Barré litte. (Die Ergebnisse der EMG waren nicht eindeutig, sie bestätigten Guillain-Barré nicht, schlossen es aber auch nicht aus.) Er erklärte, während ich auf dem Rücken lag, den Arm bequem angewinkelt, die Hand auf dem Gitter, ein typischer Fall von Guillain-Barré hätte mehr Kraft in den Schultern, könne aber den Bizeps nicht bewegen, auch keine Faust machen, wie ich es gerade tat. Das alles stellte sich heraus, als ich schon über vierzehn Wochen bei Rusk war. Einen oder zwei Tage später fiel mir die Frage ein, die ich eigentlich hatte stellen wollen, und als er wieder Zeit genug hatte für ein Gespräch mit mir, stellte ich sie denn auch gleich: »Wie wird mein Zustand sein, wenn ich hier entlassen werde?« Die Antwort war nicht sehr ermutigend. Ich würde vermutlich kurze Strecken gehen können, wenngleich nur mit Hilfe eines Stockes oder Laufstuhls. (Daraus entnahm ich wesentlich mehr, als er verlauten ließ: ich würde einen Rollstuhl brauchen und jemanden, der ihn schob.) Ich würde imstande sein, mich anzukleiden, meinen Körper zu pflegen, auch leichte Mahlzeiten zuzubereiten, falls alles dafür erforderliche leicht erreichbar sei. Sehr wahrscheinlich könnte ich allein vom Bett in den Rollstuhl umsteigen, und zwar mit Hilfe eines ›Transferbrettes‹, falls ich bei der Entlassung noch nicht fähig sein sollte, ohne Hilfe zu stehen. Arbeiten würde ich gewiß können, schreiben sowohl mit der Hand als mit der Maschine. (Dabei bewältigte ich die täglichen Übungen schon jetzt, ohne zu ermüden oder sonstige unwillkommene Nebenerscheinungen.) Er wolle mir nicht versprechen, daß ich mich am New-York-Marathonlauf beteiligen könne. (Diese Absicht lag und liegt mir ganz fern.) Aber die Zukunft, die er da für mich entwarf, enthielt Probleme, mit denen ich allein gewiß nicht fertig werden würde.

Am ersten Tag der Schwimmtherapie – das Gewicht der Beine wurde durch den Auftrieb auf ein Bruchteil dessen außerhalb des Wassers vermindert – erwies sich, daß die latente Fähigkeit, normal zu gehen, vorhanden war. Gleiches galt keineswegs für alle anderen Patienten, die zugleich mit mir im Becken waren. Die beiden anderen Funktionen, an deren Wiederherstellung mir am meisten gelegen war, waren das Schlucken und das Stehen, und es gab weder für mich noch für sonst jemanden die Möglichkeit, das zu beschleunigen oder dafür zu garantieren, daß es je soweit kam.

Dr. Ragnarsson warnte mich mehrmals davor, mich zu übernehmen. Als er einmal dazukam, wie ich mich mit dem Rollstuhl abmühte, verbot er mir, mich dabei allzusehr anzustrengen, und ließ einen elektrisch angetriebenen Rollstuhl für mich kommen. Er erklärte, meine Schultermuskeln seien noch zu schwach, ich dürfe noch nicht versuchen, denn Rollstuhl selber vorwärts zu bewegen. Bei Fällen von Guillain-Barré, so erläuterte er, riefen solche Anstrengungen Veränderungen der Nervenstruktur hervor, welche die Fähigkeit, die sie umgebenden Muskeln zu ennervieren, nicht stärkten, sondern verminderten. Was das Schlucken betraf, war der Würgereflex um fast die Hälfte geringer als normal, und außer mir schien niemand besondere Eile für geboten zu halten, das zu ändern.

Als die ersten Befunde vorlagen, verordnete man mir einen Übungsfahrplan, der mit einer Stunde im Schwimmbecken begann – täglich von neun bis zehn –, und einer weiteren Stunde auf dem Kipptisch von elf bis zwölf.

Nachmittags folgten Beschäftigungs- und Physiotherapie, jeweils von zwei bis vier. Als meine Beine kräftiger wurden und meine Ausdauer zunahm, wurden die freien Morgen- und Mittagsstunden mit Gehübungen ausgefüllt sowie mit Übungen an Geräten, mit denen die Bein- und Gesäßmuskeln gestärkt werden sollten.

Samstags und sonntags stand nichts auf dem Fahrplan, und diese abrupte Unterbrechung aller Tätigkeit stürzte die Patienten in Ratlosigkeit; plötzlich lag ein leerer Tag vor einem, unterbrochen einzig durch die nach dem Mittagessen angesetzte Besuchszeit. Ich glaube, nicht einmal Depressive in Heilanstalten blickten trüber und verlorener drein als wir in unseren Rollstühlen am Morgen eines Wochenendes, während wir darauf warteten, daß die Zeit verging. Mein Glück war, daß ich eine Privatpflegerin hatte. Ich hätte es wohl nicht lange allein im Zimmer ausgehalten, wenn keine Besucher gekommen wären. Und Bekanntschaft mit den anderen Rollstuhlfahrern auf den Korridoren mochte ich nicht schließen, das widerstrebt meinem Temperament.

An den Werktagen wurde ich kurz vor neun in den vom Institut gestellten Badehosen und dem von Speed angeschafften Bademantel abgeholt. Das Schwimmbecken befand sich im ersten Stock, mein Zimmer im dritten. Im tieferen Wasser konnte ich nicht nur normal gehen, sondern auch hüpfen und springen und einen Trab simulieren. Auf einem der Sitze, die an Trägern entlang der Einfassung des Beckens über der Wasserfläche hingen, konnte ich mit den Beinen strampelnd einen Radfahrer imitieren. Die Arme konnte ich mühelos bis an die Wasseroberfläche heben und gegen den Widerstand des Wassers horizontal und vertikal bewegen. Ich übte das Aufstehen aus dem Sitzen jeweils zehn- bis zwanzigmal. Das geschah dann in weniger tiefem Wasser, nachdem meine Kräfte allmählich zurückkehrten, denn da war es schwerer.

Doch bevor diese Herkulesspiele beginnen konnten, wurde ich von einem gewissen Ed Starkey aus dem Rollstuhl gehoben, auf eine weiße Trage aus Segeltuch gebettet und durch einen von Starkey bedienten Mechanismus

über die Wasseroberfläche geschwenkt, wo die Therapeutin mich schon erwartete. Valerie ermahnte beide täglich, nicht zu vergessen, meinen Kopf zu stützen. Die Therapeutin im Wasser hob mich von der Trage, sobald diese die Wasseroberfläche erreichte, und plazierte mich anfangs auf einen der erwähnten Sitze, wo sie mich festhielt. Später stellte sie mich auf die Füße, nachdem sich in den Tagen davor erwiesen hatte, daß ich allein stehen konnte und die Angst vor dem Wasser überwunden hatte, die man bei Neuankömmlingen beobachten konnte.
Der menschliche Körper wiegt im Wasser weniger – um wieviel weniger, habe ich nicht herausbekommen. Gefragt habe ich danach, aber ich weiß es immer noch nicht. Je tiefer das Wasser, desto größer die Gewichtsabnahme. (Das hat was zu tun mit der von Archimedes gemachten Entdekkung, daß das Gewicht eines Körpers proportional der verdrängten Wassermenge abnimmt. Die Wassermenge, die ich verdrängte, wurde aber von niemandem gemessen.)
Das Becken war unterteilt in unterschiedlich tiefe Bereiche, und zwar mittels Stufen, die sich über die ganze Breite hinzogen und einen Höhenunterschied von etwa 11 bis 14 Zentimetern bewirkten. Auch diese Stufen dienten Übungszwecken. Der Höhenunterschied war für die meisten Patienten beträchtlich. Es dauerte Wochen, bevor ich imstande war, vom tiefsten Bereich am einen Ende des Beckens bis in den flacheren in der Mitte zu gelangen, und von da in den noch flacheren, aus dem eine sanfte Steigung zu einer kurzen Treppe samt Geländer führte, wo das Wasser noch bis Kniehöhe reichte. Die Treppe sollte Patienten, die besser dran waren als irgendwer, den ich im Becken sah, dazu dienen, aus dem Wasser zu steigen beziehungsweise ins Wasser zu steigen.
In meinem Fall erwiesen sich die Bedenken, die ich beim Beginn der Schwimmtherapie hatte, als grundlos. Ich hatte vergessen, daß ich schwimmen konnte, daß ich die Luft anhalten und auf dem Rücken liegend treiben konnte und daß ich nur in einem kleinen Becken war. Knickte eines meiner Knie ein, wenn ich eine Stufe herunter- oder hin-

aufging (es ist fast ebenso anstrengend, rauf- wie runterzugehen, und alle drei Male, die ich zu Fall kam, geschah das beim Abwärtsgehen), ging ich nicht unter, schlug nicht wild um mich, ertrank auch nicht. Vielmehr ließ ich mich einige Sekunden treiben, bis ich die richtige Lage fand, und war dabei sehr vergnügt, weil mir das so mühelos gelang.

Überdies bestand keine Gefahr, daß irgendwas schiefging, denn ganz in der Nähe arbeitete eine andere Therapeutin mit einem der drei oder vier anderen Patienten, Ed Starkey und eine weitere Therapeutin standen am Beckenrand, und Valerie Humphries saß mit einem Becher Tee, den sie aus der Cafeteria geholt hatte, über der *New York Times*, ein wachsames Auge auf mich gerichtet.

Man wußte aus Erfahrung, daß jemand, der kräftig genug war, sich im seichten Wasser zu bewegen, auch fähig war, aufrecht zwischen den Holmen eines Barrens zu stehen und Gehversuche zu machen, und nach fast sieben Wochen vermochte ich beides. Immer noch aber mußte ich nach Beendigung der Schwimmtherapie auf der Trage aus dem Wasser gehoben werden. Ed Starkey setzte mich in den Rollstuhl, dann rollte Valerie mich in den Umkleideraum, trocknete mich ab, zog mir den Trainingsanzug an, dazu Socken und Turnschuhe. Das hätte, wäre sie nicht dagewesen, einer der Pfleger getan, und ein anderer hätte dafür gesorgt, daß ich meinen nächsten Bestimmungsort erreichte.

Auch mit dem Kipptisch gab es keine Schwierigkeiten. Die erwähnten Schwindelanfälle stellten sich nur ganz vorübergehend ein, wenn ich den Kopf zu Beginn der Übungen senkte. Am Kipptisch hatte Mel Tucker die Aufsicht, und der war schon eine Ewigkeit im Institut. Ebenso wie Ed Starkey war er ein Schwarzer, und die beiden waren befreundet. Mel war sehr groß und dürr, hatte etwas schlenkernde Bewegungen, und für einen so sanften, dünnen Menschen war er unglaublich kräftig. In all den fünfzehn Jahren, die er bei Rusk tätig gewesen war, war bei ihm kein Patient gefallen, mit dem er arbeitete. Das erwähnte er tadelnd, als ich zweimal fiel und mir das Knie aufschlug,

während ich mit einem anderen Pfleger meine Übungen machte.
Anfangs halfen mir Mel und einer seiner Kollegen aus dem Rollstuhl auf den Kipptisch, der waagerecht eingestellt war; meine Füße berührten dabei die am Ende des Tisches angebrachte Stützleiste. Knie und Brustkasten wurden sodann festgeschnallt und der Tisch nach und nach in die Vertikale gebracht, anfangs bis auf 65°, dann wurde allmählich der Winkel vergrößert, bis ich nach zwei oder drei Wochen 90° vertrug. Zweck der Übung war es, Gliedmaßen wieder daran zu gewöhnen, Gewicht zu tragen, die dem lange nicht ausgesetzt gewesen waren, und die physiologischen Voraussetzungen dafür zu schaffen. Keine der vorausgesagten unerfreulichen Erscheinungen trat bei mir ein, keine oft unerträglichen Schmerzen in den Beinen, keine Ohnmacht, keine mit Übelkeit verbundene Angst, vor allem nicht das Gefühl des Ungleichgewichtes, das manche Patienten so stark befiel und in Panik versetzte, daß sie die Übungen abbrechen ließen.
Joseph Heller war nicht nur der ideale Patient, sondern auch ein Vorbild für andere Patienten, etwa für Betty Buccolo, die sich erst an eine Hebung des Tisches fast so steil wie meine wagte, als sie mich von oben auf sie herabblikken sah.
Als ich Betty kennenlernte, hatte sie wohl leichtes Übergewicht infolge mangelhafter Kondition; sie sagte mir, sie sei leidenschaftliche Golfspielerin. Sie hatte viel Sinn für Humor, kicherte häufig, und wenn wir nebeneinander auf unseren Tischplatten zu stehen kamen, schwätzten wir miteinander.
Eines Tages sagte sie: »Wissen Sie, daß Sie mit Ihrer Krankheit großes Glück haben? Eine Bekannte von mir hatte das gleiche, und jetzt bewegt sie sich völlig normal.«
Erst da fragte ich sie nach ihrer eigenen Krankheit, und als ich sie angehört hatte, war mir klar, daß ich in einer viel besseren Lage war als sie.
Auf der Rückfahrt von dem College, wo sie ihren Sohn besucht hatte, saß sie angeschnallt am Steuer ihres Wagens und fuhr mit mäßiger Geschwindigkeit. Auch der neben

ihr sitzende Ehemann war angeschnallt. Hinten saßen die beiden Töchter. Aus ungeklärter Ursache kam der Wagen von der Straße ab, rollte in einen Graben und überschlug sich langsam. Der Ehemann trug eine aufgeplatzte Lippe davon, niemand sonst hatte einen Kratzer abbekommen, auch Betty nicht. Doch als der Wagen sich überschlug, hatte sie ein knirschendes Geräusch gehört und geahnt, daß dies nichts Gutes bedeutete. Das Geräusch war ganz nahe und es bedeutete, daß sie sich das Genick gebrochen hatte. Und es schien, als wolle sie mir nun sagen, daß sie nie mehr würde Golf spielen können.

Am Kipptisch übte sie bald nicht mehr, doch begegneten wir uns in der Beschäftigungstherapie. Der Rollstuhl, den sie benutzte, hatte Tausende gekostet. Sie unternahm eines Tages unter Aufsicht in diesem Rollstuhl einen Ausflug in den Straßenverkehr, um sich mit jenen Bussen bekannt zu machen, die dafür eingerichtet sind, Rollstuhlfahrer an Bord zu nehmen. Eines Wochenendes begegnete ich ihr, ihrem Mann und zweien ihrer Kinder in den Gesellschaftsräumen im Erdgeschoß, wo man sich mit Besuchern aufhalten konnte, wenn es einem im Zimmer zu eng und unbequem wurde. Sie bot mir von dem Kuchen an, der ihr mitgebracht worden war. »Geben Sie mir den ganzen, ich teile nicht gern«, lehnte ich ab.

Sie verbrachte ein Wochenende daheim. Alles ging gut, und sie plante, schon einige Wochen früher die Klinik zu verlassen, als es die Ärzte für ratsam hielten, weil irgendein Familienfest stattfand, an dem sie teilnehmen wollte. Ich sah von meinem Kipptisch aus zu, wie man ihrem Mann und den Kindern die Griffe zeigte, mit denen man sie in die jeweils gewünschte Position versetzen konnte, und dabei wurde ich ganz traurig, denn plötzlich standen mir die Nachteile sehr deutlich vor Augen, die es hat, allein zu leben.

Stand ich auf meinem Kipptisch, sah ich durchs Fenster auf den East River und die Gebäude am jenseitigen Ufer. Direkt unter dem Fenster ist ein sehr stark frequentierter Landeplatz für Hubschrauber in Höhe des Bürgersteiges.

Denen sah ich zu, wie sie landeten und starteten, auch beobachtete ich die Schlepper, die hin und wieder vorüberdampften, mit Müll gefüllte Lastkähne hinter sich herziehend. Außerdem konnte ich fast alle zwanzig oder dreißig Patienten sehen, die zugleich mit mir therapiert wurden und auf der Matte, an den Barren oder anderen Geräten übten. Ich sah von meinem Aussichtspunkt auch etliche schmale, gepolsterte Tische auf der anderen Seite des Ganges, denen regelmäßig ein rotgesichtiger Ire zustrebte, dessen Namen ich nicht erfuhr, der Linderung seiner Schmerzen mittels irgendeiner elektrischen Behandlung suchte, ferner eine Frau, deren Namen ich kannte, eine Mrs. Becker, die mit Hitzepackungen behandelt wurde und an der gewisse sanfte Bewegungsübungen vorgenommen wurden, während sie auf einen dieser Tische hingestreckt lag. Es hieß, dem Iren sei abendlicher Ausgang erlaubt, und er suche allein eines der behaglichen Lokale in der Nähe auf, die darauf eingerichtet waren, Patienten von Rusk in Rollstühlen aufzunehmen und ihnen zu essen und zu trinken vorzusetzen. (Auch ich machte meinen ersten Ausflug in eines dieser Lokale, und ich sorgte dafür, daß meine Freunde Steve DeClerque und Speed mit mir aßen und Valerie behilflich sein konnten, falls sich Schwierigkeiten ergeben sollten, die sie nicht allein bewältigen könnte.) Die reglose Frau auf dem Tisch lächelte mir zu, wenn ich sie von meinem Kipptisch herab begrüßte. (Dies ist ein Bild aus der Vergangenheit, komisch und grotesk zugleich, und wenn ich es als komisch bezeichne, kommt mir eine Ahnung davon, was schwarzer Humor ist.) Versuchte sie, meinen Gruß zu erwidern, öffnete und schloß sich ihr Mund jedoch bei der immer gleichen Silbe. Anita Berger, ihrer Therapeutin, gelang es manchmal, durch wiederholte Fragen festzustellen, was sie mir sagen wollte, und ließ mich das dann wissen.

Als Mrs. Becker entlassen wurde, nahm eine magere, weißhaarige, zierliche Frau ihren Platz ein, die ebenfalls einen Schlaganfall erlitten hatte. Sie war schon in den Siebzigern, sehr gebrechlich, und neigte dazu, sich zu beklagen und selber zu bemitleiden, wie sich dem ständigen

Zureden und den Versuchen, sie aufzumuntern, entnehmen ließ, welche die Therapeutinnen machten. War die Behandlung zu Ende, vermochte sie jedoch aus eigener Kraft, wenn auch mühsam, sich aufzusetzen, stellte sich stöhnend und murrend auf die eigenen Füße und ließ sich auf dem Rollstuhl nieder.

»Diese hagere alte Dame ist viel kräftiger als ich«, klagte ich Dr. Sencer, der regelmäßig zu Beginn der Behandlung vorbeikam und nach mir sah, wenn dies auch nicht die geeignete Umgebung dafür war. Bei seinen Besuchen trug er deutlich sichtbar ein Stethoskop, als Ausweis seines offiziellen Status', der ihm Zutritt auch außerhalb der Besuchszeiten erlaubte. Auch Dr. Peck kam einmal vorbei. Getrieben von seinem Wunsch, mich endlich ganz genesen zu sehen, brachte er mir ein unerwartetes Geschenk. Zufällig befand ich mich bei seinem Besuch gerade auf dem Kipptisch. Während er das Ende meiner Stunde abwartete, schaute er unwirsch um sich und vertraute mir ganz offen an, der sich hier bietende Anblick habe seit je auf ihn deprimierend gewirkt. Fast die Hälfte der mit mir übenden Patienten waren Opfer von Schlaganfällen, die anderen hatten sich Verletzungen an Hirn oder Wirbelsäule zugezogen, einige hatten Tumore. Die gelähmten jungen Leute waren meist Opfer von Autounfällen oder Turmsprüngen. Zwar waren die Therapeuten kräftige, meist gutaussehende Personen, doch minderte das den düsteren Gesamteindruck nur wenig. Dr. Sencer also überraschte mich durch die Ankündigung, er habe mir ein Geschenk mitgebracht. Er zog aus der Jackentasche eine Tüte und aus der Tüte ein dick mit Salami belegtes Sandwich.

Er wußte von seiner letzten Untersuchung, daß meine Gaumen-, Zungen- und Rachenmuskulatur sich gekräftigt hatte, und bestand darauf, daß ich sein Sandwich gewiß essen könne, vorausgesetzt, ich überwände meine Angst, daran zu ersticken. Ich staunte über seine Hellsichtigkeit, als er mir das Sandwich vor Augen und Nase hielt: woher wußte dieses Genie, daß ich, seit ich denken kann, nichts lieber esse als ein dick mit Salami belegtes Kümmelbröt-

chen? Ich versprach ihm, den Versuch zu machen, sobald ich auf dem Zimmer wäre. Seine Brillengläser blitzten schon vor Erwartung.
Ich habe die Sixtinische Kapelle gesehen, doch das Salamibrötchen fand ich schöner. Es stellte sich aber gleich heraus, daß ich den Mund nicht weit genug aufbekam, um hineinzubeißen. Nicht einmal nach Entfernung der oberen Hälfte wollte das gelingen. Das bißchen, das ich abknabbern konnte, war für uns beide eine Enttäuschung. Dr. Sencer war förmlich gebrochen. (Vier Wochen später hätte ich ihm sagen können, daß ich zwar schlucken, den Mund aber immer noch nicht weit genug öffnen konnte, um in ein ganz gewöhnliches Thunfischsandwich zu beißen, es sei denn, die obenliegende Scheibe Weißbrot war entfernt worden. Jetzt kann ich große Bissen nehmen, obwohl es mir immer noch schwerfällt, mit den dann im Munde befindlichen großen Brocken fertig zu werden. Es sieht sehr ungeschickt aus.) Damals jedenfalls machte ich den einzigen Vorschlag, von dem ich hoffte, er könnte Dr. Sencer aufheitern:
»Warum essen Sie es nicht selber?«
Ob er das getan hat, weiß ich nicht mehr. Ich weiß aber noch, daß er sehr nachdrücklich sagte: »Von allen Patienten, die ich da unten gesehen habe, halte ich Sie für den einzigen, der wieder ein ganz normales Leben wird führen können.«

Wenige Tage nach meiner Aufnahme ins Rusk-Institut kam mich, begleitet von ihrem Mann, eine Frau besuchen, die ehedem ebenfalls an dem Guillain-Barré Syndrom erkrankt und etwa anderthalb Jahre zuvor entlassen worden war. Sie brauchte mir nicht eigens zu sagen, daß sie diesen Besuch machte, um sich quasi als lebenden Beweis dafür zu präsentieren, daß man sich davon erholen kann. Uns beiden war eine Tracheotomie erspart geblieben. Gesicht und Schlund waren bei ihr nicht befallen gewesen, und falls sie an irgendwelchen Folgeschäden litt, war davon jedenfalls nichts zu bemerken.
Nicht lange danach kam ein Bekannter von Dr. Sencer in

der gleichen menschenfreundlichen Absicht vorbei, gerade als ich in Gesellschaft von Valerie mit meinem Lunch beschäftigt war. Er war groß und kräftig, ein energischer Typ, hieß Stanley Rosenstock und hielt sich zum Zwecke der ›Feinabstimmung‹ in der Klinik auf, wie er sagte. Er sah verwundert, daß ich im Bett aufrecht sitzen konnte, wenn auch gestützt durch Kissen, daß ich imstande war, die Hand zu heben und zu drehen, die Arme anzuwinkeln, in einer Hand die Gabel, in der anderen den Absaugschlauch zu halten und sogar zu essen, wenn auch wenig. Sein überraschender Auftritt, begleitet von einer munter dröhnenden Begrüßung, wirkten auf mich wie ein gutartiger Tadel.

Nachdem er sich für sein Eindringen entschuldigt hatte, dröhnte er: »Nun sieh mal einer an!« (Erst nachdem ich ihn mehrmals gesehen hatte, entdeckte ich, daß er Mühe hatte beim Gehen und auch bestimmte Wörter nicht deutlich aussprach, weil die Muskulatur des Mundes nicht mitmachte. Seine S-Laute klingen stumpf, und er heißt Stanley Rosenstock. Meine L's sind verwaschen, und ich heiße Heller.) »Wenn Sie alles tun, was man von Ihnen verlangt, sind Sie in drei Monaten hier raus. Also tun Sie, was man Ihnen sagt.«

»Angeblich soll ich in acht Wochen rauskommen.«

»Vielleicht sogar früher. Sie können sich nicht vorstellen, wie ich aussah, als ich hierher kam. Dagegen sind Sie die wandelnde Gesundheit. Ahnen Sie, wie lange es dauerte, bis ich mich so bewegen konnte wie Sie? Und Schläuche hatte ich auch mehr als Sie.«

Inzwischen weiß ich mehr über den Fall Stanley Rosenstock. Zwei Wochen, nachdem er eine Grippe auskuriert hatte, befand er sich auf Geschäftsreise in Raleigh, North Carolina. Als er am letzten Tage seines Aufenthaltes dort morgens aufstehen wollte, hatte er Mühe, den Kopf zu heben. Beim Frühstück brachte er feste Speisen nicht herunter. Er wohnt außerhalb von New York City. Auf dem Flugplatz konnte er kaum die Aktenmappe halten und auch die Treppe zur Maschine hinauf kaum schaffen. Angekommen, fiel es ihm schwer, im Wagen vom Flugplatz nach Hause aufrecht zu sitzen. Daheim fing er an zu nuscheln, und seine Frau neckte ihn, er habe wohl unterwegs ein paar Gläser zuviel getrunken. (Wir trinken beide gern, dies für den wißbegierigen Leser.) Er bestritt dies, setzte sich aufs Bett, um die Schuhe auszuziehen, kippte zur Seite und konnte sich nicht mehr aufrichten. Sich matt fühlen ist keineswegs das gleiche wie sich schwach fühlen, und wer je von Guillain-Barré befallen wird, dürfte den Unterschied merken.

Abgesehen davon, fühlte er sich nicht die Spur krank. Da er einen Arzt in der Verwandtschaft hat, wurde der noch in der Nacht um halb elf herbeizitiert, und er ließ ihn sofort auf die Intensivstation des nächstgelegenen Krankenhauses schaffen.

Vierundzwanzig Stunden später war Stanley Rosenstock mit Ausnahme der Brustmuskeln total gelähmt. Kurz darauf versagten auch die den Dienst, und er mußte künstlich beatmet werden. Auch die Blase konnte er nicht entleeren. Die nächsten neun Wochen verbrachte er bei den Benediktinerinnen in ihrer Klinik in Kingston, New York. Als sein Freund Dr. Sencer erfuhr, was ihm fehlte und wo er lag, riet er: »Laßt ihn dort, bis die akute Gefahr vorüber ist, es wird ihm bei den Nonnen ebensogut gehen wie anderswo.«

Als man ihn ins Rusk-Institut brachte, konnte er gerade Augen und Augenlider und die Zehen bewegen. Er hatte tatsächlich mehr Schläuche als ich, nämlich vier: einen Katheter zum Urinieren; einen intravenösen Schlauch; den Nasenschlauch und den ›Trach‹schlauch, der ihn mit dem Beatmungsgerät verband. Behandelt werden konnte er von den Physiotherapeuten nur im Bett. Der erste Schritt waren Atemübungen und sogenannte passive Übungen, das heißt solche, bei denen der Therapeut die erforderliche Kraft beisteuert. Seine Lungen wurden unentwegt abgesaugt, wobei er husten und nach Luft ringen mußte, was ihm Todesangst machte. Am liebsten hätte er sich erschossen, wäre nur eine Pistole zur Hand gewesen. (Ich kann mir gut vorstellen, wie der Versuch ausgegangen wäre!) Als er endlich genügend atmen konnte, um vom Gerät wegzukommen, glaubte er zunächst, er sei taub geworden – das Geräusch des Beatmungsgerätes, das er zehn Wochen lang Tag und Nacht gehört hatte, war plötzlich verstummt. Als man ihn auf den Kipptisch hob und auch wieder herunter, war er noch total unbeweglich, und als mit der Schwimmtherapie begonnen wurde, mußte man ihn auf einem der Sitze anbinden, denn aufrecht sitzen konnte er nicht.

Jetzt hingegen wirkte er wie ein Berufsathlet, und seit alledem war erst ein Jahr vergangen. Fünf Monate hatte er bei Rusk verbracht. Seit er ambulant weiterbehandelt wurde, hatte er sich hier eine Wohnung genommen; diese Behandlung dauerte bereits fünf Monate und sollte noch weitere fünf dauern. Er sagte, er benutze auf der Straße einen Stock, nicht so sehr, weil er ihn brauche, sondern weil ihm aufgefallen sei, daß sogar die ewig eiligen New Yorker Straßenpassanten instinktiv Rücksicht nehmen auf jemanden, der am Stock geht. Die Krankheit hatte ihn bislang etwa eine Viertelmillion Dollar gekostet. Zum Glück war er allerdings gut versichert.

»Tun Sie genau alles, was man Ihnen sagt«, wiederholte er noch mal eindringlich. »Denken Sie immer daran. Dann werden Sie gesund, und bestimmt schneller als ich. Sie ahnen nicht, wie gut Sie aussehen, sogar jetzt.« Es wäre mir damals gar nicht in den Sinn gekommen, etwa nicht alles zu tun, was man von mir verlangte.

Dies alles erzählte mir ein munter und gesund wirkender Mann. Als ich im Dezember 1983 mal wieder mit ihm sprach, zwei Jahre, nachdem es mich erwischt hatte und etwa drei Jahre nach Beginn seiner Erkrankung, wollte er von mir wissen, ob ich imstande sei, Schritt vor Schritt eine Treppe zu steigen. Er konnte das nämlich nicht. (Im Mai 1985 konnte er es immer noch nicht – das linke Bein war zu schwach.) Keiner von uns beiden konnte rennen, beide haben wir gelegentlich Schwierigkeiten beim Schlucken. (Was mich betrifft, ist denkbar, daß ich nicht rennen kann, weil ich vergessen habe, wie man das macht; in einer Tretmühle schaffe ich glatt fünf Minuten ohne Unterbrechung, doch wie man auf einer Bahn läuft, weiß ich nicht mehr.) Trotzdem finden wir beide, daß es uns »viel besser« geht.

Mein freundlicher kanadischer Briefpartner Bram Garber berichtet ebenfalls von mangelhaften Fortschritten in seiner Genesung. Als ich schrieb, ich könne nun bereits radfahren, antwortete er, ihm fehle dafür die Kraft in den Händen. (»Weil ich die kleinen Muskeln der Hände nicht aktivieren kann, kommt radfahren für mich nicht in Frage, doch gehe ich mehrmals in der Woche schwimmen.«) Und auch er findet, daß er sich vollständig erholt hat. An dieser Krankheit ist etwas, das denen, die das Schlimmste hinter sich haben, das Gefühl gibt, sie müßten allein schon für das Erreichte dankbar sein und sich damit bescheiden.

Nur zweimal habe ich im Rusk-Institut nicht getan, was von mir verlangt wurde. Als ein Arzt von der medizinischen Fakultät der Universität New York das Ansinnen stellte, mit einer Gruppe von Studenten zu kommen, um meinen Fall zu demonstrieren, weigerte ich mich mit der Begründung, die Tatsachen seien aus der Krankengeschichte ersichtlich. Und als der medizinische Direktor, Dr. Goodgold, dessen Bekanntschaft ich unterdessen gemacht hatte, mir kurz vor der Entlassung ein weiteres Elektromyogramm vorschlug, noch dazu gratis, zögerte ich und lehnte auch das auf den Rat von Speed hin ab, der zum Glück gerade anwesend war.

Im übrigen war ich, wie gesagt, der perfekte Patient. Im Schwimmbecken war ich keinen Moment müßig; setzte ich mich, um die Beine auszuruhen, bewegte ich Schultern und Arme. Jede Übung führte ich mit größtem Eifer aus, so etwa eine, die angeblich ein kompliziertes Zusammenspiel aller Nerven verlangte: ans Geländer geklammert, setzte man ein Bein erst vor, dann hinter das andere. Ich blieb auch nicht reglos auf dem Kipptisch stehen und wartete das Ende der Stunde ab, sondern winkelte die Arme an und streckte sie wieder, sooft ich konnte (der linke Arm war sehr viel weniger kräftig als der rechte), bewegte die Schultern aufwärts, rückwärts, abwärts. Nach einigen Wochen wurden an meinen Handgelenken Gewichte befe-

stigt, jeweils ein Pfund mehr, erst rechts, dann links. Was das Essen anging, so strebten Valerie und ich sechs Mahlzeiten pro Tag an, drei vom Tablett, drei aus dem Mixer durch den Schlauch.
Nun entdeckte ich die Banane. Ein Bissen Banane blieb als Matsch an der gleichen Stelle im Mund und ließ sich leicht schlucken. Dabei nahm er auch gleich die Reste von Brot, Fleisch, Gemüsen und anderen Speisen mit, die am Ende der Zunge haftenblieben und ein unangenehmes Gefühl erzeugten, das den gefürchteten Würgereflex auslösen konnte. Hauptsächlich zur Beseitigung dieser Speisereste benutzte ich den Absaugschlauch, und natürlich des Morgens zum Absaugen des gesammelten Schleimes, den ich weder herunterschlucken noch ausspucken konnte. Zu den Reinigungsoperationen benutzte ich nunmehr die Banane, und zwar bei allen drei Mahlzeiten. Als die Genesung Fortschritte machte, bediente ich mich für diesen Zweck einer Eiercreme oder meiner Suppe. Dünne Flüssigkeiten blieben nach wie vor am schwierigsten zu bewältigen, wie mir die Ärzte und auch Steve DeClerque vorhergesagt hatten, und wurden erst später konsumiert.
Eine weitere Entdeckung war der Brausestuhl. Den ersten Samstag, den ich bei Rusk verbrachte, nahm Valerie frei, ihr erster freier Tag seit vier Wochen. Am Sonntag entdeckte sie dann den Brausestuhl, den wir bislang schon als fahrbaren Nachtstuhl kannten; in der Mitte befindet sich eine Öffnung für das Gesäß, und man wird daraufgehoben. Alsdann rollte man das Ensemble über das Klobecken im Bad. Als Brausestuhl diente das Gefährt dazu, den nackten, mit einem Laken bedeckten Patienten über den Korridor zu einem der Duschräume zu rollen, die mit Brauseköpfen ausgerüstet waren, die nicht fest installiert, sondern als Handbrause zu benutzen sind. Eigentlich sollten alle Patienten täglich duschen; die meisten taten das morgens, während ich den Abend vorzog, kurz vor dem Schlafengehen.
Die lässige Routine eines ausgedehnten Frühstücks, anschließenden Schläfchens und des Duschens danach machten die leeren Wochenenden sehr viel erträglicher

für mich. Es war fast, als befände man sich auf einer Urlaubsreise. Valerie und ich amüsierten uns miteinander unter der Dusche in denkbar harmloser Weise – es blieb bei dem Austausch von neckischen Wortspielen. Beim Einseifen konnte ich meine Knie nicht erreichen, geschweige denn ihre streicheln. Auch abtrocknen konnte ich mich nicht, es war unmöglich, den nötigen Druck mit den Händen auszuüben. Wurde mir von jemand anderem beim Duschen geholfen, war mir das ebenso peinlich, wie es mir anfangs peinlich gewesen war, um Hilfe beim Gebrauch der Urinflasche und der Bettpfanne zu bitten. Wochentags kostete es mich auch jetzt noch Mühe, mit einem Mann oder einer Frau zu duschen, die mir nicht vertraut waren, ich ließ sogar das Duschbad lieber ausfallen, als mir von jemandem helfen zu lassen, den ich entweder nicht kannte oder mit dem ich, wie sich im Lauf der Zeit herausgestellt hatte, nicht ›konnte‹. Manche Pflegerinnen kamen mir ungeschickt vor, andere wiederum mochte ich. Zu diesen zählte in erster Linie Schwester Humphries. Die hatte allerdings für das Brausebad nur an den Wochenenden Zeit, wo keine Übungen zu machen waren und auch sonst kaum was zu tun war. Valerie setzte bei diesen Gelegenheiten eine Badekappe auf, wusch und kämmte mir das Haar, ohne zu murren. Nach dem Brausebad gab sie mir das zweite Frühstück, den Rest aus dem Mixer. Nach dem Lunch ging sie nach unten, um selber zu essen, und gab mir anschließend einen weiteren Liter flüssige Nahrung aus dem Mixer. Auch gegen Abend verzehrte ich beide Mahlzeiten, bevor sie heimging, das war auch an den Wochentagen so.

Dann entdeckten wir die Waage. Mein Gewicht interessierte außer uns beiden keinen Menschen. Medizinisch war ich, wie bereits gesagt, in tadelloser Verfassung. Im Rusk-Institut wurde eine andere Waage benutzt als im Mount Sinai. Die Plattform war groß genug für einen Rollstuhl, den Valerie zunächst leer wog, dann mit mir darin. Das erste Ergebnis vom zweiten subtrahiert ergab mein Gewicht.

Ende Februar hatte ich bereits knapp fünf Pfund zugenommen. Am 6. März wog ich 71,5 kg, am 13. schon 74,3 kg. Und vor Ablauf der übernächsten Woche verbot Dr. Ragnarsson mir, weiter zuzunehmen. Meine Beine glichen Streichhölzern, aber ich bekam einen Bauch. Ich brauche, so sagte er, neue Nervenzellen, nicht aber überflüssiges Fett. Ich belaste noch geschwächte Muskeln unnötig durch dieses Gewicht, und das würde sich nachteilig bei meinen Übungen bemerkbar machen. Von da ab ließ ich Vernunft walten statt Eitelkeit. Aus dem Mixer nahm ich nur noch Nahrung auf, wenn ich vom Tablett nichts essen konnte. Gegen Mitte März kam das kaum noch vor, und wenn, dann meist mittags, woraus ich den Schluß zog, daß meine Muskeln durch das morgendliche Training, das ja das gesamte System mit einbezog, bereits ermüdet waren. Verschob ich das Mittagessen um eine halbe Stunde, schien ich es leichter bewältigen zu können. Auch war es weniger mühevoll, im Bett zu essen, als im Rollstuhl. Und mir schien, daß es half, weniger zu reden und die Mundmuskulatur nicht so sehr zu beanspruchen.

Um diese Zeit bestand meine Diät auch weniger aus püriertem Fleisch, Gemüse und mit Sahne gedickten Suppen und ähnelte eher den Mahlzeiten, die ein Gesunder zu sich nimmt. Das war insofern günstig, als ich um diese Zeit das pürierte Zeug schon gründlich satt hatte.

Mindestens einmal in der Woche gab es entweder Erbsen- oder Linsensuppe, die ich beide besonders schätze, und da erlegte ich mir denn keinen Zwang auf, sondern verschlang alles, ebenso wie die italienischen Fleischklößchen in Sauce, die meine Tochter mir eines Abends mitbrachte – ich aß, ohne darüber nachzudenken, wie man das macht, ich wollte es auch gar nicht wissen. War die Suppenschale halb geleert, setzte ich sie an den Mund und tat, was ich in meiner Verzweiflung lange nicht mehr für möglich gehalten hatte: ich trank in großen Schlucken. Die Fähigkeit zu schlucken stellte sich auf einen Schlag ein, rein instinktiv. Zuvor, als ich mich bemüht hatte, mich zu erinnern, wie man kaut und schluckt, funktionierte beides nicht. Das würde wohl bei niemandem funktionieren. (Ich habe mehrere Dutzend Leute gefragt, was sie tun müssen, wenn sie von einem Stuhl aufstehen wollen, und keiner war in der Lage, das richtig zu beantworten. Man versuche es selber, aber ohne sich zu bewegen. Was müßten Sie tun, um aufzustehen?) Gleiches gilt fürs Gehen. Nur wenn ich ging, ohne darüber nachzudenken wie, wirkte das Gehen normal.

Gleichfalls um diese Zeit, Mitte März also, begannen zwischen mir und Dr. Mary Swajian erste Verhandlungen darüber, ob nicht der Magenschlauch entfernt werden könnte. Als ich es erstmals etwas schüchtern vorschlug, meinte sie, ich solle damit lieber noch warten. Schließlich wurden die Medikamente, die ich bekam, noch durch den Schlauch verabreicht. Als sie dann ihrerseits vorschlug, den Schlauch wegzulassen, schreckte ich davor zurück, weil ich eine Mundtrockenheit befürchtete. Diese Furcht war grundlos, denn ich konnte jederzeit literweise Eiermilch, Suppen und Fruchtsäfte trinken. Ein Risiko bestand einzig darin, daß im Falle des Mißlingens ein neuer Schlauch würde eingeführt werden müssen.

Am Vormittag des 18. März – Valerie hatte frei und statt ihrer tat eine andere Pflegerin Dienst –, beschlossen Mary Swajian und ich, es zu wagen. Die Entfernung des Schlauches dauerte nur Sekunden und verursachte keinerlei Schmerz. (Im Mount Sinai hatte ich zugesehen, wie man einem jungen Patienten den Beatmungsschlauch entfernte, und es wäre lachhaft, diese beiden Prozeduren miteinander zu vergleichen.) Der Schlauch sah verdreckt aus, als Dr. Swajian ihn schlichtweg rauszog und in den Mülleimer warf. Danach traten überhaupt keine Schwierigkeiten auf, weder beim Essen noch beim Trinken oder der Verabreichung von Medikamenten. Im Gegenteil, seit der Schlauch nicht mehr in der Speiseröhre hing, ging alles viel leichter. Noch am gleichen Tage teilte ich Valerie telefonisch die große Neuigkeit mit: Stell dir vor, der Schlauch ist raus! Sie war an einem ein bis zwei Stunden entfernten Ort, doch schien es nur Sekunden zu dauern, bis sie mit einem Schrei des Entzückens hereinstürmte, um sich selber davon zu überzeugen und mich beglückt an sich zu drücken. Sie war jetzt fast zehn Wochen lang so gut wie

täglich um mich gewesen, und Julius Green, der vor ihr gekommen war, um den vom Schlauch befreiten Patienten zu betrachten, zog sich diskret auf meinen motorisierten Rollstuhl zurück, ein Vehikel, das er ins Herz geschlossen hatte, und rollte gemächlich hinaus auf den Korridor. Drei Monate und drei Tage war es her, daß der Schlauch eingeführt worden war. Ein Rekord war das vielleicht nicht, aber was lag mir an Rekorden?
Jeder bei Rusk, mit dem ich je zu tun gehabt hatte – auf den Korridoren, im Turnsaal, am Schwimmbecken –, bemerkte auf den ersten Blick, daß der Schlauch entfernt war und freute sich mit mir darüber. Sowohl im Mount Sinai als auch bei Rusk wurde ich niemals als Nummer behandelt, sondern stets als Individuum. Es traten nun die Veränderungen ein, von denen ich geträumt hatte: Abends konnte ich ausgeführt werden, Wochenenden daheim verbringen. Eine Privatpflegerin war nicht mehr nötig. Meine würde mir fehlen, doch bedeutete das immerhin eine Ersparnis von tausend Dollar wöchentlich. Übers Wochenende würde ich sie trotzdem brauchen, denn die Vorstellung, den halben Samstag allein zu sein und den Sonntag mit womöglich nur wenigen Besuchern zu verbringen, machte mir große Angst. Dr. Ragnarsson erhob keinen Einspruch, und die Pflegerin, die fast jedes Wochenende kam, war Valerie. Sie besuchte mich ohnehin fast täglich auf dem Heimweg vom Mount Sinai, sie kam auch abends, um zu sehen, wer zu Besuch da war, oder ließ sich von jemand ausführen, mit dem ich das verabredet hatte, denn ich umwarb sie immer noch. Und ich sah bereits die Schrift an der Wand: Es nahte der Tag, da ich selber sie würde ausführen müssen. Einmal war dies schon geschehen – unser erster gemeinsamer Ausgang! Pünktlich und wohlgestriegelt, perfekte und perfekt ausgebildete junge Dame, die sie war, kam sie mich abholen. Sie begrüßte mich achtungsvoll, duschte und trocknete mich ab, kämmte mein Haar, kleidete mich adrett in Hosen, Socken, Schuhe, Sporthemd und ärmellosen Pullover mit spitzem Ausschnitt, hob mich aus dem Bett, setzte mich in den Rollstuhl, schob mich zum Fahrstuhl und be-

förderte mich ins Erdgeschoß, wo zu Ehren von St. Patrick ein großes Fest im Gange war.
Der schon erwähnte rotgesichtige Ire hatte vorzügliche Verbindungen in dieser Gegend, und so bekamen wir denn den bunten Aufzug von Tanzgruppen, Gesangvereinen und Musikanten zu sehen. Auf einem anderen Korridor der Klinik lag ein Polizist, der bei einem Raubüberfall angeschossen und an der Wirbelsäule verletzt worden war, und Dudelsackspieler der Polizei brachten ihm ein Ständchen. Der große Raum im Erdgeschoß wimmelte von fröhlichen Menschen. Valerie hatte sich groß zurechtgemacht und sah sehr hübsch aus. Eigentlich hatte ich nicht mitgehen wollen, doch sie hatte darauf gedrängt. Seit Monaten war ich das erste Mal unter Leuten, ich amüsierte mich etwas gequält, unterließ es aber, meiner Begleiterin Peinlichkeiten zu bereiten. Für die Erwachsenen gab es Whiskey pur und Whiskey im Irish Coffee, doch habe ich von beidem nichts getrunken.
Nach der Party geleitete Valerie mich zurück auf mein Zimmer, zog mich aus und legte mich ins Bett, bekleidet einzig mit einem leichten Schlafanzug. Ich sagte ihr gleich, ich gehörte nicht zu jenen, die nach der ersten Party schon einen Kuß gestatten, doch scherte sie das nicht, vielmehr verabschiedete sie sich von mir mit einem Kuß auf die Stirn.
Etwa zehn Tage nach Entfernung des Magenschlauches verbrachte ich, mit Genehmigung der Klinik, ein erstes Wochenende mit Valerie in meiner Wohnung. Speed hatte tadellos aufgeräumt. Ich gestehe, daß ich bei dem Gedanken, zwei Tage außerhalb der Klinik zu verbringen, ängstlich war. Es fehlte mir an Charakterstärke, mich auf mehr als eine Nacht einzulassen. (Ich gehöre nicht zu denen, auf die man in Krisenzeiten bauen kann, zu den Männern, von denen gesagt wird, sie behielten die Ruhe, wenn alle anderen den Kopf verlieren.) Also sorgte ich dafür, daß wir Samstagnachmittag abgeholt und zeitig genug zum Mittagessen am nächsten Tag zurückgebracht wurden. Ich fühlte, daß Unheimliches bevorstand. Aber was? Ich hätte es nicht sagen können.

Zweimal hatte ich in der Klinik die Erfahrung gemacht, daß es zweier Personen bedurfte, mich aufzuheben, falls ich stürzte. Folglich bat ich meinen Wohnungsnachbarn Bruce Addison, anwesend zu sein, wenn ich mit Valerie ankäme, und solange zu bleiben, bis ich mich häuslich in der Wohnung niedergelassen hätte. Zunächst fühlte ich mich dort ganz fehl am Platz. Die Wohnung war, als ich sie verließ, noch nicht komplett eingerichtet gewesen, und nun kam ich mir hier fremd vor. Ich wußte nicht, wie ich die Zeit bis zum Abend hinbringen sollte, und blätterte lustlos in den Stößen von Papier, die sich angesammelt hatten. Zum Abendessen kam Stanley Cohen. Weil ich wußte, daß er thailändische Küche schätzt, aßen wir in einem siamesischen Restaurant in der Nähe, das ich auch früher schon frequentiert hatte. Unser Tisch stand ziemlich exponiert, und für meinen Rollstuhl mußte Platz geschaffen werden. Stanley begleitete uns nach dem Essen in die Wohnung und überzeugte sich davon, daß alles glattging.

Dann war ich mit Valerie allein. Sie war mir nun schon sehr vertraut, und sogleich lag die unvermeidliche Frage in der Luft. Ein Nachthemd hatte sie mitgebracht. In meinem Zimmer stand ein eigens angefertigtes königliches Bett, reich mit Kissen bestückt und mit einer wunderhübschen schwedischen Decke. Das alles hatte Speed in einem guten schwedischen Geschäft bestellt, als er mit dem Geschmack des schwedischen Kenners meine Wohnung möbliert hatte und Geld keine Rolle spielte. Im Wohnzimmer gab es ein Schlafsofa, und Speed hatte das zugehörige Bettzeug aus dem Schrank genommen und gut sichtbar ausgelegt, im Falle es gebraucht werden sollte. Wo nun hat Valerie geschlafen? Mit den Worten von Montaigne: *C'est pour moi de savoir et pour vous à d'écouvrir.*

Nicht lange nach der Entfernung von Joes Magenschlauch wurde ich zu einer Reise nach Südfrankreich eingeladen. Das Leben meinte es gut mit uns.

Bis dahin war ich, auch nach Hellers Übersiedlung zu Rusk, sein Buchhalter, Briefträger und Einkäufer geblieben, und auch an meiner Rolle als Valeries Begleiter und stellvertretender Verehrer hatte sich nichts geändert.

Als Teil seiner heftigen Werbung um Valerie ließ Joe durch mich zum Valentinstag bei der Konditorei Greenberg & Söhne eine Schokoladentorte besorgen. Valerie hatte mal gesagt, sie sei wild auf Schokolade, und er vermutete, daß sie eine Schokoladentorte dieser Qualität noch nie gekostet hatte. (Wir glauben, daß es nirgendwo in New York eine bessere gibt.) Ich gratulierte ihm zu diesem Einfall. Keine Frau kann einem solchen Geschenk widerstehen. Weil ich um diese Zeit noch nicht zum ›Autor‹ avanciert war, verfaßte Heller selbst die Inschrift für die Torte: »Liebste Valerie, möchten Sie UNSERE Konkubine sein?« Über die Torte geriet sie vor Freude außer sich. Was sie von der Inschrift gehalten hat, ahne ich nicht. Ich hoffe nur, irgendwer hat sie darüber aufgeklärt, daß die nicht von mir erdacht war.

Ich vermutete nämlich, daß diese meine besondere Rolle in dem Maße unbedeutender würde, in dem Joes Genesung Fortschritte machte, und richtete mich darauf ein, den romantischen Teil meines Lebens wieder selber zu arrangieren.

Mario Puzo wollte zusammen mit Carol Gino in die Stadt kommen, um Heller zu besuchen, und lud mich ein, anschließend bei Elaine mit ihnen zu essen. Heller bat mich, Valerie mitzunehmen. Sie ging also nach der Arbeit heim und machte sich für den Abend fein. So schick hatte ich sie noch nie gesehen, und Joe offenbar auch nicht; ihm gefiel jedenfalls, was er sah. Als er sie bat, Eiscreme aus dem Gefrierschrank des Personals zu holen, machte sie ihn darauf aufmerksam, daß sie nicht im Dienst, sondern eingeladen sei. Carol, ehemals selber Krankenschwester und eine recht muntere dazu, erkundigte sich, wo die Eiscreme zu finden sei, und brachte sie. Mario hatte Joe zuletzt im Mount Sinai gesehen und es damals kaum ausgehalten. Diesmal war er so erfreut darüber, daß Joe ›empfing‹ statt ›abzukratzen‹ (eine seiner Lieblingswendungen), daß er ganz vergnügt herumtrödelte, bis Joe uns alle rausschmiß.

Bei Elaine ging es zu wie üblich: es drängten sich Schriftsteller, Schauspieler, Produzenten, Zuschauer und Woody Allen. Elaine hat eine große Schwäche für Mario. Als sie zu uns an den Tisch kam, tat sie etwas Merkwürdiges – sie beförderte Valeries Handtasche, die diese neben ihrem Stuhl abgelegt hatte, mit einem Tritt unter den Tisch, und als sie meine fragende Miene sah, flüsterte sie mir die Erklärung dafür ins Ohr: »Ich traue nicht allen meinen Gästen, die Tasche ist da besser aufgehoben.«

Wie gewöhnlich bestellten wir zuviel, doch blieb erstaunlicherweise nichts übrig. Mario ißt nie besonders viel, und Carol pickt auf dem Teller rum wie ein Vögelchen. Es stimmt, daß ich gerne gut esse, aber nicht mehr als eine normale Portion. Es stellte sich an diesem Abend heraus, daß Valerie kein Ende findet, solange noch was Eßbares auf dem Tisch steht.

Tags darauf stellte ich Joe warnend vor Augen, daß seine große schlanke Freundin schier unersättlich sei, und als er das hörte, leuchteten seine Augen wie ein Christbaum.

Als Joe noch den Schlauch hatte, wurden wir von unserer Freundin Valerie Salembier eingeladen, an der Geburtstagsparty für Richard West teilzunehmen, doch obwohl sie ganz dicht bei der Klinik wohnte, wollte Joe des Schlauches wegen nicht hingehen. Er fand aber, es sei eine schöne Abwechslung für Schwester Humphries, und so übernahm ich denn wieder einmal die Rolle des stellvertretenden Verehrers. Ich warnte ihn jedoch: sobald er gesund genug wäre, selber den Verehrer zu machen, bestünde die Gefahr, daß er alles verdürbe. Die Party für Richard war wirklich gelungen, es gab gut zu essen und zu trinken, echte Texaner, Musik und Tanz. Schwester Humphries hörte zum ersten Mal ›King‹ Carrasco und bat Richard, alles für sie auf Tonband aufzunehmen. Im Laufe des Abends bekamen alle Gäste Schlaginstrumente überreicht, mit denen sie den Takt schlagen und den Lärm verdoppeln sollten. Zu meiner Überraschung rief niemand nach der Polizei. Valerie Humphries und ich gingen als letzte, sie hatte sich königlich amüsiert und quoll tags darauf vor Dankbarbeit schier über – Joe gegenüber. Joe sagte, er freue sich, daß sie auf die Party gegangen sei (was bedeutete, er war froh, im Bett geblieben sein zu können).

Nach Entfernung des Schlauches lud Valerie Salembier uns noch einmal ein, und diesmal sagte Joe zu. Ich hatte meine eigene Begleiterin. Während er bei seinem ersten Restaurantbesuch im Rollstuhl sich noch recht unbehaglich gefühlt hatte, war das jetzt am Eßtisch bei Salembiers sichtlich anders. Unsere Gastgeberin, die wußte, daß Joe nicht imstande war, selber ein Buch zu halten, hatte sich einige Zeit zuvor erboten, zu ihm zu kommen und ihm aus den Werken von George Eliot vorzulesen, sie wohnte ja ganz in der Nähe. Ich fand, dies sei ein sehr liebenwürdiges Anerbieten, doch Joe lehnte glatt ab. Er sagte mir, der Gedanke, daß ihm jemand vorläse, sei ihm ebenso zuwider wie Mario ein Besuch im Krankenhaus. Lieber wolle er einen Besen fressen.

Da Joe nun Erlaubnis hatte, abends außerhalb zu essen, schlugen seine Gourmet-Freunde eine gemeinsame Mahlzeit in Chinatown vor. Wir meinten, nur auf diese Weise werde alles Menschenmögliche getan, seine Genesung zu befördern. Damit begann seine wirkliche Rehabilitation. Die Regel, die das Mitführen von Damen verbot, mußte jetzt zugunsten von Schwester Humphries außer Kraft gesetzt werden. Wir änderten die Statuten einstimmig dahin, daß Krankenschwestern nicht als weibliche Begleitung gelten; sie war also nicht Joes Freundin, sondern medizinische Begleitperson. (Ein sehr cleverer Schachzug, dem die Überlegung zugrunde lag, daß jedem von uns, die wir ja nicht jünger wurden, eine freundliche Krankenschwester als Begleiterin nützlich sein könnte!)

Zu diesem Ausflug nach Chinatown kamen wir in Julie Greens Kleintransporter und schickten George rauf, um unsere Ankunft zu melden. Julie Green, Joe Stein und ich warteten draußen. Valerie schob Heller in seinem zusammenlegbaren Rollstuhl auf die Rampe vor die Klinik, und gerade als wir ihm in den Wagen helfen wollten, fragte sie: »Wie ist das Wetter?« Stein hielt einen Finger in die Luft und sagte bloß: »So.« Es schien, als wäre sie von dieser Auskunft befriedigt, fragte aber nach: »Ist es kalt?« Wir standen ratlos und offenen Mundes da, doch Stein, der die Finger bewegte, als prüfe er die Qualität eines Stoffes, antwortete geistesgegenwärtig: »Fühlen Sie mal.« Darauf machte Valerie nur »Oh!«

Daß sie schon im Freien stand, spielte bei alledem keine Rolle. Ihr lag nur am Wohlbefinden ihres Patienten, und sie wollte wissen, ob er warm genug angezogen war.

Nachdem diese Hürde genommen war, wollte ich den Kavalier spielen und Joe aus dem Rollstuhl heben. Ich bin ziemlich kräftig, doch mißlang mein Versuch kläglich. Valerie jedoch stellte ihn mühelos auf die Beine, drehte ihn seitwärts und ließ ihn auf den Beifahrersitz gleiten. Ich sah ihr dabei aufmerksam zu, bekam aber den Trick nicht mit.

Bei der Rickshaw Garage angelangt, versuchte ich mein Glück noch einmal, hob ihn mit größter Mühe an, wobei ich meine Knie benutzen und ihn am Gürtel packen mußte, eine Unternehmung, bei der Passanten neugierig stehenblieben und Valerie und die übrigen mich meiner Ungeschicklichkeit wegen höhnisch auslachten. Von der Garage schoben wir Joe ins Wing Wah, unser Lieblingslokal, wo wir von einem der Besitzer, Dick, aufs herzlichste begrüßt wurden. Er freute sich sehr, Joe zu sehen, brachte für ihn besonderes Mitgefühl auf, hatte er doch selber erst vor kurzem an einer partiellen Gesichtslähmung gelitten. Er stellte uns eine Flasche Johnnie Walker, Black Label hin (manchmal brachten wir unseren Whiskey selber mit, und er bewahrte ihn für uns auf, doch dies war ein Geschenk des Hauses), dann enteilte er in die Küche, um unser Essen zu bestellen. Es begann mit der ›Suppe des Hauses‹, einer ganz eigenen Kreation, die nicht auf der Speisekarte steht; es ist jeden Tag eine andere, aber köstlich schmeckt sie immer. Sie wird für die Besitzer und das Personal hergestellt, und wenn wir kommen, kriegen wir sie ebenfalls. Es folgten weitere Gerichte, und ich sah Hellers Lippen beben, als er das Hühnchen in Soyasauce erschnupperte. Als der Schweinebraten aufgetragen wurde, quollen ihm die Augen raus, bei den Austern begann er zu ächzen, und die gebratenen Nudeln zu Rindfleisch gaben ihm den Rest. Wir bemerkten, daß er nicht wie früher mit ausgestreckten Armen in die Schüsseln fahren konnte, doch darauf wurde keine Rücksicht genommen. Auch kaute und schluckte er sehr langsam, und manchmal fielen ihm Brocken aus dem Mund. Er gewöhnte sich an, beim Kauen eine Hand vor den Mund zu halten, und das tut er auch jetzt noch. Wir bemitleideten ihn im stillen, schlangen aber so schnell wie immer. Doch der Löwenanteil der Gerichte verschwand in Hellers stellvertretendem Mund, dem von Schwester Humphries nämlich, und seine Freunde, die Gourmets, waren ihr dabei nur behilflich. Nach Heller vor seiner Krankheit ist Valerie die stärkste Esserin, die ich kenne. Als ich sie bei Elaine reinhauen sah, glaubte ich noch, sie sei vielleicht ungewöhnlich ausgehungert, doch war das ein Irrtum. Wenn ich jetzt höre: »Puh! das war einfach zu gut, ich kriege keinen Bissen mehr runter!«, dann weiß ich, jetzt geht es noch mal richtig los. Wir hätten ihretwegen die Regeln nicht zu ändern brauchen, eine Esserin wie sie ist uns allemal willkommen.

Vor seiner Entlassung aus dem Rusk-Institut aß Joe abends schon häufig auswärts. Zu Cheryl McCalls Geburtstagsparty kam er mit Valerie in eines der von uns bevorzugten italienischen Restaurants in Greenwich Village. Der Taxifahrer half Valerie nicht nur mit Joes Rollstuhl, er weigerte sich auch, Geld für die Fahrt anzunehmen. Valerie schob Joe an unseren Tisch, wo er von Michael und Ennio, den Besitzern, herzlich begrüßt wurde. Bei einem ausgezeichneten Essen erinnerten wir uns unserer letzten gemeinsamen Mahlzeit mit Cheryl am Abend, bevor er ins

Mount Sinai eingeliefert wurde, wir tranken auf seine Gesundheit und vollständige Genesung. Nach dem Essen wollten wir noch was unternehmen, Joe jedoch strebte mit Valerie zurück in die Klinik. Unterdessen hatte es zu regnen begonnen, und Taxis waren schwer zu bekommen. Schließlich machte eines Anstalten, vor dem Restaurant zu halten, doch als der Fahrer den Rollstuhl sah, gab er Gas und fuhr weiter, sehr im Unterschied zu seinem Kollegen, der Joe hergebracht und nicht mal Geld dafür hatte nehmen wollen. Als auch der nächste Fahrer nicht anhalten wollte, waren wir außer uns und verzweifelt. Joe war uns nie so hilflos und verletzlich erschienen, und wir verfluchten unsere eigene Unfähigkeit. Es konnte einem das Herz brechen, ihn da im Regen sitzen zu sehen. Valerie gelang es schließlich, eine Taxe anzuhalten, und bevor der Fahrer sich's versah, schob sie Joe an den Wagen, beförderte ihn unheimlich geschickt auf den Vordersitz, klappte den Rollstuhl zusammen und legte ihn auf den Hintersitz – eine perfekt gelungene Operation.

Es konnte nun nur noch wenige Wochen, höchstens einen Monat dauern, bis Joe kräftig genug sein würde, die Klinik zu verlassen. Die Klinikverwaltung schickte routinemäßig vor der Entlassung Spezialisten in die Wohnungen der Patienten, die prüften, ob alle Vorkehrungen für die Sicherheit der zu Entlassenden getroffen waren, und notwendige Veränderungen empfahlen. Als Joe entlassen wurde, ging man davon aus, daß er weiterhin an den Rollstuhl gefesselt sein würde. Ich empfing die Abgesandten von Rusk in Joes Wohnung, zwei junge Frauen, die ihr Geschäft verstanden, und führte sie durch die Zimmer.

Dabei wurden einige Veränderungen für notwendig erklärt. Zum ersten sei das Bett zu niedrig. Das stimmte. Ich hatte es eigens so niedrig anfertigen lassen, damit die Decke höher wirkte (und ich größer). Damals war Joe stark gewesen wie ein Pferd. Wer hätte ahnen können, was das Schicksal mit uns vorhatte? Ich beugte mich dem Rat der Experten, war aber noch nicht dazu gekommen, irgendwas in die Wege zu leiten, als sich schon erwies, wie recht diese beiden gehabt hatten. Eben weil das Bett so niedrig

war, wurde es Valerie schier unmöglich, Joe zu heben und auf die Füße zu stellen, als sie das erste Mal in der Wohnung übernachteten. Einmal auf den Beinen, konnte er zum Rollstuhl gehen. Er war auch nicht mehr gewöhnt, ganz flach zu liegen, und fragte, ob man nicht das Kopfteil des Bettes verstellbar machen könne wie bei seinem Hospitalbett? Er war ja nun seit vielen Wochen daran gewöhnt, im Bett halb zu sitzen.
Ich rief meinen Kunsttischler an, Barry Rosenberg, der meine Entwürfe für die Einrichtung der Wohnung ausgeführt hatte, und erklärte ihm, was gebraucht wurde. Berry kam ziemlich schnell auf eine einfallsreiche Lösung und leistete, wie nicht anders zu erwarten, vorzügliche Arbeit. Er fertigte zwei hölzerne Kästen an, die genau in den Rahmen des Bettes paßten, und hob das Kopfteil mittels Keilen an. Als die Matratze aufgelegt wurde, hatte das Bett genau die von den Experten angegebene Höhe.
Die hatten überdies vorgeschlagen, eine Handbrause und für die Badewanne einen Stuhl aus Aluminium anzuschaffen, außerdem den Teppich im Wohnzimmer zu entfernen, weil sie den für gefährlich hielten. Auch sollten die Kleiderstangen in den Schränken so weit nach unten versetzt werden, daß Joe im Sitzen seine Kleider aus dem Schrank nehmen konnte.
Das meiste davon erledigte ich selber, und dabei erst dämmerte mir, daß ja der wirkliche Joe Heller demnächst schon einziehen und der jetzige hochstapelnde Mensch, der hier wohnte, immer noch Schecks für ihn unterschrieb, Autogramme gab und vom Personal respektvoll gegrüßt wurde, das Feld räumen mußte. Der arme Speed sah sich vor die Notwendigkeit gestellt, in sein Atelier zurückzukehren, die Treppen mangels Fahrstuhl per pedes zu erklimmen und auf das schöne Leben in einem schönen Appartementhaus zu verzichten. Das waren einerseits gute, andererseits schlechte Neuigkeiten. Es freute mich aufrichtig, daß Joe heimkommen würde, und doch kam es mich schwer an, meine Rolle als sein alter ego aufzugeben. Ich fand, ich machte als erfolgreicher Schriftsteller eine sehr viel bessere Figur als Joe.

Doch fühlte ich mich nicht im geringsten beeinträchtigt, wenn er nun übers Wochenende heimkam, denn seit Anfang März schon verbrachte ich die Wochenenden auf Fire Island. Ich vermittele dort seit Jahren während der Saison Grundstücke und richte mein eigenes Strandhaus unterdessen für den Sommer her, wenn ich es vermiete. Ende Mai ist das normalerweise erledigt, und ich räume dann das Haus, das andere Leute für schweres Geld mieten. Ich selber mietete mir für diese Zeit woanders ein Zimmer. In diesem Jahr sollte das alles anders werden, doch wußte ich es noch nicht.

Es war höchst ungewöhnlich und paßt auch gar nicht zu mir, doch irgendwie fing ich an, über meine eigene Zukunft nachzudenken. Während ich den Schriftsteller Heller darzustellen hatte, war mir so was gar nicht in den Sinn gekommen, doch jetzt überlegte ich, was ich tun sollte, wenn Joe mich nicht mehr brauchte. Nicht, daß ich nichts mit mir anzufangen gewußt hätte, das war nie mein Problem, denn es drängte mich stets, was mit den Händen zu machen. Ob es sich nun darum handelte, Bilder zu malen, zu bildhauern, Schmuck oder Bekleidungsartikel herzustellen, Reparaturen auszuführen oder neue Gerichte zu erproben war einerlei. Zudem war es Frühling, also die angenehmste Jahreszeit für einen Aufenthalt in meinem Atelier im Blumenviertel. Außerdem blieb mir für eine Veränderung reichlich Zeit. Noch kam Joe nur übers Wochenende in seine Wohnung, ich blieb also unter der Woche ungestört. Doch nun deutete sich überraschenderweise an, daß Dinge bevorstanden, die meinen Lebensstil nicht mindern, sondern noch heben würden. Joe fragte nämlich, ob ich in diesem Jahr meine Tätigkeit auf Fire Island früher als sonst beenden könnte.

Bevor er erkrankte, war er von Bob Towbin aufgefordert worden, mit nach Cannes zum Filmfestival zu fahren.

Towbin, der es ablehnte, in Cannes im Hotel zu wohnen, charterte deshalb eine Yacht (samt Besatzung), die er später auch gekauft hat, und weil er in Cannes offiziell als Mitglied der New York Film Society auftritt, will er den Aufenthalt dort mit seinem Urlaub verbinden. Als Joe

mich nun fragte: »Hättest du nicht Lust, nach Cannes zu fahren?« vermutete ich zunächst einen seiner üblen Scherze, doch versicherte er, die Frage sei ernst gemeint. »Falls du möchtest, kann ich das arrangieren.«
Das war nun wirklich aufregend! Ehedem, als Unternehmer, war ich häufig luxuriös in Europa gereist, doch hatte es seither so ausgesehen, als solle sich eine solche Chance nicht mehr bieten. Als ich zögernd einwandte, er könne doch ohne mich nicht auskommen, behauptete Joe, das könne er sehr gut – entweder sei er dann noch in der Klinik oder entlassen. Valerie würde sich weiter um ihn kümmern, und sein Bruder Lee sei bereit, jederzeit nach New York zu kommen, falls Joe dies wünsche. Lee würde entweder bei seinem Sohn wohnen oder das Schlafsofa in Joes Wohnung benutzen, sich um die Post, das Einkaufen und ähnliches kümmern und die Gelegenheit benutzen, die Verwandtschaft zu besuchen. Anders ausgedrückt: Ich würde Lee geradezu einen Gefallen erweisen, wenn ich mich aus dem Staube machte. Übrigens würde auch Mario in Cannes sein. Es handelte sich mithin um ein Angebot, das ich nicht ausschlagen konnte. Von nun an galt es, sich zu beeilen, und der Name ›Speed‹ wurde ganz passend für mich.
Ende Mai sollte Joe entlassen werden, und wir alle meinten, ab Mitte Juni könnte er den Sommer über sein Haus in East Hampton bewohnen. Trotz aller Veränderungen in der Wohnung war sie keineswegs ein idealer Aufenthaltsort für ihn, Küche und Bad waren zu klein für den Rollstuhl, und der Nachtstuhl paßte nicht durch die Tür des Badezimmers. Also borgte ich mir eines Tages Julies Wagen und fuhr mit Valerie nach East Hampton zu einer Ortsbesichtigung.
Ich fand das Haus sehr geeignet. Das neue Schwimmbekken stellte eine große Verbesserung des Ganzen dar, und das Grundstück als solches befand sich in gepflegtem Zustand. Zwar gab es nahe Nachbarn, trotzdem hatte man das Gefühl der Abgeschlossenheit ohne Beengung. Valerie fand das Haus ebenfalls wunderhübsch, bequem und schön gelegen.

Bei näherer Betrachtung kamen wir zu dem Ergebnis, es sei wohl das beste, das Gästezimmer im Erdgeschoß als Joes Schlafzimmer herzurichten. Dafür mußte das Schlafsofa etwas angehoben werden. Mein Kunsttischler Barry war wieder mit einem praktischen Einfall bei der Hand: er schnitt eine passende Platte aus dickem Sperrholz zurecht, und ich stiftete eine Schaumgummimatratze aus meinem Strandhaus. Sorge machte mir eine Stufe von geringer Höhe, über die man aus dem Schlafzimmer in den Patio trat, doch da würde eine Rampe helfen. Im Wohnzimmer schaffte ich Platz für einen Schreibtisch und vermaß das Bad im Erdgeschoß. Ich sah gleich, daß genügend Platz war, seinen Spezialnachtstuhl über das Klobecken zu rollen, und daß in der Dusche Raum genug war für ein Bänkchen.
Als nächstes brachte ich Joes Wagen in die Inspektion und kümmerte mich um das Telefon. Die Telefongesellschaft behauptete, es stünden die Gebühren für ein ganzes Jahr aus, und wollte den Apparat erst anschließen, wenn alles bezahlt wäre. Ich ließ mir eine Kopie der Rechnung kommen und zahlte. Als ich Joe davon erzählte, meinte er, ich solle auch gleich wegen der Strom- und Wasserrechnung nachfragen, und richtig, auch da standen unbezahlte Rechnungen für ein ganzes Jahr offen.
Joe hatte vorgeschlagen, Valerie und ich sollten, wenn wir schon draußen wären, seine alten Freunde Gwathmey besuchen und sie auf seine Rechnung zum Essen ausführen. Bob und Rosalie Gwathmey kannte ich seit Anfang der vierziger Jahre. Bob stammt aus Virginia, Rosalie aus North Carolina. Im Geiste sind sie jung geblieben, wenn auch unterdessen betagt. Bob ist ein guter Maler, Rosalie kann alles. Niemand von meinen Bekannten hat einen sichereren Geschmack, was Dekoration, Kleidungsstücke und Menschen angeht, als sie, das gilt auch für ihren Sohn Charles, den Architekten. (Charlie platzt jedesmal vor Wut, wenn ich das sage.) Ich hatte Gwathmeys schon vor Jahren mit Heller bekannt gemacht und stellte ihnen nun seine Pflegerin Valerie vor. Valerie war entzückt. Bob und Rosalie wollten nicht auswärts mit uns essen, bestanden

aber darauf, daß wir auf einen Drink blieben. Sollte Joe beabsichtigt haben, Valerie hier regelrecht einzuführen, war er auf dem richtigen Weg. Der alte Bob flirtete für ihn mit Valerie, während Rosalie in der Küche kleine Leckereien zubereitete, die Valeries Entzücken vergrößerten. Rosalie ist nämlich nicht nur eine exemplarische Gattin, Mutter, Designerin, Photographin und Strickerin, sie ist auch eine perfekte Köchin.

Joe meinte, er könnte unmöglich nach East Hampton hinausziehen, ohne zuvor einen Physiotherapeuten gefunden zu haben, der bereit wäre, ihn da draußen zu behandeln. Rusk konnte ihm dabei nicht helfen. Wir suchten schon seit Monaten jemand geeigneten, bislang aber ohne Erfolg. Während wir draußen waren, gab ich im *East Hampton Star*, dem Lokalblatt, eine Suchanzeige auf, doch meldete sich kein Physiotherapeut.

Diese schwierige Angelegenheit wurde durch einen glücklichen Zufall erledigt. Als ich im Frühjahr einem jungen Mann den Auftrag gab, mein Strandhaus anzustreichen, fragte er, ob ich was dagegen habe, wenn seine Freundin über das Wochenende nach Fire Island komme. Selbstverständlich machte ich keine Einwände.

Das Mädchen war hübsch, gescheit und sympathisch. Mein Vater, der mich stets dafür getadelt hatte, daß ich niemals genug Fragen stellte, wäre stolz auf mich gewesen, hätte er hören können, wie ich diese junge Dame ins Gespräch zog. Auf die Frage nach ihrem Beruf antwortete sie, sie sei Lehrerin für Physiotherapie am Columbia-Presbyterian Hospital, und ich erzählte ihr von Joes Schwierigkeiten. Sie meinte, sie wolle sich mal umhören, und gleich hatte ich das Gefühl, sie könnte uns helfen. Und das tat sie denn auch. Während ich in Frankreich war, verwies sie Joe an einen Therapeuten in Riverhead, der seinerseits Don Shaw empfahl. Don, ein angenehmer junger Mann mit blondem Lockenkopf, dazu ein guter Therapeut (er behandelte später mein schlimmes Knie), kam denn auch zum vorherbestimmten Tag auf seinem Motorrad angefahren und wurde ein geschätztes Mitglied von Hellers ›Stab‹ in East Hampton.

In New York beauftragte Joe mich damit, einen Stuhl mit hoher Lehne und Armlehnen zu beschaffen, der etwa dem entsprach, den er für seine Übungen in der Klinik benutzte. (Eigentlich stand er bei Rusk in der Küche der Abteilung für Beschäftigungstherapie.) Weil Stühle dieser Art samt und sonders häßlich waren, baute ich selber einen der vorhandenen Eßzimmerstühle so um, daß er in der Höhe verstellbar war. Das sah zwar etwas sonderbar aus, erfüllte aber den Zweck. Meine Mutter wäre stolz auf mich gewesen. Einer ihrer Söhne war Arzt, der andere Anwalt, und weil ich, der jüngste, nicht Zahnarzt werden wollte, meinte sie, ich könne ja Erfinder werden. Damals hielt ich das für eine abwegige Idee. Verzeih mir, Mama.

Weil die Zeit jetzt knapp wurde – ich wollte zwei Tage nach meiner Rückkehr aus Frankreich nach East Hampton übersiedeln –, beauftragte ich einen Spediteur, der Joe kannte, die Sperrholzplatte bei Barry, mein Fahrrad und Joes Sachen aus der Wohnung auf der Eighth Avenue, darunter auch seinen Spezialnachtstuhl und einen antiken Rollstuhl, den ich ihm zu seinem Geburtstag geschenkt hatte (ein Scherz, doch erwies er sich als nützlich), und in Bay Shore die Matratze abzuholen und das alles zu Joe nach East Hampton zu transportieren. Es klappte dann wie am Schnürchen.

Kurz vor seiner Entlassung aus Rusk war ich zufällig dabei, als Dr. Goodgold hereinschaute und ein weiteres Elektromyogramm vorschlug. Weil Joe sich noch gut daran erinnerte, wie schmerzhaft das letzte gewesen war, zögerte er. Normalerweise hätte ich mich nicht eingemischt, doch diesmal hatte ich die Unverschämtheit zu fragen, ob diese Prozedur nützlich sei für den Patienten? Dr. Goodgold erwiderte ganz offen, Joe könne davon nicht die Spur profitieren, doch könnten die Ergebnisse für Mediziner aufschlußreich sein, die auf diesem Gebiet forschten. Daraufhin sagte ich zu Joe: »An deiner Stelle täte ich das nicht.« Und Joe lehnte denn auch ab.

Als er dann am 14. Mai entlassen wurde, hatte ich neue Bettwäsche herausgelegt, meine wenigen Habseligkeiten gepackt und war in mein Atelier auf der Twenty-eighth

Street übersiedelt. Dort bereitete ich alles für die Reise nach Cannes vor.
Vorher aber spielte ich ihm noch einen hübschen Streich. Kürzlich hatte ich einem Photojournalisten gesessen, der sich auf Porträtstudien verlegen wollte, und nun ließ ich eines dieser Photos so vergrößern, daß es die ganze Wand zwischen zwei Bücherregalen in Joes Wohnung einnahm. Da konnte er sich an seinem lieben Freund Speed sattsehen.
Ich war nicht dabei, als Joe mein Porträt erblickte, Valerie erzählte mir aber, daß er fünf Minuten lang gelacht habe und sie selber zehn. Ich sagte Joe später, er dürfe das Photo gerne von der Wand reißen, sobald er kräftig genug wäre, aber er erwiderte: »Warum? Es gefällt mir und macht sich da sehr gut.« Jetzt allerdings beklagt er sich. »Ich kann das verflixte Ding nicht mehr loswerden!« (Als er aus dem Appartement auszog, wurde das riesige Photo mitsamt seinen übrigen Sachen nach East Hampton transportiert, und jetzt beherrscht es eine Wand des Gästezimmers – in dem ich der häufigste Gast bin.)
Während Heller sich daran gewöhnte, die Wochenenden in seiner Wohnung zu verbringen, hatte ich noch einiges für ihn zu erledigen, bevor ich nach Cannes abreisen konnte. Joe war unzufrieden mit seiner Kaffeemaschine und wollte eine andere. Ich sagte, es gäbe eine aus Glas mit Metallfilter, die in Frankreich hergestellt werde, sie sei zwar teuer, gelte aber als ausgezeichnet. Er sagte bloß: »Beschaff mir eine«, und das tat ich. Als er sie sah, fragte er empört: »Dies lumpige kleine Ding kostet einen solchen Haufen Geld? Wofür eigentlich! Sie macht nur vier Tassen Kaffee, und der schmeckt zum Kotzen. Schmeiß sie weg. Ich will eine Maschine für zwölf Tassen.« Ich hörte mich um, befragte meinen Experten Saul Zabar. Der sagte, das neueste auf diesem Gebiet sei ein elektronisches Wunder aus Japan, das alles selbsttätig mache – den Kaffee mahle, kochendes Wasser zugebe und erstklassigen Kaffee produziere. Die Maschine sei absolut narrensicher, allerdings teuer. Joe, den ich informierte, befahl die Anschaffung. Ich gehorchte. Als ich ihn später fragte, wie

er denn mit seiner elektrischen Neuerwerbung zurechtkomme, sagte er bloß: »Das Ding macht scheußlichen Kaffee, alle zwölf Tassen schmecken fürchterlich.«
Meine Freunde Ken und Barbara Cooke gaben auf ihrem Dachboden in Soho eine Abschiedsparty für mich. Heller, soeben erst aus dem Rusk-Institut entlassen, wollte gern teilnehmen, wußte aber, daß es in dem Gebäude keinen Fahrstuhl gibt, und die Treppe wollte er nicht benutzen. Wir versicherten ihm, zu viert würden wir ihn schon irgendwie raufschaffen. Er jedoch fürchtete, anschließend von vier Betrunkenen die Treppe runtergeschmissen zu werden. Die Party wurde ein Erfolg. Heller, der niemals Geschenke macht, hatte für mich eine Überraschung. Er hatte veranlaßt, daß mir auf der Party ein Geschenk übergeben wurde. Als ich es auspackte, war ich gerührt: es war die elegante französische Kaffeemaschine, die er verabscheute und die mir so gut gefiel.
Tags darauf fuhr ich zum Flugplatz; die Reise nach Cannes hatte begonnen.

Eines frühen Morgens Anfang März war ich imstande, mich aus eigener Kraft im Bett umzudrehen. Mein Bruder Lee nahm diese Eröffnung mit Entsetzen zur Kenntnis. Ich rief ihn oder meine Schwester einmal wöchentlich in Florida an. Er erklärte mir seine Reaktion folgendermaßen: »Mir war ja gar nicht klar, daß du das all die Zeit gar nicht konntest!« Daß ich gelähmt war, konnte er sich vorstellen, nicht aber, daß ein Gelähmter sich nicht bewegen kann.
Im Mai sah er dann noch einiges, was er nicht glauben konnte. Als ich entlassen war, kam er nach New York, um Valerie bei meiner Pflege behilflich zu sein, nachdem der herzlose Bube Speed Vogel mich im Stich gelassen hatte, um sich auf einer Mittelmeerreise zu amüsieren, die ich ihm großmütig auf anderer Leute Kosten verschaffte. Lee wandte die Augen ab, um mich nicht in meinem Rollstuhl sitzen und mit matten Bewegungen meine Übungen machen zu sehen. Wenn allerdings Carol Recker Hughes kam und mich zu lebhafteren Bewegungen animierte, strahlte er, und er sah beglückt, wie Valerie sich meiner und der Wohnung annahm, auch an jenen Tagen, an denen sie bis in den späten Nachmittag im Mount Sinai Hospital arbeitete. Er staunte immer wieder darüber, daß ich mir eine so angenehme Weibsperson zugelegt hatte. Ich erklärte ihm scherzend, ich verfüge eben über die Gabe, die besten Seiten meiner Mitmenschen zum Vorschein zu bringen. Eine weitere willkommene Besucherin war Schwester Anna Gorelik vom Rusk-Institut. Die übernahm Valeries Pflichten an jenen Abenden, an denen Valerie mich herzlos verließ, um sich ihrem Privatleben zu widmen, als wäre das für sie ebenso wichtig wie meines. Eine professionelle Pflegerin brauchte ich für zwei Hilfeleistungen, die jeweils nicht mehr als fünf Sekunden in Anspruch nahmen: Sie mußte mir vom Nachtstuhl helfen und von der Bank, die Speed in meiner Badewanne installiert hatte. Alles üb-

rige konnte ich dann selber erledigen, mich sogar abtrocknen und hin und her gehen. Weder der Rollstuhl noch der Nachtstuhl paßten durch die Badezimmertür; in die Küche konnte ich hineinrollen, doch manövrieren konnte ich dort nicht, dazu war zu wenig Raum. Anna und Lee deckten den Tisch für uns drei; meist ließen wir uns das Essen aus einem der nahe gelegenen Restaurants kommen. (In der Stadt New York gibt es unzählige Restaurants, aber außerhalb von Chinatown kenne ich nur ein halbes Dutzend einigermaßen gute.) Wäre nicht mein Scheidungsprozeß gewesen, die Spanne zwischen meiner Entlassung und dem Umzug nach East Hampton wäre angenehm vergangen und nicht nur das, sie hätte mir auch viele genußreiche neue Erlebnisse verschafft. Nichts, was mir jetzt widerfuhr, war mir von früher her vertraut, zudem war ich absolut schmerzfrei und blieb auch von inneren Krankheiten verschont. Vogel fehlte uns nicht. Jedoch zählten wir fest auf seine pünktliche Rückkehr, denn unsere Sommerpläne waren ganz von seiner und Valeries Kooperation abhängig. Ohne deren Hilfe, so überlegte ich mehrmals vernehmlich, würde mir nichts übrigbleiben, als mich in ein Hospital für Kriegsveteranen aufnehmen zu lassen. Dabei wußte ich nicht mal, ob ich darauf jetzt noch Anspruch hatte.

Im März bereits hatten mit mir einige Veränderungen stattgefunden. Während zu Beginn der Beschäftigungstherapie im Vormonat die Kraft in Fingern und Händen kaum meßbar gewesen war, zeigte sich eine deutliche Besserung. Mit der rechten Hand – mit der linken nicht – konnte ich eine Wäscheklammer aufdrücken, und Ende März mit der Schere ein so störrisches Material wie Zeitungspapier schneiden. Man beauftragte mich, für die Angestellten Anzeigen mit Sonderangeboten auszuschneiden, Ende März war ich auch imstande, in Tischhöhe »Tätigkeiten auszuführen, die das Überwinden geringen bis mäßigen Widerstandes erfordern, d. h. Deckel von Gläsern abschrauben, Kuchenteig kneten, mit einem elektrischen Quirl arbeiten, mit beiden Händen vom Rollstuhl aus Gegenstände vom Fußboden aufheben, die nahe genug liegen, was alles die Beweglichkeit von Kopf, Hals, Rumpf und Armen steigert«. Meinem Bruder Lee erzählte ich hiervon nichts, um ihn nicht mit der Erkenntnis zu deprimieren, daß ich alles dies nicht hatte tun können. Ferner vermochte ich jetzt ohne Hilfe mit der Urinflasche umzugehen. Das verschaffte mir ein Maß an Selbständigkeit, das ich herbeigesehnt hatte. Jetzt brauchte ich nachts nicht mehr zu klingeln; die Flasche wurde von den Pflegepersonen geleert, die nächtlich alle zwei Stunden nach mir sahen.

Die Kraft, mit der ich zupacken konnte, wurde in Pfunden gemessen, und sie betrug Anfang April um zwei Pfund mehr als im März, und zwar stieg sie für die rechte Hand von vier auf sechs Pfund und für die linke von Null auf zwei. (Beide Daumen waren noch nicht stark genug, den Knopf zu drücken, mit welchem die elektrische Zahnbürste in Betrieb gesetzt wurde.) Drei Wochen später hatten die genannten Werte sich etwa verdreifacht. Und als ich wiederum drei Wochen später entlassen wurde, betrug der Wert für die rechte Hand zwanzig Pfund, der für die linke neun. Man soll sich dadurch aber nicht irreführen lassen, ich weiß nicht, wie die Werte jetzt sind, auch nicht, wie hoch sie sein sollten, und es ist mir auch ziemlich ei nerlei. Meine Hände sind jedenfalls sehr viel kräftiger, als sie waren, aber immer noch nicht ausreichend gestärkt, um damit schwergehende Wasserhähne aufzudrehen oder kleine Knöpfe durch kleine Knopflöcher zu führen. Im März gelang es mir, meine Badehose über die Hüften zu streifen. Das gelang dank der unermüdlichen Beharrlichkeit – man könnte auch sagen, und das tue ich, dank der unbarmherzigen Beharrlichkeit meiner regulären Pflegerinnen Margaret George und Meryl Farquharson. Meryl machte den Anfang, indem sie mir eines Morgens nach dem Frühstück die Badehose hinwarf und, statt sie mir wie gewohnt überzustreifen, einfach sagte: »Los, ziehen Sie die an«, und aus dem Zimmer ging.

Ich war perplex. »He, das kann ich nicht!« rief ich ihr nach, Worte, die das Personal bei Rusk oft zu hören bekommt.

»Probieren Sie's mal«, gab sie über die Schulter zurück,

ließ mich stehen und kümmerte sich um andere Patienten, alles mit einem unerschütterlichen Lächeln. Meryl stammte aus Barbados, hatte eine schöne braune Hautfarbe und ihre Ausbildung in England erhalten. Ende März also konnte ich die Badehose selber anziehen. Seit ich im Liegen die Hüften anheben konnte, streifte ich Unterhosen und Hosen selber über, war also, was das Anziehen betrifft, schon so gut wie unabhänig von Hilfe – solange ich lag. (Ende April lernte ich in der Beschäftigungstherapie die Aufgaben zu bewältigen, die die Haushaltsführung betrafen; ich bereitete einen Thunfischsalat zu und bediente einen elektrischen Büchsenöffner. Auch Zwiebeln schnitt ich zur Zufriedenheit, etwas, worin ich mich noch jetzt nicht besonders bewähre. Ich war also auch als Küchenchef approbiert.)
Alles dies zeigte an, daß die Nervenzellen sich regenerierten, ganz wie man es mir vorhergesagt hatte.
Zu Beginn der Armübungen bedurfte ich, um den Arm über die Tischhöhe zu heben, eines helfenden Gewichtes von vier Pfund an dem Hebel, der den Arm hochdrückte. Während ich mit dem rechten Arm Mitte März auch ohne eine solche Unterstützung nach Gegenständen greifen konnte, die senkrecht über mir hingen, schaffte das der linke Arm allerdings nur mit Hilfe von drei Pfund am stützenden Hebel, und mit anderthalb Pfund zum Zeitpunkt der Entlassung. Auf dem Rücken liegend, konnte ich den linken Unterarm anwinkeln, den Ellenbogen aber nicht heben. Mel Brooks sah dies mit Schrecken, als er eines Abends, begleitet von einigen Zwergen des Gourmet-Clubs, vorbeikam. Er forderte mich mehrmals auf zu zeigen, wie ich den linken Arm nicht heben konnte.
»Los, los, zeig mal, wie du den Arm nicht heben kannst!« verlangte er. Um ihn zu erheitern, führte ich auch noch vor, daß ich den Kopf nicht heben konnte.
Mels Besuch war, ganz wie sein erster, eine Überraschung. Er und seine Kumpane waren unterwegs nach Chinatown zum Essen. Zusammen waren es fünf Gestalten – Speed, Julie Green, Mel, George Mandel und Ngoot Lee. Valerie ist, wie gesagt, großgewachsen, und sie sah

diese, wie es schien, endlose Zwergenprozession höchst verblüfft ins Zimmer marschieren. Sie machte denn auch eine entsprechende Bemerkung: nie zuvor habe sie so viele kleine Männer auf einen Haufen gesehen. George Mandel fand hierauf eine wohlwollende Antwort: »Wären wir sieben, könnten Sie Schneewittchen spielen.«
Als sie alle hereinspaziert waren, ließ ich mir von Valerie in den Rollstuhl helfen. Mel war, was gar nicht zu ihm paßte, ganz sprachlos, als ich ihm meine Schwachpunkte geschildert hatte. Er wirkte sehr nachdenklich. Noch wog ich erheblich weniger als bei seinem ersten Besuch. Dann aber – vielleicht um mich für die optimistischen Vorhersagen zu belohnen, die ich auf der Intensivstation von mir gegeben hatte, oder auch für die eben gegebene Demonstration – faßte er den Entschluß, mich auf seine Weise zu kurieren, auf eine ganz unvorhersehbare, extrem inspirierte, wenn auch total unwirksame Weise. Ohne anzudeuten, was er im Sinne hatte, bewegte er sich vom Fenster, wo er stand, zu meinem Rollstuhl, legte mir die Hand aufs Haupt, verdrehte wild die Augen und kreischte:
»Ich beschwöre dich bei Jesus! Stehe auf und wandele!«
Ich tat mein bestes, aber vergebens.
George hat mir später erzählt, daß Mel im Abgehen auf dem Korridor sein Verhalten folgendermaßen erklärte: »Ich dachte, das müßte ich mal ausprobieren.«
Worauf Green den Vorschlag machte: »Vielleicht sollten wir alle zusammenlegen und ihn nach Lourdes schicken.«
Mitte Mai konnte ich den Kopf heben und mich ohne Hilfe aufsetzen. Als ich entlassen wurde, konnte ich aus dem Sitzen aber nur aufstehen, wenn die Höhe der Sitzfläche mindestens einen Meter betrug. Andernfalls brauchte ich Hilfe, doch nur wenig. Diesen Unterschied empfand ich nicht so stark wie die Personen, die mir behilflich waren. Die Ergebnisse von Physiotherapie und Beschäftigungstherapie wurden monatlich einmal bewertet, und die folgenden Angaben entnehme ich den Berichten von Carol Hughes und Susan Bernstein. Zwischen Februar und März vermerkt Carol eine Zunahme um zwischen einem halben und einem Grad für Rumpf, Hals und Gliedmaßen

und ganz allgemein eine Veränderung von K minus zu K plus (wobei K für kümmerlich steht). Beweglichkeit im Bett und beim Umbetten zunehmend. Auf der Matte konnte ich von einer Seite auf die andere rollen. Anfang März ging ich zwischen Barrenholmen und konnte bald darauf unter schützender Führung einer Therapeutin kurze Strecken zurücklegen, wobei ich strikt ihre Anweisungen befolgte. Dabei wurden seitliche Neigung des Rumpfes und Ermüdungserscheinungen beobachtet. Wenn der Körper beeinträchtigt ist, delegiert er an stärkere Muskeln die Arbeit der geschwächten, und für mich wie für die Schöpfungen Frankensteins war es einfacher, die Beine zu bewegen, wenn wir den Rumpf seitlich neigten, als jene kleinen Hüftflexoren zu aktivieren, mit denen die Natur den Homo sapiens ausgestattet hat, auf daß er aufrecht, mit Anmut und Würde schreite. Dieser Tendenz entgegenzuwirken, dienten die mir erteilten Anweisungen. Ende der ersten Aprilwoche verfügte ich schon seit drei Wochen nicht mehr über eine Privatpflegerin und bewegte mich in einem handgetriebenen Rollstuhl von einem Behandlungsraum zum anderen, wobei ich beide Arme benutzte sowie das linke Bein, das ich beugen und strecken konnte. Staunend stellte ich fest, daß ich mich des Transferbrettes bedienen konnte und wie sehr das mein Lebensgefühl hob. Über das Brett konnte ich vom Bett in den Rollstuhl gelangen, ohne aufstehen zu müssen, das heißt, ohne von fremder Hilfe abhängig zu sein. Die Barrenholme hatte ich hinter mir und benutzte für kurze Strecken einen Gehstuhl mit Armlehnen, an denen meine Handgelenke mit Riemen befestigt wurden. (Meine Schultermuskeln – um die Wahrheit zu sagen, hatte ich zuvor nie von Schultermuskeln gehört – waren nicht so stark, daß ich an Stöcken oder Krücken hätte gehen können, auch nicht für die üblichen Gehhilfen, derer sich kräftigere Invaliden bedienen.)

Bei ihrer Bewertung in der ersten Aprilwoche war Carol von der eingetretenen Besserung so beeindruckt, daß sie sagte, sie wolle empfehlen, mich noch vier Wochen länger zu behandeln. Damit deutete sie zum ersten Mal an, daß ich in Gefahr war, nach Hause geschickt zu werden! Im Mai konnte ich kleine Stufen hinauf- und hinabgehen, wenn jemand neben mir herging, und zwar inner- wie außerhalb des Schwimmbeckens, und Carol empfahl wiederum die Verlängerung meines Klinikaufenthaltes. Da aber hatte ich bereits an einer großen Geburtstagsparty teilgenommen, die für mich veranstaltet worden war, und keine Lust mehr, in der Klinik zu bleiben.

Auch war ich an einem sonnigen Frühlingstag mit Sergeant Jerry McQueen, einem mir befreundeten Polizisten, auf Coney Island gewesen, begleitet von Mary Kay Fisch, einer munteren Therapeutin vom Rusk-Institut, die erst kürzlich hergezogen war und noch kaum jemand in der Stadt kannte. Und ich war in Jeffrey Cohens Wagen mit Valerie zum Brunch bei Murray und Reene Schisgal gewesen. Jeffrey war ganz hingerissen davon, daß er durch mich mehr unterhaltsame und angenehme Leute kennenlernte als je zuvor in seinem Leben, doch Jeffrey ist Rechtsanwalt, das hat also wenig zu bedeuten. Valerie allerdings war der gleichen Meinung und amüsierte sich weiter. Wenn ich jetzt am Sonntagabend in die Klinik zurückkehrte, geschah das nicht mehr mit dem früheren Eifer, manchmal sogar verärgert und widerstrebend. Je besser es mir ging, desto unglücklicher und ungeduldiger wurde ich mit meinem Zustand und meinem Eingesperrtsein. Susan Bernstein vermerkte bereits in ihren Berichten: »Patient frustriert und deprimiert, erwartet schnellere Besserung.« Anfang Mai stand schon fest, daß ich nur noch einen, höchstens zwei Monate bleiben und trotz allem noch als Krüppel das Institut verlassen würde. Ich fragte daher Dr. Goodgold rundheraus: »Macht es einen Unterschied, ob ich noch bis Ende des Monats bleibe oder früher entlassen werde?«

Zwar war er wie alles Personal der Meinung, ich solle noch den ganzen Monat ausharren, doch sagte er ganz aufrichtig, daß sich an meinem Zustand dadurch nichts wesentlich bessern würde. Er sagte aber auch, daß die ambulante Behandlung im Institut teurer sein würde, als ich vermutete.

»Und wenn ich nun statt dreimal wöchentlich nur zweimal käme? Reichte das nicht auch?« fragte ich. Ich hatte bereits mitCarolvereinbart,daßsieandenTagen,andenenichnichtin die Klinik fuhr, zu mir in die Wohnung kommen würde. Auch darauf sagte er mir ganz aufrichtig, es würde keinen Unterschied machen. Anschließend fragte er, ob ich mich nicht noch einmal einer Elektromyographie unterziehen wolle? Auch diese sollte gratis sein, ebenso wie die zweite, die man mir im Mount Sinai angeboten hatte. Ich druckste eine Weile herum, bis Speed mir zu Hilfe kam.

»Würde das seinen Zustand bessern?« fragte er.

Dr. Goodgold, Verfasser eines Handbuches der Elektromyographie, gestand ganz offen: »Seinen Zustand nicht, aber mir könnte es nützlich sein.«

Daraufhin lehnte ich ebenso offenherzig ab.

Im Ergeschoß des Rusk-Institutes ist eine voll möblierte Wohnung eingerichtet, ein Wohnzimmer, eine Küche (es ist entweder eine, in der man essen kann, oder es gibt noch ein Speisezimmer, das habe ich vergessen), ein Schlafzimmer und ein Bad mit Handbrause und Badewanne samt Sitzbank. An den Wänden sind nahe der Wanne und des Klobeckens Haltegriffe montiert. Sowohl Küche als Bad sind erheblich größer als die gleichen Räumlichkeiten in den neuen luxuriösen Appartementhäusern, und wenn man sich das ständige Kommen und Gehen der Patienten wegdenkt, die hier ihre Fähigkeiten erproben, wäre es eine begehrenswerte Wohnung.

Auf dem Korridor vor der Wohnung steht die Attrappe eines Automobils, und Carol führte Valerie und mich eines Tages hierher, um ihr zu zeigen, wie sie mich vom Rollstuhl ins Auto umsetzen sollte, damit ich von der neugewonnenen Freiheit, auswärts zu essen und auch über Nacht wegzubleiben, auch Gebrauch machen könnte, seit Entfernung des Magenschlauches war mir die ja zugewachsen. (In diesen Fällen war ich gegenüber den versicherten Patienten stark im Vorteil: wenn die außerhalb aßen oder über Nacht aus der Klinik fortblieben, wurde ihnen von der Versicherung dafür ein gewisser Betrag abgezogen. Mir hingegen wurde nichts abgezogen, denn ich war nicht versichert.) Die Umsetzung vom Rollstuhl in ein Auto war keine große Sache, doch wollte sie gelernt sein und mußte auch mehrmals geübt werden. So etwa konnte eine einzelne Person mich nur auf dem Beifahrersitz unterbringen, und zwischen Auto und Bürgersteig mußte genügend Platz für den Rollstuhl sein, so daß kein Höhenunterschied zu überwinden war. Nur Valerie war imstande, in den Monaten, in denen das noch notwendig war, diese Operation geschickt und flink auszuführen, obwohl zu meinem Unglück auch einige andere sich daran versuchten.

Sowohl die Nachbildung der Wohnung als auch die Automobilattrappe dienten der Rehabilitation, sowohl in medizinischer als auch in sozialer Hinsicht. Bei Rusk nannte man das ›Einübung in den Alltag‹. Begonnen wurde damit im März, und zwar während der Stunden, die ich an anderen Tagen mit Physiotherapie verbrachte, teils auf der Matte, teils an einem Gerät, das Pedale hatte wie ein Fahrrad und der Stärkung der Beinmuskulatur diente. Carol und eine Kollegin brachten mich nach unten in die Wohnung. Im Wohnzimmer gab es für mich wenig zu tun: die Polstermöbel waren zu niedrig, als daß ich sie hätte benutzen können. In der Küche waren unter Aufsicht andere Patienten am Werk, und weil ich früher schon nicht hatte für mich kochen können, würde ich auch jetzt nicht dazu imstande sein. Hingegen boten Schlafzimmer und Bad, nach hinten hinaus gelegen, ein Betätigungsfeld für mich, und hier erlebte ich beim Gebrauch des Transferbrettes zunächst eine Stärkung meiner Moral, danach aber einen tiefen Einbruch. Es hob meine Moral, daß ich genügend Kraft in Armen und Schultern besaß, um das Brett benutzen zu können, doch die Erkenntnis, daß ich es nach meiner Entlassung würde benutzen *müssen,* traf mich schwer. Es handelt sich bei diesem Brett um ein poliertes Stück Holz, an beiden Enden abgeschrägt, etwa 30 cm breit und 65 cm lang. Benutzt wird es von Personen, die nicht stehen können, aber genügend Kraft in den Armen haben, um darauf von einer Sitzfläche auf eine andere zu rutschen, die sich auf etwa gleicher Höhe befindet. Carol half mir, das Brett richtig auszulegen, und wenn eines der abgeflachten Enden unter meinem Gesäß lag, konnte ich über das glatte Brett auf den Rollstuhl gleiten und auch wieder zurück. Sodann übte ich das gleiche mit dem Nachtstuhl, der etwas höher ist als Bett und Rollstuhl. Unter allen Umständen ist darauf zu achten, daß hierbei die Räder beider Stühle arretiert werden. Die Rutschpartie gelang besser als erwartet, denn zuvor waren solche Versuche im Zimmer mehrfach mißglückt. Als nächstes nahm ich im Rollstuhl Platz, löste die Bremse, rollte zur Badewanne und rutschte auf die Duschbank. Dabei geriet ich mehr und mehr, je besser das alles klappte, in einen Zwiespalt der Gefühle, und als man mich aufforderte, auf dem Nachtstuhl zu sitzen und diesen vom Bad über das Klobecken zu rollen, weigerte ich mich schlichtweg. Ich wollte das gar nicht erst versuchen. Es wäre reinste Zeitverschwendung. Wann würde ich das je tun müssen, wollte ich wie ein trotziges Kind wissen. (Man hatte mir doch versichert, daß ich wieder ganz gesund werden würde, und das glaubte ich nur allzugern!) Ich sagte also bockig zu Carol, ich würde erst allein wohnen und all dies selber erledigen, wenn ich dazu in der Lage wäre. Bei dieser Gelegenheit ließ ich mich zu der leeren, theatralischen Drohung hinreißen, notfalls dann schon lieber in ein Hospital für Kriegsveteranen zu gehen. Doch am Ende der Übungsstunden war ich wieder folgsam, unterzeichnete eine Bestellung auf einen Rollstuhl, einen Nachtstuhl, eine Duschbank und eine Handbrause, alles lieferbar bei meiner Entlassung.

Und schon am folgenden Tage machte ich die Bestellung rückgängig nach einem meiner üblichen abendlichen Gespräche mit Belle Simon, die mir einen Haufen Geld sparte, indem sie die schlichte Frage stellte:

»Weshalb das Zeug kaufen? Was wollen Sie damit anfangen, wenn Sie wieder gesund sind? Mieten Sie es doch einfach von Lou.« Also mietete ich, statt zu kaufen. Auf diesen einfachen Ausweg war ich allein nicht gekommen.

Belle und Lou Simon haben einen Sohn namens Paul, ein recht bekannter Komponist, den ich einige Jahre zuvor flüchtig im Sportclub der YMCA auf der West Side kennengelernt hatte. Lou, der Vater, wurde wenige Wochen nach mir in der Klinik aufgenommen und lag in einem Doppelzimmer auf meinem Korridor. Sein zweiter Sohn heißt Eddie; den lernte ich bald kennen und auch seine Frau Rosemary, die einfach nicht glauben wollte, daß Valerie meine Pflegerin war. Sie verließ sich statt dessen lieber auf den Augenschein. Und was sie an jenem Nachmittag, als wir uns kennenlernten, in meinem Zimmer sah, war ich im Rollstuhl und Valerie behaglich hingekuschelt auf meinem Bett, wie Madame Récamier in ihrem Boudoir nach einer schweren Mahlzeit, eifrig in ein Gespräch mit ihren Verehrern vertieft.

Belle Simon besuchte ihren Mann täglich gegen vier Uhr nachmittags in der Klinik, nach den Übungsstunden, und seit wir miteinander bekannt waren, hielt sie sich fast ebenso oft in meinem – oder soll ich sagen unserem? – Zimmer auf wie in dem ihres Mannes, denn in dessen Doppelzimmer war es wesentlich ungemütlicher. Es wurde bald üblich, daß mich übers Wochenende Leute besuchten, die eigentlich zu Paul Simon und den Seinen wollten. Belle Simon half mir mit dem Abendessen, seit Valerie nicht mehr da war, denn in der ersten Woche fürchtete ich mich, allein zu essen, und sorgte dafür, daß irgendwer stets anwesend war, bis ich mein Essen intus hatte, ohne daran erstickt zu sein. Die Angst, ersticken zu müssen, war vermutlich ebenso unvernünftig wie meine anfängliche Furcht, im Schwimmbecken zu ertrinken. Aber es war nun mal so. Bald begriff ich, daß die größte Gefahr darin bestand, daß Salz und Senf außerhalb meiner Reichweite waren.

Belle vertraute mir, als wir eines Abends allein waren, an, daß Lou häufig unter morgendlichen Depressionen litt, und es beruhigte sie zu hören, daß auch ich davon nicht frei sei. Ich selber kam darüber hinweg, seit ich wußte, daß Valerie allabendlich ihr Telefon auf den Beantworter umschaltete; kaum erwacht, sprach ich alle erdenklichen Mitteilungen in diesen Apparat, Wett- und Verkehrsberichte aus dem Radio, obszöne Aufforderungen, Ermahnungen,

unbedingt pünktlich zu kommen, unzüchtige Beschuldigungen, ferner übermittelte ich ihr Radioübertragungen mit Barocktrompeten und überhaupt alles, was Neville Marriner mit der Academy of St. Martin-in-the-Fields zu Gehör brachte, ein Orchester, für das sie, wie ich wußte, eine besondere Schwäche hat.
Ich schuldete Belle Simon einen Gefallen und konnte ihn ihr doch nicht erweisen, obwohl ich es nach Kräften versuchte, hatte ich doch auch Dr. Ragnarsson versprochen, schon bevor ich Belle kennenlernte, ihren Mann Lou Simon aufzuheitern und bei Laune zu halten. Lou Simon in gute Stimmung zu versetzen, war damals schier unmöglich. Und seit ich wußte, weshalb er in der Klinik war, versuchte ich es auch nicht mehr.
Herzbeschwerden standen am Beginn seiner neuromuskulären Abenteuer, die ihn als Patienten ins Rusk-Institut brachten. In einem anderen Krankenhaus in New York war eine Bypassoperation erfolgreich vorgenommen worden. Doch entweder zufällig oder als Folge der Operation entstand im Rückenmarksgewebe eine Embolie, und als er die Operation überwunden hatte, stellte sich heraus, daß ein Bein samt dem Fuß fast völlig gelähmt war. Niemand konnte vorhersagen, wie lange dieser Zustand anhalten würde. Es war dies keine der üblichen Operationsfolgen, auf die der Herzpatient sich innerlich vorbereitet. Bei Rusk wurde er dann sogleich von einer Reihe anderer Krankheiten befallen, die es verhinderten, bei ihm mit der üblichen Therapie zu beginnen. Und ein Tag bei Rusk ohne die therapeutische Routine ist fürwahr ein langer Tag. Er und seine Frau waren zuvor übereingekommen, daß er ein Zweibettzimmer nehmen und so wenigstens einen Gesprächspartner haben würde. Sein Zimmergenosse hatte allerdings als Folge eines Schlaganfalles eine Sprechstörung und brachte bei dem Versuch zu sprechen weiter nichts zustande als einen Laut, der ungefähr wie »achma« klang. Kein Wunder also, daß Lou Simon nicht heiter gestimmt war. Er konnte aufstehen, kam aber selten zu mir aufs Zimmer, und besuchen konnte ich ihn nicht. 1983 war ich Gast bei der Hochzeit seines Sohnes Paul, und im Mai

1985 hielt ich einen Vortrag, bei dem auch Lou anwesend war, und da unterhielten wir uns schon besser. Er geht am Stock, ich ersteige Treppen nur langsam, doch tauschten wir immer noch ungläubig und voll Verwunderung Erinnerungen aus, und das Lachen wurde uns beiden nicht schwer. Trafen wir einander in unseren Rollstühlen auf dem Korridor, gab ich ihm den einen oder anderen Hinweis. Ich sagte ihm vorher, daß die Übungen im Schwimmbecken, die ihn erwarteten, ihm sehr wohltun würden, und das traf zu. Auch riet ich ihm, zum Schlafen das Kopfteil des Bettes ganz zu senken, denn auch ich gewöhnte mich langsam an eine normale Schlafposition. Die erste Nacht auf dem flachen Bett in meiner Wohnung war gewesen, als liege ich in einer tiefen Grube, praktisch im Grab. Er bedankte sich bei mir dafür. Um diese Zeit sah es so aus, als würden wir beide Ende Mai entlassen.

Auch bei anderen Patienten gelang es mir nicht, ihre Stimmung zu heben, als man mich darum bat, so bei zwei jungen Quadriplegikern, die nie von mir gehört hatten und auch nicht beeindruckt waren, als sie erfuhren, mit wem sie es zu tun hatten. Zu den wenigen Dingen, die in einem Hospital nicht ansteckend sind, gehört wohl gute Laune. (Mein alter Freund und vormaliger Abteilungsleiter bei *Time,* Steve DeClerque, der am Kehlkopf operiert worden war, hatte im Hospital ein Virus aufgeschnappt, dem er ständig hohes Fieber und für 35 Tage einen Magenschlauch verdankte. Der lernte schon vor mir jene speziellen Alpträume kennen, die davon handeln, daß man nie wieder richtig schlucken können wird. Aus den Tagen, da er im Auftrag von *Time* die Welt bereiste, kannte er einen australischen Kollegen, der vor mehr als dreißig Jahren bei einer Reise nach Neuseeland an Guillain-Barré erkrankt war und seither an Aluminiumstöcken geht; Steve war aber so rücksichtsvoll, mir diese Tatsache zu verheimlichen, und hat sie mir erst kürzlich offenbart. Von den erwähnten beiden jungen Leuten bei Rusk war der eine ein rothaariger, gutaussehender Zwanzigjähriger, der sich beim Turmspringen das Genick gebrochen hatte und zwei Wochen nach meiner Aufnahme entlassen wurde. An der kleinen Entlassungsfeier, die einige Therapeuten für ihn in einer benachbarten Pizzeria ausrichteten, nahm ich nicht teil, weil ich noch nicht richtig essen konnte; außerdem komme ich mit so jungen Leuten nicht gut zurecht und die auch nicht mit mir. Seine beiden Schwestern interessierten sich ein Weilchen für mich, weil jemand wie ich ihnen neu war, doch mit ihm hatte ich nichts gemein, das spürte ich, und es verdarb mir die Laune. Mit ihm herumzualbern war mir unmöglich, und ich fürchtete, von ihm herablassend behandelt zu werden.

Auch mit dem Teenager, dem ein Verkehrsunfall ein gebrochenes Genick eingebracht hatte, konnte ich mich während der Beschäftigungstherapie nicht so recht unterhalten. Er wurde später aufgenommen als ich und war noch dort, als ich entlassen wurde. Man stelle sich vor: ein Oberschüler, der morgens auf den Schulbus wartet, wird von Mitschülern, die im Auto vorbeikommen, mitgenommen, und dieser Wagen gerät wenig später unter einen Sattelschlepper, der auf der falschen Spur in die Autobahn einbiegt. Als ich ihn das letzte Mal sah, unterhielt er sich mit Susan Bernstein, und ich hörte ihn sagen: »Letzte Nacht träumte ich, ich könnte die Finger bewegen, und der Traum war so wirklich, daß ich gleich nach dem Aufwachen einen Versuch machte. Und ich bin fest davon überzeugt, daß es wieder gehen wird, so realistisch war der Traum.« Arme Susan.

Es war schwer mit anzusehen, wie sie sich darauf eine Antwort auszudenken bemühte. Ich träumte damals häufig, ich säße auf einem Stuhl, würde aus dem Nebenzimmer gerufen, stünde auf und ginge einfach rüber.

Wohltätiger hingegen war mein Einfluß auf eine Frau namens Brenda Halper, einfach dadurch, daß ich an ihr im Übungsraum vorbeiging, während sie auf dem Kipptisch stand. Sie war 41 Jahre alt und litt ebenfalls an Guillain-Barré. Ins Institut war sie erst Monate nach mir gekommen, nach einem schlimmen Jahr im Krankenhaus mit Blasen-, Herz- und Atemkomplikationen. Mindestens einmal war sie aufgegeben worden. Sie war eine Hausfrau mit drei Kindern, und als sie eines Tages daheim allein in der

Badewanne lag, stellte sie fest, daß sie aus eigener Kraft nicht mehr aus der Wanne steigen konnte. Nach stundenlangem Versuch schleppte sie sich auf blutenden Knien zum Telefon, und ein halbes Jahr später sah sie mich aufrecht am Kipptisch vorübergehen. Das machte ihr Mut.
Im April und im Mai war ich nicht mehr auf den Gehstuhl angewiesen, hatte allerdings die Neigung, vorsichtshalber noch mit durchgedrückten Knien zu gehen. Statt des Gehstuhls schob ich meinen Rollstuhl vor mir her, in den ich gelegentlich Mel Tucker setzte, um das zu schiebende Gewicht zu erhöhen, und hielt mich am Griff fest, um das Gleichgewicht nicht zu verlieren. Oder ich ließ mich von Mel Tucker begleiten, der mich am Hosenbund hielt, für den Fall, daß mein rechtes Knie wieder einmal nachgeben sollte. An den Wänden gab es große Spiegel, in denen ich beobachten konnte, wie ich ging, und ich bemühte mich, abnormale Bewegungen zu korrigieren. Brenda sagte jedesmal, wenn ich vorbeikam, es ginge schon viel besser. Ich glaube, für sie war ich ebenso die verkörperte Hoffnung wie Stanley Rosenstock es für mich war, der sich dem Ende seiner zehnmonatigen ambulanten Behandlung näherte. Manchmal begegnete ich ihm morgens, wenn ich vom Schwimmen im Rollstuhl zurückkam, und ich befragte ihn jedesmal nach seinen Gefühlen, die er empfand, als er zum ersten Mal ohne Hilfe aufstehen und zum ersten Mal den Kopf heben konnte. Seine Erinnerung war verschwommen, denn ein ›erstes Mal‹ gab es in diesem Sinne nicht, wie ich jetzt aus eigener Erfahrung weiß. Er forderte mich also nur auf, nicht nachzulassen, alles zu tun, was man verlangte, und der Erfolg würde sich dann gewiß einstellen. Ich erzählte ihm von Brenda Halper und schlug vor, er möge bei ihr vorbeigehen, wenn er Zeit dazu habe. Das geschah noch am gleichen Tag. Als ich eines Tages an einem Kinetron genannten Apparat arbeitete, hörte ich einen kleinen Freudenschrei von der Matte her, auf der Brenda Halper übte. Sie stand zum ersten Mal wieder aufrecht, und die Therapeutinnen applaudierten ihr begeistert.
Das Kinetron dient zur Betätigung der Bein- und Becken-

muskulatur. Der Sitz ist in der Höhe verstellbar, und wenn ich mit den üblichen Übungen fertig war, trainierte ich das Aufstehen von diesem Sitz, jeweils zehnmal hintereinander, im ganzen zwanzigmal, wobei ich den Sitz, damit es schwerer ging, um jeweils ein Loch tiefer stellte. (War ich damit fertig, wanderte ich ohne Hilfe oder Stütze zum Kipptisch, was die pure Angabe war.) Tiefer als 65 cm ließ sich der Sitz des Kinetrons allerdings nicht senken. Speed Vogel sah sich den Apparat gedankenversunken eine Weile an und löste mein Problem, indem er den Stuhl, den er mir besorgte, auf 2,5 cm hohe Klötze stellte, die einzeln leicht zu entfernen waren, so daß ich die Sitzhöhe verringern konnte. Dieser Stuhl kam mir im übrigen sehr als zweite Sitzgelegenheit neben dem Rollstuhl in der Wohnung zustatten, noch dazu eine, von der ich ohne Hilfe aufstehen konnte.

Anfang April verabredeten sich die beiden Expertinnen von Rusk mit Speed zu einer Besichtigung meiner Wohnung und berichteten, daß wesentliche Teile für den Rollstuhl unzugänglich wären. Auch ohne diesen negativen Bericht ertrug ich die Vorstellung nicht, meine ersten Monate außerhalb der Klinik in einer kleinen Stadtwohnung eingesperrt zu sein, die ich nicht ohne weiteres nach Lust und Laune verlassen konnte. Folglich plante ich, den Sommer in East Hampton zu verbringen, denn ich wußte nun, was mich erwartete: ich würde imstande sein zu arbeiten, meine Übungen fortzusetzen, würde viel Zeit im Rollstuhl verbringen und Menschen um mich haben müssen, die mir halfen. Ich sprach also mit Freunden, die ihrerseits mit meiner Frau sprechen sollten, damit sie mir das Haus überließ. Valerie erklärte sich bereit, an fünf Tagen in der Woche rauszukommen und nach mir zu sehen – aber nur bis zum ersten Montag im September –, und für ein wesentlich niedrigeres Gehalt, als ich ihr anbot. Sie sagte, daß sie dort draußen nichts für Fahrkosten und Verköstigung aufwenden müßte, dafür aber ein Auto und das Schwimmbecken sowie den Strand und das Meer zur Verfügung hätte. Es gibt nämlich Leute, denen es nicht vergönnt ist, den ganzen Sommer in einem behaglichen Haus in einem belieb-

ten Badeort zu verbringen. (»Es ist ein wahres Glück für mich, daß ich dich kennengelernt habe!« rief sie kürzlich bei einem Abendessen, das Speed für uns drei bereitet hatte, während er und ich an diesem Manuskript arbeiteten, »andernfalls wüßte ich nicht, wie gut Borscht schmeckt, und würde nicht so viel davon essen!« Ich habe sie auch schon der Geschirrspülmaschine eine feurige Liebeserklärung machen hören, angesichts des Geschirrs und der Töpfe, die nach einem schlichten Mahl abzuwaschen waren.)
Um auf meine Pläne zurückzukommen: ich sprach mit Speed – muß mit ihm gesprochen haben, auch wenn ich mich daran nicht erinnere, und es erwies sich, daß er für den Sommer nichts Besonderes vorhatte und bereit war, es mit East Hampton zu versuchen, mindestens während der ersten Wochen, solange ich auf ihn angewiesen sein würde. (Seither sind drei Winter gekommen und gegangen – vier, bis dieses Buch erscheint, und noch immer macht er einen Versuch mit East Hampton; auch Valerie ist nur selten woanders gewesen.)
Dann bat ich Bob Towbin – woher mir dieser Einfall kam, weiß ich wirklich nicht –, Speed Vogel auf seine Reise zum Festival in Cannes mitzunehmen und ihm so einen Urlaub zu ermöglichen. Die Idee gefiel mir außerordentlich, und weil ich Bob Towbin kenne, zögerte ich auch nicht, ihn zu bitten, Speed ein Schlafplätzchen auf der Yacht zu überlassen, solange er vor Cannes ankerte. Auch daß Mario dieses Jahr nach Cannes wollte, wußte ich.
Mr. A. Robert Towbin ist nicht nur einer von fünfzig Teilhabern, die sich um das Gedeihen der Firma L. F. Rothschild, Unterberg und Towbin kümmern (Wertpapierhändler und Bankiers); er ist die einzige mir bekannte wirklich angenehme Erscheinung in Wall Street und repräsentiert meines Wissens als einziger die Tugenden des Finanzkapitals. Der nun willigte nicht nur sofort ein, er fügte hinzu, er und seine Frau Irene würden sich glücklich preisen, falls Speed geneigt wäre, sie auf der anschließenden Reise nach Venedig zu begleiten. Ein guter Mann wie Speed, der es versteht, mit jedem über alles zu reden und auch zuzuhören, der eine exquisite chinesische Mahlzeit

aus Luft, Ingwer und einer Knoblauchzehe bereiten kann, ist schwer zu finden, auch auf einem Schiff, das hundertmal mehr Passagiere aufnehmen kann als Towbins Yacht. Dann erst eröffnete ich Speed, was ihn erwartete, und der ließ sich herbei (nach kurzem Bedenken), sich der Reisegesellschaft anzuschließen. Den Flug nach Cannes allerdings wollte er sich von mir nicht bezahlen lassen.
Den Rest des April und einen Teil des Mai war er damit beschäftigt, seine Reise vorzubereiten, das Haus in East Hampton für uns drei herzurichten, das wir nach seiner Rückkehr beziehen wollten, die Stadtwohnung für mich, meine Pflegerin und meinen Bruder vorzubereiten, der auf Abruf in Florida wartete, und sein Atelier bewohnbar machte. Seinen Urlaub hatte er sich damit wirklich verdient. Ich führte derweil ein reges gesellschaftliches Leben, verbrachte die Wochenenden in meiner Wohnung und ging abends häufiger aus, als ich eigentlich wollte. Es drängte mich, sooft wie möglich unter Leuten gesehen zu werden und damit meiner Hoffnung Ausdruck zu geben, daß meine körperliche Beeinträchtigung nur eine vorübergehende sei. Und ich selber fühlte mich erheblich wohler dabei, nachdem sich meine anfänglichen Befürchtungen, in Restaurants abgewiesen zu werden oder den dringenden Wunsch zu haben, ein Klo aufzusuchen, dazu aber außerstande zu sein, als grundlos erwiesen.
Mit meiner Tochter, Valerie und Belle Simon nahm ich eine vergnügliche Mahlzeit in einem nahe gelegenen Restaurant ein, dessen Eingang für meinen Rollstuhl zu schmal war. Die drei Damen hoben mich heraus, trugen mich rein und warteten, bis der zusammengeklappte Rollstuhl nachgeschoben wurde. Als Belle und Valerie mich nach Rusk zurückbringen wollten, begann es stark zu regnen. Valerie ist groß, Belle dagegen klein, und beide benutzten ihre Regenschirme, um einzig mich zu schützen, während sie eifrig winkend Automobile zum Halten brachten, um mich sicher über die breite, vielbefahrene Avenue zu rollen. Ähnliches ereignete sich bei einem Besuch des Russian Tea Room mit Valerie, meinem Freund dem Polizisten Jerry McQueen, Artie und Barbara Gelb.

Gelbs verdankte ich die Bekanntschaft mit Jerry. Diesmal regnete es auf dem Hinweg, und ich saß knochentrocken und wie aus dem Ei gepellt in meinem Rollstuhl, während die anderen geradezu peinlich durchnäßt und derangiert waren, so daß ich sanft andeutete, für eine Person meines Ansehens sei es nicht schicklich, in solcher Gesellschaft in einem so vornehmen Restaurant gesehen zu werden. Ich merkte allerdings, daß es für jemand, der so abhängig ist, wie ich es war, gewisse Grenzen gibt, die er auch im Scherz nicht ungestraft überschreitet, und nahm mir vor, diese Grenze künftig sorgfältiger zu beachten.
Ich machte nun eine Menge überraschender Erfahrungen. So stellte sich zu meiner Verblüffung heraus, daß, abgesehen von der Ausnahme, die Speed schildert, Taxifahrer ohne weiteres anhielten und auch geduldig warteten, bis ich auf dem Beifahrersitz und der zusammengeklappte Rollstuhl im Kofferraum verstaut waren. Ich hörte also auf, aus diesen Gründen immense Trinkgelder zu geben. Auch Restaurants nahmen keinen Anstoß daran, daß ich an den Tisch gerollt wurde. Mir fiel bei diesen Besuchen in zahlreichen Restaurants auf, daß es viel mehr Rollstuhlfahrer gab, als ich früher bemerkt hatte. Bei der Geburtstagsfeier für Cheryl McCall in einem italienischen Restaurant in Greenwich Village scherzte ich schon darüber, daß mein Drink wieder so komisch nach Metall schmecke. Bei dieser Mahlzeit und einer weiteren in einem anderen italienischen Restaurant mit Sidney und Marit Gruson stellte sich heraus, daß ich die Spaghetti in kleine Stücke schneiden mußte, wollte ich vermeiden, als unmanierlicher Esser zu erscheinen. Sowohl Sidney als auch Marit wußten mit einem Rollstuhl umzugehen, denn beide hatten einschlägige persönliche Erfahrungen gemacht, die erheblich übler gewesen waren als meine eigene.
Steve und Barbara DeClerque luden Valerie und mich zum Essen in ihre unweit vom Rusk-Institut gelegene Wohnung ein, die in einem der oberen Stockwerke lag und eine Terrasse hatte. Valerie und ich legten den Weg dahin mit Vergnügen zu Fuß zurück, den Rückweg ebenfalls, denn der Abend war frisch und trocken; genauer gesagt, sie

ging und schob mich im Rollstuhl. Ich bekam einen Platz in der Sofaecke nahe dem offenen Kamin, wo es mir bald zu warm wurde. Mir fiel ein, von einem spanischen König gelesen zu haben, der sich – das alles lag weit zurück – lieber zu Tode rösten lassen als sich dazu erniedrigen wollte, mit fremder Hilfe aufzustehen oder einen seiner Diener herbeizurufen. Da ich diesem König nicht gleiche, bat ich darum, anderswo hingesetzt zu werden. Richard West und Valerie Salembier luden uns zu einem weiteren texanischen Abend und pakistanischer Küche ein, und diesmal ging ich hin, denn ich konnte gehen.
Den Ostersonntag verbrachten wir nicht in meiner Wohnung, sondern Valerie lud zu einem Festmahl in ihre Wohnung ein, nicht nur mich, sondern noch andere Bekannte. Sie bereitete einen Truthahn zu, einen Schinken und noch anderes. (In der Küche kennt sie keine Furcht. So bewirtete sie Craig Claiborn noch am gleichen Tage, an dem sie ihn kennengelernt hatte, mit einem Kapaun, den Barbara Gelb ihr in einer Hühnchenbraterei besorgte.) Wie verabredet, ließ sie ihre Küche im Stich, kam zu Rusk, half mir beim Anziehen und brachte mich zu ihrer Wohnung. Als abends alle Gäste gegangen waren, brachte sie mich mit der Taxe zurück und wartete, bis sie sah, daß ich von einem sehr tüchtigen, großgewachsenen Pfleger namens John in Empfang genommen wurde, der mich duschte und zu Bett brachte. Daß sie für diesen Tag keine Bezahlung wollte, nahm ich als Gefahrenzeichen.
Am 1. Mai 1982 wurde ich 59 Jahre alt und ging zu der Party, die Irene Towbin und Barbara Gelb aus diesem Anlaß für mich veranstalteten. Das rührte mich mehr, als ich mir anmerken lassen wollte. Das zweite Stück Hühnerbrust auf meinem Teller konnte ich nicht zerschneiden, denn mein Arm war vom Schneiden des ersten zu sehr geschwächt, doch sagte ich kein Wort, um niemandem den Spaß zu verderben. Das war an einem Samstag. Sonntags, in der Klinik überkam mich ein heftiger Anfall von Trübsinn. Ich wollte da nicht mehr bleiben, und am Montag folgte dann meine Unterredung mit Dr. Goodgold. Abgesehen von dem Kipptisch, auf dem ich jetzt bei jeweils steilerer

Einstellung das Aufsetzen übte, fand ich die übrigen Prozeduren langweilig und hatte keinen Spaß mehr daran. Wir kamen überein, daß ich schon Mitte des Monats entlassen werden sollte. Nachdem ich meinen Willen bekommen hatte, überfiel mich Zaghaftigkeit, und ich bat um etwas mehr Zeit, mich an die bevorstehende Trennung innerlich zu gewöhnen. Goodgold, Ragnarsson und Swajian wiesen mich übereinstimmend sanft darauf hin, daß dies nicht die rechte Vorbereitung auf eine Trennung sei. Also überlegte ich es mir wieder anders und bat Julius Green endlich, mich abzuholen. »Keine Sorge, ich komme pünktlich. Und falls nicht, bleibst du eben noch ein paar Monate in der Klinik. Es gibt Schlimmeres.«

Am 14. Mai war er wie vereinbart mit seinem Kombiwagen zur Stelle, und zusammen mit Speed und Valerie stieg ich ein. In der Wohnung gab er mir meine Brieftasche und die Armbanduhr zurück, die er zusammen mit meinen Kleidern am Tage meiner Einlieferung ins Mount Sinai Hospital an sich genommen hatte. (Ich habe ihm bedeutet, daß die Uhr seither nicht mehr richtig geht.) Der Teppich war weggenommen worden, wie von den Experten von Rusk empfohlen, und der Stuhl stand auf Klötzen, die Sitzfläche 65 cm hoch. Speed schleppte den Rest seiner Sachen weg, und ich zog ein. Ich war jetzt an die Wohnung gewöhnt, in der ich seit einer Weile die Wochenenden verbracht hatte, also ging die Übersiedlung undramatisch und ohne Trauma vor sich. Den größten Schock versetzte mir die gigantische Photographie von Speed an der Wand im Schlafzimmer, auf der er in seinen Bart lächelt. Wie Dorian Gray sah sie nicht aus; eher schon wie Speed, der in seinen Bart schmunzelt.

Etliche Tage später wurde die Abschiedsparty für ihn gegeben, zu der ich nicht ging, und ehe ich es recht begriff, war er unterwegs nach Paris und Cannes und zu dem 32 Meter langen Zweimaster *Erna* (seither umgetauft in *Sumurun).* Auch für ihn dürfte die Übersiedlung kein Trauma bedeutet haben.

Irgendwann las ich die 325 Typoskriptseiten von *God Knows* (»Weiß Gott«), fand sie recht gelungen und ließ sie an Bob Gottlieb schicken, meinen Lektor bei Knopf, der sie ausgezeichnet fand und mich drängte, mit der Arbeit fortzufahren.

Ich möchte hier anmerken, daß Bob Gottlieb mir nichts vormacht. Er war 25 Jahre alt, als er die ersten 250 Seiten von *Catch - 22* las (das war so um 1956 herum) und mir einen Vertrag anbot, und zwar ohne daß er verlangte, ich solle den Rest des Buches mündlich oder schriftlich skizzieren. Ich war, glaube ich, der erste Romanautor, mit dem er abschloß, obwohl er andere, deren Bücher eher fertig waren, vorher veröffentlichte. Seitdem sind wir freundschaftlich verbunden, obschon wir uns kaum je sehen. Zwischen uns herrscht eine fast abnormale Zurückhaltung, was den Austausch persönlicher Dinge angeht. Doch keiner verbirgt vor dem anderen, was er von ihm wünscht, und wir verständigen uns ausgezeichnet mit wenigen Worten. Bob sagte, er habe von einem kanadischen Freund erfahren, daß ich krank sei, und sein einziger Kommentar lautete: »So was zu haben ist nicht gut.« Auch dieses Mal verlangte er keine Schilderung der weiteren Handlung.

Der Vertrag für *God Knows* (»Weiß Gott«) wurde von ihm und Alan Altman aufgesetzt, während ich noch im Rusk-Institut war. Er garantierte mir für zwei Jahre ein ausreichendes Einkommen, einerlei, ob ich das Buch während dieser Zeit vollendete oder nicht, und ich brauchte auch nicht weitere Teile abzuliefern, um das Geld zu bekommen. Der Arzt hatte mir versichert, körperlich würde ich imstande sein, weiterzuarbeiten. Ich glaubte ihm, und Bob glaubte mir.

Seit Speeds Abreise nach Europa wurde alles, was nun geschah, auf den Tag seiner Rückkehr und den Umzug nach East Hampton hin geplant, das man mit dem Wagen in etwa zweieinhalb Stunden erreicht. Ein Telefongespräch mit Don Shaw, dem Physiotherapeuten, den ich Speed verdankte, dem einzigen, der mich draußen auf Long Island behandeln wollte, ergab, daß ein diplomierter Physiotherapeut nur unter Anleitung eines Arztes arbeiten darf (so lauten die Gesetze im Staate New York), und Don

setzte sich dieserhalb mit Dr. Ragnarsson in Verbindung. Sie legten gemeinsam das Programm fest.
Von Mario Puzo, der schon Anfang Juni aus Europa zurück war, lieh ich mir 23 000 Dollar. Meine Finanzen waren total durcheinander, das Mount Sinai Hospital verlangte 4 500 Dollar, Rusk 15 000, ich schuldete den Doktores Sencer und Peck einiges, und andere Ärzte in beiden Kliniken stellten ebenfalls Forderungen. Daß ich Mario nur um 23 000 bat, lag daran, daß ich mich nicht dazu bringen konnte, »fünfundzwanzigtausend« auszusprechen.
Zweimal wöchentlich brachte Valerie mich als ambulanten Patienten ins Rusk-Institut und holte mich pünktlich wieder ab. An den anderen Tagen arbeitete sie im Mount Sinai, und mein Bruder kam, um ein Auge auf mich zu haben und die notwendigen Besorgungen zu erledigen. Er wohnte bei seinem Sohn Paul, nicht weit entfernt, und kam auf meine Bitte hin von Tag zu Tag später, im gleichen Maße, in dem mein Selbstvertrauen wuchs. Es war so, daß ich ganz gern einige Stunden am Tag für mich allein blieb. Es war ein gemütliches Abenteuer, das Frühstück mit den zurechtgestellten Sachen zu bereiten, den Kaffee in jener elektronischen Wundermaschine aufzubrühen, die alles ganz von selber machte, nur keinen trinkbaren Kaffee. Valerie vergaß nie, alles was ich brauchte unterhalb Schulterhöhe zu plazieren. Im meinem Entlassungsbefund heißt es, es würde mir schwerfallen, Gegenstände zu heben und zu tragen. Waren die Behälter mit Milch oder Obstsaft voll, wurde ein Glas abgegossen und so niedrig im Kühlschrank aufgestellt, daß ich es erreichen konnte, ohne den Arm über Schulterhöhe zu heben. Dank des Transferbrettes konnte ich aus dem Bett in den Rollstuhl umsteigen, von dort dank einem Keil und einem Schaumgummipolster auf die Füße kommen und zu dem Stuhl gehen, den Speed für mich präpariert hatte. Aus dem stand ich mühelos auf, und so manchen Besucher überraschte ich, indem ich ihn schon an der Tür und auf den Füßen stehend begrüßte. Im Bad konnte ich aufrecht stehend urinieren und in der kleinen Pullmanküche dem Kühlschrank oder einem der Wandschränke entnehmen,

was ich brauchte. Weil ich bei alledem zu fallen fürchtete, tat ich das aber nur, wenn jemand im Haus war.

Mein Bruder Lee war außer sich vor Wonne, als er Joe Stein kennenlernte, den Autor von *Fiddler on the Roof* (»Anatevka«), und lobte ihn so überschwenglich, daß Joe ebenfalls außer sich geriet vor Wonne und häufig kam, um das wieder und wieder zu hören, und seine Frau Elisa mehrmals mitbrachte, auf daß auch sie das höre. Mit Joe und Elisa und Valerie besuchte ich eines Abends im Rollstuhl das Theater und nahm anschließend noch eine kleine Abendmahlzeit ein. Das war ein perfekter Abend, abgesehen von der Aufführung. (Julius Green behauptete schon, er könne die Fortschritte, die meine Genesung machte, an der Geschwindigkeit ablesen, mit der jene Reizbarkeit zurückkehrte, die er als für mich bezeichnend beschrieb.)

Im Abstand von jeweils etwa einer Woche entfernte Lee eine Lage Klötzchen von den Beinen von Speeds Stuhl, der an der Wand stand und alle anderen Sitzgelegenheiten überragte wie ein Thronsessel. Bald waren wir auf 61 cm angekommen, dann auf 58,5 cm. Als ich George Mandel eines Abends vom Sofa aufstehen sah, als er sich verabschiedete, dachte ich bekümmert, ich selber würde dazu nie mehr imstande sein, so groß kam mir der Unterschied in der Sitzhöhe zwischen einem Sofa und den regulären Stühlen vor, von denen aufzustehen ich so emsig übte. (Um von einem Sofa aufzustehen, muß man Arme und Schultern mehr benutzen als beim Aufstehen von Stühlen. Wer darauf achtet, wie er aus einem Sofa hochkommt, wird leicht feststellen, daß er sich mit den Händen hochstemmt.)

Der Romancier Noel Behn wohnte mir gerade gegenüber und leistete mir häufig Gesellschaft; besonders an Tagen, die nach Valeries Meinung zu schön waren, um sie im Hause zu verbringen, half er ihr, meinen Rollstuhl durch den Central Park zu schieben.

Chet und Blanche Ross erinnerten mich daran, daß sie auf Saint Croix ein Haus besitzen; dies stehe mir im Winter zur Verfügung, wenn ich ihnen rechtzeitig Bescheid sagen würde. Ich erwiderte, im August würde ich bestimmt schon wieder meinen täglichen Dauerlauf machen können und das Haus gewiß nicht benötigen. Als im Dezember von Dauerlauf immer noch nicht die Rede sein konnte, fragte ich an, ob ich das Haus im Januar bewohnen dürfe. (Sie hielten es für mich frei, und ich reiste mit Valerie und Speed nach Saint Croix.)

Jerry Argovitz aus Houston erschien eines Wochenendes mit gigantischen Corned-beef- und Pastramisandwiches. Wie die alten Goldsucher aus dem Westen reist Jerry niemals, ohne genügend Proviant mitzuführen. Dr. Jerry Argovitz aus Houston ist im Texas Panhandle geboren und aufgewachsen. Anfangs ließ er sich in Houston als Zahnarzt nieder, makelte alsdann mit Grundstücken und wurde Besitzer und Manager einer professionellen Footballmannschaft, genannt die Houston Gamblers. Ihn und mich verbindet außer einer dicken Freundschaft nichts. Ich habe mit Jerry ein Abkommen, das dem mit Dustin gleicht: er liest keines meiner Bücher, und ich sehe mir keines der Spiele seiner Mannschaft an. Er hat oft mit verletzten Spielern zu tun und lobte mich sehr für meine Hartnäckigkeit. Ich wußte nicht recht, was er damit meinte. Kann denn jemand, der ein Opfer des Guillain-Barré Syndroms geworden ist, etwas anderes tun, als hartnäckig an seiner Genesung zu arbeiten?

An den Tagen, an denen ich nicht zur Behandlung ins Rusk-Institut ging, behandelte Carol mich am späten Nachmittag zu Hause. Für die Übungen, die ich sonst auf der Matte absolvierte, benutzten wir das Bett. Wie üblich verabscheute ich am meisten die Übungen, die mir am schwersten fielen, und bei denen die Fortschritte kaum merklich waren. Dafür genoß ich es, mit ihr den langen Korridor bis zum Fahrstuhl hinunterzugehen. An einem schönen warmen sonnigen Tag wanderten wir gemeinsam um den Häuserblock, wobei ich den Rollstuhl vor mir herschob und nur stehenblieb, um die Auslagen zu betrachten.

Speed schickte keine Ansichtskarten aus Frankreich. Während Valeries erstem Wochenende auf Fire Island bereiteten Julius Green und sein Sohn Jason alle Mahlzeiten für

uns bei sich zu Hause. Julies Frau kam nicht mit zum Essen, sondern arbeitete emsig an ihrem neuen Roman. Am ersten Abend da draußen überkam mich plötzlich wie ein okkulter Anstoß der Drang, von einem gewöhnlichen Stuhl aufzustehen. Ich beugte mich etwas vor, und siehe da, ich konnte mich erheben. Es war nicht nur Intuition, was mir die Gewißheit verschafft hatte, es müsse gelingen. Ein zweiter Versuch mißlang. Tags darauf schaffte ich es wiederum, doch auch nur ein einziges Mal.
Mit meiner Frau verkehrte ich fast ausschließlich über Julius Green, und der bestätigte meine schlimmsten Befürchtungen. Die beiderseitigen Scheidungsanwälte zankten unentwegt. Meine Frau beschäftigte einen gewissen Sheresky, mein Anwalt war Jeffrey Cohen. Beide hielten einander gegenseitig für abgefeimte Schurken. Statt Postkarten von Speed traf eine wunderhübsche Person mit dem wohltönenden Namen Wendy McTavish ein, eine Australierin, die in Hongkong lebte und etliche Tage an Bord von Towbins Yacht im Hafen von Cannes gewohnt hatte. Sie brachte Farbfotos mit und handschriftliche gute Wünsche. Weil sie so reizend und geistreich war, führten wir sie zum Essen aus. Sie hatte gemeinsam mit Speed an einem der Festbankette teilgenommen und zeigte ihn uns auf Fotos im Smoking.
Hin und wieder trifft man Menschen, die von Speed nicht ganz so begeistert sind, wie es seine Freunde erwarten, und ich hatte den Eindruck, daß sie zu diesen gehörte. Sie ist Unternehmerin, und das erklärt vielleicht, weshalb sie weniger bezaubert von ihm war als vielmehr ratlos. Es war also unvermeidlich, daß sie jene Frage stellte, auf die alle seine Freunde gefaßt sind, die aber immer schwerer zu beantworten ist: »Was macht er eigentlich?« wollte Wendy McTavish wissen.
Diesmal war die Antwort leicht: »Er hilft bei mir aus«, sagte ich. Im Laufe des Sommers entfaltete Speed Vogel Kochkünste, die Valeries und meine Erwartungen weit übertrafen. Außerdem kann er bügeln und kleinere Reparaturen im Hause ausführen.

Ich entdeckte, daß es nicht sonderlich schwer ist, Ferien auf einer 32 Meter langen Yacht zu genießen, ohne viel Geld auszugeben, vorausgesetzt, man hat Freunde, von denen einer krank ist und der andere reich. Wenn dazu der Reiche auch noch großzügig ist und der Kranke voller Schuldgefühle, ist es sogar noch einfacher. Das Schicksal führte mir das perfekte Paar zu: Towbin und Heller.
Ich brachte es fertig, vierundzwanzig Stunden auf Capri, sechs Tage in Cannes zu verbringen, sieben Tage unterwegs auf dem Mittelmeer, vier Tage in Venedig, eine Woche in Paris und einen Tag in Amsterdam – alles mit einem Köfferchen und Kosten in Höhe von fünf Dollar.
Der erste Anblick der blaulackierten *Erna,* auf der ich die kommenden drei Wochen verbringen sollte, war eine Überraschung. Niemand hatte mir gesagt, es handele sich um eine Segelyacht – was meinem Geschmack übrigens mehr entspricht. Bob Towbin hieß mich an Bord breit schmunzelnd willkommen, und Susan, eine sehr hübsche Stewardeß, brachte den Champagner, nicht weniger einladend lächelnd als mein Gastgeber. Kein schlechter Anfang. Man machte mich in aller Form mit Julian, dem gutaussehenden Kapitän bekannt, mit dem Steuermann Freddy, mit Gary, dem Maschinisten, und der vollbusigen Köchin Moira. Sie waren ausnahmslos nicht nur sehr tüchtige Seeleute, sondern auch angenehme Gesprächspartner.
Die Yacht, die Towbin damals gechartert hatte und deren Eigner er unterdessen ist, war im Jahre 1914 für Lord Sackville-West in Fife in Schottland gebaut worden. (Er ist Vitas Papa.) Sie hat drei geräumige Kajüten mit Wasch- und Toilettenräumen, einen Salon, eine Kombüse und Quartiere für die Besatzung. Die Eignerkajüte ist besonders luxuriös ausgestattet. Fast die gesamte Einrichtung ist noch die ursprüngliche und wundervoll gepflegt. Der mit Ma-

hagoni getäfelte Salon hat ideale Abmessungen, er ist ausgestattet mit zwei eingebauten Kojen, einem Schreibtisch, einer Bar, der Bibliothek und dem Eßtisch, um den im Boden verankerte Drehstühle gruppiert sind. Alles atmet die unverkennbare Atmosphäre eines vornehmen Londoner Clubs. Die große verglaste Luke über dem Eßtisch läßt bei Tage ausreichend Licht herein und ist zu öffnen, wenn die kühle Abendbrise weht.
Die fünfköpfige Besatzung sorgte nicht nur dafür, daß keiner der Passagiere je an Hunger oder Durst leiden mußte, sondern nahm sich auch der Wäsche an, reinigte das Schiff, besorgte Zeitungen, machte an Land Besorgungen und achtete überdies darauf, daß jeden Tag frische Blumen auf den Tischen standen. An Oberdeck ist genug Platz, um Sonnenbäder zu nehmen, Gymnastik zu treiben und an einem wunderbaren Tisch, ebenfalls aus Mahagoni und umstanden von bequemen Bänken und Stühlen, die Mahlzeiten einzunehmen. Läßt das Wetter es zu, wird hier Frühstück und Lunch serviert und bei Sonnenuntergang der Aperitif. Ein Vorteil für die Bewohner einer Yacht im Hafen von Cannes liegt darin, daß die Hauptveranstaltungen des Festivals auf der Croisette stattfinden, unweit vom Hafen. Um mit Mel Brooks zu sprechen: »Was soll ich schon groß erzählen!« Der 32 Meter lange Zweimaster ist, mit einem Wort gesagt, das passende Quartier für einen König, einen Lord, einen Bankier und auch für Hellers Freund Speed. Verglichen mit einer lauten, geschmacklosen, fast nicht zu ergatternden Suite in einem der besseren Hotels, ist diese entzückende Yacht zum Spottpreis von 1000 Dollar am Tag ein echtes Schnäppchen.
Für gewöhnlich schleppe ich kein Gepäck mit mir herum, doch hörte ich vor der Abreise in New York zuverlässig, daß für Besucher der Festivalveranstaltungen Smoking *de rigueur* ist. Außer diesem und den schwarzen Halbschuhen, dem blauen Blazer mit passenden Hosen, die ich im Flugzeug trug, führte ich nur folgende Gegenstände mit: 1 Badehose; 2 Unterhosen; Laufschuhe; Shorts; 8 T-Shirts; 1 Windjacke ›Für Weltreisende‹; Kamm, Zahnbürste, Kölnischwasser und 1 Walkman samt 15 Kassetten. 8

T-Shirts scheinen übertrieben, es waren aber keine gewöhnlichen. Ein jedes war eine Rock-and-Roll-Kostbarkeit, und mir schwante, daß mich die Eingeborenen darum beneiden und sich zu vorteilhaften Tauschangeboten hinreißen lassen würden.

Manche Leute sind von dem Getümmel, das zur Festivalzeit in Cannes herrscht, womöglich überwältigt. Mir kam das eher vor wie die Ausverkaufswoche im New Yorker Textilviertel. Was meinem Vergnügen aber keinen Abbruch tat. Schon der erste Abend verlief glanzvoll. Kaum an Bord installiert, rief ich Mario Puzo an. Der fragte nach Neuigkeiten von Joe und wollte eine Beschreibung der Passagiere auf der Yacht haben. Mit seiner sprichwörtlichen Generosität lud er mich und Bob Towbin und jeden, der sonst noch Lust darauf hatte, ein, im Carlton mit ihm und Carol Gino einen Drink zu nehmen und anschließend bei Felix auf der Croisette zu essen. Wir versammelten uns dort zu elft an einem abgelegenen Tisch.

Puzo zeigte lebhaftes Interesse für eine reizvolle Französin namens Claude Noat, die eine Bank betrieb und Geschäfte mit Bob Towbin tätigte. Die rauchte nicht nur bessere Zigarren als Mario, sondern verstand es auch, ihn mit ihrem gallischen Witz, ihrer Lebhaftigkeit und ihrem blendenden Aussehen zu bezaubern. Unter dem (erlogenen) Vorwand, er habe nie gespielt und habe wohl als Neuling gute Chancen zu gewinnen, fragte er: »Madame, Sie könnten mir vielleicht einen Rat geben. Ich kenne die hiesigen Steuergesetze nicht. Falls ich beim Roulette hunderttausend Francs gewinne, muß ich die dann versteuern? Wie bringe ich das Geld überhaupt außer Landes?« Claude antwortete spitzbübisch lächelnd: »Sehr einfach. Sie stecken das Geld in die Tasche und reisen ab.«

Mario kicherte und lud die ganze Gesellschaft ins Casino ein. Außer Carol und mir lehnten alle dankend ab. Ich selber spiele nicht, bin aber gern mit Mario zusammen. Am Roulettetisch sagte er zu mir: »Jetzt paß mal gut auf, mein Junge«, setzte, wie mir schien, haufenweise Spielmarken auf alle Felder und gewann ganz groß. Danach drängte ich ihn aufzuhören und wurde dabei von Carol unterstützt.

Schließlich war er einverstanden zu gehen, falls er dreimal nacheinander verlieren würde, das wäre dann das Zeichen dafür, daß seine Glückssträhne vorbei sei. Er hielt sich daran und ging immer noch als Gewinner vom Tisch, verteilte mit beiden Händen Trinkgelder an das Personal und auch an mich, obwohl ich heftig protestierte. (Er sah richtig traurig aus, als ich sein Geschenk ablehnte, und behauptete, es bedeute Unglück, wenn ich mich nicht dafür entlohnen lassen wolle, daß ich ihm Glück gebracht hatte.) Da entschuldigte ich mich für meine Blödheit und steckte sein Geschenk in die Tasche.

Als wir das Casino verließen, beglückwünschte ich mich dazu, Mario vom Spieltisch weggezerrt zu haben, und darum rührte mich fast der Schlag, als Carol noch ein paar Spielmarken in ihrer Handtasche entdeckte, die sie unbedingt gleich setzen wollte. Und dabei hatte ich sie als meine Verbündete betrachtet! Überzeugt, daß Mario die Gelegenheit ergreifen würde, seinerseits alles zu verspielen, rief ich entsetzt: »Nein! Auf keinen Fall!« nahm Carol die Chips weg und tauschte sie in Geld ein. Mario amüsierte sich über meine hektischen Bemühungen, ihn vom Spieltisch fernzuhalten, ebenso, wie er sich zuvor beim Spiel über seinen großen Gewinn amüsiert hatte. Es war nun gegen drei Uhr früh und ich nicht im mindesten müde. Während wir uns nach einem Taxi umsahen, eröffnete Mario mir, er habe seine Pläne geändert und wolle folgenden Tages nach London fliegen, er sei überhaupt nur so lange hier geblieben, weil er mich habe sprechen und sich überzeugen wollen, daß ich gut untergekommen sei. Daß er nicht bleiben wollte, enttäuschte mich, daß er auf mich gewartet hatte, schmeichelte mir. Das Taxi brachte ihn und Carol ins Hotel und setzte mich anschließend am Hafen ab. Der Fahrer weigerte sich, Geld von mir anzunehmen, und zwar so hartnäckig, daß ich zu dem Schluß kam, Mario müsse ihn mit einem exorbitanten Trinkgeld dazu gebracht haben.

Taktvoller Mensch, der ich bin, hatte ich den Betrag, den Mario mir im Casino zusteckte, nicht gezählt. Das tat ich erst an Bord, und wenn ich hier auch die Summe nicht an-

geben darf, sei doch soviel gesagt, daß ich damit einem entführten König gut mit Lösegeld hätte aushelfen können.
Die Tage in Cannes waren voller angenehmer Überraschungen. Wenn er sich nicht um seine Geschäfte kümmern muß, ist Towbin ein leidenschaftlicher Segler und Gastgeber. Zu den Gästen, die an Bord kamen, zählten Stars des amerikanischen Fernsehens wie Robert (Lou Grant) Walden, europäische Filmproduzenten wie Albina du Boisvouvray und weltberühmte Romanciers wie Gabriel García Márquez, um nur einige zu nennen. Die meisten waren interessante Leute und nur wenige nicht bedeutender als ich.
Gegen Mittag, wenn die Eingeladenen an Bord waren, lichteten wir die Anker und segelten entlang der Küste. Vor dem Apéritif wurde geankert, und es blieb Zeit zum Schwimmen, Sonnenbaden, zu angeregter Unterhaltung an Deck, bis es Zeit war, in den Hafen zurückzukehren, die Gäste abzusetzen und uns für die bevorstehenden abendlichen Festlichkeiten umzukleiden. Damit dies nicht zur monotonen Routine entartete, segelten wir zweimal zum Cap d'Antibes, tummelten uns im Meerwasserschwimmbecken des Hôtel du Cap und nahmen den Lunch im Eden Rock. Selbstzufrieden grinsend, hörte ich einen prominenten Schauspieler aus Hollywood sagen: »Eine so schöne Yacht habe ich noch nie gesehen«, wobei er auf die vor Anker liegende *Erna* deutete.
Einmal segelten wir nach Cap-Ferrat, um zwischen Monte Carlo und Menton in Roquebrune eine Bouillabaisse zu essen. Wer mal in der Gegend ist, sollte das nicht versäumen. Und wenn möglich jemand anderen die Rechnung bezahlen lassen.
Als Freunde von mir aus New York eintrafen und mich unbedingt zum Essen in ein kleines Landgasthaus führen wollten, mußte ich einen Tag auf das Segeln verzichten. Ich wußte das damals nicht, es hätte mich aber auch nicht gewundert zu hören, daß sie schon einen Monat zuvor von New York aus hier einen Tisch bestellt hatten. Das Restaurant schien nahezu leer, wenngleich an jedem Tisch je-

mand saß. Bedienung, Essen und Wein waren hervorragend. Nachdem wir gegessen hatten, erschien der grauhaarige freundliche Küchenchef und fragte, ob alles zur Zufriedenheit gewesen sei? Eine höfliche, aber ganz überflüssige Frage. Es war ihm auch anzumerken, daß er nicht damit rechnete, Klagen zu hören. Das Restaurant heißt übrigens Le Moulin und liegt unweit Mougins. Angeblich ist es das beste in ganz Frankreich. Auch das sollte jeder besuchen, der zufällig in der Gegend ist und reiche Freunde hat.

Das klingt, als wäre ich durchwegs auf Rosen gebettet gewesen, doch waren die nicht ganz ohne Dornen. Weil Bob Towbins Gastlichkeit keine Grenzen kennt, mußte ich gelegentlich meine Kajüte freimachen und im Salon schlafen, wo auch Bobs älterer Sohn Bram hauste, samt einem Kommilitonen, der mit ihm für ein Jahr in Paris studierte. Eines Tages kam ein junger Mensch namens Pigozzi an Bord, und ich hörte zufällig, wie er sich im Gespräch mit einer Dame als Klempner bezeichnete. Auch der kampierte in unserem Notquartier.

Nun bin ich kein Snob, und der junge Mensch gefiel mir nicht übel, doch sein Schnarchen ließ mich wünschen, er würde anderswo schlafen. (So wie Mel ehedem mich beschimpft hatte, hätte ich nun ihm gern in Großbuchstaben zugerufen: »Pigozzi, Sie schnarchen, schnarchen, schnarchen!«) Es stellte sich dann heraus, daß er nicht Klempner war, sondern Photograph und überdies Erbe eines bekannten Automobilherstellers. Er gefiel mir besser, seit ich wußte, daß er sich ausgerechnet jener hochnäsigen Matrone gegenüber als Klempner ausgegeben hatte, die auch von mir wissen wollte: »Und was treiben Sie denn so, junger Mann?« Manchmal mußten wir uns zu viert in ein Waschbecken teilen, und ich kam mir vor wie als kleiner Junge im Ferienlager.

Nach dem Lunch in Roquebrune kamen wir auf dem Rückweg nur bis Antibes und mußten hier wegen schweren Seeganges ankern. Am nächsten Morgen fuhr Claude nach Paris, um ihre Tochter Alexandra zu treffen, die in England Ferien gemacht hatte. Claude und ich hatten uns

in der kurzen Zeit miteinander angefreundet, und der unermüdlich gastfreie Bob schlug ihr vor, doch mit ihrer Tochter zurückzukommen und die Reise nach Venedig mitzumachen, Platz genug sei ja an Bord.
An unserem letzten Abend in Cannes nahmen wir an einem Wohltätigkeitsball teil. Bobs Frau Irene kam gerade noch zurecht, um mitzugehen. Ich selber führte an diesem Abend Wendy McTavish aus Hongkong aus, ebenfalls Gast auf der *Erna,* weil sie ihre Maschine nach New York verpaßt hatte. Wie sie sagte, kannte sie Heller von Hongkong her und wollte ihn in New York anrufen. Als sie sah, daß unsere Tischkarte die Nummer 22 trug, schlug sie vor, ein paar freundliche Worte darauf zu schreiben; sie wolle ihm die Tischkarte dann selber überbringen. Ich gestehe, daß ich seit der Abreise aus New York bis zu diesem Moment kaum an Heller gedacht hatte, und deshalb fühlte ich mich etwas schuldig. Also schrieb ich, ich hoffe, es gehe ihm gut.
Am folgenden Nachmittag nahmen wir Kurs auf Capri, erste Station auf der Fahrt nach Venedig. Zum Glück hatten wir jetzt reichlich Platz an Bord – keine Gäste, nur Bob, Irene, Bram und ich. Endlich war die Besatzung in der Überzahl. Die Sonne schien, und der Wind war günstig, so daß wir am nächsten Abend schon in Capri ankamen, nachdem wir unterwegs einige berühmte Inseln passiert hatten. Als wir an Korsika vorüberglitten, fiel mir ein, daß Hellers Bombergeschwader im 2. Weltkrieg hier stationiert gewesen war, und gedachte seiner, seines Daseins als Bombenschütze und der Erlebnisse, die *Catch-22* zugrunde liegen. Unterwegs las ich gelegentlich in Richard Ellmanns Biographie von James Joyce, die Heller mir ans Herz gelegt hatte, und auch das veranlaßte mich dazu, an ihn zu denken. Das Buch stellte mir vor Augen, was ihn mit Valerie erwartete, die ihn ebensowenig als gefeierten Autor verehrte, wie Nora James Joyce deswegen bewundert hatte. Man muß sowohl Heller als auch Joyce hoch anrechnen, daß sie sich über eine solche Einstellung mehr amüsierten als ärgerten.
Auf der Höhe von Anzio, berühmt durch die Landung der

Alliierten im letzten Krieg, versagte unser Kompaß dank der Unmenge Metall in diesen Gewässern, doch hielten wir Kurs und erreichten Capri zur vorgesehenen Zeit. Dort speisten wir in einem Restaurant am Hafen und vertraten uns bei einer Promenade die Seebeine, bevor wir uns zur Nachtruhe zurückzogen.
Im Gedenken an das chinesische Festmahl, das ich Towbins in New York bereitet hatte, erbot ich mich, ihnen auch hier eines herzurichten, und ging morgens mit der Köchin auf den Markt. Dies getan, eilte ich, Claude abzuholen, die zu meiner Freude Bobs Einladung nach Venedig angenommen hatte und eben mit ihrer jungen Tochter aus Paris eingetroffen war.
Nach einem guten Lunch oberhalb des Ortes setzten wir Segel nach Brindisi am Absatz des italienischen Stiefels. Dort wollten wir Treibstoff, Lebensmittel und Wasser übernehmen. Daraus wurde leider nichts, denn kaum aus Capri ausgelaufen, erlitt die *Erna* Maschinenschaden, zu dessen Reparatur Ersatzteile benötigt wurden. Da lagen wir in der Flaute, total bewegungslos, aber mich störte das nicht im geringsten. Der Eigner des Schiffes wäre vielleicht weniger gelassen gewesen, wir aber ergaben uns gutartig in unser Schicksal, schwammen, lasen, aßen und tranken, nahmen Sonnenbäder und schliefen fest. Kapitän Julian brachte sogar eine Schaukel an, von der wir uns ins Wasser katapultierten. Ich kam mir vor wie Huckleberry Finn.
Nach diesen Wasserspielen und einem frühabendlichen Umtrunk begann ich mit der Zubereitung des Festmahls. Während ich die Krabben und das Rindfleisch in Austernsoße mit Spinat zubereitete, stellte sich heraus, daß mir etliche Zutaten fehlten. Aus dieser Lage retteten mich zwei Leitsätze meines Meisters Ngoot Lee. Der erste lautete: »Was du nicht hast, brauchst du auch nicht«, und der zweite, noch wichtigere: »Stell dich nie an den Herd, ohne den Whiskey in greifbarer Nähe zu haben.« Letzteres war mir eine ganz große, mag sein zu große Hilfe.
Obschon wir in den folgenden beiden Tagen nicht mehr als sieben Meilen unter Segeln zurücklegten, blieb die

Stimmung gelöst. Am dritten Tage frischte der Wind auf, und wir segelten vorbei an Stromboli und durch die Straße von Messina Richtung Reggio di Calabria. Nun aber steigerte der Wind seine Geschwindigkeit auf zwanzig Knoten, und es wurde riskant, ohne Hilfe der Maschine das Anlegemanöver zu segeln. Es gelang dem Kapitän jedoch, uns unter einem gerefften Segel, einem Anker und dem motorisierten Beiboot als Bremse sicher an die Pier zu bringen.
Reggio besitzt Werften, und der Kapitän hoffte, die Maschine schnell reparieren lassen zu können. Vergebens. Unsere Pläne mußten umgestoßen werden. Irene wollte unbedingt rechtzeitig zum Geburtstag eines ihr befreundeten Malers in Venedig sein. Die Besatzung mußte an Bord bleiben und die Reparatur überwachen. Die Seereise war damit zu Ende. Blieb immer noch das Flugzeug. Während wir auf eine Maschine warteten, sahen wir uns in der Stadt um, entdeckten das örtliche Museum, schlenderten über den Markt mit seinen Buden, aßen zu Abend, gingen an Bord und schliefen bis sieben Uhr früh, als Arbeiter mit Preßluftbohrern die Pier auseinanderzunehmen begannen – das waren wohl die lautesten im ganzen Mittelmeer. Nach dem Frühstück verabschiedeten wir uns von der Besatzung der *Erna* und fuhren zum Flughafen. Der Flug nach Venedig war kurz und ereignislos, ganz wie ich es mag. Der Pilot half uns, das Gepäck ausladen, und wir karrten es zum *motoscafo,* das der Portier vom Gritti Palace für uns bestellt hatte – vielleicht das beste Hotel in ganz Europa. (Ich lerne das Bittere zusammen mit dem Süßen genießen.) Wir kamen pünktlich zur Geburtstagsfeier von Geoffrey, Irenes Freund, die verbunden war mit einem Kostümfest unter dem Motto ›Seeleute und Meerjungfrauen‹, was recht passend war. Wir kostümierten uns, so gut es ging, und verbrachten einen prächtigen Abend samt Stadtbummel.
Vier Tage Anfang Juni in Venedig sind keine Strafe. Mit Hilfe uns bekannter Künstler, die hier das ganze Jahr leben, fanden wir leicht die besten Restaurants.
Im Gritti hatten wir unsere Zimmer erst kurz zuvor bestel-

len können (eigentlich wollten wir auf der *Erna* wohnen), es hatte auch einige Mißverständnisse bezüglich unserer Aufenthaltsdauer gegeben, wir mußten also zwei der Zimmer schon nach zwei Tagen räumen. Bram zog zu seinen Eltern, und ich teilte das Zimmer mit Claude samt Tochter. Das war recht hübsch. Doch schon am nächsten Tage wurden wir unter vielen Entschuldigungen auch aus diesem Zimmer hinauskomplimentiert, teilten uns also zu sechst Bobs und Irenes Zimmer, bis wir abends abfuhren. Zum Glück hatten wir von unserem Aufenthalt auf der Luxusyacht einige Übung darin, vor Dusche und Klo Schlange zu stehen, und daß wir über die Möbel und das überall herumstehende Gepäck in einem Luxushotel wie dem Gritti stolperten, bedeutete nur eine Erfahrung mehr.
Bob und Claude wollten zu einer geschäftlichen Besprechung nach Zürich fliegen, Bram, Alexandra und ich den Nachtzug nach Paris nehmen, und Irene blieb im Gritti, um sich die Biennale anzusehen, das hieß also, unsere fröhliche kleine Gruppe trennte sich – doch nur vorübergehend.
Durch unsere Erfahrungen im Gritti gestählt, überstanden Bram, Alexandra und ich die Nachtfahrt in einem Dreibettabteil recht gut, geschlafen wurde wenig, dafür aber ausgiebig gekichert. Das ist nun mal so bei uns jungen Leuten. Am Gare de Lyon wurden wir von Claudes Freund Bernard Vidal abgeholt, der uns zu Brams Mietwohnung in der Rue St. Guillaume brachte und mit Alexandra weiterfuhr. In dieser schönen Wohnung auf dem linken Seineufer mit Blick auf das Maison de Verre sollte ich den Rest der Woche verbringen. Bram war mit seinem Studium in Paris fertig, und weil er tags darauf nach New York fliegen wollte, bot er mir an, in seiner Wohnung zu bleiben. (Die Miete war bis Ende des Monats bezahlt.) Als Towbin in Paris eintraf, schlug Claude, die schon früher angekommen war, ein gemeinsames Essen vor, und ich erbot mich wieder, chinesisch für uns zu kochen. Diesmal vergaß ich keine der Zutaten, und die Mahlzeit gelang vorzüglich. Ich schloß in Paris viele Bekanntschaften und wurde auch hier großzügig eingeladen. Man ließ es einfach nicht zu, daß

ich die Hand in die Tasche steckte, außer um ein Taschentuch hervorzuziehen.
Das Glück wollte es, daß ich dann in die Lage kam, mich auf die überraschendste Weise zu revanchieren. Claude und Alexandra wollten gerne das Konzert von Simon & Garfunkel besuchen, das längst ausverkauft war. Als ich mit Bob im Crillon beim Frühstück saß, entdeckte ich zufällig, daß auch Paul Simon hier wohnte. Ich hinterließ eine kurze Mitteilung für ihn, er war so freundlich zurückzurufen und bereit, für alle meine Freunde Karten zu besorgen. Paul Simon dazu zu benutzen, mich bei allen meinen französischen Gastgebern zu revanchieren, war ein Trick, den ich Joe Heller abgeguckt hatte.
In Cannes war ich mit einem Kommilitonen von Bram bekannt geworden, der auf den eindrucksvollen Namen Phillip Beauregard hörte, und der lud mich zum Essen in seine Wohnung ein, wo ich auch Freunde von ihm kennenlernte, und nach dem Lunch beschlossen Phillip und ich, uns Amsterdam anzusehen. In einem gemieteten Wagen trödelten wir gemächlich durch Frankreich und Belgien nach Holland. Mir fiel ein, daß Heller sich früher einmal begeistert über einen Ort namens Otterloo und das dortige Kröller-Müller-Museum ausgelassen hatte. Da es am Wege lag, machten wir dort halt. Das war ganz nach meinem Sinn, Phillip allerdings wäre lieber so schnell wie möglich nach Amsterdam durchgefahren, um sich das weltberühmte dortige Nuttenviertel anzusehen. Ich versicherte ihm jedoch, wir hätten für beides Zeit genug.
Das Kröller-Müller-Museum liegt in einem weitläufigen Park und stellt bedeutende Gemälde aus, viele von van Gogh. Eine Eigentümlichkeit dieser Anlage besteht darin, daß überall auf dem Gelände weißlackierte Fahrräder für die Besucher bereitstehen. Da ich mein Fahrrad schon sehr vermißte, war ich froh, als Phillip plötzlich vergaß, wie eilig er es hatte, und eine kleine Radtour im Park vorschlug.
Diesmal war ich derjenige, der die Kosten unserer Exkursion bestritt (von Marios Geld), und wir mieteten uns in

einem kleinen *Hotel garni* außerhalb von Amsterdam ein. Hier blitzte alles vor Sauberkeit, die Betten waren gut und das Frühstück köstlich. Am Bahnhof mieteten wir Fahrräder, und abends setzten wir uns zur *rijstafel* nieder. Danach war es endlich Zeit, durch das Dirnenviertel zu schlendern – als bloße Sehleute, versteht sich. Am nächsten Morgen, nach einem herzhaften Frühstück, besuchten wir das Van-Gogh-Museum und die vielen Originale, die ich ja nur von Reproduktionen kannte, beeindruckten mich zutiefst. Danach fuhren wir zurück nach Paris, rechtzeitig zum Abendessen mit Claude.

Claude gab mir tags darauf eine kleine Abschiedsparty. Weil ich ein leidenschaftlicher Besucher von Märkten bin, einerlei, wo in der Welt, freute ich mich besonders, daß Claude mich aufforderte, mit ihr für das geplante kleine Festmahl einzukaufen. Am Nachmittag bereitete sie ein köstliches *gigot d'agneau* vor, und Dominique, einer ihrer Bekannten, verfertigte staunenswert gute *pommes frites.* (Ich habe später versucht, sie für Joe und Valerie zuzubereiten, und ersetzte das Gänseschmalz durch Hühnerfett, doch die wurden längst nicht so gut wie die in Paris. Joe und Valerie allerdings behaupteten, nie bessere gegessen zu haben.) Wenn wir bei Claude aßen, gab es außer sehr guten Weinen immer auch Champagner, doch diesmal übertraf sie sich selber. Bei diesem Essen für sechs Personen wurde mehr Champagner ausgeschenkt als bei der ersten Hochzeit meiner Schwester, und mein Vater war nicht kleinlich! Auf dem Flugplatz verabschiedete ich mich von Claude und meinen neuen Freunden mit Umarmungen und der Versicherung, uns bald wiedersehen zu wollen.

Auf dem Flug über den Atlantik ließ ich meine Erlebnisse Revue passieren. Besonders innig gedachte ich meiner Wohltäter. Bei Mario hatte ich mich bereits in Cannes bedankt. Zu Towbin hatte ich beim Abschied in Paris gesagt, meine Mutter habe mir geraten: »Wenn du was schenkst, dann niemals was Nützliches, sondern was Schönes«, und genau dies, so versicherte ich ihm, habe er in meinem Falle getan. Auch gedachte ich der Rolle, die Joe bei alledem ge-

spielt hatte, und überlegte, womit ich ihn erfreuen könnte. Dabei verfiel ich auf die Idee, krank zu werden und ihm so die Möglichkeit zu geben, mich zu umsorgen, verwarf sie aber als unpassend. Ich fand, er habe mir ohnehin schon eine Menge zu danken. Von dem, was unterdessen in New York vorging, hatte ich nicht die blasseste Ahnung. Während ich mich in Frankreich nach Kräften amüsierte, hatte Heller nichts als Ärger mit dem Gericht. Während des Fluges fand ich auch Zeit zu überschlagen, was meine Reise mich gekostet hatte, und da stellte sich heraus, daß Mario Puzos Geschenk die Kosten der Flugkarte, des Mietwagens, der Restaurantbesuche und der Geschenke und auch alle sonstigen Ausgaben deckte.
Zu meiner Überraschung erwartete mich am Zoll auf dem Flugplatz Kennedy Barbara Cooke, die mich vor meiner Reise in New York so lieb verabschiedet hatte. Sie führte mich sogleich in Joes Wohnung, wo meine Freundin Paula ein Willkommensdinner servierte. Als das Taxi vor dem Appartementhaus hielt, gab ich dem Fahrer fünf Dollar Trinkgeld. Das war alles, was mich die ganze Reise selber kostete.
Ich finde Leute verrückt, die zu Hause bleiben, statt zu reisen.

Mr. Norman M. Sheresky ist 1928 in Detroit geboren, besuchte die Universität von Syracuse und bereitete sich in Harvard auf die juristischen Prüfungen vor. Im Martindale-Hubbel Law Directory wird er als Verfasser von *Uncoupling – A Guide to Sane Divorce* erwähnt. 1978 und 1979 war er Vorsitzender der New Yorker Vereinigung der Scheidungsanwälte, und am 27. Oktober 1981 beschuldigte er mich im Familiengerichtshof des Staates New York, vor den man mich aus mir immer noch unerfindlichen Gründen zitiert hatte, ein Haus ausgeraubt zu haben.

Das ist überhaupt nicht komisch.

Diese Beschuldigung hatte er zunächst mündlich vorgetragen, und zwar sechs Wochen vor meiner Einlieferung ins Krankenhaus. Anwesend dabei waren der Vorsitzende, der Ehrenwerte Jack Turret, und Mr. Salvator M. Lavanco, vereidigter Gerichtsstenograph, der bestätigt, daß ich aus dem Protokoll richtig zitiere.

Mr. Sheresky: ». . . er erklärte . . . ich werde jederzeit herkommen, ob dir das nun paßt oder nicht . . . ich werde vorher nicht ankündigen, wann, und mitnehmen, was ich will. Das hat er draußen in Long Island schon getan. Das Haus da draußen hat er schon ausgeraubt.«

Mr. Sheresky beschuldigte mich ferner, diesen Überfall wiederholen zu wollen, und behauptete, ich habe die Absicht geäußert »die Wohnung auszurauben«, in der ich mehr als zwanzig Jahre gewohnt hatte.

Mein Anwalt Jeffrey Cohen sah das etwas anders:

»Mit Verlaub, Euer Ehren . . . Bevor Mr. Heller das Haus in East Hampton bezog (das leer stand). . . schrieb er einen Brief . . . von Ausrauben kann wohl keine Rede sein, wenn Mr. Heller von den dort befindlichen 100 Möbelstücken ganze zwei mitnahm. Unangemeldet ist er dort auch nicht erschienen . . . es ist überhaupt nichts zu beanstanden, . . .

weil er ein rücksichtsvoller Mensch ist und ein anständiger dazu, möchte er diese Angelegenheit auf gesittete Weise erledigen.«

Richter Turret hatte uns alle zuvor mit einem strengen Tadel belegt, der genau den Kern der Sache traf:

Das Gericht: ». . . Wenn Sie beide, meine Herren, die ja umfangreiche Erfahrung in der Vertretung von Mandanten auf diesem Gebiet haben, die ihre Pflichten kennen, zu einer Einigung über die vorläufige Höhe des zu zahlenden Unterhaltes kommen, bis der Fall entschieden wird, werde ich die Verhandlung gern aussetzen und Ihre Vorschläge anhören. Draußen warten 40 bis 50 bedürftige Personen darauf, hier gehört zu werden, und ich dulde nicht, daß Sie sich vor mir in endlosen Argumenten ergehen.«

Draußen auf dem Flur sah man Dolmetscher Hilfesuchenden beistehen, die kein Englisch verstanden und sich womöglich nicht mal so teure Anwälte leisten konnten, wie die unseren waren.

Es stellte sich heraus, daß wir eine unbestimmte Zeit darauf würden warten müssen, unsere Argumente vortragen zu dürfen. Jeffrey, mit der ihm eigenen Voraussicht, mit der er während der folgenden drei Jahre meine Sache führte, hatte mich schon am Morgen dieses Tages angewiesen, einen Scheck über den vorläufigen Unterhalt für den nächsten Monat auszustellen; mit einer eleganten, schwungvollen Gebärde überreichte er in Gegenwart von Richter Turret den Scheck an Mr. Sheresky und versicherte dabei, ich werde die Mietkosten für die Wohnung übernehmen und auch für angefallene ärztliche Rechnungen aufkommen. (Im Familiengerichtshof von New York wird jemand, der soeben mehr als dreitausend Dollar für den Unterhalt einer einzelnen Person für genau einen einzigen Monat gezahlt hat, nicht als Schurke angesehen.) Eine im Flüsterton abgehaltene Besprechung der Anwälte führte zu dem Ergebnis, daß weitere von mir zu zahlende 500 Dollar den Streit für heute beilegen sollten.

Vor dem nächsten Termin war ich dann außerstande, die süße Kartoffel zu schlucken, und meine Auftritte vor dem

Richter verzögerten sich um fast sieben Monate, nämlich bis zur dritten Woche nach meiner Entlassung aus der Klinik.

Mr. Sheresky hatte in einem Brief an Jeffrey Cohen noch vor Beginn der Verhandlung geschrieben:
»... sollten Sie sich darüber im klaren sein, daß ich nicht bereit bin zu verhandeln, wenn mir jemand die Pistole auf die Brust setzt, schon gar nicht, wenn die mit nichts geladen ist als mit heißer Luft.«
Dieser Brief wurde später ins Protokoll aufgenommen. Mr. Sheresky ist übrigens, was dies angeht, mutiger als ich, denn ich würde allemal verhandeln, wenn mir jemand die Pistole auf die Brust setzt, ohne lange zu überlegen, womit sie geladen sein mag, und ich fürchte, dies gilt auch für alle meine Freunde.
Am 28. Mai, zwei Wochen nach meiner Entlassung aus dem Rusk-Institut, schrieb Mr. Sheresky in einem weiteren Brief an Jeffrey Cohen, die Behauptung, ich benötigte meiner Gesundheit wegen das Haus in East Hampton, sei »absoluter Quatsch.« Ich hingegen wiegte mich seit Wochen in der Gewißheit, ich könne dort draußen wohnen, wenn ich meine Frau finanziell dafür entschädigte, daß sie während dieser Zeit auf die Benutzung des Hauses verzichtete.
Weil dieser Brief Bestandteil des Protokolls ist, darf ich ihn in seiner ganzen Länge zitieren, aber keine Angst, ich beschränke mich auf Auszüge, die sich schlecht zusammenfassen lassen, wiederum möchte ich auch nicht riskieren, daß etwas von ihrer Würze, die in diesem Schriftstück steckt, verlorengeht. Mr. Sheresky beginnt mit der Feststellung, daß Mr. Cohen in seiner Korrespondenz offenbar »eine Art Selbstbedienung« anstrebe. Nachdem er beanstandet, daß Mr. Cohen anscheinend damit droht, unter Umständen für das Verhalten seines Mandanten nicht mehr einstehen zu können, fährt er folgendermaßen fort:
»Die katastrophale Vorgeschichte dieses Falles legt den Schluß nahe, daß Sie selber und Ihr Vorgänger Mr. Heller entweder nicht zügeln können oder wollen. Ihre Behaup-

tung, Mr. Heller benötige das Haus in East Hampton, ist absoluter Quatsch, und das wissen Sie sehr gut. Ich stelle fest, daß Mr. Heller in der glücklichen Lage ist, es sich leisten zu können, wie in den vorangegangenen Sommern ein Haus auf Long Island zu mieten (wo er sich nie wohl gefühlt hat) oder anderswo, wo es ihm gefällt, sagen wir in New Jersey, Santa Fé oder sonstwo. Angesichts der schweren Krankheit, die er hinter sich gebracht hat, ist es ein Glücksfall, daß er nicht ›arm‹ ist, wie Sie ständig behaupten, und nicht das Schicksal Zehntausender teilt, die von schwerer Krankheit genesen, ohne sich den Luxus leisten zu können, den Mr. Heller sich leisten konnte und kann.«
Mr. Sheresky schlägt also vor, ich solle mich anderswo einmieten, statt das Haus zu benutzen, das mir gehört.
In seinem Brief bezeichnet er des weiteren Jeffrey Cohens Schriftsätze als »unaufrichtig, irregeleitet und trügerisch.« Sodann betont er, daß er selber jederzeit zur Kooperation bereit gewesen sei und auch in Zukunft sein werde.
»Als Sie eine Vermögensaufstellung der Ehefrau verlangten, haben Sie die anstandslos bekommen, wie überhaupt alle Dokumente, in die Sie Einsicht verlangten. Als ich hingegen in Ihrer Kanzlei Dokumente Ihres Klienten einsehen wollte, waren die angeblich nicht vorhanden. Und all meine monatelangen Bemühungen, Einblick in die Verhältnisse Ihres Mandanten zu gewinnen, erbrachten keinerlei Resultate. Als ich erst kürzlich wieder mit Ihnen über diese Sache sprach, betonte ich ausdrücklich, daß ich nicht die Absicht habe, Mr. Heller zu belästigen, sondern einverstanden sei, wenn Mr. Tucker (mein Steuerberater) alles Benötigte vorlege oder auch Mr. Altman oder sonstwer, der über die einschlägigen Kenntnisse verfügt. Wenn dies geschieht, brauche ich Mr. Heller selber nicht zu belästigen. Statt dessen beabsichtigen Sie, Mr. Heller im Rollstuhl, umgeben von Pflegerinnen, zu präsentieren, ich versichere Ihnen aber, daß dies nicht nötig ist, um mein Mitgefühl für Ihren Mandanten zu wecken. Ich bedauere aufrichtig die gesundheitlichen Schäden, unter denen er derzeit zu leiden hat.«

Kurz bevor ich am 10. März 1985 diese Seite niederschrieb, erfuhr ich zufällig, daß Mr. Sheresky eine schwere Herzattacke überlebt hat, und die Welt soll wissen, daß ich Mr. Sheresky seiner Erkrankung wegen nicht weniger bedauere als er mich wegen der meinen (eine Wendung, die ich Gore Vidal verdanke, der dies im Hinblick auf Truman Capote in einem gänzlich anderen Zusammenhang geschrieben hat).
Mr. Sheresky bemängelt an Jeffrey Cohen hauptsächlich, was er dessen »unvorstellbare Arroganz« nennt, und dabei verliert er etwas die Gelassenheit, die er bis dahin angeblich stets gezeigt hat: »Endlich komme ich zu der unvorstellbaren Arroganz, mit der Sie verlangen, daß, im Falle Ihre Steuerberater endlich die jahrealte Frage beantworten ›Was hat Mr. Heller mit den Millionen und Abermillionen Dollar gemacht, die er verdient hat?‹, weitere Fragen ausgeschlossen sein sollen. Wenn Sie den Brief lesen, in dem Sie mir diesen Vorschlag machen, werden Sie feststellen, daß Sie nicht verlangen, meine Mandantin müsse sich damit einverstanden erklären, wohl weil Sie wissen, daß schon ein Jurastudent im ersten Semester, ja nicht einmal ein Medizinstudent auf ein solches Ansinnen eingehen würde. Wollen Sie damit sagen, daß ich nicht das Recht haben soll, die Angaben Ihrer Steuerberater zu prüfen? Daß ich keine Beweise fordern darf? Wollen Sie damit sagen, ich dürfe nicht nach weiteren Einkommensquellen Ihres Mandanten fragen? Wollen Sie sagen, ich dürfe nicht Rechenschaft über die Summen fordern, die Ihr Mandant für sich und seine Freunde verwendet?«
Abschließend beschuldigt Mr. Sheresky meine Anwälte, »eine Feld-Wald-und-Wiesenscheidung zum 4., 5. und 6. Weltkrieg hochzustilisieren«, und fragt, »ob überhaupt einer von Ihnen noch weiß, was eigentlich in der Welt vorgeht?«
Und er schließt mit dem kurzen Satz:
»Hören Sie endlich auf, mir Briefe zu schreiben!«

Ich selber bekam den Eindruck, daß es nicht möglich sein würde, innerhalb kurzer Zeit mit einem Menschen zu einer Einigung zu kommen, der so flammende Briefe schrieb. Und ich hatte auch keine Lust, darauf zu warten. Also reichte ich am 3. Juni die Scheidungsklage ein und beantragte gleichzeitig eine Verfügung, die mir das ausschließliche Recht auf die Benutzung des Hauses in East Hampton zusprach. Ich lebte jetzt schon anderthalb Jahre von meiner Frau getrennt, doch war bislang von keiner Seite die Scheidung begehrt worden, und die Gegenklage wurde erst gelegentlich der Vermögensauseinandersetzung angestrengt, der wir beide fast zwei Jahre später, nämlich 1984, zustimmten.

Was ich hier beschreibe, dreht sich einzig um meine Forderung, das Haus bewohnen zu dürfen.

Jeffrey setzte das entsprechende Schriftstück auf, und ich las es und brachte geringfügige Korrekturen an, bevor ich unterschrieb. Ich nehme an, daß dies die übliche Art des Verkehrs zwischen Anwalt und Mandant ist. Meine eidesstattliche Erklärung war sechs Seiten lang und handelte fast ausschließlich von meiner Forderung, das Haus benutzen zu dürfen. Beigelegt war eine ebenfalls eidesstattliche Erklärung von Dr. Ragnarsson meine Krankheit betreffend, fortbestehende gesundheitliche Beeinträchtigung und meine medizinischen Bedürfnisse, und ergänzt durch eine Erklärung von Don Shaw, in der er bestätigte, mit mir eine Vereinbarung hinsichtlich der Fortführung der Physiotherapie getroffen zu haben, sobald ich nach East Hampton übersiedelte (oder übersiedelt wurde, wie man will). Jeffrey brachte dies alles innerhalb von fünf Tagen zusammen. Irgendwie vollbringt er das Wunder, zwei Dutzend Fälle gleichzeitig zu bearbeiten und für jeden seiner Mandanten 24 Stunden am Tage zur Verfügung zu stehen. Wenn bei den Verhandlungen im Gericht eine Pause entstand, rannte er unweigerlich in die nächste Telefonzelle und verspätete sich ebenso unweigerlich um etliche Minuten bei der Fortsetzung der Verhandlung. Ich mußte sein Verhalten mindestens ebensooft rechtfertigen wie mein eigenes. Ein derartiges Arbeitspensum wird ihn in absehbarer Zeit umbringen, doch meinen Fall führte er noch bei bester Gesundheit. Wir legten also einen fünfzehn Seiten umfassenden Schriftsatz vor, denn Jeffrey selber hatte noch auf vier Seiten dargelegt, wie sehr er bedauere, in dieser Angelegenheit überhaupt ein Gericht bemühen zu müssen, angesichts der geschilderten Verhältnisse.

Selbstverständlich wurde die Berechtigung meines Ansuchens bestritten. Zwar ging es im Grunde nur um das Haus, doch der Schriftsatz der Gegenpartei umfaßte 18 Seiten und war mit Unterüberschriften wie den folgenden versehen:

DARSTELLUNG DES VERLAUFS DER EHE; DIE REZESSION UND DAS HAUS IN EAST HAMPTON; MR. COHEN TRITT AUF. BEIGEFÜGT war eine AUFSTELLUNG BESTIMMTER GUTHABEN UND VERPFLICHTUNGEN seit 1. Januar 1981, umfassend neun Seiten; die beiden Briefe von Mr. Sheresky, aus denen ich zitiert habe; zwei Briefe von Jeffrey Cohen und eine kurze Mitteilung von mir, was zwölf weitere Seiten ausmachte, und endlich eine Zusammenfassung von Mr. Sheresky von viereinhalb Seiten, zusammen mehr als vierzig Seiten.

Mr. Sheresky schrieb, er unterbreite dem Gericht ehrerbietigst seinen ablehnenden Schriftsatz »betreffend ausschließliche Benutzung des Grundstückes in East Hampton durch den Petenten, unter besonderer Berücksichtigung der grundlosen, unhaltbaren, tückischen und hemmungslosen Anmerkungen von Mr. Cohen«.

Mr. Sheresky behauptete, für Mr. Cohen sei ich »ein sehr wichtiger Mandant«. Er sagte: »Ich vertrete nicht den bekannten Joseph Heller«, behauptete aber zu wissen, wieviel Geld ich besitze, und fügte an: »Alle von Mr. Heller und Mr. Cohen angewendeten schmutzigen Tricks und juristischen Kniffe werden nicht durch Mr. Hellers Krankheit gerechtfertigt.«

In seinem Schriftsatz konnte ich lesen, ich sei »tatsächlich mehrere Millionen Dollar schwer« und es gäbe »nicht nur Hunderte, sondern Tausende besser geeignete Häuser«, die ich mir leisten könne.

Mr. Sheresky glaubte aufrichtig (und er sei äußerst be-

kümmert darüber, daß seine persönliche Meinung relevant geworden sei), daß die beantragte Verfügung »ohne Sinn und Verstand« sei und daß eine solche Verfügung »alles übersehen würde, was in den Verhandlungen an den Tag gekommen ist, die diesem Antrag vorangegangen sind«. Ferner: »Mr. Heller die ausschließliche Nutzung des Hauses in Easthampton (sic) einzuräumen, wenn er sich anderswo wie auch früher schon dank seiner praktisch unbegrenzten Mittel ein gleichwertiges Haus leisten kann«, würde weiter nichts bewirken, als einen sinnlosen »Sieg über meine Mandantin«.
Abschließend wies Mr. Sheresky in aller gebotenen Ehrerbietigkeit darauf hin, daß die Erklärungen von Dr. Ragnarsson und Don Shaw »unbestätigt« seien und nichts enthielten, was zu dem Schluß zwinge, ich sei in irgendeiner Weise gefährdet, falls mein Antrag auf Überlassung abgelehnt werde.
Verhandelt wurde am 10. Juni vor dem Gericht des Staates New York. Ich war nicht anwesend. (Wäre meine Anwesenheit erforderlich gewesen, man hätte mich wirklich samt Rollstuhl und Pflegerin präsentieren müssen.) Vorsitzende Richterin war Hortense W. Gable. Das Protokoll lese ich auch jetzt noch mit Vergnügen, nicht zuletzt wegen des positiven Ergebnisses, das bei der Verhandlung herauskam, ganz wie Jeffrey Cohen es mir vorhergesagt hatte. (Jeffrey hatte geschworen, ich würde das Haus zugesprochen bekommen, andernfalls wolle er das Gerichtsgebäude eigenhändig Stein um Stein demontieren und aus seiner Tasche für das luxuriöseste Ferienhaus auf ganz Long Island mitsamt den Einrichtungen im Erdgeschoß bezahlen, die ich benötigte.) Mein Vergnügen wird noch erhöht dadurch, daß Mr. Sheresky von der Richterin, die er wiederholt drängte, seinen Schriftsatz zu lesen, damit abgespeist wurde, sie habe ihn ›überflogen‹. Hinzu kommt der Hang beider Anwälte, das Verfahren mit Einwürfen zu unterbrechen, die den jeweils anderen in Wut versetzten. Angeblich wurden die Argumente schärfer vorgetragen, als das Protokoll ahnen läßt, und ich zweifle nicht daran, wenn ich bedenke, wie aggressiv Mr. Sheresky seine

Schriftsätze formulierte und wie blitzschnell Jeffrey Cohen zu reagieren pflegt.
Erst auf Seite sieben des Protokolls erklärt die Richterin, sich ein hinreichendes Bild gemacht zu haben und nun die Entscheidung verkünden zu wollen.
Das Gericht: Ich habe die Schriftsätze gelesen, mindestens überflogen, und ich verstehe, daß es sich um ein Trauma handelt ... ich glaube jedoch, daß die Angelegenheit sich auf vernünftige Weise regeln läßt, mindestens für die bevorstehenden Sommermonate. Die Krankheit, unter der der Antragsteller leidet, ist jedenfalls ernst zu nehmen.
Mr. Sheresky: Nein, das ist sie nicht, Euer Ehren.
Das Gericht: Das ist sie doch. Der Kläger braucht Hilfe, und soweit mir bekannt ist, bedarf er nicht nur der erforderlichen Physiotherapie, sondern man muß ihm auch genügend Zeit lassen, sich nach dieser Krankheit an das normale Leben zu gewöhnen und, wie ich hoffe, gänzlich zu genesen. Ich schlage daher vor – es ist doch klar, daß Mr. Heller während der vergangenen Monate sehr gelitten hat ... also meiner Ansicht nach muß er die Möglichkeit haben, das fragliche Haus benutzen zu dürfen – bitte keine Aufregung, meine Herren!
Mr. Sheresky: Ich rege mich nicht auf, Euer Ehren, dazu befasse ich mich schon zu lange mit dieser Sache.
Das Gericht: Mr. Heller wird die ausschließliche Benutzung des Hauses im Juni, Juli, August und der ersten Septemberhälfte zugesprochen. Mrs. Heller soll dafür durch die Zahlung einer Summe entschädigt werden, die ihr ermöglicht, irgendwo an der Südküste ein entsprechendes Haus zu mieten ... es handelt sich schließlich um eine Übergangslösung und darum, daß wir unnötigen Zank und Streit vermeiden.
Mr. Cohen: Darf ich etwas sagen?
Das Gericht: Selbstverständlich. Sie haben mich nicht unterbrochen, also reden Sie.
Mr. Cohen: Ich gebe ehrlich zu, daß mir dieser Antrag sehr am Herzen liegt – ein zeitlich begrenzter Antrag des klagenden Gatten auf ausschließliche Nutzung des Hau-

ses. Ich glaube zu wissen, mit welcher Art Widerstand wir es hier zu tun haben. Ich werde aber keine Einzelheiten meiner Gespräche mit Mr. Sheresky hier vortragen und Euer Ehren auch nicht erklären, warum ich es geradezu tragisch finde, daß wir überhaupt eine Anordnung des Gerichtes beantragen mußten. Es geht einzig darum, Mr. Heller die Möglichkeit zu verschaffen, die dringend notwendigen Heilmaßnahmen vornehmen zu lassen, und zwar gerade in dem Haus, das sich dazu besonders eignet.
MR. SHERESKY: Also, Euer Ehren, wenn er –
MR. COHEN: Ist das nicht eine Unterbrechung?
DAS GERICHT: Ganz recht, das ist eine Unterbrechung, Mr. Sheresky, ich hatte mich darauf verlassen –
MR. SHERESKY: Euer Ehren, ich hatte nicht die Absicht zu unterbrechen, aber jedesmal, wenn –
MR. COHEN: Er unterbricht schon wieder.
MR. SHERESKY (fährt fort): Immerhin ist er der Kläger.
DAS GERICHT: Ich glaube, die getroffene Entscheidung ist nur vernünftig.
MR. COHEN: Euer Ehren, das eigentliche Problem besteht darin – könnten wir bitte einen Moment die Verhandlung unterbrechen?
Was das eigentliche Problem war, weiß ich nicht, darüber steht nichts im Protokoll. Vermutlich ging es darum, Daten und die von mir an meine Frau zu zahlende Entschädigung festzulegen. Jedenfalls ist klar, daß die Richterin, als die Verhandlung fortgesetzt wurde, genau wußte, was sie wollte. Und dem Protokoll ist zu entnehmen, daß Mr. Cohen mit seiner Ansicht durchgedrungen ist.
DAS GERICHT: Ich verkünde jetzt endgültig die Entscheidung des Gerichtes.
MR. COHEN: Ich danke Ihnen, Euer Ehren.
MR. SHERESKY: Warum lesen Sie nicht meinen Schriftsatz, Euer Ehren?
DAS GERICHT: Ich habe mir den angesehen.
MR. SHERESKY: O ...
DAS GERICHT: Beschlossen und verkündet: Für die Monate ...

Mr. Cohen: Juni.
Das Gericht: Juni, Juli, August und bis zum 15. September wird Mr. Heller die ausschließliche Nutzung des Hauses zugesprochen gegen eine Zahlung von 7500 Dollar an Mrs. Heller, die ihr ermöglicht, falls sie dies will, ein gleichwertiges Sommerhaus zu mieten. So lautet der Beschluß.

Speeds Sommerpläne konnten also Wirklichkeit werden, und es erfüllt mich noch nachträglich mit Schadenfreude, hier zu offenbaren, daß Jeffrey mich dazu überredet hatte, 10 000 Dollar samt Aufwendungen für einen Mietwagen zu bieten, wäre eine friedliche Übereinstimmung möglich gewesen.
Wenig später wurde Mr. Sheresky das Mandat entzogen und der Anwaltsfirma Gordon & Shechtman übertragen. Warum dies geschah, ahne ich nicht.

Bevor ich mit Joe und Valerie in dem Appartement auf der Eighth Avenue zusammentraf, mußte ich in aller Eile auspacken, von neuem für den Sommer einpacken, Rechnungen bezahlen, Anrufe tätigen, Freunde und Bekannte aufsuchen. Das nahm zwei hektische Tage in Anspruch. Ein gemieteter Kombiwagen sollte uns aus der Stadt bringen. Was Joe da draußen in East Hampton brauchen würde, war bereits von mir auf den Weg gebracht worden, ausgenommen das, was wir jetzt selber transportierten: der zusammenklappbare Rollstuhl, die Duschbank, Handbrause und Transferbrett. Im Gästezimmer war das Schlafsofa für ihn hergerichtet worden, und zwar in der richtigen Höhe. So konnte er ohne Hilfe aus dem Bett steigen. Das Transferbrett, das wir mitbrachten, wurde nie mehr benötigt. Ich montierte die Handbrause, plazierte Duschbank und Nachtstuhl an ihrem Ort. Valerie belegte das große Schlafzimmer im Oberstock, ich das kleinere gegenüber. Eingebaute Schränke gab es bei mir nicht, doch meine Sachen konnte ich in der Kommode unterbringen.

Dann übernahm ich die Küche. Seit ich Paula kenne, die besser kocht als ich, hatte ich mich wenig ums Kochen gekümmert und freute mich bereits darauf, meine Fähigkeiten zu erproben. Ich diktierte Valerie, was angeschafft werden mußte, und zu dritt fuhren wir zum Supermarkt. Dies wurde zur stehenden Routine. Valerie oder ich steuerten den Wagen, Joe kam mit, um zu helfen. Weit gehen konnte er ohne Unterstützung nicht. Er schob seinen Rollstuhl vor sich her, um im Gleichgewicht zu bleiben, doch jetzt ersetzte den Rollstuhl das Einkaufswägelchen. Dieses reichte als Gehhilfe zwischen den Gängen aus. Valerie und ich wählten die Waren aus und beluden damit das Wägelchen. Dies war der Anfang einer angenehmen, wenn vielleicht auch ungewöhnlichen *ménage à trois.*

In der neuen Umgebung und den ungewohnten Verhältnissen lebten wir uns rasch ein. Valerie und ich waren insofern im Vorteil, als jeder von uns schon etliche Sommer in einer Gruppe verbracht hatte – wir waren also gewöhnt, uns anzupassen. Joe mußte das erst lernen, doch war er ein guter Schüler – er wußte, er war auf uns angewiesen.

Am ersten Abend beschlossen wir, auswärts zu essen, und Joe schlug The Laundry vor. Diese ehemalige Wäscherei, geschickt zu einem Restaurant umgebaut, gehört einer örtlichen Kooperative von Leuten aus dem Show Business, die ihr eigenes Lokal haben wollten. Das Essen ist nicht gerade rühmenswert, doch geht es hier, besonders an der Bar, stets sehr munter zu, denn die Gäste sind fast ausnahmslos nette Leute. Wir nahmen Joes klappbaren Rollstuhl mit und bekamen gleich einen Tisch zugewiesen. Als wir nach der ersten Runde Drinks bestellen wollten, behauptete die Kellnerin, mich zu kennen. Sie sah blendend aus, und ich war sicher, daß ich mich an sie erinnert hätte – es mußte also ein Irrtum sein. Nachdem sie sich um andere Gäste gekümmert hatte, kam sie noch mal an unseren Tisch, strahlte mich an und fragte: »Heißen Sie nicht Spike? Oder Slick? Oder Swifty? . . . ah, jetzt hab ich's. Sie sind Speed.« Und sie sagte, woher sie mich kannte. (Selbstverständlich von einer Party auf Fire Island, und sie wußte auch noch, daß der Gastgeber der Partner von Diane von Fürstenberg gewesen war, dessen Name mir jedoch entfallen ist. Und wer die Gastgeberin war, weiß ich jetzt ebenfalls nicht mehr.) Nachdem wir die Begrüßung nachgeholt hatten, machte ich sie mit Valerie und Joe bekannt, die sich über mein schlechtes Gedächtnis lustig machten. Immerhin hatte ich an diesem ersten Abend in East Hampton schon eine höchst angenehme Bekanntschaft erneuert. Nicht schlecht für den Anfang. Der Sommer schien vielversprechend zu werden.

Später gingen wir dann nur selten abends zum Essen aus. Außer dem Supermarkt gab es eine herrliche Geflügelfarm, die frische Eier und frisch geschlachtetes Geflügel verkaufte, zwei Fischmärkte, einen italienischen Fleischer,

ferner eine Filiale von Dean & De Luca, ein Feinkostgeschäft, das gerade in New York in Mode gekommen war. Mir machte das Kochen Spaß, und Joe machte es Spaß, sich zu bewegen, während wir einkauften.
Valerie erbot sich, mir beim Kochen zu helfen, doch stellte sich bald heraus, daß sie zu den Leuten gehört, die zur Pfirsichzeit Pfirsiche in Dosen kaufen, und Knoblauchsalz benutzen, wenn man den Knoblauch frisch kaufen kann.
Es fiel Joe schwer, sein Fleisch zu schneiden und die Bissen zum Mund zu führen, und gelegentlich klagte er über krampfartige Schmerzen im Genick. Also schnitt einer von uns ihm im Bedarfsfall das Fleisch klein. Nach dem Essen oblag ihm der Abwasch. Sich aus der Hüfte vorzubeugen, Geschirr und Besteck in die Spülmaschine zu ordnen und das gewaschene und trockene Geschirr wegzustellen, war für ihn eine sehr gute Übung und für uns eine Erleichterung. Weil Valerie sparsam ist und Joe ebenfalls ein Auge auf die Kasse hat, übertrugen wir ihr die Geschäftsführung. Sie kann und kann einfach nichts wegwerfen – manchmal war ich in Versuchung, die Müllabfuhr zu holen, damit die unseren Kühlschrank ausräumte. Ich meinerseits vergesse gelegentlich, Ungenießbares wegzuschmeißen, und was ich da übersah, hätte wohl manchmal aus eigener Kraft zum Kühlschrank hinaus und der Müllabfuhr entgegenkrabbeln können. Joe und Valerie (vor allem ich selber) waren entzückt von den Mahlzeiten, die ich bereitete, und die waren sehr viel billiger als das, was man im Restaurant zu essen bekommt. Weshalb also auswärts essen?
Nach etlichen Wochen da draußen machten wir einen Ausflug nach Montauk und speisten in The Lobster Roll, ein sehr beliebtes Lokal an der Landstraße. Wir hatten Joes Rollstuhl dabei, als er aber die hohen Hocker an der Theke sah, meinte er, er wolle es mal mit so einem probieren. Danach nahmen wir den Rollstuhl nicht mehr mit. Joe wollte nicht gern auffallen und fand, mit unserer Hilfe könne er auch von einem der üblichen Stühle aufstehen.
Don Shaw hatte sich bereit erklärt, dreimal wöchentlich zu kommen. Von dem Tage an, da er zum ersten Mal auf

seiner Harley-Davidson angebraust kam, bis zu dem Zeitpunkt, von dem ab Joe seine Behandlung nicht mehr benötigte, kamen die beiden gut miteinander aus. Auch Valerie und ich konnten ihn gut leiden. Wenn wir den beiden zusahen, wie sie ihre Stoß-mich-zieh-dich-Übungen machten, unterhielten wir uns gut dabei. Manche Übungen schienen einfach, so etwa das Gehen auf unebenem Untergrund, über den Rasen etwa, oder die Treppen rauf und runter. (Ich traue Heller zu, daß er letzteres mit besonderem Eifer trainierte, es zog ihn wohl mächtig hinauf in das große Schlafzimmer.) Waren Joe und Don im Wohnzimmer bei der Arbeit, hörte man Stöhnen und Ächzen. Bestimmt war das alles für Joe sehr anstrengend, doch amüsierten sie sich auch dabei, und so manches Stöhnen von Heller dürfte der theatralischen Wirkung zu verdanken gewesen sein.

In den ersten Wochen war Hellers größte Angst zu fallen, und entweder Valerie oder ich wichen ihm nicht von der Seite, um dies zu verhüten. Geriet er aus dem Gleichgewicht, konnte er sich nicht mehr aufrecht halten; ein Sturz wäre gewiß mit Verletzungen verbunden gewesen. Zweimal waren wir nicht schnell genug, um einen Sturz zu verhindern, beide Male knickten ihm beim Treppabgehen die Knie ein. Zum Glück ging das glimpflich ab. Danach paßten wir womöglich noch schärfer auf. Auf ebenem Boden konnte er ohne Hilfe gehen, doch schon eine geringe Hebung oder Senkung des Untergrundes machten ihn nervös, und er fürchtete auch die kleinste Stufe, wenn er allein war.

Joes Schwimmbecken war jetzt hergerichtet und wurde von Valerie und mir eifrig benutzt. Joe konnte die Leiter nicht bewältigen, auch mit unserer Hilfe nicht, folglich bestellte er eine ziemlich teure Treppe. Die war im Moment nicht vorrätig, sollte aber demnächst geliefert werden. Unterdessen benutzte Joe das Schimmbecken bei Cohens und Gwathmeys, wo es statt der Leiter eine Treppe gab. Er fühlte sich im Wasser so wohl, nachdem er entdeckt hatte, daß er sich darin gefahrlos tummeln konnte, daß er mich immer wieder drängte, die Lieferung seiner Treppe zu beschleunigen. Wir suchten ihn davon zu überzeugen, daß er mit meiner, Valeries und Dons Hilfe sehr wohl die Leiter benutzen könne, und als er es endlich versuchte, ging es leichter als gedacht. Noch vor Ende Juli brauchte er überhaupt keine Hilfe mehr dabei. Ich bestellte die Treppe mit Vergnügen ab.

Auch außerhalb des Wassers machte er gute Fortschritte. Er übte, sich aus dem Sessel zu erheben, indem er sich vorbeugte und von den Armlehnen hochstemmte, was er demonstrativ übertrieb. Mit zurückkehrenden Kräften gelang es ihm immer öfter. Seit er wieder an seinem Buch arbeitete, saß er am liebsten auf der Veranda in dem antiken Rollstuhl, den ich ihm geschenkt hatte, und nahm so beim Schreiben gleich ein Sonnenbad. Der Stuhl war so hoch, daß er mühelos hinein- und herauskam. War er zu matt, um aufzustehen, bewegte er sich vom Eßtisch zum Schreibtisch im Rollstuhl. Und in der Küche benutzte er einen Hocker mit Stufen.

Joe hatte mir ursprünglich vorgeschlagen, auch mein Fahrrad mit hinausbringen zu lassen, und Narr, der ich bin, hatte ich das abgelehnt. Ich bin ihm dankbar dafür, daß er mich dann doch dazu überredete. Ich liebe Fire Island hauptsächlich deshalb, weil dort keine Automobile verkehren dürfen, man geht da entweder zu Fuß oder radelt. In den Hamptons hingegen ist das Auto das übliche Verkehrsmittel, und ich wäre mir ziemlich blöde vorgekommen, hätte ich meine Ferien in einem Wagen verbringen müssen. Das Fahrrad brachte da eine willkommene Veränderung. Besonders unter der Woche, wenn dort wenig Verkehr herrscht, radelte ich gern in den Seitenstraßen. Ich stand früh auf und radelte vor dem Frühstück eine Stunde. Kehrte ich verschwitzt, aber munter zurück, gab es Frühstück mit Joe, Valerie schlief für gewöhnlich lange.

Joe ließ sich die Zeitung vor die Tür bringen, und eines Morgens kollidierte ich bei der Ausfahrt fast mit einem Auto, das die Auffahrt heraufraste. Sowohl ich als auch der Fahrer kriegten einen gehörigen Schreck. Er fragte: »Dies ist doch das Haus von Heller?« Als ich bejahte,

drückte er mir die *New York Times* in die Hand und setzte zurück. Als ich die Zeitung ins Haus bringen wollte, kam er aber neuerlich angerast, steckte den Kopf zum Fenster raus und sagte: »Und Sie wollen ein Invalide sein?«
»Morgens nicht«, grinste ich, klärte ihn dann aber über die Verwechslung auf.
Eines Morgens rief Paula an und sagte, eine Ihrer Kolleginnen von CBS, Cynthia Kayan, sei mit Guillain-Barré ins Krankenhaus von Southampton eingeliefert worden. Ob Joe sie nicht besuchen und ihr Mut machen könne? Er war dazu gleich bereit, und Valerie und ich begleiteten ihn. Valerie und ich hielten uns im Hintergrund, während Cynthia Joe von ihren Erlebnissen berichtete. Während eines Besuches bei einer Freundin übers Wochenende war sie ganz plötzlich außerstande, von der Liege aufzustehen, auf der sie in der Sonne gesessen hatte. Man half ihr, und sie brachte es fertig, mit dem Wagen in ihr Quartier zurückzufahren. Allerdings fühlte sie sich so matt, daß sie die Klinik aufsuchte. Die Ärzte zogen einen Psychiater zu. (Es kommt häufig vor, daß Guillain-Barré zunächst als dem Ursprung nach hysterisch diagnostiziert wird.) Ein ebenfalls zugezogener Neurologe indessen erkannte sogleich die Symptome und schloß sie an ein Beatmungsgerät an. Joe beschrieb nun, wie es ihm selber ergangen war, und arbeitete die positiven Aspekte heraus. Er sprach ziemlich lange tröstend auf Cynthia ein, erwähnte das Rusk-Institut, wohin sie bald verlegt werden sollte, und riet ihr, das Elektromyogramm abzulehnen, es sei denn, sie wäre überzeugt, daß es ihr nütze, nicht aber der Forschung. Als wir im Herbst 1984 im Russian Tea Room das Erscheinen von Hellers Roman *God Knows* feierten, kam eine gutaussehende, wenn auch leicht hinkende Dame an unseren Tisch. Sie erinnerte uns daran, daß, als wir uns das letzte Mal gesehen hatten, sie weder stehen, gehen noch die Hand hatte heben können. Ich erkannte Cynthia. Sie sagte, sie sei hier, um über die Party zu berichten, und zwar für die Fernsehshow *Entertainment Tonight.*
Auf dem Wege nach Southampton sah ich zufällig meinen alten Freund Dr. Pleshette in Bridghampton, und wir hiel-

ten, um ihm guten Tag zu sagen. Valerie kannte ihn vom Mount Sinai her. Pleshette war mit Zero Mostel befreundet, der in Mel Brooks erstem Film *The Producers* aufgetreten war. Mel und Zero lernten sich anläßlich einer Off-Broadway-Aufführung von Stanley Pragers *The World of Sholem Aleichem* kennen. Und durch Prager wiederum lernte ich Brooks und Mostel kennen. Dr. Pleshette war übrigens der Gynäkologe, der Mels erste Frau betreute und derzeit Hausgast bei weiteren guten Freunden, Lillian und Miles Cahn, die so freundlich waren, Knödel in Brühe auf sibirische Art aus dem Russian Tea Room für Joe mit herauszubringen. Lillian nahm Tanzunterricht gemeinsam mit Kate Mostel (Zeros Frau und Mutter des Malers Tobias Mostel, meinem Ateliernachbarn). Toby begegnete ich übrigens schon bald bei Adelaide de Menil, deren Bruder François ein von Charles Gwathmey entworfenes Haus bewohnte. Ich weiß, die Welt ist klein, doch hier draußen in den Hamptons ist sie geradezu lächerlich klein.
Auf dem Rückweg hielten wir noch mal im Bridgehampton, um in der Candy Kitchen Eiscreme zu besorgen, und trafen hier Bruce Jay Friedman, einen alten Freund von Heller, der ehedem Puzos Chef bei einem Magazin gewesen war. Durch Puzo wußte Bruce von Hellers Krankheit, und es freute ihn sichtlich, Joe so gut beieinander zu sehen. Er lud uns etwas unbestimmt zum Essen ein: »Kommt doch mal gelegentlich vorbei«, und ich sah, wie überrascht er war, als Joe ihn sofort festnagelte: »Wann genau, bitte?« (Der alte Heller hätte so was bestimmt abgelehnt.)
Im Rückblick verblüfft es mich, wie viele derartige Einladungen Joe in diesen ersten Wochen annahm. Normalerweise ist das nicht seine Art, er bleibt lieber allein zu Hause oder sieht einige wenige Leute bei sich. Nun aber akzeptierte er nicht nur Einladungen, er forderte sie geradezu heraus, und zwar, weil er meinte, es täte Valerie und mir gut, gesellschaftlichen Umtrieb zu haben. Dabei amüsierte er sich erstaunlicherweise ebensogut wie wir. Er ging sogar zu Cocktail Parties. Vor seiner Erkrankung

wäre ihm das im Traum nicht eingefallen. Ich höre ihn noch auf eine derartige Einladung fragen: »Wozu, bitte?« Der Bekannte, der ihn einladen wollte, fragte verblüfft: »Was soll denn das heißen – wozu?« Darauf Heller: »Weshalb sollte ich auf einen Drink zu dir kommen? Ich kann mir daheim selber einen machen.« Darauf erklärte der Bekannte, er würde sich über Joes Anwesenheit freuen, worauf Heller entgegnete: »Wenn du mich zum Essen eingeladen hättest, ließ sich darüber reden. Aber bloß auf einen Drink? Kommt nicht in Frage.«

Nach seiner Genesung änderte sich das radikal. Schon, daß er sich Valerie und mir gegenüber so zugänglich zeigte, war auffallend. Ich erinnere mich, daß ich vor Jahren Hilfe brauchte, um einen Kühlschrank in mein Atelier zu schaffen. Julie Green und George Mandel waren sofort bereit zu helfen, aber Heller wollte keinen Finger rühren, sosehr ich ihn auch darum bat. Ohne ihn brachten wir das verflixte Ding die Treppen halb rauf, aber keinen Zentimeter weiter. Endlich geruhte er zu erscheinen, doch nur, um uns Ratschläge zu geben. »Mietet euch doch ein paar kräftige Spediteure.« Wir beschimpften ihn aufs übelste, bis er schließlich einwilligte: »Na schön, ich helfe euch.« Seine Hilfe bestand aber nur darin, daß er herumstand und keine Hand rührte – es war zugleich ärgerlich und komisch. Schließlich brüllten wir ihn an, er solle aus dem Weg gehen, und brachten den Kühlschrank ohne ihn die Treppe rauf. Als wir dann gegessen hatten und der Ärger vergessen war, fragte ich ihn, weshalb er so wenig hilfsbereit sei? Wie vorherzusehen, klang seine Antwort wie ein Zitat aus einem seiner Bücher: »Ich tue nichts für andere, was ich nicht auch für mich selber tun würde.« (Das klingt nicht ganz unvernünftig, doch hat es einen Haken: Joe verstand es, andere Leute für sich einzuspannen, das heißt, er selber tat nie etwas für sich, konnte sich also stets auf diese Begründung berufen.)

Kurzum, unsere geselligen Aktivitäten im Sommer 1982 waren höchst bemerkenswert. Innerhalb von drei Wochen waren wir zum Lunch bei Gloria Jones, der Witwe von James Jones; bei Gwathmeys; zum Abendessen bei Bruce

Jay Friedman, Irwin Shaw, Craig Claiborne (zweimal) und Pierre Franey. Zweimal während dieser Zeit bewirteten wir selber Freunde und hatten Carol und Mario über Nacht als Gäste. Die brachten eine Flasche Château Latour 1976 und eine Flasche Dom Pérignon mit, doch Joe weigerte sich, diese Getränke zu servieren, weil klares Wasser für Mario bekömmlicher sei. Von seiner Gastlichkeit gerührt, forderte Puzo uns anderntags auf, bei Dean & DeLuca auf seine Kosten nach Herzenslust einzukaufen, obschon ich ihn vor den Preisen dort warnte. »Kauft, was ihr wollt und wieviel ihr wollt, das ist schließlich nur eine Delikatessenhandlung, kein Juwelier.« Allein von den Überbleibseln der großmütigen Geschenke Marios konnten wir zwei Freunden ein luxuriöses Mahl vorsetzen, das uns Gegeneinladungen zu vier Abendessen und zwei Frühstücken einbrachte.

Ich hatte fast alle Freunde von Joe schon früher kennengelernt, doch sie behandelten mich jetzt anders. Entweder sagte Joe ihnen was, oder sie zogen ihre eigenen Schlüsse, jedenfalls sahen sie mich bewundernd an, als wäre ich so was wie ein Heiliger, der ich nun wirklich nicht bin. Versuchte ich, diese Illusion zu zerstreuen, hielten sie nur um so mehr daran fest.

Über den Feiertag am 4. Juli waren Barbara und Arthur Gelb unsere Hausgäste. Arthur war früh auf den Beinen und gesellte sich zu mir ans Schwimmbecken, wo ich nach meiner morgendlichen Radfahrt und einigen Minuten im Becken ausruhte. Er stellte sich mir vor (abends zuvor war ich nicht im Hause gewesen) und erwähnte, er habe von Joe schon viel über mich gehört, auch von meiner Reise mit Towbin. Wir schwätzten ein wenig, und ich erzählte, wie man mit fünf Dollar einen Monat lang durch Europa reisen kann und auch, daß mich das gute Leben hier draußen keinen Penny koste. Arthur, einer der Stellvertretenden Herausgeber der *New York Times,* war ein aufmerksamer und humorvoller Zuhörer. Er unterbrach mich und schlug mir vor, doch ein kleines Feuilleton für die *Times* zu schreiben. Das verschlug mir die Sprache, und ich wußte nicht, meint er das im Ernst, oder macht er Witze? Er mußte doch von Joe wissen, daß ich alles mögliche bin nur kein Schriftsteller. Als ich ihm das sagte, wischte er diesen Einwand weg – er sei gewiß, ich könnte das schon hinkriegen.

Ich fragte Joe später, was er dazu meinte, und der antwortete nur schmunzelnd: »Was gibt's da zu überlegen? Probier's doch mal.«

»Glaubst du wirklich, ich kann das?«

»Es ist doch ganz einfach, selbstverständlich kannst du es«, log Joe.

»Ich habe mir tatsächlich auch schon so was überlegt, und für den ersten Versuch weiß ich auch schon die Überschrift, nämlich: ›Wie man mit den hohen Lebenshaltungskosten in den Hamptons fertig wird. Man braucht dazu weiter nichts als einen kranken Freund, dem ein Haus gehört‹.«

Joe lobte den Einfall (ich meinte ihn nicht die Spur ernst) und drängte mich, ihn Arthur vorzutragen, der ihn ebenfalls ulkig fand.

»Wir würden das unter ›Modernes Leben‹ bringen. So zwischen tausend und fünfzehnhundert Wörter. Sagen wir in vierzehn Tagen? Schaffen Sie das?« Nun glaubte ich, daß er es ernst meinte. »Klar schaffe ich das.«

Als Craig Claiborne und Pierre Franey zum Abendessen kamen, gab ich mich nicht als Schriftsteller zu erkennen, sondern ließ meine berühmten Kollegen in dem Glauben, ich sei weiter nichts als Hellers Freund.

Diese Herausforderung kam gerade zur rechten Zeit, denn, um die Wahrheit zu sagen, die Routine von Radfahren, Schwimmen, Kochen, Haareschneiden, Erfinden, Pflanzen und Jäten, Einladungen geben und eingeladen werden begann mich zu langweilen. Alle diese Tätigkeiten setzte ich zwar fort, doch nebenher schrieb ich nun an dem Feuilleton für die *Times.* Heller hatte recht: Schreiben ist leicht, gut Schreiben allerdings ist schon eine andere Sache.

Schon nach wenigen Tagen hatte ich einen Rohentwurf fertig und bat Heller, ihn zu lesen. Weil er einen Haarschnitt brauchte, konnte er mir das nicht gut abschlagen.

Sein einziger, sehr milder Kommentar (seine Haare waren wirklich zu lang!) war, er habe gedacht, es solle sich um die hohen Lebenshaltungskosten in den Hamptons handeln und nicht um eine ›Speed Vogel Story‹. Ich begriff und schrieb alles mehrmals um, und als ich damit fertig war, wenn auch nicht zufrieden (das war ich auch später nie), gab ich es ihm noch mal zu lesen. Er las es, kicherte mehrmals und meinte, so sei es gut. Selbstverständlich glaubte ich ihm nicht. »Raus mit der Sprache, ich will deine ehrliche Meinung hören.« Doch er wiederholte nur, was er schon gesagt hatte; ich solle ihn jetzt damit in Ruhe lassen und das Feuilleton einschicken.
Ich fuhr selber in die Stadt und suchte Arthur auf, händigte ihm das Typoscript aus und wollte wieder gehen, doch Arthur ließ mich so leicht nicht davonkommen. Er fing an zu lesen, und ich tat, als betrachtete ich die Fotos an den Wänden, beobachtete aber in Wahrheit ihn während der Lektüre. Er verzog keine Miene und las sehr langsam. Ich wußte ja, daß er gern lacht, aber jetzt zuckte er mit keiner Wimper. Also mußte ihm mißfallen, was er las. Endlich blickte er auf. »Sehr komisch, da muß nur noch ein Redakteur drübergehen . . . vielen Dank also . . . Sie hören von uns. Schöne Grüße an Joe.«
Als ich das Gebäude der *Times* verließ, redete ich mir gut zu: Geschadet hat es jedenfalls nicht. Dabei fiel mir die berühmte Anekdote über Joe Louis, den Boxer, ein. Bevor er Weltmeister im Schwergewicht wurde, fing er bei einem Kampf einen Haken ein, der ihn zu Boden schickte. Noch ehe der Ringrichter beginnen konnte zu zählen, war Joe wieder auf den Beinen und gewann den Kampf durch k. o. Sein Manager riet ihm anschließend in der Garderobe: »Joe, falls du mal wieder auf die Bretter gehst, bleib liegen, bis der Ringrichter neun zählt. Die Punkte zählen nicht mehr, als wenn du gleich wieder aufstehst, und du kannst die Zeit nutzen, zu Atem zu kommen. So schnell, daß keiner merkt, daß du am Boden warst, kannst du sowieso nicht aufspringen.« Gelb hatte keinen Haken bei mir gelandet, doch begriff ich, daß ich zu Boden gegangen war und daß es keinen Sinn hatte, mich darüber zu täuschen.

Ich eröffnete Heller also, daß ich meine brillante Laufbahn als Schriftsteller für beendet hielt. Aber Joe meinte, ich solle das nicht so pessimistisch sehen.
Tags darauf rief der Redakteur von ›Modernes Leben‹ an, sagte, er habe einige kleine Änderungen vorgenommen und schicke mir das Script zur Durchsicht. Verändert war praktisch nichts, nur einige meiner Witzchen waren gestrichen. Nun bekam ich wieder Oberwasser und versuchte, sie telefonisch wieder im Script unterzubringen, und zwei von dreien wurden mir zugestanden. Es hieß auch, ich würde in der nächsten oder übernächsten Mittwochsbeilage gedruckt werden.
Als ich wie gewöhnlich morgens am 28. Juli aufs Rad stieg, machte ich mir nicht die Mühe, in die Zeitung zu schauen. Beim Frühstück schob Heller mir kichernd die Zeitung über den Tisch und sagte: »Da, sieh selber.«
Und richtig, da stand es unter der Überschrift ›Wie man einem Freund hilft (und dabei lebt wie die Made im Speck)‹.
Joe ermahnte mich, nun nicht auf den Pulitzerpreis zu hoffen, doch ich entgegnete, er sähe das zu pessimistisch.

Don Shaw berechnete mir für die Stunde fünfzig Dollar; daß er von seiner regulären Arbeitsstelle, wo er meist mit Kindern arbeitete, die an den Folgen von Gehirnlähmung oder einem Wirbelspalt litten, fast eine Stunde zu mir heraus brauchte und für die Rückfahrt nach Riverhead auf Long Island, wo er wohnte, fast eine weitere Stunde, spielte für ihn dabei keine Rolle. Er war Anfang dreißig, ehemals bei der Marineinfanterie, hatte ein Kind aus erster Ehe und ein Baby von seiner zweiten Frau. Er war zugleich sanft und stark, sehr drahtig und hatte eine lange Narbe auf der Brust, Zeichen einer überstandenen Herzoperation, die nach einem Autounfall nötig wurde, in den er etliche Jahre zuvor verwickelt gewesen war.

Valerie Humphries erhielt wöchentlich für den Rest des Jahres 300 Dollar. Auch für die Woche, in der wir uns zankten (ein lächerliches Mißverständnis wegen eines Stehgreifpicknicks, das Speed eines Nachmittags auf dem Rasen veranstaltete in seiner neuen Funktion als Rechtsberater, Schriftsteller und beliebter Gastgeber). Ich schlug Valerie vor, eine Woche oder zehn Tage Urlaub zu machen und sich zu überlegen, ob sie weitermachen wolle. (Selbstverständlich wollte sie und war fünf Tage später wieder da.)

In dem Interview mit Cheryl McCall für *People* hatte ich von Geld gesprochen, Cheryl und ich saßen draußen, und wie fast täglich in diesem herrlichen Sommer waren auch andere Leute da. Sie zitiere meine ausführliche Antwort auf eine diesbezügliche Frage: »Sie sehen dort meine Pflegerin und meinen Physiotherapeuten« – Cheryl kannte Valerie und Don bereits –, »die werden selbstverständlich bezahlt. Es ist sehr teuer, krank zu sein, und sich so zu erholen wie ich, ist reiner Luxus.«

Die Rechnung des Mount Sinai Hospitals führt 265 medizinische Leistungen in 44 Tagen auf. Nicht eingeschlossen

in der Endabrechnung ist die Unterbringung auf der Intensivstation und anschließend im Einzelzimmer, und der Betrag beläuft sich auf 32585,03 Dollar. Davon übernahm die Versicherung 27102,99 Dollar, ich selber zahlte 5482,04 Dollar. Erst bei der Prüfung dieser Rechnung stellte ich fest, daß das Blaue Kreuz nur die Gesamtkosten für 21 Tage erstattet, und daß dies unzureichend ist, weiß ich aus Erfahrung. Die Rechnung vom New York University Medical Center, zu dem das Rusk-Institut gehört, belief sich für die 108 Tage, die ich dort Patient war, auf 43073,10 Dollar, wovon das Blaue Kreuz für 30 Tage 4982,75 erstattete. Den kleinen Rest von 38090,35 Dollar zahlte ich selber. Ich beiden Fällen wären die Kosten erheblich niedriger gewesen, hätte ich nicht auf einem Einzelzimmer bestanden, und ich werde das wohl auch nicht wieder tun. Aber es wird mir weniger Spaß machen.
In den genannten Rechnungen sind nicht die Beträge enthalten, die ich an meine Ärzte und meine Privatpflegerinnen zu zahlen hatte.
Gegen solche Ausgaben war ich nicht versichert. In der Stadt New York erstatten die Versicherungen gewöhnlich nur einen geringen Bruchteil von Arztkosten, daher hatte ich schon vor langer Zeit entschieden, es darauf ankommen zu lassen. Außer durch das Blaue Kreuz war ich nur durch eine uralte, 1966 abgeschlossene Versicherung gegen krankheitsbedingte Kosten bis zu 10 000 Dollar versichert, und auch das ist zu wenig. Diese 10 000 waren im Handumdrehen weg. Die eigentliche Police, die 80% der Gesamtkosten über 10 000 Dollar gedeckt hätte, war im Februar verfallen, weil ich vergessen hatte, den Jahresbeitrag von 132 Dollar zu zahlen, und das erfuhr ich erst, als Julius Green durch Rückfrage bei der Gesellschaft darauf aufmerksam wurde.
Meine beiden Dr. Bader, Dr. Sencer, Dr. Peck und Dr. Ragnarsson forderten zusammen 8480,00 Dollar, wie ich anhand der Scheckabschnitte mit Hilfe eines Taschenrechners im Wert von 6 Dollar errechnete. Es kamen auch von anderen Ärzten in beiden Kliniken noch Rechnungen, aber keine, die ins Gewicht fielen. Die Kosten für Pri-

vatpflegerinnen für das gesamte Jahr beliefen sich auf 23402 Dollar, davon 6000 Dollar für die rund um die Uhr diensttuenden Schwestern während der 22 Tage im Einzelzimmer im Mount Sinai, und 10 000 Dollar gingen an Valerie für die Zeit seit meiner Entlassung aus Rusk im Mai 1982 bis zu unserer Rückkunft aus Saint Croix im Februar 1983; von da an brauchte ich sie nicht mehr als Pflegerin. Don Shaw, der mich von Mitte Juni bis Ende des Jahres stundenweise behandelte, kostete weitere 2700 Dollar.

Anhand meiner Scheckbücher ergibt sich an Ausgaben im Zusammenhang mit meiner Krankheit für das Jahr 1982 der Betrag von 75658,12 Dollar für Krankenhauskosten; 9425 Dollar an Arztkosten; 23402 Dollar für Pflegerinnen; 3887 Dollar für Therapeuten außerhalb der Klinik (Don Shaw, Carol Hughes und ambulante Behandlung). Im Zusammenhang mit der Krankheit entstanden noch weitere unzählige Kosten, doch sind die im einzelnen so geringfügig, daß ich sie nicht anführe. Auf dem Taschenrechner, der jedesmal, wenn ich mit ihm arbeite, ein anderes Ergebnis liefert (der Fehler liegt bei mir, und die Abweichungen sind nicht groß), ergibt sich die Gesamtsumme von 112372,12 Dollar, wovon 39189,64 Dollar von Versicherungen bezahlt wurden, während ich für meinen Guillain-Barré im Jahre 1982 73182,48 aufzubringen hatte.

Dies ist ausgesprochen billig, nach den Briefen zu urteilen, die eintrafen, nachdem das Interview mit mir in *People* erschienen war. Stanley Rosenstock errechnet an eigenen Ausgaben eine Viertelmillion. Ein pensionierter Offizier aus Phoenix, Arizona, kommt auf 142000 Dollar, einschließlich aller geschluckten Tabletten. Und in Cheney, im Staat Washington, wohnt ein gewisser Emery Babb, der fast acht Monate auf der Intensivstation des Deaconess Hospitals verbrachte, was allein 199000 Dollar an Krankenhauskosten verursachte. Bob Samuels, von dem noch die Rede sein wird, hat es unterdessen fast auf eine Million Dollar gebracht. Guillain-Barré stellt insofern ein grausames Paradox dar, als es sehr teuer ist, weil die mei-

sten Menschen überleben, und weil sie überleben, müssen sie länger im Hospital bleiben, als Patienten mit anderen Krankheiten, und ihre Genesung nimmt erheblich mehr Zeit in Anspruch. (Ein Mr. Jerry Basill schrieb mir aus New York: »Ich war selig, als ich mir selber wieder den Arsch abwischen konnte.« Von Kosten erwähnte er nichts. Diese Aussage klingt nicht gerade poetisch, doch das ausgedrückte Gefühl ist vielsagend.)
Zu den hohen Krankheitskosten kamen noch die hohen Lebenshaltungs- und die nicht minder hohen Kosten des Rechtsstreites. Ein sparsamer Mensch sollte diese drei Dinge vermeiden.
Und ich zahlte meiner Frau Unterhalt.
1982 zahlte ich 35 248,04 Dollar an Anwälte und Steuerberater, das meiste im Zusammenhang mit meiner Scheidungssache. Jeffrey arbeitet hart und gut, aber nicht gratis. Die 15 000 Dollar, die ich an ihn zwischen Mai und Dezember zahlte, waren nur der Anfang.
Kam hinzu, daß ich auch für mich selber was ausgeben mußte, schließlich wollte ich weiterleben, nachdem alle Arzt- und Klinikrechnungen bezahlt waren. Während der sechs Monate, die ich in den Kliniken verbrachte, war mein persönlicher Aufwand gering: ich reiste nicht, und Einladungen gab ich so gut wie keine. Doch kaum war ich draußen, mußte ich selber für meinen Lebensunterhalt aufkommen, und zu meiner Überraschung geriet ich nach der Übersiedlung nach East Hampton, vor allem nach Erscheinen des Artikels von Speed in der *New York Times,* in einen wahren gesellschaftlichen Trubel, an dem ich sogar noch Spaß fand. (Wer hätte gedacht, daß ausgerechnet *sein* gedrucktes Wort solche Wirkung auslöste!)
Im Jahre 1982 verdiente ich brutto 36 565,00 Dollar, und meinen Scheckbüchern entnehme ich, daß ich für mich 278 673,81 Dollar verbrauchte. Man wird es vielleicht nicht glauben, doch 278 673,81 Dollar waren damals für mich eine Menge Geld und sind es auch heute noch. Es gibt Leute, die einen ganzen Monat für weniger arbeiten müssen.
Während des Sommers 1982 lebte ich von meinen Erspar-

nissen und dem Geld, das Mario Puzo mir geliehen hatte. Ende Juli kam mir Simon & Schuster mit einem Scheck über 21 890,07 Dollar zu Hilfe, Tantiemen aus einer neuen Ausgabe von *Catch-22*, die der Verlag im Vorjahr aufgelegt hatte. Ich bin bloß ein schlichter Heiliger und weiß nicht, was mein Segen wert ist, doch erteilte ich ihn all jenen Personen bei Simon & Schuster, die auf den Gedanken verfallen waren, es sei an der Zeit, diesen meinen ersten Roman neu aufzulegen. Von Knopf erhielt ich erst Ende des Jahres einen Vorschuß, und von dem bezahlte ich im wesentlichen Schulden, die ich bei Freunden hatte – im Gedanken daran, daß der Tag kommen könnte, an dem ich sie erneut würde anpumpen müssen.

Speeds Feuilleton hatte einige Briefe von Fremden und eine schmeichelhafte Aufmerksamkeit für unsere Dreiergruppe zur Folge. Wir sonnten uns in unserem Ruhm. So mancher Bekannte erfuhr erst jetzt, da alles vorbei war, daß ich krank gewesen war. Speed und Valerie erhielten scherzhaft gemeinte Angebote, als Paar in Dienste zu treten – eines von dem Angehörigen einer Präsidentenfamilie während Speeds unglaublicher ›Präsidentenwoche‹, über die zu berichten er, wie ich weiß, kaum noch warten kann. Briefe und Anrufe erreichten jeden von uns, und zwar von Leuten, von denen wir seit Jahren nicht mehr gehört hatten, und Speed bekam sogar Liebesbriefe von alten Flammen aus seinen jungen Jahren oder von jungen Flammen in seinem nunmehr hohen Alter.

Die beiden Briefe, die mich als erste nach Veröffentlichung von Speeds Artikel erreichten, stammten von Leuten, die wesentlich mehr Erfahrung mit Guillain-Barré hatten als ich.

Als erster schrieb Anthony Lobb aus Greenville, New York; er sei 73 Jahre alt und mit 64 an Guillain-Barré erkrankt. Um mich während meiner Genesungszeit aufzuheitern, erzählte er, er sei mit 68 Jahren zum Friedenscorps nach El Salvador gegangen, habe dort fast zwei Jahre gearbeitet und sei, seit er sich zur Ruhe gesetzt habe, auf einer kleinen Farm tätig, die seinem Sohn gehöre, einem Anwalt, der sie nebenher als Hobby betreibe. Eigentlich wollte Mr. Lobb mir nur zureden, den Mut nicht zu verlieren: »Eine tolle Erfahrung das Ganze, wer es nicht selber erlebt hat, kann sich keine Vorstellung davon machen.« Ein guter Brief, wie man sieht.

Der zweite Brief machte mit Speed kurzen Prozeß. Es hieß darin: »Sehr geehrter Mr. Heller, nach Lektüre von Mr. Vogels Artikel in der *New York Times* möchte ich Ihnen sagen, daß Ihre Krankheit mich erheblich mehr interessiert als Mr. Vogels Kochkünste.« Danach fuhr die Schreiberin fort: »Mein Mann hatte vor 19 Jahren G.-B. und muß immer noch im Rollstuhl sitzen. Sein Gleichgewichtssinn ist gestört, einige Körperteile sind gefühllos, und er hat keine Reflexe mehr.« Seither hatte sie sich für alles interessiert, was es auf dem Gebiet der Heilung von Nachwirkungen der Krankheit an Neuem gegeben hatte. Ich konnte weiter nichts tun, als sie auf das Rusk-Institut hinweisen, und auch das nur schlechten Gewissens, denn genau dort hätte ihr Mann 19 Jahre zuvor behandelt werden müssen.

Eine gewisse Estelle Benson rief aus Pennsylvania an, um mir mitzuteilen, daß sie, nachdem ihr Mann vor einigen Jahren an Guillain-Barré erkrankt war, einen Interessenverband der G.-B.-Opfer gegründet hatte (Postfach 262, Wynnewood, PA 19096), der unter anderem Informationen über diese Krankheit sammelt und verschickt. An diese Dame verweise ich alle, die nach Informationen hungern, welche anderswo nicht zu haben sind.

Nachdem das Interview mit mir in *People* erschienen war, trafen Briefe massenhaft ein. Manche waren ermutigend, andere erschreckend, wieder andere eine verblüffende Mischung aus beidem.

»Meine Frau Anne erkrankte 1967 an G.-B., und wir dachten, es könnte Sie interessieren zu erfahren, daß sie sich von dieser schrecklichen Krankheit erholt hat, abgesehen von einigen Folgeschäden: Rechtes Bein und rechte Hüfte blieben teilweise gelähmt, so daß sie etwas hinkt. Der rechte Unterschenkel ist etwa 6 cm dünner als der linke. Ferner: Schluckschwierigkeiten dank verbliebener Teillähmung der Kehle. Am schlimmsten sind zeitweilige

schwere Krampfanfälle im Bein und im Nacken, letztere greifen meist auf den ganzen Kopf über.«
Wie ich schon sagte, an dieser Krankheit ist etwas, das Menschen, welche die schlimmsten Symptome überwunden haben, veranlaßt, sich trotz solch bleibender Folgeschäden als geheilt zu betrachten.
Cheryl McCall ist eine gute Freundin, und ich sagte ihr wahrheitsgemäß, daß ich den Sommer des Jahres 1982 für den schönsten meines Lebens hielt. Sie glaubte mir das, obwohl ich mich anfangs gegen dies Interview sperrte und zwischendurch in mürrisches Grübeln verfiel, das sich im Druck dann ausnahm wie Verbitterung, die ich in Wahrheit nicht empfand und keineswegs zum Ausdruck bringen wollte, vielmehr hinterher sehr bedauerte. Ursache mag gewesen sein, daß ich sehr schnell ermüdete. Cheryl und ihr Photograph Michael Abramson sowie Valerie und Speed waren ständig um mich herum, wenn wir nicht arbeiteten, und ich wäre gern allein gewesen und hätte mich ausgeruht. Es fiel mir leichter, mürrisch und bitter zu wirken, als unhöflich und abweisend zu sein. Fest steht, daß diese Monate für mich interessanter waren als andere Perioden in meinem Leben, derer ich mich entsinne, und ich zögerte keinen Moment, meiner Freude darüber Ausdruck zu geben.
»Dies ist der glücklichste Sommer meines Leben«, sprach ich deshalb ganz aufrichtig auf Cheryls Bandgerät und sagte ihr auch, daß ich einige Zeit vorher im Gespräch mit Freunden, die sich von meinem Befinden einen Eindruck hatten verschaffen wollen, zum gleichen Ergebnis gelangt war.
»Das werden eine Menge Leute dir nicht abnehmen«, hatte Steve DeClerque bemerkt, mich dabei scharf angesehen und genickt. »Schon gar nicht, wenn sie sehen, in welchem Zustand du bist. Aber ich kann dich verstehen«, setzte er heiser mit dem einen ihm verbliebenen Stimmband hinzu.
Tatsächlich kann ich mich nicht entsinnen, wann je im Leben mir ein Ziel so klar vor Augen gestanden hatte – nicht in der Kindheit, nicht in der Jugend. Ich wußte genau, wo

ich war und weshalb. Mein Gewissen war rein. Meine Kinder konnten selber für sich sorgen. Verpflichtet fühlte ich mich einzig denen, die mir Hilfe leisteten, aber denen fühlte ich mich auch befreundet. Nie zuvor hatte ich mein Gefühlsleben und meine Moral als so unkompliziert empfunden. Probleme hatte ich nur wenige, und die kannte ich genau. Ich mußte Geld verdienen, meinen Roman beenden und vor allem ganz gesund werden.

Zu Cheryl sagte ich: »Im Moment kann ich mir nicht vorstellen, je wieder zu joggen oder mit beiden Füßen aufzuspringen«, und sie übernahm das in ihren Text. »Vorstellen hingegen kann ich mir, daß ich wieder richtig gehen kann, ohne Angst zu haben, hinzufallen. Ich rechne damit, daß es Ende September soweit ist. Zwei weitere Monate wird es dauern, bis ich wieder Auto fahren kann. Aber laufen, was ich am liebsten täte, werde ich wohl nie mehr können.«

In Wirklichkeit war das eine viel zu pessimistische Betrachtungsweise, wie sich zeigte. Im September konnte ich ohne Hilfe aus dem Auto steigen, im Oktober fing ich an, selber zu fahren. Im November konnte ich tatsächlich mit beiden Beinen springen, wenn Don Shaw mich an den ausgestreckten Händen hielt. Und dabei machte ich eine Beobachtung, die mich reizte, mich näher mit dem Hirn zu beschäftigen – ich konnte diese Aktivitäten nicht langsam ausführen, mir fehlte die Fähigkeit, das Tempo zu bestimmen.

Auch bei einer anderen Übung machte ich Beobachtungen, die meine Wißbegier reizten. So hielt Don etwa einen hölzernen Stab mit beiden Händen von sich weg, und ich drückte mit aller Kraft dagegen, wobei er allmählich zurückwich und ich vorwärts drängte. Dabei mußte ich alle Kraft aufbieten. Im Rückwärtsgehen wechselte er dann plötzlich die Richtung, was auch mich zwang, meine Körperhaltung zu ändern, wenn ich mich gegen ihn stemmte. Dann machten wir es umgekehrt, ich ging rückwärts und zog ihn zu mir heran. Befahl er mir, die Richtung zu ändern, wußte ich im Moment nicht, was tun. Ich verstand sehr wohl, was er meinte, doch seinen Befehl konnte ich nicht ausführen. Ich mußte erst überlegen, mir vor Augen halten, was da von mir erwartet wurde. Don erklärte mir, daß wir mit einem Teil des Hirns denken, nämlich der Hirnrinde, dann aber, ohne nachzudenken, durch einen anderen Teil, den Hirnstamm, unsere Absicht verwirklichen. In meinem Fall funktionierte die blitzartige neurogene Verbindung zwischen Absicht und instinktiver Verwirklichung noch nicht ausreichend.

Man bedenke nur, wie viele koordinierte nervliche Signale mit Lichtgeschwindigkeit in mir gewechselt werden, während ich hier sitze und weiter nichts tue, als diese wenigen Worte zu Papier zu bringen – und die gleichzeitig im Leser stattfinden –, und man wird mir beipflichten, wenn ich sage, daß hier Wunder vorgehen, Geheimnisvolles. Wer könnte die neuromuskulären Abläufe zählen, die allein in diesem Augenblick in uns stattfinden? Nervliche Impulse sind elektrischer Art und werden in winzigen Mengen entlang der Nervenstränge von einer Zelle zur nächsten transportiert. Milliarden unsichtbarer biochemischer Synchronisationen erfordert allein eine halbe Minute Tischtennisspiel. Biologische Prozesse sind höchst wunderbar, und einer wie der eben beschriebene könnte einen an Darwins Theorie von der Entstehung der Arten irrewerden lassen, übrigens auch an allen anderen Schöpfungstheorien, mit denen wir vertraut sind. Gewiß gibt es noch eine dritte Erklärung für das vielfältige Leben auf dem Planeten, aber noch kennt sie niemand.

(Im Widerspruch zu dem, was ich früher gesagt habe, entdeckte ich vor zwei Wochen – am 2. Juni 1985 –, daß ich im Begriff bin, die Tätigkeit des Laufens nicht mehr über die Hirnrinde, sondern über den Hirnstamm zu erlernen, und ich vermag jetzt etwa hundert kleine Schritte hintereinander zu tun, ohne daran zu denken, wie ich das mache; statt dessen denke ich mir Sätze aus wie diese. Und noch etliche Tage vorher ertappte ich mich dabei, daß ich, um die Zeitung vom Boden aufzuheben, mich nicht mehr steif wie ein Spielzeugsoldat aus der Hüfte vorbeugte, sondern statt dessen in die Knie ging. Ohne es noch zu begreifen, hatte ich nach dreieinhalb Jahren die Kraft und das unbewußte know-how zurückgewonnen, so was ähnliches wie Kniebeugen zu machen.)

Anfang Dezember eröffnete mir Don Shaw, sein Gewissen lasse nicht zu, daß er noch länger Geld für etwas nehme, das nicht mehr als Physiotherapie zu bezeichnen sei, es handele sich nur noch um Anpassung. Keine der Übungen, die wir zu zweit ausführten, könne ich nicht ebensogut auch allein machen. Doch wußte ich wohl, daß ich in seiner Gegenwart energischer und gewissenhafter übte, als ich es ohne ihn täte, und forderte ihn darum auf, er möge bis Ende des Monats kommen; für diesen Zeitpunkt planten Valerie, Speed und ich ohnehin, für fünf Wochen nach La Croix zu fliegen. In der verbleibenden Zeit lehrte Don mich, vom Sofa aufzustehen, indem ich ganz in die Ecke rutschte und mich mit Hilfe der Armlehne, der Ellenbogen und Schultern hochstemmte. Er hielt es für ausgeschlossen, daß mich die Kniegelenke bei meinen kleinen Spaziergängen im Stiche lassen würden, und damit hatte er recht. Ein Sturz drohte, wenn ich aus dem Gleichgewicht kam oder stolperte, doch lag das nicht an den Knien, sondern daran, daß ich noch nicht fähig war, die Beinstellung schnell genug einer Veränderung des Gleichgewichtes anzupassen, was ja normalerweise ganz mechanisch geschieht. (Im Jahr darauf fiel ich mehrmals hin, als ich versuchte, vom Fahrrad zu steigen, doch derartiges war damals nicht vorherzusehen.)

In meinem Interview mit *People* gab es auch ein Photo von Don Shaw und mir, die Bildunterschrift vermittelt den irrigen Eindruck, als litte ich Schmerzen. Ein weiteres Photo zeigt mich rückwärts die Hintertreppe herabsteigen, behütet von Speed und Valerie, und das war wirklich zutreffend, jedenfalls während der Sommermonate. Einerlei, wohin ich ging, ich brauchte Hilfestellung zu beiden Seiten, sobald Treppen zu überwinden waren. Ein weiteres Photo zeigt, welche Mühe es mir machte, ein Hemd zuzuknöpfen, und auch das war korrekt.

Nach Erscheinen jener Ausgabe konnten wir drei uns vor Anrufen kaum noch retten, lösten einander also am Telefon ab. Ein Baumeister aus Arizona berichtete, er sei auf eigenen Wunsch aus dem Spital entlassen worden, als er hörte, daß ihm dort nicht schneller geholfen werden konnte, und habe sich selber mit sehr hohen Dosen Vitamin C behandelt; er leide jedoch immer noch gelegentlich an Taubheit der Füße. (Sofort begann ich selber, viel Vitamin C zu schlucken.)

Nach einigen Wochen gab ich es auf, die eingehenden Briefe zu beantworten. Es waren überraschend viele dabei von Menschen, die in Kleinstädten lebten und nie davon gehört hatten, daß auch andere von unserer Krankheit befallen werden. Die waren sehr erleichtert, als sie lasen, daß sie sich ihre peinigenden Symptome nicht nur eingebildet hatten. Viele waren von den behandelnden Ärzten zu Psychiatern geschickt worden, weil man als Ursache Hysterie vermutete. Der Brief eines Mr. Bram Garber aus Kanada tröstete mich ungemein. Ich gebe hier einen Auszug aus diesem Brief wieder, ohne wie üblich die ausgelassenen Stellen, um die Spannung zu erhöhen, durch Pünktchen zu kennzeichnen:

Sehr geehrter Mr. Heller

Wie es scheint, sehe ich mich alle ein oder zwei Jahre genötigt, einen Brief wie den folgenden zu schreiben.

Im September 1960 erwachte ich eines Sonntags mit einem Kribbeln in Armen und Beinen und bemerkte einen raschen Verfall meiner Muskelkraft. Am Abend darauf lag ich schon, angeschlossen an ein Beatmungsgerät, im Montreal Neurological Institute, gelähmt an Armen, Beinen, Händen, Füßen, Hals und Mund.

Einen Monat lang war ich entweder gar nicht oder nur halbwegs bei Bewußtsein und verbrachte ein halbes Jahr auf dem Rücken liegend. Während dieser Zeit wurden Wassertherapie, Streckung der Sehnen und andere Arten von Physiotherapie vorgenommen. Nach elf Monaten verließ ich die Klinik im Rollstuhl und lebte praktisch die nächsten zwei Jahre mit einer Physiotherapeutin zusammen, mit der ich täglich übte, bis wir uns gegenseitig so satt hatten, daß wir uns trennten, wenn auch im Guten.

Was Sie über die Elektromyogramme sagen, stimmt haargenau, die sind eine Tortur. Einmal habe ich mich dem ausgesetzt, aber nie wieder. Gleiches gilt für die Rückenmarkspunktion – einmal und nie wieder. Es stimmt, eine Heilung des Guillain-Barré Syndroms ist noch nicht bekannt, immerhin hatte ich das Glück, einen menschlichen und tüchtigen Arzt zu finden, noch dazu einen, der mir nicht das Geld aus der Nase zog. Heute sind wir gute Freunde. Und es war auch ein Glück, daß ich während der elf Monate in der Klinik ständig die gleichen drei Schwestern hatte.

Während ich in der Klinik lag und in den beiden Jahren meiner Genesung blieb ich in ständigem Kontakt mit meiner Firma und habe nie daran gezweifelt, daß ich wieder gesund werden würde. Heute lebe ich ganz normal (zu 90% geheilt), und nicht nur tue ich meine Arbeit, ich reise auch viel, amüsiere mich auf Partys, laufe den Weibern nach und trinke Alkohol wie früher.

Schmerzen in Sehnen und Muskeln und gewisse Beschränkungen stören mich schon lange nicht mehr. Man muß sich an die schönen Seiten des Lebens halten. Verbittert war ich nie, gebe aber zu, daß ich gelegentlich ausgiebig geflucht habe, auch habe ich angefangen, Gemälde und Antiquitäten zu sammeln.

Was soll ich Ihnen sagen? Wenn Sie in den Hamptons wohnen, gehen Sie möglichst viel barfuß am Strand. Das bekommt Fuß- und Beinmuskulatur. Mit den Knien ist es weit schwieriger. Gehen Sie am besten im Sand ein bißchen knickebeinig, und wären es nur wenige Schritte. Mir hat das geholfen. Am meisten hat mir Schwimmen geholfen.

Erkrankt bin ich am Vorabend meines 42. Geburtstages.

Hoffentlich halten Sie diesen Brief nicht für bloßes Geschwätz, ich schreibe, weil ich glaube, es könnte Ihnen guttun, dies zu lesen.

Der Brief war datiert vom 30. August 1982, 22 Jahre, nachdem er erkrankt war; sein Gedächtnis hat alles aufbewahrt, und sein Mitgefühl erscheint mir heiligmäßig und erhaben. In einem anderen Brief läßt er mich wissen, daß Krämpfe in den Beinen die schlimmsten Folgeschäden sind, dabei ist er derjenige, von dem ich zuvor schon gesagt habe, daß er nicht genug Kraft in den Händen hat, um radzufahren. Nun beschränkte ich mich nicht mehr nur auf hohe Dosen Vitamin C, sondern folgte seinem Rat, barfuß im Sand zu gehen und das auch ›knickebeinig‹. Hätte mir jemand spiritistische Sitzungen empfohlen, ich hätte auch die ausprobiert.

Vier Wochen nach Garbers Brief schrieb mir Mrs. Rikki Samuels, deren Mann Robert etwa zwei Wochen früher an Guillain-Barré erkrankte als ich.

Sehr geehrter Mr. Heller

Ich hoffe, Sie erholen sich allmählich von GBS und genesen ganz. Auch mein Mann erkrankte im Dezember, und erst letzten Monat wurde sein Beatmungsgerät abgeschaltet. (Zwei Wochen früher erkrankt, und gerade eben erst ohne Beatmungsgerät – zwei Monate nachdem ich die Klinken hinter mir hatte!)

Mein Mann will sich bei Rusk begutachten lassen, und ich hoffe so sehr, daß man ihn da behält. Seit Dez. '81 ist er im Neurological Institute in Columbia. (Vier Elektromyogramme hat er erduldet, sich dann aber geweigert.) Können Sie uns helfen?

Als ich anrief, um zu sagen, ich hätte bei Rusk keinen Einfluß, um ihm die Aufnahme zu erleichtern, hatten sie ihn dort schon behalten.

Und so ist es Bob Samuels ergangen: Er war Texter bei einer internationalen Ölgesellschaft und hoffte, eines Tages als freier Schriftsteller arbeiten zu können. Etwa sechs Wochen nach mehreren Schutzimpfungen und einer Dienstreise um die Welt bemerkte er, als er in der Nacht aufwachte, Schwäche in den Beinen. Als die sich im Laufe des Tages nicht besserte und am nächsten Tag noch verschlimmerte, telefonierte er mit seinem Hausarzt, der ihn anwies, unverzüglich in die Notaufnahme des nächstgelegenen Krankenhauses zu fahren, in diesem Fall in das von Nyack, New York. Eine Lumbalpunktion ergab hohen Proteingehalt, man verlegte ihn auf die Intensivstation zwecks Beobachtung wegen Verdachtes auf Guillain-Barré. Noch in der Nacht wurde er ans Beatmungsgerät angeschlossen, und tags darauf konnte er außer den Augen nichts mehr

bewegen. (»Schaute ich nach links, hieß das ›Nein‹, nach rechts hieß ›Ja‹, und die Lider konnte ich nicht schließen.«)
Die folgenden neun Monate verbrachte er im Columbia Presbyterian Hospital unter Aufsicht von drei Privatpflegerinnen in jeweils Achtstundenschichten. (Ich selber war keine sechs Monate in meinen beiden Kliniken.) Neun Monate hing er am Beatmungsgerät und konnte nicht sprechen. (Ich vermute, sein Arbeitgeber hat die Kosten für seine Krankheit übernommen und bezahlt auch für seine Wiederherstellung.) Zwei oder drei Monate wurde er durch einen Nasenschlauch ernährt und weitere sechs Monate durch einen Magenschlauch. Er war jünger als ich und zwei Wochen früher erkrankt, doch ins Rusk-Institut kam er erst Ende Oktober 1982, während ich schon neun Monate früher dorthin kam, Ende Januar, und er blieb sechs Monate, ich nur dreieinhalb. Im April 1983 wurde er im Rollstuhl entlassen, nach fünfzehn Monaten Klinikaufenthalt. Und zwei Jahre, nachdem wir die ersten Symptome verspürt hatten, saß er immer noch daheim im Rollstuhl und benutzte das Transferbrett, während ich seit Dezember 1983 radfuhr, mein Auto steuerte, in Montauk ein Fitness-Center besuchte, wo ich in einer Tretmühle teils ging, teils trottete.
Und Privatpflegerinnen hatte er auch immer noch. Weil der Hustenreflex schwach war, mußte er ständig den Absaugschlauch benutzen. Während er in der Klinik war, fürchtete seine Frau die meiste Zeit um sein Leben. Das Haus, in dem sie wohnten, mußten sie mit einem vertauschen, das für einen Rollstuhlfahrer bequemer war (nach Umbauten – Rampen und verbreiterte Türöffnungen). Noch wurde er dreimal in der Woche bei Rusk ambulant behandelt, wohin er im Krankenwagen gebracht wurde. Zwischen den Barrenholmen konnte er sich aufrecht halten, gehen aber nicht. (Und erst im Sommer 1985, nach fast vier Jahren, konnte er mit einer Gehhilfe gehen, aber immer noch nicht ohne fremde Hilfe aufstehen!) Weil die Finger nicht kräftig genug waren, das Eßbesteck zu halten, wurden an beiden Händen Schienen befestigt, in die er

Messer und Gabel schieben konnte. Die Zeigefinger wurden mit ›Manschetten‹ verstärkt, so daß er wenigstens mit zwei Fingern Maschineschreiben konnte. Sein Buch schrieb er mit Hilfe eines Computers.

Ich erinnere mich wieder daran, daß Dr. Walter Sencer bei seiner ersten Untersuchung vorhergesagt hatte, mein Fall von Guillain-Barré werde relativ leicht sein, und wenn ich mir vor Augen halte, wie es meinen Leidensgefährten ergangen ist, bin ich geneigt, Dr. Sencer zuzustimmen. Um mit Julie Green zu sprechen, »es hätte mich viel schlimmer treffen können«. Aber wie Bob Gottlieb so richtig sagte: »So etwas ist nicht angenehm.«

Nicht alle Briefe waren erfreulich zu lesen: »Ich erkrankte mit neunzehn Jahren . . .«; »Auch ich hatte, ebenso wie Sie, Angst davor, die Augen zu schließen . . .«; »Meine Tochter Dana ist 14 Jahre alt . . . die Lähmung begann in den Beinen . . .«). Einer der deprimierendsten Briefe stammte von einer Peggy Manion, die sich selbst überschwenglich als völlig geheilt beschrieb und wie nebenher einen Satz einfügte, den ich nur mit Mühe verdaute: »Ich erkrankte zweimal an Guillain-Barré.«

Ich wehrte mich gegen den Gedanken, diese scheußliche Erfahrung ein zweites Mal machen zu müssen, doch der einmal geweckte Argwohn wollte sich so leicht nicht vertreiben lassen.

Gegen Ende des Sommers fand im Freien ein Fest statt aus Anlaß des Geburtstages von Craig Claiborne und des Erscheinens seines neuen Buches. Valerie und Speed begleiteten mich, fanden einen geeigneten Platz für mich und jemand servierte mir gegrillten Wels, den ich noch nie gegessen hatte und von dem ich sofort eine zweite Portion verlangte. Während des Essens bemerkte ich argwöhnisch die Annäherung eines Fremden, der am Stock ging. Er stellte sich als Mike Alexander und Freund von Speed vor. (Wir begegnen einander jetzt gelegentlich in Gesellschaft.) Er sei gekommen, mir gute Genesung zu wünschen; er selber sei ebenfalls an Guillain-Barré erkrankt. Da ich gesehen hatte, daß er hinkte und daß er am Stock ging, blieb ich sehr zurückhaltend.

»Wie lange ist das her?«
»Ich hatte es zweimal. Das erste Mal –«
»Darüber möchte ich jetzt nicht sprechen«, unterbrach ich ihn schroff, und um das Ganze ins Scherzhafte zu wenden: »Nicht hier, nicht auf diesem Fest.«
Auch jetzt möchte ich mir nicht ausmalen, welche Tragödie es wäre, alles dies noch einmal durchmachen zu müssen. Also halte ich mich lieber an Bob Samuels vor seinem Computer, denn da gibt es noch etwas nachzutragen. Am Telefon spielt er unweigerlich den Witzbold, so wie man es früher von mir behauptet hat. Mit Hilfe seines Computers hat er ein Buch verfaßt, in dem er seine Erfahrungen mit Guillain-Barré schildert. Die ersten hundert Seiten schickte er einer bekannten literarischen Agentur, die sich sehr zustimmend, ja entzückt äußerte, nur um ihm anschließend mitzuteilen, daß kein Verlag bereit sei, sein Buch zu akzeptieren, einerlei wie gut es sei, weil es sich herumgesprochen hatte, daß ich selber an einem solchen Projekt arbeitete. Zu allen anderen Schicksalsschlägen, die ihn getroffen hatten, kam nun auch dieser noch.
Ich habe diesen traurigen Scherz bis zum Ende des Kapitels aufgehoben, denn ich kenne bereits den Satz, mit dem Speed das nächste Kapitel beginnen wird, und ich könnte mir denken, daß Bob die Gegenüberstellung belustigend finden wird. Es kann gut sein, daß er der einzige ist.

Als Autor bin ich noch nie auf Ablehnung gestoßen. Schriftsteller werden ist einfach, und ich verstehe nicht, weshalb nicht mehr Leute sich auf diesem Feld betätigen. (Man braucht dazu nichts weiter als einen Freund, der bereits als Autor arriviert ist, an einer seltenen, nicht tödlichen Infektion erkrankt und seinerseits befreundet ist mit dem Herausgeber einer bekannten Zeitung.) Der Beruf des Schriftstellers ist auch sehr einträglich – wenn schon nicht finanziell, dann doch, was das Sozialprestige angeht. (Als freier Mitarbeiter bei einer Tageszeitung verdient man nicht viel.) Es scheint, daß alle Welt die Mittwochausgabe der *New York Times* liest, insbesondere die Spalte ›Modernes Leben‹. Jedenfalls hörte Joes Telefon tagelang nicht auf zu klingeln, und das Band auf meinem Anrufbeantworter in der Stadt reichte nicht, alle Anrufe aufzunehmen.

Die Kommentare hielten sich zwischen überschwenglichem Lob und schlichter Beglückwünschung. Mario fand mein Feuilleton sehr komisch und bedankte sich eigens dafür, daß ich ihm witzige Bemerkungen in den Mund gelegt hatte. Als ich ihm entgegenhielt, ich habe ihn nur wörtlich zitiert, wollte er das nicht glauben. Er fügte aber an: »Wenn das wirklich stimmen sollte, dann bin ich ein echter Komiker.« Manche Leute meinten, Heller habe den Beitrag für mich verfaßt (beleidigend für uns beide). Wieder anderen fehlte jegliches Verständnis dafür. Eine meiner Freundinnen fand, ich habe mich als abscheulichen Parasiten dargestellt. Sie befürchtete, ich hätte ein falsches Bild von mir gegeben. Ich bedankte mich für ihre Sorge.

Bevor ich zum veröffentlichten Schriftsteller wurde, lud Lauren Bacall uns drei zum Lunch ein. Ich nahm gerne an, fühlte mich dort aber nicht recht wohl, obwohl ich herzlich aufgenommen wurde. Ich kam mir mehr als Hellers Lakai vor denn als sein Freund und fand, mein Platz sei eigent-

lich in der Küche bei den Dienstboten. Ich war zu schüchtern, um mich an einer literarischen Konversation mit anerkannten Größen wie George Plimpton, Wilfrid Sheed, William Gaddis und Charles Addams zu beteiligen. Ich sollte bei dieser Aufzählung auch die Gastgeberin erwähnen, doch die fand ich so liebenswürdig, daß ich vergessen konnte, daß auch sie Bücher schreibt. Sie war so gerührt darüber, daß Joe wieder auf den Beinen war, daß ihr die Tränen kamen. Nachdem mein Beitrag jedoch in der *Times* erschienen war, veränderte sich all dies von Grund auf. Ich betrug mich jetzt nicht mehr wie das Mauerblümchen, sondern wie der Haupthahn. In Gesellschaft zogen mich Leute ins Gespräch, die den Beitrag entweder selber gelesen, mindestens davon gehört hatten, und ich sog jedes schmeichelhafte Wort begierig ein. Ich war nun nicht mehr nur Joe Hellers edler, menschenfreundlicher Gefährte (mein Heiligenschein fing ohnehin an, etwas zu drücken), nein, ich war Speed Vogel, der einen Beitrag für die *Times* geschrieben hatte. Das ging mir glatt runter. Und wie Scarlett O'Hara gelobte ich mir, nie wieder Hunger (nach Beachtung) leiden zu wollen.
An Verabredungen fehlte es mir nun nicht mehr, ich hatte manchmal eine mit zwei Damen gleichzeitig. Zu Hellers herzlicher Belustigung ging ich dabei nach einem System vor, ich brachte nämlich jede neue Eroberung erst mal zu Bob und Rosalie Gwathmey. Dort war ich nämlich jederzeit willkommen und konnte mich darauf verlassen, daß Gwathmeys mit ihrem Charme jede Neuerwerbung einwickeln würden. Bob ist ein blendender Geschichtenerzähler, und Rosalie ist witzig, hat ein vorzügliches Gedächtnis und kann Bob notfalls bewundernswert unauffällig soufflieren. Waren meine Begleiterinnen nicht hingerissen von Gwathmeys, bewies das mir, daß sie nicht den rechten Geschmack hatten, und ich beachtete sie nicht weiter. Diese Prozedur ersparte mir ungeheuer viel Zeit. Joe und ich fanden es sehr komisch, daß ich den beiden eine solche Menge attraktiver Damen vorführte. Ich hörte mit Vergnügen, daß Rosalie ihrem Mann von der Terasse zurief: »Bob, komm schnell, Speed bringt wieder eine

Neuerwerbung!« wenn sie mich die Auffahrt heraufkommen sah. Ich durfte mich also nach wie vor als *bon vivant* fühlen. Wer diesen Titel allerdings wirklich verdiente, war umstritten. Als die *New York Times* in ihrer Klatschspalte auf Seite sechs über den Prozeß Heller gegen Heller berichtete, wurde aus dem Protokoll eine Bemerkung über Mario Puzo zitiert, die ihn als schlechten Einfluß auf Heller bezeichnet und ihn einen »berühmten Schriftsteller, leider aber auch einen ebenso berühmten *bon vivant* und Schürzenjäger« nennt. Heller selber hatte darauf entgegnet: »Wer richtig sehen kann und auch sonst seine Sinne beisammen hat, kann im Ernst nicht behaupten, daß Mario Puzo ein *bon vivant* und Schürzenjäger ist.« Als ich Mario fragte, wie er sich in dieser neuen Rolle fühle, antwortete er: »Sehr wohl. Und ich werde beide wegen übler Nachrede verklagen.«
Rosalie Gwathmey mag in mir einen Mann von Welt gesehen haben, doch als ich mich nach einem Haus für mich in den Hamptons umzusehen begann, brachte sie mich mit einer sehr realistischen Bemerkung in die Wirklichkeit zurück: »Achten Sie darauf, daß das Schlafzimmer im Erdgeschoß liegt, Sie werden nämlich nicht in alle Ewigkeit auf Ihrem berühmten Fahrrad herumsausen können.« Mir selbst liegt der Gedanke ans Alter ganz fern, und mir war nicht klar, daß ich mich ständig in der Gesellschaft von ›jungen Leuten‹ bewegte, weil ich mich nicht alt fühlte. Cheryl McCall ist ein gutes Beispiel – ich bin doppelt so alt wie sie, und trotzdem sind wir die besten Freunde.
Als sie mir telefonisch ihre Absicht ankündigte, ein Interview mit Joe zu machen, sagte ich, ich glaube nicht, daß ihm jetzt der Sinn danach stehe, wolle aber mein bestes tun. Joe überraschte mich durch seine Bereitwilligkeit. »Selbstverständlich mache ich das. Sag ihr zu.« Als ich ihn jedoch später fragte, welcher Zeitpunkt ihm genehm sei für das Interview mit Cheryl, fragte er zurück: »Welches Interview? Wovon redest du überhaupt?« Als ich ihn milde an unser früheres Gespräch über diesen Gegenstand erinnerte, wischte er das mit einer Handbewegung weg. »Kommt nicht in Frage. Vergiß es.« Ich war schon

drauf und dran, Cheryl abzusagen, machte aber noch einen letzten Versuch, den er denn auch mit einem brummigen: »Okay, aber ich tue es bloß dir und Cheryl zu Gefallen«, quittierte. In dem Interview äußerte er sich dann überraschend freimütig über seine Familienverhältnisse, seinen Werdegang und seine Freunde. Wieder stellte er Valerie und mich als selbstlos, edel und heiligmäßig dar. »Sie könnten mich beide bitten, um was sie wollen, ich würde ihnen nichts abschlagen. Ich schulde Speed und Valerie mehr, als ich je gutmachen kann – deshalb versuche ich es erst gar nicht. Und genau das werde ich ihnen sagen, wenn sie mir die Rechnung präsentieren.«

Nach Erscheinen dieses Interviews wurden wir von einer Brieflawine zugedeckt, vom Telefon ganz zu schweigen. In den meisten Briefen ging es um Guillain-Barré, doch viele Leute drückten ihre Bewunderung für mich und Valerie aus, weil wir einem Freund in der Not so bereitwillig beistanden. Ganze Stunden verbrachten wir am Telefon. Als ich mal wieder dran war, die Anrufe entgegenzunehmen, begrüßte mich meine Freundin Lu Ann Walther, die was vom Buchgeschäft versteht. »Speed, ich habe deinen Beitrag in der *Times* und Joes Interview in *People* gelesen. Weshalb schreibst du nicht ein Buch darüber?« Das haute mich um. Und Joes Reaktion, als ich ihm das erzählte, verschlug mir ebenfalls die Sprache. »Klar«, sagte er, »mach das.«

Ein paar Tage drauf, ich war gerade in der Stadt, rief Joe an. »Ich habe über dein Buchprojekt nachgedacht, und wenn es dir recht ist, schreiben wir es zusammen. Okay?« Ich bat ihn, einen Moment am Apparat zu bleiben, ich müsse darüber nachdenken. Und das tat ich etwa ebensolange, wie ich darüber nachgedacht hatte, ob ich die Einladung nach Cannes annehmen sollte.

Als erstes informierte ich selbstverständlich meine Freunde, Mario Puzo allen voran. Der warnte mich: »Schreib nicht eine Zeile, bevor du einen Vertrag und einen Vorschuß hast.« Das klang wie ein guter Rat. Als ich George Mandel erzählte, was Mario mir geraten hatte, sagte er: »Mario bringt alles durcheinander. Die erste

Zeile schreibst du nicht, wenn du den Vorschuß bekommst, sondern wenn du ihn ausgegeben hast. Wer wird schon schreiben, solange er noch Geld in der Tasche hat?«
So blieb mir denn noch reichlich Zeit. Da behauptete Joe, immer bereit, andere zu belehren, jedermann könne sich Rechtsberater nennen, der für jemand anderen in einer Rechtsangelegenheit tätig werde, dazu brauche er nicht Jura studiert, ja nicht einmal die Hauptschulprüfung bestanden zu haben. Zu meiner maßlosen Verblüffung gab ihm das Konversationslexikon recht. Als Mario mir kurz darauf eröffnete, er wolle in den Hamptons einen Tennisclub kaufen, ob ich nicht ein geeignetes Objekt wisse, rief ich zu Joes Belustigung einen Immobilienmakler an und gab mich als Mr. Puzos Rechtsberater aus. Wir vereinbarten, mehrere Objekte zu besichtigen. Damit begann ich eine neue Karriere.
Meine nächste Klientin wurde eine Dame, die ich bei einem Essen kennenlernte. Im Gespräch erwähnte ich, daß Joe und ich den gleichen Anwalt beschäftigen, nämlich Jeffrey Cohen. Nicht nur war er der Rechtsbeistand, sondern auch der engste Freund ihres Mannes, von dem sie sich demnächst scheiden lassen wollte. Ich stellte ihr einige Fragen und war sogleich davon überzeugt, den Vermögensausgleich der Parteien mühelos arrangieren zu können. Sie sagte auf meinen diesbezüglichen Vorschlag nur: »Ich vertraue Ihnen, versuchen Sie es.«
Ich rief also Jeffrey an, sagte ihm, wen ich vertrat, und nannte ihm die Summe, mit der die Dame bereit war, sich abfinden zu lassen. Falls er Zweifel daran habe, daß ich als ihr Rechtsbeistand tätig werden könne, möge er im Lexikon nachschlagen. Tatsächlich mußte ich eine Weile am Apparat warten, während er nachsah. »Das ist wirklich verrückt«, sagte er schließlich, »aber wenn die geforderte Summe der Höhe nach korrekt ist, könnte mein Mandant sich darauf einlassen.« Nach diesem Erfolg beendete ich das Spielchen, und die geschiedene Frau von Jeffrey Cohens bestem Freund wurde meine ständige Begleiterin beim Radfahren. Durch sie lernte ich die schönsten einsamen Straßen in der Gegend kennen. Eines Tages, wir hat-

ten einen langen Ausflug hinter uns, beschlossen wir, Zutaten für ein Picknick zu besorgen, das wir auf Hellers Rasen abzuhalten gedachten, und luden auch noch einen befreundeten Photographen dazu ein. Während die beiden eine Decke ausbreiteten und auspackten, ging ich ins Haus, um Joe und Valerie aufzufordern, teilzunehmen. Joe sagte, er habe noch genug von seinem Interview mit *People,* wir möchten ihn entschuldigen und keinesfalls ins Haus kommen. Ich hatte Verständnis für diesen Wunsch. Beim Hinausgehen hörte ich Valerie irgendwas aus dem Oberstock rufen und Joe antworten, verstand aber nicht, was gesagt wurde. Gleich darauf kam es zwischen den beiden zum Krach, und Valerie brach ihre Zelte ab.
Es dauerte eine Weile, bis ich mir zusammenreimen konnte, was da vorgefallen war. In dem Moment, als ich Joe versprach, die Gäste vom Haus fernzuhalten, hatte Valerie, die eine großzügige Person ist, aus einem der oberen Fenster die beiden auf dem Rasen aufgefordert, doch hereinzukommen. Joe brüllte von unten ein Gegenkommando, das von Valerie so verstanden wurde, als befehle er ihr, gefälligst den Mund zu halten.
Tags darauf brach sie zu einem sogenannten Urlaub auf. Als Joe mich fragte, ob wir uns ohne sie behelfen könnten, dämmerte mir, daß er glaubte, sie wolle nicht zurückkommen. Als sie mich dann aber telefonisch anwies, dafür zu sorgen, daß Joe nicht unbeaufsichtigt ins Schwimmbecken gehe, hätte ich alles darauf gewettet, daß sie doch die Absicht hatte wiederzukommen. Und selbstverständlich hätte ich die Wette gewonnen.
Worauf ich allerdings nie gewettet hätte, wäre, daß ich innerhalb von zehn Tagen mit sechs Mitgliedern der Familie dreier ehemaliger Präsidenten der USA bekannt werden würde. Joe, Valerie und ich wurden von Pat Lawford, der Schwester von John F. Kennedy, zu einer kleinen Gesellschaft eingeladen, und als wir pünktlich eintrafen, war von den anderen Gästen noch keiner erschienen. Joe stellte uns Jean Smith und der Gastgeberin vor, die von meinem Opus in der *Times* gehört hatte und eine Photokopie erbat. Das schmeichelte mir. Dann kamen nach und nach die

anderen Gäste. Ich habe die schlechte Angewohnheit, nicht zuzuhören, wenn ich mit jemand bekannt gemacht werde.
Die reizende Dame, mit der ich ins Gespräch kam, erzählte mir, sie stamme aus Georgia und lebe in Texas. Gloria Jones fragte mich: »Nun, Speed, wie fühlen Sie sich in Gegenwart von drei Schwestern ehemaliger Präsidenten?« Ich antwortete verwirrt: »Ich weiß nur von zweien, Pat und ihrer Schwester Jean Smith.« Gloria lachte. »Die Dame, mit der Sie da vorhin so schamlos geflirtet haben, ist Ruth Stapleton Carter, das macht schon drei.«
Etliche Tage später, wir hatten gerade bei Towbins geluncht, wurden wir neu eintreffenden Gästen vorgestellt, und wie gewöhnlich verstand ich die Namen nicht, außer einem – Ruth Roosevelt. »Speed«, sagte sie, als sie mir die Hand gab, »was für ein wundervoller Name.« Ich erwiderte, auch der ihre sei nicht übel, holte ihr ein Glas Champagner, und wir kamen ins Plaudern. Ruth sagte, sie sei mit einem Enkel von Franklin Delano Roosevelt verheiratet gewesen und lud mich für später am Tage zu einer kleinen Party bei sich ein. Weil Bob mich gebeten hatte, ihn nach Southampton zu fahren, wo er einen Wahlspendenbeschaffer für Ted Kennedys Wahlkampf aufsuchen wollte, fragte ich Ruth, wie spät ich noch zu ihr kommen dürfe. Die verblüffende Antwort lautete: »Ohne Sie fängt die Party nicht an.«
In Southampton stellte Bob mich Ted Kennedy vor, der gleich sagte: »Ah, richtig. Speed Vogel. Ich habe Ihre Bilder gesehen.« Ich dachte: der verwechselt dich mit jemand, oder du hast ihn falsch verstanden. Seine Schwester Pat bedankte sich für die Kopie meines Feuilletons und meinte, sie habe es mit großem Vergnügen gelesen und hoffe nur, ich sei zur Hand, falls sie das gleiche Schicksal treffe wie Joe. Als sie fragte, ob ich ihren Bruder Ted schon kenne, hörte er das und bemerkte: »Ja, ja, ich kenne Speed, außerdem habe ich seine Bilder gesehen.«
Towbin erklärte mir später, daß er Ted Kennedy auf dem Wege nach East Hampton die Bilder gezeigt habe, die ich an Bord der Yacht aufgenommen hatte. Also kannte er

wirklich meine Bilder! Abends rief ich bei Ruth Roosevelt an und fragte, ob ihre Party noch im Gange sei?
»Die meisten Gäste sind zwar schon gegangen, aber kommen Sie trotzdem noch vorbei.« Und schon war ich unterwegs. Ich, Speed Vogel, ehedem ein völlig Unbekannter, hatte eine Verabredung mit der ehemaligen Schwiegerenkelin von FDR!
Man sollte es nicht glauben – in der folgenden Woche kam ich verspätet zu einem Abendessen bei dem Schriftsteller James Salter in Bridgehampton. Zu meiner maßlosen Überraschung befand sich unter den wenigen Gästen eine weitere angeheiratete Enkelin von Roosevelt, Carol. Als ich sie fragte, ob sie mit Ruth verwandt sei, erwiderte sie: »Es könnte sein, sie ist nämlich mit meinem geschiedenen Mann verheiratet.«
Gegen Ende August ging es Heller so gut, daß er Pläne machte, allein für sich zu leben; Mitte September sollten Valerie und ich gehen. Wir waren alle drei der Meinung, er könnte es ohne uns schaffen. Er lernte sogar schon kochen und meinte, er würde gewiß jemanden finden, der den Winter über sein Gästehaus bewohnen und in der Nähe sein würde – jemanden, den er nicht gesellschaftlich kannte und den er jederzeit um Hilfe bitten könnte, wäre es notwendig. Über das Wochenende würden wir ohnehin wieder draußen sein, und das Wochenende dauerte für Valerie und mich gewöhnlich vier oder fünf Tage.
Der Herbst ist dort draußen sehr schön, und noch hatte Joe uns nicht rausgeschmissen. Die Sommergäste sind dann weg, Parties werden innerhalb der Häuser gegeben, es gibt Hausmannskost. Trotzdem geht das gesellschaftliche Leben unbeeinträchtigt weiter. Wir drei genossen weiterhin unsere Popularität, ließen uns einladen, gaben selber Parties. Wir nahmen eine Einladung für Silvester an und eine zweite nach Saint Croix für einen ganzen Monat. Bevor wir's uns versahen, war der Winter fast vorüber und der Frühling nicht mehr weit.

Als Mr. Sheresky von der Anwaltskanzlei Gordon & Shechtman abgelöst wurde, beauftragte diese eine Anwältin namens Diane Serafin Blank mit der Vertretung der Interessen meiner Frau. Ich hatte nie das Glück, Mrs. Blank kennenzulernen, doch kamen mir ihre Schriftsätze vor Augen. Man kann sich meine Gefühle vorstellen, als ich darin lesen mußte, daß ich meinen Gesundheitszustand nach Kräften »melke«.
Diese Verunglimpfung empörte mich. Jeder, der mich besser kennt als diese Dame, hätte ihr sagen können, daß ich meine Krankheit zu jener Zeit nur zu einem Bruchteil dessen »molk«, was sie wert war. Seither habe ich sie erheblich mehr gemolken, was allein schon daraus hervorgeht, daß dieses Buch erscheint. (Es folgte ein Auftrag, ein Drehbuch zu schreiben, das von einem kessen jungen amerikanischen Schriftsteller handelt, der ganz plötzlich von einer Krankheit geheimnisvollen Ursprungs namens Guillain-Barré ans Bett gefesselt wird.)

Meine juristischen Plänkeleien mit Mrs. Blank begannen Ende des Sommers 1982, als ich erkannte, daß ich sehr viel mehr Zeit für die Wiederherstellung meiner Gesundheit brauchen würde als gedacht. Erst Ende August gab ich den gemieteten Rollstuhl und den Nachtstuhl zurück. Von der Toilette aufstehen konnte ich nun, nicht aber von einem Sofa. Damals bewohnte ich das Erdgeschoß eines Hauses, dessen Treppe ich nicht ohne Hilfe ersteigen konnte. Wie es meine Methode ist, schrieb ich mit der Hand an *God Knows*, erste Fassung. Die Schreibmaschine konnte ich für jeweils kurze Zeit bedienen, aber nicht besser als früher. Wir haben grobe Muskeln und feine, und wenn ich Papier in die Maschine einlegte, zitterten meine Finger. (Das tun sie immer noch.)
Die vier Eingänge zum Haus in East Hampton sind nur

über mindestens eine flache Stufe zu betreten, und indem ich sie benutzte, kräftigte ich meine Muskeln und verbesserte die Koordination (und das, was man ›Propriozeption‹ nennt oder Muskelsinn, also jene feine, sensorische neuromuskuläre Fazilität, die jede Muskelgruppe jederzeit darüber informiert, was die anderen vorhaben, welche Verstärkung brauchen oder Gegendruck irgendeiner Art, was uns befähigt, zum Beispiel den Arm nach einem Gegenstand auszustrecken, ohne zu fallen oder andere in der Nähe befindliche Gegenstände umzustoßen, eine Treppe herabzusteigen oder sicher auf unebenem Grund zu gehen, ohne daß wir uns zwingen, genau vorauszuberechnen, wo wir demnächst den Fuß hinsetzen). Das Haus war von unebenem Grund umgeben. Die fünfzig Schritte entlang der Auffahrt zum Briefkasten waren fünfzig Schritte Therapie. Der Physiotherapeut kam dreimal wöchentlich, und während des ganzen Septembers übte ich täglich eine bis zwei Stunden im beheizten Schwimmbecken. Die Straße vor dem Haus wurde von Fußgängern wenig benutzt, auch Autos verkehrten hier selten. Also konnte ich meine Spaziergänge weiter und weiter ausdehnen, derweil ich das Gehen neu erlernte. Näherte ich mich einem eingezäunten Grundstück, hielt ich mich nahe beim Zaun, denn ich wußte: knickte ein Knie ein und stürzte ich, brauchte ich einen festen Halt, um mich daran hochzuziehen. Ich führte ein drahtloses Telefon mit mir, für den Fall, daß ich Hilfe herbeirufen mußte. Doch bin ich bei diesen Spaziergängen nie gestürzt. (Erst spät im Januar, am Strande von Saint Croix, gelang es mir, ohne solche Stütze aus dem Liegen auf die Füße zu kommen. Das machte ich dann täglich samt den anderen Übungen jeden Morgen auf dem Patio und dem Rasen, und in dem kleinen Schwimmbekken des Hauses, das meine Freunde Chet und Blanche Ross uns zur Verfügung gestellt hatten, sowie nachmittags am Strand und in der milden Dünung. Julius Green, der übers Wochenende gekommen war, sah mir verdutzt bei diesen neuen Übungen zu. Er legte sich hin, um zu verstehen, was ich da machte, und kam auch nicht wesentlich schneller auf die Beine als ich. Wer am Boden liegt, muß schon ziemlich viel Kraft aufwenden, wenn er sich erheben will, und das erklärt vielleicht, warum so viele Leute, statt aufzustehen, den Geschlechtsverkehr bevorzugen.)

Doch zurück nach East Hampton. Ende August schien es so, als wäre Speed Vogel durchaus bereit, noch den September über zu bleiben.

Dies ganz besonders, nachdem die *Times* sein Feuilleton abgedruckt hatte und er aufgefordert worden war, *seine* Erfahrungen in diesem Sommer zu einem Buch zu verarbeiten, aus dem dann das vorliegende wurde. Auch Valerie Humphries, die ja eigentlich nur bis Anfang September hatte bleiben wollen, machte sich mit dem Gedanken vertraut, mindestens noch bis zum 18. zu bleiben, weil ich ihr für diesen, ihren Geburtstag, eine kleine Feier versprochen hatte; außerdem genoß sie den Umgang mit den vielen neuen Bekannten. Als ich die Lage nun unter dem Gesichtspunkt betrachtete, daß mir das Haus nur bis Mitte September zugesprochen worden war, wurde mir klar, daß es für mich keinen geeigneteren Aufenthaltsort für den Rest des Jahre geben würde als eben dieses Haus. Jeffrey Cohen war ebenfalls dieser Meinung, und wir beantragten daher bei Gericht, mir die alleinige Benutzung des Hauses auch vom 15. September bis Ende des Jahres zuzusprechen.

Als ich die Antwort von Mrs. Blank auf dieses Ansuchen zur Kenntnis nahm, ließ ich mich für kurze Augenblicke von jener Hoffnung täuschen, die, wie es heißt, ewig in der Brust des Menschen wohnt. Sie sagte nämlich zunächst, ihre Mandantin habe gegen diesen Wunsch nichts einzuwenden. Doch dann kam das dicke Ende: Dies nur unter der Bedingung, daß ich das Haus während des gesamten folgenden Jahres nicht beanspruche und überdies monatlich 2500 Dollar zahle, »oder die Summe von 8750 Dollar, also den Gegenwert für eine vergleichbare Wohnung samt Mietwagenkosten bis Ende Dezember 1982«. Weshalb eine vergleichbare Wohnung und Mietwagenkosten gefordert wurden, war nicht ersichtlich, und in diesem Schriftsatz äußerte Mrs. Blank sich auch nicht zu mei-

nen körperlichen Gebrechen und damit zusammenhängenden Erfordernissen.
Es entging mir nicht, daß die Erwähnung von Geld für den Rest des Jahres ab Mitte September nicht als Entschädigung für die Nichtbenutzung eines Sommerhauses gedacht sein konnte. Weder Jeffrey noch ich konnten uns erklären, worauf dieser Anspruch beruhte. Er war daher ganz wie ich der Meinung, lieber sollten wir unseren ursprünglichen Antrag zurücknehmen, als auch nur einen Pfennig zahlen. Bei der Verhandlung war ich nicht anwesend. Als das Gericht zum Kompromiß riet und die Zahlung von 1000 Dollar monatlich vorschlug, trug Jeffrey meine Bedenken vor, und weil das Gericht auf seinem Kompromißvorschlag beharrte, zog er verabredungsgemäß den Antrag zurück. Damit standen wir genau wieder dort, wo wir schon gewesen waren, bevor die Scheidungsklage eingereicht worden war. Beide Parteien hatten das Recht, jenes Haus zu betreten und zu nutzen, welches mir unterdessen als wahres Heim erschien, ja mein Zufluchtsort geworden war.

Das zweite Scharmützel mit Mrs. Blank fand bald darauf statt, als sie Forderungen stellte, die mindestens so ausgefallen waren wie die vorangegangenen. Sie verlangte in einem Schriftsatz für ihre Mandantin die ausschließliche Nutzung nicht nur der ehelichen Wohnung in New York, sondern auch des Sommerhauses in East Hampton. Sie beanspruchte also alles beides!
Um vorauszusagen, daß sie damit kein Glück haben würde, brauchte ich keinen Anwalt, ich brauchte aber einen, der auf diese Forderung mit einem entsprechenden Schriftsatz antwortete.
Diese Schriften beider Parteien waren sehr umfangreich. Die Gegenseite bezeichnete mich darin erstmals als »aktiven Teilnehmer am gesellschaftlichen Leben von East Hampton« und legte sogar eine eidesstattliche Erklärung vor, derzufolge jemand gesehen hatte, daß ich »große Einkaufstüten schleppte«. Es fehlte nicht an Kopien von Steuererklärungen und weiteren Dokumenten zur finan-

ziellen Lage, samt und sonders irrelevant. In unserem Lande wird man durch die Gerichte nicht summarisch seines Eigentums beraubt, es sei denn, es läge ein zwingender Notfall vor. Und wenn man einen solchen annehmen wollte, war wohl eher ich es, der in Not war.
Jeffrey machte denn auch kurzen Prozeß mit diesen Forderungen: »Die Antragsstellerin führt keinerlei rechtliche Argumente an, die es rechtfertigen würden, ihr die ausschließliche Nutzung einer Wohnung zuzusprechen, von zweien gar nicht zu reden.«
Sodann machte er Vorschläge, die ich für sinnvoll hielt: Der Scheidungsprozeß solle möglichst bald stattfinden, und bis dahin »schlage ich vor, es beim derzeitigen Status zu belassen, d. h. Mr. Heller bleibt in East Hampton und Mrs. Heller bewohnt weiterhin die eheliche Siebenzimmerwohnung ... darin sehe ich die beste Möglichkeit, eine Folge unnötiger Prozesse zu vermeiden, die andernfalls ohne Zweifel geführt werden müßten«.
Diesmal folgte das Gericht seiner Auffassung und sprach mir die ausschließliche Nutzung des Hauses in East Hampton bis zur Klärung der Verhältnisse im Scheidungsprozeß oder durch gütliche Einigung zu. Bis dahin vergingen zwei weitere Jahre. Es klingt nach Schadenfreude, wenn ich erwähne, daß dies wesentlich mehr war als die Überlassung bis Jahresende, die ich ursprünglich erbeten hatte, und daß ich bis zum heutigen Tage glücklich und zufrieden in diesem Haus lebe. Jetzt sind wir geschieden, und meine ehemalige Frau hat die Stadtwohnung behalten.

Mrs. Blank verließ kurz darauf ihren Arbeitgeber und machte sich mit ihrem Mann selbständig, und noch etwas später wurde die Kanzlei von Gordon & Shechtman durch einen anderen Anwalt ersetzt. Dies geschah während unseres Aufenthaltes in Saint Croix. Der neue Anwalt hieß Raoul Lionel Felder, und bei seinem ersten Auftritt tadelte er seine Vorgänger dafür, daß sie sich auf jenen Ablauf eingelassen hatten, den die Verhandlungen bis jetzt genommen hatten. »Der verhandlungsführenden Anwaltsfirma muß vorgeworfen werden, daß sie sich, statt dies strikt abzulehnen, auf einen möglichst frühen Beginn des Scheidungsprozesses eingelassen hat«. Jeffrey entgegnete darauf, Mr. Felder habe mit keinem Wort dargelegt, daß die Zustimmung der Gegenparei als Präjudiz gelten könne. Was mich betrifft, äußerte sich Mr. Felder abfällig dahingehend, daß ich den Versuch mache, Sympathien des Gerichtes für meine körperlichen Gebrechen zu erwecken, »die längst nicht mehr bestehen«. Sodann bezeichnet Mr. Felder einen frühen Beginn des eigentlichen Scheidungsprozesses zunächst als »Damoklesschwert«, das über seiner Mandantin hänge, und schildert sie ein paar Zeilen später als »zwischen Scylla und Charybdis« befindlich.

Man sieht, selbst vor Gericht kann man seine Kenntnisse der griechischen Mythologie auffrischen. Während Mr. Sheresky am Ruder stand, lernte ich, daß schon der alte Hippokrates gesagt hatte: »Heilung ist eine Frage der Zeit, manchmal aber auch eine Sache des Zufalls.« Seit Mr. Felder den Kurs angab, lernte ich, daß meine finanziellen Verhältnisse »einem Labyrinth« ähnelten. In einem Neujahrsglückwunsch – nachdem durch die Vermittlung von jemand anderem der Disput sein Ende gefunden hatte – beschenkte Mr. Felder mich zum guten Schluß noch mit einem falsch zitierten geflügelten Wort aus Shakespeares Julius Caesar und bedauert, daß ich nicht »Zufriedenheit und/oder geistigen Frieden« gefunden habe.

An der juristischen Front eröffnete Mr. Felder die Offensive mit dem Ansinnen, das Gericht möge die Vorbereitungen für den Scheidungsprozeß zunächst mal verschieben. Jeffrey Cohen führte einen Gegenstoß, und Mr. Felder wurde abgeschmettert. Daraufhin versuchte er in der nächsten Instanz sein Glück aufs neue, abermals ohne Erfolg. Alsdann legte er einem aus fünf Richtern bestehenden Appellationsgericht einen Schriftsatz vor, in dem er auf vierzehn Seiten wiederum verlangte, die Vorbereitung des Scheidungsprozesses auszusetzen. Wie zu erwarten, kam er auch damit nicht durch, und meine Befragung durch die gegnerischen Anwälte im Zusammenhang mit dem anstehenden Scheidungsprozeß, die schon begonnen hatte, mußte ohne Unterbrechung fortgesetzt werden. (Das alles kostete haufenweise Geld, auch das muß erwähnt werden.)

Die Befragung der Parteien durch die Anwälte vor dem eigentlichen Scheidungsprozeß dient im wesentlichen zur Klärung der Vermögensverhältnisse, und ich erwähne sie eigentlich nur, um zu schildern, auf welche Weise Jeffrey ihr ein Ende setzte, nachdem für sein Gefühl der Zweck, dem sie dient, erreicht war. Ich weiß, daß dies im März stattfand und daß es sehr kalt war. Ein Sozius von Mr. Felder namens William Binderman stellte seine Fragen in einem kleinen Konferenzzimmer der Kanzlei, und eine seiner ersten Fragen war, wo in der Stadt ich derzeit wohne. Jeffrey bemängelte, diese Frage habe mit der Sache nicht das geringste zu tun, und wies mich an, sie nicht zu beantworten. »Falls Sie fragen, ob er für seine derzeitige Unterkunft etwas bezahlt und wieviel, wird mein Mandant Ihnen Auskunft geben.« Mr. Binderman versetzte, er behalte sich diese Frage für später vor. Dann fragte er aber doch, ob ich für meine Beherbergung etwas zahle, und ich verneinte das. Damals hatte ich das Appartement in der Stadt bereits aufgegeben und wohnte abwechselnd bei Bekannten, bei Speed oder Jeffrey, was denen und mir gleicherweise Unbequemlichkeiten verursachte. Damals konnte ich mich bereits allein in der Stadt bewegen; ich nahm den Bus von East Hampton nach New York und konnte sogar einen kleinen Koffer tragen. Für die Gegenpartei war meine Krankheit »eine alte Geschichte«, für mich allerdings keine gar so alte. Noch ließ ich mir gern in den schweren Mantel helfen, und beim Wettlauf um Taxis konnte ich nicht mithalten. Die Treppen zur U-Bahn konnte ich allein nicht bewältigen und auch das Trittbrett der Autobusse nicht erklimmen. Eines Nachmittags, nach Ende der Befragung, erblickte mich Susan Wood, eine mir bekannte Photographin aus East Hampton, wie ich mich im Gedränge um ein Taxi bemühte und traute ihren Augen nicht. Sie hieß mich unter einer Markise warten, bis sie mich holen käme. Das tat sie denn auch in einem Taxi, das sie für mich ergattert hatte.

Im Ruhezustand allerdings sah ich glänzend aus. Wenn ich sage, daß meine Haut leicht und schön bräunt, mein Haar silbern schimmert und mein Gesicht im Kontrast dazu wie gehämmertes Gold wirkt, dann wiederhole ich nur, was andere Leute sagen, und dank der karibischen Sonne sah ich bei der Vorbefragung durch die Gegenpartei so prachtvoll aus wie an dem Tag, da ich auf die Intensivstation kam.

Die Befragung zog sich über eine Woche hin, und gegen Ende der zweiten Woche kündigte Jeffrey zu meiner und der Verblüffung der anderen seelenruhig an, sie am folgenden Nachmittag für beendet erklären zu wollen.

Als wir am nächsten Tage zweimal nicht recht von der Stelle kamen, wies Jeffrey Mr. Binderman darauf hin, daß pünktlich um 17 Uhr Schluß gemacht werde. Falls Mr. Binderman noch Fragen habe, möge er sie stellen, falls nicht, könnten wir gleich Schluß machen. Und Punkt fünf erklärte Jeffrey die Vorbefragung für beendet, verschloß seine elegante lederne Aktenmappe, nahm seinen ebenso eleganten Mantel und seinen Hut, half mir in den linken Ärmel meines gefütterten Trenchcoats und bedeutete mir, hinauszugehen. Im Fahrstuhl erklärte er mir sein Verhalten: »Die Gegenpartei wird jetzt beim Gericht die Fortsetzung der Vorbefragung beantragen, um das ganze Verfahren in die Länge zu ziehen. Vor dem Richter werde ich dann fragen, was eigentlich genau noch geklärt werden muß und welche Informationen diese Herren noch benötigen, die sie nicht schon den Schriftsätzen entnehmen können. Dann müssen sie passen. Mehr als ein paar Stunden schinden sie nicht mehr raus.«

Das Gericht gestand der Gegenpartei genau einen weiteren Tag zu, den wir aber, wenn ich mich recht erinnere, nicht zur Gänze benötigten. Sie machte noch einen weiteren Versuch, Zeit zu schinden, den Jeffrey aber abwehrte. Es kam nun zur Verhandlung vor Gericht, wobei Mr. Binderman die Beklagte vertrat.

Mr. William M. Binderman stammt aus Charleston in

West Virginia, wurde 1939 geboren und machte sein juristisches Examen 1964 an der Columbia University. 1965 erhielt er die Zulassung als Anwalt, und am 19. Juli 1983 beschuldigte er mich vor dem Obersten Gericht des Staates New York, geschrieben zu haben, was er *»Mein Kampf* des ehelichen Krieges« nannte. Das überraschte mich selbstverständlich. Als Mr. Binderman diese ungewöhnliche Behauptung aufstellte, waren anwesend unter wenigen anderen Mr. Ira Dickstein, an jenem Tage mit der Protokollführung beauftragt und bereit, die Korrektheit seines Protokolls zu beeiden, ferner Richter Martin Evans als Vorsitzender, ein gütiger, weißhaariger Herr, der sehr leise sprach und dessen unvoreingenommene Verfahrensführung, unerschöpfliche Geduld, erstaunlicher Klarblick und Logik einen rastlosen Bluthund wie Jeffrey zu höchster Wachsamkeit anstachelten.
Das Buch, von dem Mr. Binderman als *»Mein Kampf«* sprach, war der Roman *Good as Gold* (»Gut wie Gold«), erschienen 1979. Seine überraschende Behauptung fiel während eines Wortwechsels zwischen ihm und dem Vorsitzenden, als Mr. Binderman den Versuch machte, diesen Roman zu Beweiszwecken in das Verfahren einzuführen. Nach einigen Vorbemerkungen darüber, die er mit seiner Mandantin wechselte, welche als Zeugin aussagen sollte, legte er dieses ›Beweisstück‹ dem Gericht »respektvollst« vor, und folgender Dialog entspann sich:
MR. COHEN: Euer Ehren, darf ich fragen, welchem Zweck das dienen soll? Ich verstehe es nämlich nicht.
DAS GERICHT: Fragen Sie.
MR. COHEN: Mr. Binderman?
DAS GERICHT: Sie finden den Antrag unverständlich?
MR. COHEN: Ganz recht, ich verstehe ihn nicht, Euer Ehren.
DAS GERICHT: Zeigen Sie mal her.
MR. BINDERMAN: Ich lege dieses Buch seines Inhalts wegen vor.
DAS GERICHT: Dann müßte ich es lesen.
MR. BINDERMAN: Euer Ehren, *Good as Gold* handelt von einem Schriftsteller in Mr. Hellers Alter, der in Coney Is-

land geboren wurde wie Mr. Heller und mit einer loyalen Frau verheiratet ist, eine sogenannte *midlife crisis* durchlebt, während der gesamten Romanhandlung den Frauen nachstellt und sich mit allen Mitteln bemüht, seiner Frau dieses Treiben zu verheimlichen.

DAS GERICHT: Ist dies der Roman, in dem es drei Personen in einem Hotelzimmer miteinander treiben?

MR. BINDERMAN: Sehr richtig, Euer Ehren.

DAS GERICHT: Dann kann ich es als Beweismittel nicht zulassen.

MR. BINDERMAN: Darf ich nach dem Grund für diese Entscheidung fragen, Euer Ehren?

DAS GERICHT: Geht man von der Annahme aus, daß alle Autoren sich der Dinge schuldig gemacht haben, die sie beschreiben, hätte man Shakespeare schon in seiner Jugend mehrfach zum Tode verurteilen müssen, und zwar wegen Mordes, Vergewaltigung und anderer Delikte.

MR. BINDERMAN: Mit allem Respekt, Euer Ehren –

DAS GERICHT: Ich erkenne hier keinerlei Zusammenhang. Ich erkenne hier nicht eine Verschwörung oder dergleichen. Vielleicht ändere ich meine Meinung darüber noch, doch zunächst sehe ich keinen Zusammenhang zwischen dem Inhalt eines Romans und den tatsächlichen Handlungen des Verfassers außerhalb seines Buches.

MR. BINDERMAN: Den Zusammenhang können wir aufzeigen, doch ist dafür heute keine Zeit mehr. Ich werde das später nachholen.

DAS GERICHT: Sie behaupten also, der Verfasser habe in diesem Buch der ganzen Welt die Strategie seines Vorgehens offenbart?

MR. BINDERMAN: Wie ich schon sagte, es ist *Mein Kampf* des ehelichen Krieges. Es ist geradezu unheimlich, und wir werden das mit seinen eigenen Worten darlegen.

DAS GERICHT: Nächste Frage.

Während ich als Zeuge im Kreuzverhör aussagte, machte Mr. Binderman den angekündigten Versuch wahr, seine These zu untermauern und mit einem Zitat aus *Good as Gold* nachzuweisen, daß ich in diesem Buch meine verderblichen Pläne offengelegt habe.

Aus dem Protokoll entnehme ich folgenden Wortwechsel:
Frage: Hat nicht Joseph Heller hier wörtlich geschrieben: »Ich wünsche mir die Scheidung. Ich brauche die Scheidung. Ich sehne mich danach. Ich giere danach. Ich bete darum ... immer schon habe ich sie mir gewünscht ... ich wollte schon geschieden werden, als ich noch nicht verheiratet war.« Haben Sie oder haben Sie das nicht in Ihrem Roman *Good as Gold* geschrieben, Mr. Heller?
Antwort: Nein.
Mr. Binderman zitierte aus meinem Roman *Something Happened* (»Was geschah mit Slocum«). Und damit war die Untermauerung seiner These betreffend *Mein Kampf* gescheitert.

Die Anwaltsfirma Raoul Lionel Felder verlangte ein Honorar in Höhe von 125 000 Dollar, begnügte sich dann aber mit 70 000 Dollar, wovon ich die eine Hälfte zahlte, während meine Frau die andere aus dem ihr zugesprochenen Anteil an meinem Vermögen beglich, nachdem die Vermögensauseinandersetzung durch Schiedsspruch geregelt und wir geschieden waren. Jeffrey und ich erfuhren, daß Mr. Felder von seiner Mandantin bereits 10 000 Dollar erhalten hatte, doch sind die in dieser Rechnung nicht enthalten.
Ein Freund der Familie namens Sidney Elliott Cohn, der den Schiedsspruch fällte, verhandelte auch mit den Anwälten um ihre Honorare. Sidney ist ein erfahrener und erfolgreicher Anwalt von jetzt mehr als siebzig Jahren, den meine Frau und ich ein Vierteljahrhundert kannten, und ich hoffe, es wird ihn nicht kränken, wenn ich ihn einen Dickensschen Charakter nenne, der einer liebenswürdigen Eule gleicht. Mehr als einer, der ihn kannte, wunderte sich darüber, daß er sich, ohne dazu gezwungen zu sein, mit dieser Streitsache befaßte. Als ich ihn Jeffrey beschrieb, der ihn nicht kannte, sagte ich: »Der hat mehr Grips als wir alle. Und er verdient mehr Geld als du und Binderman zusammen, glaub also nicht, du tust ihm einen Gefallen, wenn du ihm Arbeit verschaffst, und verschwende um Himmels willen nicht seine Zeit.« Und ich

fügte hinzu, daß Sidney mehr als jeder andere, den ich kenne, die Gabe hat, Menschen zu seinem Standpunkt zu bekehren.
Machte er seine Sache gut, worauf ich fest vertraute, war damit zu rechnen, daß alle Beteiligten mindestens ein wenig verärgert sein würden, und damit hatte ich selbstverständlich recht. Mich wurmte am meisten, daß ich den Anwälten der Gegenpartei was bezahlen sollte. Ich war der Meinung, die hätten ohnehin schon zuviel für ihre Stümperei bekommen, gebe aber zu, daß ich nicht unparteiisch bin und nicht gerade ein objektives Urteil habe. Wie gesagt, kassierte Mr. Felder am Ende 70 000 Dollar und zuvor wenigstens schon 10 000, von mir insgesamt 35 000. Mr. Sheresky und die Firma Gordon verlangten jeder 50 000 und gingen auf 25 000 runter, wovon ich jedem 17 500 zahlte und meine Frau 7 500. Die 20 000 Dollar, die ich Jeffrey zahlte, brachten die Gesamtsumme, die er im Laufe von mehr als drei Jahren von mir erhielt, auf 100 000 Dollar. Es kann sein, daß einer von uns dem anderen noch etliche Tausend schuldet, doch haben wir beide nicht den Wunsch, dem nachzugehen.
Und Sidney arbeitet auch nicht für nichts, was mir durchaus bekannt war, als ich ihn vorschlug als jemanden, der für beide Parteien als Schiedsmann akzeptabel sein würde. Für die sechs oder sieben Monate, die er brauchte, um seinen Vorschlag auszuarbeiten, verlangte er 40 000 Dollar, von denen ich 25 000 beglich, meine Frau den Rest. Die Anwaltskosten summieren sich also insgesamt auf 270 000 Dollar, soweit ich weiß. (Die Gegenpartei mag Zahlungen geleistet haben, von denen ich nichts ahne.) Dazu darf man noch Nebenkosten für Steuerberater beider Seiten rechnen sowie etliche Tausend, die Alan Altman bekam, bevor Jeffrey die Sache übernahm, ferner andere im Zusammenhang mit der Scheidung getätigte Ausgaben, und somit zahlten wir über 300 000 Dollar für eine Scheidung, die, wie ich aufrichtig glaube, weder meine Frau noch ich wirklich gewollt haben.

Die Reise nach Saint Croix war nur ein weiteres Geschenk, das ich nicht erwartet, auch nicht verdient hatte, das anzunehmen ich jedoch vernünftig genug war. Der Sommer war lange vorbei, auch wenn wir uns das nur ungern eingestanden. Joe plante, in East Hampton zu bleiben, hatte es aber aufgegeben, durch Annoncen jemand zu finden, der während des Winters das Gästehaus bewohnen sollte. Valerie und ich ließen ihn einige Tage der Woche allein, und er kam gut zurecht, arbeitete, aß, was Valerie und ich für ihn vorbereitet hatten, kochte hin und wieder sogar selber. Als Grund für die Reise nach Saint Croix, auf die er uns mitnehmen wollte, gab Joe an, in einem warmen Klima würde seine Genesung raschere Fortschritte machen, und das leuchtete uns beiden ein. Er konnte dort schwimmen, und wir würden an unseren Büchern arbeiten – er an seinem, ich an unserem. Anfang Januar wollten wir aufbrechen und bis Mitte Februar bleiben.

Die Wahl des Zeitpunktes war insofern günstig, als Craig Claiborne einen kleineren engen Freundeskreis über Silvester in sein Haus in East Hampton einzuladen pflegt (Smoking und Abendkleid obligatorisch), und Valerie und ich wollten unbedingt hingehen. Wir glaubten zwar, unterdessen wieder Stadtbewohner geworden zu sein, doch zu solchen Anlässen fuhren wir immer wieder hinaus aufs Land. Valerie suchte den Smoking aus, den Joe sich für diese Gelegenheit auslieh, ich hatte meinen maßgeschneiderten aus besseren Tagen, der mir immer noch paßte. Wir sahen alle drei in unserem festlichen Aufzug sehr gut aus, und zu feiern gab es ja auch Grund genug.

Es war für uns alle ein sehr ungewöhnliches Jahr gewesen. Joe wurde praktisch von Tag zu Tag kräftiger. Wenn er die Spülmaschine ausräumte, zitterten zwar noch seine Hände, doch sein Zugriff war kraftvoller, und er konnte mehrere Teller gleichzeitig herausnehmen. Er konnte sich weiter vorbeugen, ohne sich festhalten zu müssen, und die Arme höher heben, wenn er das Geschirr ins Regal stapelte. Und es freute ihn diebisch, daß es ihm auf Anhieb gelang, sein Auto selber zu chauffieren. Obwohl er also immer unabhängiger wurde, wollte er doch, daß Valerie und ich ihn begleiteten, es war nicht Notwendigkeit, was ihn dazu bewog, sondern der Wunsch, in unserer Gesellschaft zu sein.

Wenn ich aus dem winterlichen New York in einem warmen Klima ankomme, finde ich das immer noch aufregend. Der Weg von der Maschine über die Landebahn bis zur Gepäckabfertigung in heißer, feuchter Luft ist für mich ein wahrer Genuß. Außerdem fliege ich gern. Gleiches läßt sich von meinen Begleitern nicht sagen. Heller hat vom Fliegen seit dem Krieg die Schnauze voll und war danach fünfzehn Jahre in keinem Flugzeug mehr. Heutzutage muß man ihn allerdings zum Fliegen nicht mehr überreden. Valerie verabscheute es damals noch, im Flugzeug zu reisen. Weil sie am Tage vor unserer Abreise in der Stadt war, fragte ich Heller, ob sie sich hier in East Hampton mit uns treffen würde oder erst am Flugplatz. Joe antwortete knapp, das wisse er selber nicht. Er gestand dann betreten, Valerie habe sich erkundigt, mit welchem Typ Flugzeug wir nach Saint Croix flögen, und als sie hörte, es sei eine DC-10, die sie besonders verabscheut, angedeutet, sie wolle möglicherweise mit einer anderen Maschine auf einer anderen, längeren Route fliegen. (Dann hätte sie allerdings ein kleines Flugzeug benutzen müssen, und die kleinen verabscheute sie noch mehr.) Joe hatte ihr einfach den Flugschein gegeben, den er für sie besorgt hatte, und ihr anheimgestellt zu fliegen, wie sie wolle. Tags darauf fuhren Joe und ich schon sehr zeitig zum Flugplatz in der Erwartung, daß Valerie vielleicht doch auftauchen würde. Und das tat sie denn auch, praktisch in letzter Minute. Joe begleitete sie zum Schalter und war ihr mit dem Gepäck behilflich, während ich mich diskret in einiger Entfernung hielt. Valerie rauchte eine Zigarette (bislang hatte ich sie noch nie rauchen gesehen) und sah aus, als wolle sie Bette Davies nachahmen. Joe behauptet immer noch, er erinnere sich nicht mehr daran, worüber die beiden sprachen, doch dauerte diese Unterhaltung geschlagene sechs Stunden. Valerie spricht schon normalerweise sehr lebhaft und schnell, doch wirkte sie auf dem Flugplatz, in der Maschine, bei der Gepäckabfertigung in Saint Croix und während der folgenden zwei Tage übermäßig nervös.

In Saint Croix gelandet, ließen wir Valerie bei der Gepäckabfertigung und machten uns auf die Suche nach einem Mietwagen. Wir unterzeichneten gerade die notwendigen Papiere, als Joe plötzlich sagte: »Schau mal, das Mädchen, das hinter dem Gepäckträger herrennt – ist das nicht Valerie?« Und schon ging er ihr nach. Es stellte sich dann heraus, daß sie geglaubt hatte, die Hälfte unseres Gepäckes werde in eine andere Maschine umgeladen.

Auf der Fahrt im Mietwagen zu unserem Haus fiel mir auf, daß Joe augenscheinlich wieder Schwierigkeiten mit ihr hatte. Er brummelte unentwegt vor sich hin und vertraute mir bei passender Gelegenheit an, er überlege, ob er sie nicht heimschicken solle. Wir wußten beide, daß dies Unsinn war, doch hörte ich ihn zu ihr sagen: »Wenn es dir hier nicht gefällt und du weiter so verkrampft bist, fahr lieber wieder nach Hause. Ich brauche schließlich eine Pflegerin, keine Märtyrerin.«

Zu unserer unbeschreiblichen Erleichterung verflüchtigte sich aber Valeries übermäßige Erregtheit ganz plötzlich, und sie wurde von einem Moment zum anderen wieder die lustige und muntere Person, als die wir sie kannten, und erzählte, was sie in der Zeitung und in Zeitschriften gelesen hatte. (Joe behauptet, sie halte ihn auch heute noch gut auf dem laufenden, indem sie ihm aus der Zeitung das laut vorliest, was er ein paar Stunden zuvor selber schon gelesen hat.) Auch betätigte sie sich erfolgreich als Fremdenführerin bei unseren Ausflügen auf der Insel. Auf der Fahrt an den Strand oder zum Markt machte sie uns unfehlbar auf die niedlichen Zicklein, die reizenden Kleinkinder oder anbetungswürdigen Ponys aufmerksam, an denen wir vorüberfuhren. Und das auch wieder auf der Rückfahrt.

Fast täglich kamen wir an einem Pflegeheim vorbei, das noch gebaut wurde, an dem ein Schild aber ankündigte, wann es beziehbar sein sollte. Valerie lachte jedesmal, wenn sie es sah, denn sie malte sich aus, daß Joe und ich hier eines Tages einziehen könnten, mit ihr als Pflegerin. Als sie einmal anhielt und verlangte, wir sollten vor dem Schild für ein Photo posieren, erfüllten wir ihr gern diesen Wunsch. Dabei lachte sie so sehr, daß sie kaum die Kamera halten konnte. Joe war glücklich über die Veränderung, die mit ihr vorgegangen war, und ich ebenfalls. (Valerie übrigens auch.)
Rosses Haus liegt auf der höchsten Erhebung jenes Teils der Insel, der Marys Fancy genannt wird, am Ende einer Privatstraße. Vom Ozean her weht ständig eine Brise, die Luft ist klar, und man hat nach allen Himmelsrichtungen einen schönen Ausblick. Das einzige benachbarte Haus ist hinter Büschen und Sträuchern völlig unsichtbar. Obwohl wir am liebsten im Meer badeten, übte Joe auch in dem kleinen Schwimmbecken, inmitten üppiger Vegetation. Auf dem Rand des Beckens stehend, genießt man eine atemberaubende Aussicht aufs Meer, auf Saint John und Saint Thomas. Die Küche (für mich das Herz eines jeden Hauses) war mit allem ausgerüstet, was man benötigt, jedes der zwei geräumigen Schlafzimmer hatte ein eigenes Bad, und das Wohnzimmer war behaglich eingerichtet. Die Eigentümer hatten eine Broschüre drucken lassen, der man alles entnehmen konnte, was man wissen mußte, einschließlich Landkarte und Angaben über empfehlenswerte Restaurants. Jeden Morgen erschien nicht allzu zeitig eine hilfsbereite Frau, nahm sich der Wäsche an und putzte das Haus. Mein Leben während dieser Zeit war so hart, daß ich als Titel für unser Buch vorschlug: ›Der bedauernswerte Speed: Sein Freund Joe ist krank.‹
Nachdem wir uns eingewöhnt hatten, machten Heller und ich uns daran, einen Plan für dieses Buch aufzustellen und unsere jeweiligen Pflichten festzulegen. Joe oblag es, einen Vertrag auszuhandeln, Papier, Bleistifte, Kohlepapier zu beschaffen und eine Schreibmaschine zu mieten. Auf mich entfiel der leichtere Teil – ich brauchte bloß das Buch

zu schreiben, während er mit der Arbeit an seinem Roman fortfuhr. Rasch stellte sich eine tägliche Routine her, die uns alle drei befriedigte. Wer als erster aufstand, kochte den Kaffee und schnitt die Grapefruits auf. (Hiervon blieb Valerie verschont, denn die stand nie vor uns auf.) Nach dem Frühstück arbeiteten Joe und ich schweigend eine Weile daran, braun zu werden, und beschrieben etliche Seiten Papier. Dies fiel mir damals wirklich leicht. (Erst später habe ich entdeckt, was die eigentliche Schwierigkeit ist. Schreiben, das wiederhole ich, ist einfach, aber lesen, was man geschrieben hat – Junge, Junge, das ist wirklich hart! Wenn man es wieder und wieder lesen muß, wird es zur Qual. Jetzt verstehe ich, was Schriftsteller meinen, wenn sie sich beklagen.)
Wachte Valerie auf und bereitete sich auf ihr Frühstück vor, das längst nicht so bescheiden war wie das unsere, waren wir beiden mit der Tagesarbeit meist schon fertig. Während sie ihr Frühstück bereitete und verzehrte, begann ein tägliches Ritual, das sie mit der Formel »Ich frage mich,« einleitete. Dabei fielen ihr die sonderbarsten Fragen ein, zum Beispiel: »Ich frage mich, wie kalt es jetzt wohl in Finnland ist?« oder »Ich frage mich, ob Cristina DeLorean wohl ein Buch schreiben wird?« oder »Ich frage mich, ob Lady Di ihre Schwiegermutter wirklich leiden kann?« Dann war es bereits Zeit für den Lunch. Bei dieser leichten Mahlzeit planten wir das ausgiebige Abendessen, und da waren wirklich gewichtige Entscheidungen zu treffen: Welche Sorte Fisch sollten wir kaufen, oder sollte ich nicht lieber Blintzes mit saurer Sahne machen? Und falls Blintzes, sollten die der Hauptgang sein? Auf welchen der Märkte sollten wir einkaufen fahren, oder war es doch besser, im Restaurant zu essen?
Ferner galt es, den Strand für den Nachmittag zu wählen. Weil uns die Restaurants nicht zusagten, aßen wir fast ausschließlich zu Hause. Valerie erwähnte eines Tages *piña coladas* und obgleich Joe und ich Martinis vorziehen, kauften wir Rum und die nötigen Zutaten auf dem Markt, und ich machte *piña coladas.* Die schmeckten uns besser und besser, und ich machte immer mehr.

Wenn Heller es nicht darauf anlegte, uns gegeneinander aufzuhetzen – und das tat er gelegentlich nur so zum Spaß –, kam ich mit Valerie glänzend aus. Wir haben gemeinsame Interessen, die Joe kaltlassen, Skilaufen und Segeln etwa, auch Golf, Country- und Rockmusik, wir reiten sogar gerne. Über das Essen gab es niemals Streit zwischen uns, ausgenommen darüber, wie man Brot aufbewahren soll. (Das war aber auch schon so, als wir gemeinsam in East Hampton den Haushalt führten.) Valerie bewahrt es in einem Plastikbeutel auf (und da schimmelt es). Ich wickele es am liebsten in Papier (und dann schmeckt es altbacken). In Saint Croix allerdings glichen wir bereits einem alten Ehepaar (wenn es auch eine Ehe zu dritt war), und keinen kümmerte es, wie das Brot eingepackt und am Ende ungenießbar wurde.
Wir entdeckten bald, daß der hiesige weiße Mais und die Tomaten es mühelos mit allem aufnehmen konnten, was wir gewohnt waren, und es gab auch richtige Süßkartoffeln, wie Joe sie aus seiner Kindheit kannte, und die er an jenem denkwürdigen Tag nicht mehr hatte schlucken können. Auch gab es auf den Märkten schmackhaften Fisch, und wir aßen Flunder, Lachs und Schwertfischsteaks.
Wir schwammen und schnorchelten alle drei, Valerie aber nahm Unterricht im Surfen, Tennisstunden, hätte auch noch Reitstunden genommen, wäre nur ein Reitstall dagewesen – gesucht jedenfalls hat sie ausgiebig danach. Die Strände waren ausgezeichnet, doch wir bevorzugten den Buccaneerstrand. Joe stapfte entlang der Wasserlinie hin und her und brachte es sogar zu einem klitzekleinen Dauerlauf. Kurzum, wir tummelten uns munter im Freien. Es war ein sehr ereignisloses Dasein, und der Gedanke, es aufgeben zu sollen, schmeckte mir gar nicht.
Allerdings gab es auch einen etwas befremdlichen, möglicherweise haarsträubenden Vorfall, über den ich allerdings lachen mußte, als ich davon hörte. Valerie fragte mich eines Morgens, ob ich während der Nacht den Lärm vor dem Haus gehört habe? Als ich verneinte, wollte sie das nicht glauben. Als sie mir nun erzählte, was sich ereignet hatte, hörte ich Heller laut ächzen. Wie es scheint, er-

wachte Valerie mitten in der Nacht von einem lauten Geräusch außerhalb des Hauses und war überzeugt, daß jemand versuchte, einzubrechen. Sie weckte Joe, der sogleich bereit war nachzusehen, doch verbot sie ihm, das Zimmer zu verlassen oder auch nur das Licht anzumachen. Sie nahm sich vor, still im Bett zu bleiben und bis zum nächsten Morgen zu wachen.
Heller hatte geächzt, weil er nun alle Hoffnung begraben mußte, ich würde nicht erfahren, wie albern er sich aufgeführt hatte.

Sie weckte mich, weil sie ein Geräusch gehört zu haben glaubte, wollte aber nicht zulassen, daß ich nachsah: ich könnte in Gefahr geraten, und sie wäre dann außerstande, mich zu schützen. Ich durfte nicht ins Treppenhaus, denn unterdessen könnte der Eindringling sie überfallen, und dann wäre sie schutzlos. Das Licht anzuknipsen und ihn auf diese Weise zu vertreiben, erlaubte sie mir ebenfalls nicht, denn das würde ihm nur zeigen, wo wir uns befanden. Auch die Polizei anzurufen, lehnte sie ab, und zwar aus dem gleichen Grunde: meine Stimme würde dem Eindringling unsere Anwesenheit verraten. Als das Geräusch sich nicht wiederholte, nahm sie das für ein Zeichen wachsender Gefährdung: er lauerte uns auf, oder er schlich sich an. Und weiterschlafen sollte ich ebenfalls nicht: er würde mich sonst im Schlaf überraschen. Blieben wir, wo wir waren, waren wir verloren, und versuchten wir zu flüchten, wäre das ebenfalls unser Verderben. Also lag ich den Rest der Nacht wach und hörte zu, wie sie mich im Flüsterton ermahnte, ja kein Geräusch zu machen.

Daß Joe sich bei diesem Vorfall so geduldig und nachsichtig benahm, kam mir nicht überraschend. Denn es war nicht zu verkennen: er war bis über beide Ohren verliebt.
In Saint Croix wurde aber auch richtig gesegelt. Chet Ross' Teilhaber, Peter Reed, der ständig hier lebt und von dem Joe die Schreibmaschine ausgeliehen hatte, lud uns in das Clubhaus des Segelclubs ein, wo wir ihm halfen, seinen Sieg bei der letzten Regatta zu feiern. Dabei wurden wir

mit Gest Hodge bekannt, einem seiner Mitsegler. Gest, ein liebenswerter Seebär, hatte ehedem in Kentucky Pferde gezüchtet und war jetzt Steuermann auf Peter Reeds Zwölfmeteryacht vom Typ Hinckley. (Ich habe unterdessen gelernt, daß eine Hinckley der Rolls-Royce unter den Segelbooten ist.) Gest nun lud uns zu einem Ausflug nach Buck Island ein, einem Naturpark, an dessen Küsten man ausgezeichnet schnorcheln kann.

So machten wir uns denn, wohl versorgt mit Eß- und Trinkbarem, zu dieser Seereise auf und hatten viel Freude daran, ausgenommen vielleicht Heller, der sich aus Booten nichts macht. Auf der Heimfahrt deutete Valerie plötzlich mit der Hand in die Gegend und rief: »Seht mal! Ist das nicht toll?«

Sie meinte ein startendes Wasserflugzeug. Heller fragte: »Meinst du das Wasserflugzeug?« – »Ja, wo mag das wohl gestartet sein?« Darauf gaben Joe und ich keine Antwort, doch Gest nahm eine Hand vom Ruder, deutete auf das Flugzeug und sagte: »Na, wo schon! Sie sehen doch, wo es startet. Wo denn sonst, wenn nicht dort? Lieber Himmel, diese Frau kann auch die unmöglichsten Fragen stellen!« Joe und ich waren daran längst gewöhnt und lachten nur über Gests Empörung.

Heller war nun der geduldigste und rücksichtsvollste Mensch, den man sich denken kann. Keinerlei Ähnlichkeit mit dem alten Heller. Er bemühte sich, Valerie jeden Wunsch zu erfüllen. »Möchtest du vielleicht einen Ausflug auf den anderen Teil der Insel machen, Val? Vielleicht würdest du gern reiten? Oder lieber vor dem Buccaneerstrand surfen? Vielleicht hättest du Lust, zum Lunch nach Sprat Hall zu fahren? Soll Speed uns noch *piña coladas* machen, ehe wir in die Disco gehen?« Jawohl, Joe ging jetzt sogar tanzen, was er noch weit mehr verabscheute als segeln. O ja, er war wirklich verliebt.

Etliche Wochen nach unserem Ausflug nach Buck Island mit Gest trafen meine Freunde Ken und Barbara Cooke ein, und weil ich weiß, daß sie leidenschaftliche Schnorchler sind, bat ich Joe, er möge den gleichen Ausflug für sie mit Gest arrangieren. Selbstverständlich ging

ich davon aus, daß Heller nicht mitkommen würde, doch zu meiner Überraschung war das Gegenteil der Fall. Er wußte, daß Gest die Fahrt nur ihm zu Gefallen machen würde, und obwohl er keinerlei Spaß daran hatte, war es mit ihm soweit gekommen, daß er Dinge tat, die anderen Freude machten. Er versuchte sogar selber zu schnorcheln, doch paßte seine Maske nicht richtig, also mußte er es aufgeben. Ihn wieder ins Boot zu bringen, war nicht ganz einfach, doch waren wir schließlich genug Leute.
Am folgenden Morgen sagte Joe unvermittelt: »Ihr mögt euch gestern ja großartig amüsiert haben, aber ich mußte die ganze Zeit achtern in der glühenden Sonne sitzen.«
Gerade hatte ich daran denken müssen, wie schwer mir der Abschied von Saint Croix werden würde, doch als ich ihn sein Sprüchlein sagen hörte, konnte ich es plötzlich kaum noch erwarten, den Kumpanen vom Gourmet-Club, die sich unterdessen halb zu Tode froren, zu erzählen, wie Joe hier unter der sengenden Sonne litt. Ganz besonders Julie Green, der uns hier besucht und mit eigenen Augen gesehen hatte, welche Qualen Joe mit seinem Schwimmbecken, dem Ozean, der ständigen Meeresbrise und den eisgekühlten *piña coladas* ausstehen mußte. Zu Joe und mir sagte Julie damals: »Ein gar so übles Leben habt ihr Schriftsteller nicht, es wäre vielleicht gescheit von mir, wenn ich mich euch anschlösse.«
Doch sobald ich ihm von der sengenden, unbarmherzigen Sonne erzählte, bekäme er womöglich Zweifel.
Einen Tag vor der Abreise unterhielt ich mich mit Joe wie so häufig über den Tod. Wir erwähnten Flugzeugabstürze, überlegten, wer nach unserem Tode die in Arbeit befindlichen Bücher vollenden würde, welche Verpflichtungen einer von uns, sollte er überleben, gegenüber den Angehörigen und den Verlegern haben würde und ähnliche komische Sachen mehr. Valerie (Gott weiß, weshalb) fand unsere Witzeleien alles andere als passend und ermahnte uns barsch: »Redet um Gottes willen nicht von Flugzeugabstürzen, Schneetreiben, DC-10, Krankheit oder ähnlichem, bevor wir sicher in New York gelandet sind. Ihr wißt genau, was ihr mir damit antut!« Daraufhin beschloß

ich, bis zur Abreise die doppelte Menge Rum in die *piñas coladas* zu gießen.
Gestärkt durch dieses wirksame Getränk, überstand Valerie die Fahrt zum Flugplatz in einem nur von geringer Nervosität gekennzeichneten Zustand. Joe sah glänzend und erholt aus. Die fünf Wochen auf den Jungferninseln hatten an uns allen dreien Wunder getan.
Am Schalter ließ Valerie sich die Wettervoraussage geben und erfuhr, daß bei der Ankunft in New York vermutlich Schneetreiben herrschen würde. Als sie uns das mitteilte und wir Betrachtungen über eine Landung im Schneetreiben anstellten, schimpfte sie: »Ich habe euch doch ausdrücklich verboten, über so was zu reden!« Also redeten wir nicht mehr darüber, doch nun redete ununterbrochen sie davon.
Das ist ganz wörtlich zu nehmen, denn sie hörte nicht auf zu reden, bis wir auf dem Flugplatz Kennedy landeten. Ich war dabei, ich kann es bezeugen samt der unglaublichen Tatsache, daß Joe ihr zuhörte! Die Verliebtheit setzte ihm ganz gewaltig zu. Früher hätte er sich von niemand auch nur ein Prozent dieses Geredes bieten lassen. Ich glotzte offenen Mundes. Er verbot ihr nicht den Mund, noch knallte er ihr eine, und auch seinen Platz wechselte er nicht. Ich brummte gerade laut genug, daß er es hören konnte: »So verknallt möchte ich auch mal sein!«
Abgemacht war, daß wir uns am Ende der Reise trennen würden. Valerie sollte direkt nach Manhattan fahren und wieder mit der Arbeit im Krankenhaus beginnen, hatte sich aber vage vorgenommen, zum Wochenende nach East Hampton rauszukommen. Joe und ich wollten gleich zusammen rausfahren. Weil ich wußte, daß er auch ohne mich ganz gut zurechtkommen würde, plante ich, nach einer Woche da draußen wieder in die Stadt zu ziehen. Doch als wir auf dem Flugplatz standen, war mir ganz so, als wäre der Frühling nicht mehr fern und mithin East Hampton der richtige Platz für mich. Schließlich gab es Mahlzeiten zu bereiten, die gemeinsame Arbeit an einem Buch zu beenden, und da lag es nahe, in die alte Routine zu fallen, nämlich zwei Tage in der Stadt und fünf Tage draußen zu

verbringen. Das vorhergesagte Schneetreiben blieb aus, und die Landung ging glatt. Eine etwas angesäuselte Schwester Humphries machte sich auf die Heimfahrt in die Stadt, und Joe und ich kümmerten uns um eine Fahrgelegenheit nach Long Island. Noch war in der Wettervorhersage von ausgiebigen Schneefällen die Rede, und deshalb machten wir vorsichtshalber gleich größere Einkäufe. Falls der Fleischer ein passendes Bruststück hatte, wollte ich einen Schmorbraten machen, an den Heller noch lange denken sollte. Er schätzt nämlich Schmorbraten ungemein. Der Schnee kam dann am Tage darauf, ein veritabler Blizzard. Bald lag der Schnee meterhoch ums Haus. Morgens strahlte jedoch die Sonne, die Luft war klar und kalt, und es ging kein Wind. Im Haus war es behaglich, und wir fühlten uns prächtig.

Als ich daranging, einen Weg vom Haus zum Atelier freizuschaufeln, erbot sich mein Freund Joe, jetzt das Inbild strotzender Gesundheit und fast wieder im Vollbesitz seiner Kräfte, den Patio freizuschaufeln, damit wir dort in der Sonne sitzen konnten wie in Saint Croix, nur in wattierten Hosen und Jacken. Weil ich vermutete, er würde stolz darauf sein, mir helfen zu können, sagte ich: »Das wäre sehr schön. Wenigstens Platz genug für zwei Liegestühle, damit wir ein Sonnenbad nehmen können.«

Er ergriff den zweiten Schneeschieber und ging munter an die Arbeit. Für einen Augenblick machte ich Pause, stützte die Arme auf meine Schneeschaufel und betrachtete ihn. Mir kam es vor, als taumele er leicht, dann hörte ich ein leises Stöhnen, und er sank zu Boden. Gerade noch rechtzeitig konnte ich ihn auffangen. Der schwere Kopf lastete auf meiner Schulter, sein Körper war schlaff. Friedlich lächelnd wandte er mir das Gesicht zu und murmelte: »Was war das doch für ein wunderbares Jahr.« Er schaute mir in die Augen, die feucht wurden, und setzte hinzu: »Jetzt ist es vorbei. Ich danke dir.« Seine Lider schlossen sich langsam, und er starb in meinen Armen.

Ich tat nichts dergleichen. Was ist bloß in ihn gefahren, zum Donnerwetter? Ich kann mich nicht erinnern, in seinen Armen gestorben zu sein, und begreife nicht, weshalb dieser Narr das auch jetzt noch behauptet. In Wahrheit verzehrten wir an diesem Abend einen ausgezeichneten Schmorbraten, den er gemacht hatte, und etliche Tage später besuchte ich meine Geschwister in Florida, hauptsächlich, um ihnen und auch mir zu beweisen, daß ich allein reisen konnte. Lee hatte mich zuletzt nach meiner Entlassung aus der Klinik gesehen, als ich sehr mager war und kaum allein stehen konnte. Sylvia hatte mich seit meiner Erkrankung überhaupt nicht zu Gesicht bekommen. Ich hatte jetzt mein normales Gewicht wieder. Mein Neffe Paul war mit seiner Braut Susan auf Besuch gekommen, und ich fühlte mich kräftig genug, vom Rand ins Becken zu springen und mit dem kleinen Chris um die Wette zu schwimmen, wobei ich darauf achtete, daß er mich immer um eine Nasenlänge schlug. Auch den Rückflug legte ich allein zurück, mit einem kleinen Koffer und einer Schultertasche als Gepäck. Valerie hatte mir angeboten, bei ihr zu übernachten und nicht noch den ganzen Weg nach East Hampton hinauszufahren. Um mit Montaigne zu sprechen: »Mes lèvres sont fermées à clef« (»Meine Lippen sind versiegelt«.)
Heute sind die Muskelgruppen in meinem rechten Arm und der rechten Schulter praktisch die einzigen, die ganz normal funktionieren. Wer mich auf ebenem Grund daherkommen sieht, dem wird kaum etwas an meinem Gang auffallen, doch ändert sich das, wenn ich steigen oder eine Treppe erklimmen muß. Eilig gehen kann ich nicht, und darum sorge ich dafür, daß ich nie in Eile bin. Obwohl ursprünglich die rechte Seite des Mundes stärker in Mitleidenschaft gezogen worden war, ist heute die linke Seite die schwächere. (Spreche ich ein M, bewege ich die Lippen auf der linken Seite kaum.) Mein L klingt immer noch undeutlich, besonders am Telefon, und ich bin meist genötigt, meinen Nachnamen zu buchstabieren. Ich glaube auch, daß Laute, zu deren Hervorbringung man den Mund spitzen muß, nicht deutlich herauskommen, ob-

wohl man mir liebenswürdigerweise das Gegenteil versichert. Ein Niesen, ein Gähnen, selbst ein Seufzer der Erleichterung kann minutenlange schmerzhafte Muskelkrämpfe im Rumpf, in der Brust und rechts im Genick auslösen. Auch Beine und Füße sind für Krämpfe anfällig, sobald ich sie strecke, besonders wenn ich vorher radgefahren bin oder einen langen Spaziergang gemacht habe. Weil meine Fußgelenke die Neigung zeigen, sich nach innen zu kehren, werden die kleinen Zehen übermäßig belastet und daher wund.

Abgesehen von solchen Defekten geht es mir prächtig. Bleibt eine Frage, auf die ich nicht länger die Antwort schuldig bleiben darf, denn gewiß ist sie für viele interessant: Wie hat sich die Krankheit auf meine Potenz ausgewirkt? Ich muß zu meinem Bedauern berichten, daß sich hier nur eine kaum meßbare Besserung ergeben hat und daß ich romantische Frauen nicht besser befriedigen kann als vor meiner Erkrankung. Opfern von Guillain-Barré wird in dieser Hinsicht zum Verzehr der Ginsengwurzel geraten, auch zermahlenes Rhinozeroshorn wird empfohlen sowie ein Pulver aus getrockneten Weichkäfern. Man vermeide Wunschdenken. Das hilft fast nie.